把中国问题放在心中
——吴景超诞辰一百二十周年纪念文集

吕文浩　严　飞　周　忱　主编

学苑出版社

图书在版编目（CIP）数据

把中国问题放在心中：吴景超诞辰一百二十周年纪念文集/吕文浩，严飞，周忱主编. — 北京：学苑出版社，2022.12

ISBN 978-7-5077-6579-3

Ⅰ.①把… Ⅱ.①吕… ②严… ③周… Ⅲ.①吴景超—纪念文集 Ⅳ.① K825.1-53

中国国家版本馆 CIP 数据核字（2023）第 000518 号

出 版 人：洪文雄
责任编辑：陈　佳
出版发行：学苑出版社
社　　址：北京市丰台区南方庄 2 号院 1 号楼
邮政编码：100079
网　　址：www.book001.com
电子邮箱：xueyuanpress@163.com
联系电话：010-67601101（营销部）、010-67603091（总编室）
印 刷 厂：鸿博昊天科技有限公司
开本尺寸：710 mm×1000mm　1/16
印　　张：29.5　插图 10 页
字　　数：428 千字
版　　次：2023 年 3 月第 1 版
印　　次：2023 年 3 月第 1 次印刷
定　　价：98.00 元

吴景超在安徽省歙县岔口村的旧居

清华学校 1923 级年刊上的吴景超

1925 年 6 月,吴景超在美国明尼苏达大学

1927 年 4 月,吴景超在美国华盛顿公园与清华同学会同仁合影

1928年，吴景超与龚业雅结婚前摄于南京

抗战时期与清华老同学合影，后排左为徐宗涑，右为梁实秋，右前为吴景超

1943—1944 年访美期间

1948 年的吴景超

1954年4月，吴景超与弟弟吴承禧（经济学家，民盟上海市委常委）在北京合影

1962年1月，吴景超返回故里，在歙县三阳坑与五姊妹等亲属合影。前排右起：洪小虎（洪伸，五妹吴祝徵之孙）、李超美（三姐吴纪凤外甥女）；中排右起：吴玉音（大姐）、吴景超、吴玉柯（二姐）、吴纪凤（三姐）；后排右起：吴五凤（四姐）、吴祝徵（五妹）

1963年冬,吴景超夫妇和儿子一家及女儿在北京合影。前排右起:吴正林(长孙女)、吴正朋(次孙女);中排右起:吴景超、龚业雅(夫人);后排右起:周尔珊(儿媳)、吴清俊(儿子)、吴清可(女儿)

1966年5月,吴景超夫妇和儿子女儿及孙辈合影。前排右起:吴正林(长孙女)、吴正朋(次孙女);中排右起:吴景超、龚业雅(夫人);后排右起:吴清俊(儿子)、吴清可(女儿)

吴瀚云夫妇（吴景超父母）、吴景超夫妇等合葬墓，位于歙县岔口村边遍植茶树的半山上

1968年，吴景超辞世不久后家人在哈尔滨合影。前排右起：吴正朋（次孙女）、龚业雅（夫人）、吴正林（长孙女）；后排右起：吴清可（女儿）、周尔珊（儿媳，怀中幼童为孙子吴正喆）、吴清俊（儿子）

2021年12月4日,于安徽省歙县召开的纪念吴景超120周年诞辰座谈会合影

人生最完滿最快樂的生活，只是誠心悅意的加入社會去活動，使我所居的社會因為有我可以向真美善的仙鄉再進一步。

這是祖父吳景超先生對好友聞多先生說的一段話，那時祖父年方二十周歲，彼時年青學子面對滿目瘡痍的家國立志投身社會，舍我其誰的使命感雖時隔百年依舊撲面而來激勵著我們後輩。

時公元二〇二三年十月吳正喆錄

吴正喆题写的吴景超青年时期名言

编者说明

本书共分四编。

第一编"研究与纪念",收录在2021年12月4日于安徽省歙县召开的"纪念吴景超先生120周年诞辰座谈会"上发表的学术论文,同时选取了近十来年在报纸杂志上发表过的有关吴景超的比较重要的研究论文或纪念性文章,共计21篇。收入文集时,均由作者根据其研究进展对文章进行了补充和修改。

第二、三、四编所录,皆为1949年前或新中国成立初期的珍贵文献,包括吴景超自述性文章、关于吴景超生平事迹的记述,以及对他文章与著作的评论,旨在为研究者提供更丰富的一手研究资料。

需要说明的是,当时的语言习惯、表述风格与我们现行的规范和写法有所不同,如将"倒"写作"到","哪"写作"那","她"和"它"写作"他"等,我们均保留原貌,不做改动;原文的专名及译文与今不统一者,亦不做改动。但对可以确认为作者笔误、排印错误、数据计算和外文字母拼写错误的,则予径改。我们推测可能的漏字和错字,以及补充的译名等则一律采取加[ ]的方式予以改正,以区别于原作中( )的括注方式。对于原文个别标点符号、排列序号,与现行规范差异较大且影响语意理解的,我们酌加改动。

2022年11月3日

目 录

第一编 研究与纪念

003　20世纪初以来的村落调查及其学术价值——以社会学家吴景超的《皖歙岔口村风土志略》为例 / 王振忠

036　清末民初徽州社会的缩影——以吴景超《皖歙岔口村风土志略》为中心 / 邵宝振

048　从芝加哥学派出发眺望"世界社区"——重读吴景超的《唐人街——共生与同化》/ 王雪梅

057　如何理解吴景超提出的"同一个世界" / 王君柏

062　吴景超、潘光旦关于"民族自信力"先天根据的论争 / 吕文浩

071　继承与超越——重访社会学家吴景超的汉代历史研究 / 吕文浩

094　批判与建设：陈序经与吴景超文化社会思想之比较 / 刘集林

111　吴景超与20世纪二三十年代中国社会学研究趋向 / 阎书钦

129　《社会学原理》在清华：社会学教材与吴景超的讲授 / 严飞

141	以都市振兴乡村社会——吴景超城市社会学思想再思考 / 宣朝庆、陈旭华
160	为什么要重温吴景超的"两类农村"与城乡一体论 / 王君柏
164	吴景超：愈来愈激进的家务社会化设想 / 吕文浩
172	吴景超与费孝通的学术情谊 / 吕文浩
183	"乡土中国"的现代出路：费孝通与吴景超的分殊与汇合 / 王小章
203	把评论作为方法——论吴景超如何通过"都市评论"建言"都市中国" / 高明勇
210	《新经济》时期吴景超的编辑思想与评论特点 / 周忱
225	1949年以前吴景超的经济思想及其方法论特点 / 钟祥财
246	经济与社会之间：吴景超学术思想的过渡性特征初探 / 马陵合
266	以历史主动精神探索中国致富图强的现代化之路——读吴景超的《中国经济建设之路》/ 王昉
278	试论1940年代后期吴景超的社会主义市场经济思想 / 卫春回
297	一份自我辩难的"蓝图初稿"——1948年《新路》群体的建国思考 / 姜涛

第二编　吴景超自述性文章选编

327　暑假期内我们对于家乡的贡献 / 李学博整理

337　留别赠言 / 葛飞坤整理

347　回忆清华的学生生活

350　吴景超留美通信 / 何玉整理

365　一个《周刊》编辑的回忆

371　吴景超致胡适信（1938年10月7日）

373　吴景超访美期间致胡适书信选（1943—1944）

378　我自动申请入盟

第三编　关于吴景超生平事迹的记述

383　中间派的社会学教授：吴景超

385　打破成见与运用方法 /《大学新闻》记者 涡君 笔记

388　教授印象记：吴景超

391　服务成绩调查表（吴景超）

392　胡适日记中的吴景超 / 吕文浩 辑

397　潘光旦日记中的吴景超 / 吕文浩 辑

404　欢迎吴景超先生 /《清华周刊》编者

407　吴景超教授回到北平以后 / 域槐

412　徐铸成日记中的吴景超

413　毛泽东书信中关于吴景超的内容摘录

414　吴景超教授访问记 /《文汇报》记者 吴闻

第四编　旧文献中关于吴景超若干文章与著作的评论选编

419　读《一个内乱的分析》/ 邹韬奋

422　评《第四种国家的出路》/ 孙本文 / 文，李学博 / 整理

425　评《中国工业化的途径》/ 方显廷 / 文，李学博 / 整理

430　评《中国经济建设之路》/ 张景观

433　评《战时经济鳞爪》/ 建子 / 文，李学博 / 整理

440　评《劫后灾黎》/ 袁方

445　**附录：吴景超书评书介目录** / 葛飞坤编

461　**编后记** / 周忱

第一编

研究与纪念

20世纪初以来的村落调查及其学术价值
——以社会学家吴景超的《皖歙岔口村风土志略》为例

王振忠*

一、吴景超与《皖歙岔口村风土志略》

社会学家吴景超（1901—1968）系安徽歙县岔口村人，字北海，其家庭经营茶业，颇为富裕。父亲吴瀚云为晚清贡生，热心于公益事业，捐资兴学、筑路修桥等，一向不遗余力。吴景超于1914年就读于南京金陵中学，翌年考入北京清华留美预备学校，1923年夏赴美留学，先后在明尼苏达大学、芝加哥大学攻读社会学，并荣获学士、硕士和博士学位。[1] 1928年回国，任南京金陵大学社会学教授兼系主任。1931年出任清华大学社会学系教授，并开展城市经济调查。1934年，他与清华大学社会学系教授陈达一起前往河北定县（今定州市），参观平民教育工作。1935年底，吴景超赴南京在国民政府行政

---

* 王振忠，复旦大学中国历史地理研究所教授。
1 俊可：《著名社会学家吴景超》，歙县政协文史资料工作委员会编：《歙县文史资料》第2辑，1987年，第48页；参见歙县地方志编纂委员会编：《歙县志（—2005）》下册，黄山书社，2010年，第1247页。

院任职。1947年返回清华大学社会学系任教。费孝通曾是他的弟子。[1]吴景超曾是《独立评论》的作者和编辑,深受胡适等人的推重。1952年以后,他长期执教于中国人民大学经济系。1957年被错划为右派,历经磨难后于1968年去世,直到1980年才得以平反。吴景超是中国20世纪上半叶研究都市社会学最主要的代表人物,曾与闻一多、罗隆基一同被誉为"清华三才子"。[2]

关于吴景超其人,1947年,域槐在《自由文丛》上发表《吴景超教授回到北平以后》的文章,其中指出:

> 吴先生是清华园的名人,从进清华当学生起到一九二二年出国,在七年的学生生活中,他是清华园里一名出众的人物,是当年的活动份

---

[1] 吴景超曾发表书评,推介费孝通的《中国农民生活》(Peasant Life in China, A field Study Life in the Yangtze Valley, London: George Routledge & Sons, 1939)、《禄村农田》(国立云南大学社会学系研究室油印本,1941年)二书。他评价"《禄村农田》是一本很有趣味的书,在我们学社会学的人看来,这本书的价值,在代表着中国的社会学,走上了一条新的途径"。而在评论《中国农民生活》一书时,他指出:"费孝通先生所写的中国农民生活,是根据他两个月的实地工作所得到的材料写成的。……据我所知,在英文及中文出版的书籍中,描写一个区域里的农民生活,像本书这样深刻细密,实在还没有第二本。……本书便是以人类学者所用的方法,研究出来的结果。过去的人类学者,常以初民社会为对象,最近才有人以同样的方法,来研究文化已经发达的社会。……我们看了这本书之后,觉得中国各地,应当有许多学者,用同样的方法,把各地民众的真正生活,描写出来,让大家读了,对于我们自己的国家,有更深刻,更广泛的认识。中国实在太大了,我们每一个人所知道得清楚的地方,只是中国极小的一部份。其余的部份,我们只能够从地理的著作中,从游记中,或者从旅行中去认识他。但这种认识,是肤浅的,是粗枝大叶的,不一定与真相符合。我们需要像费先生所写的这一类的书,来补救这种缺点。"(《新经济》第1卷第11期,1939年4月16日)

[2] 关于吴景超的个人阅历及其学术思想,此前的研究主要有:庞绍堂:《吴景超先生的学术思想与学术风格》,《南京大学学报》2004年第5期;杨芳:《吴景超:被浪费的才情》,《中国青年报》2008年5月7日,第7版;许纪霖等著:《近代中国知识分子的公共交往(1895—1949)》,上海人民出版社,2008年,第459—480页;阎明:《中国社会学史:一门学科与一个时代》,清华大学出版社,2010年,第146—170页;刘集林:《批判与建设:陈序经与吴景超文化社会思想之比较》,陆学艺、王处辉主编:《中国社会思想及其现代性——中国社会思想史论集》,知识产权出版社,2010年,257—273页;马陵合:《经济与社会之间:吴景超学术思想的过渡性特征》,张宪文主编:《民国研究》2012年春季号(总第21辑),社会科学文献出版社,2012年,第55—71页。最近的成果为邹千江:《吴景超及其社会思想新探》,《江淮论坛》2014年第6期。

子,他曾长期主编《清华周刊》,又是成绩优良的学生,高高的身材,轮廓可分,谈话使人觉得松适,还颇带一些诙谐口吻。留美归来后便开始了教授生涯,这正是传统典型的清华教育出来的人物。他一直是生活在舒适和安乐的环境中,从事着一种所谓的神圣的教育工作,他是一位社会学的专家,热心于社会实际情况的调查和研究,然而由于生活意识的拘束,总不免带着一些传统文人和浓厚的经院习气,始终只是以观察人的身份去观察实际的问题。基于这种态度得来的结论,除了富于一点人类本性的同情和怜悯而外,是不易于对问题得到真切的了解的。

自然吴先生自己不会这样设想,而相反地正因为有他自己的结论,终于禁压不住自己胸怀的抱负远见,他不能再把自己局限在象牙之塔内,让自己生命之火在里面窒息,他要为他所从事研究的学问,寻求实践的机会,他要为他所研究的对象,找出路谋取改革,救助在穷苦中挣扎着的人民,他力主中国应该工业化以扩大生产的能力,从而吸收农田上剩余的劳力,普遍地提高生活程度,而更基本地他主张限制人口的政策,他觉得三民主义中提倡鼓励人口的增加,实在是一种盲目的见解……

这篇文章明显是站在批评国民政府的立场上去看问题,对于吴景超此前弃儒为官不无微词,不过,对于其人的才情以及学术贡献,亦掩饰不住地称赞有加。据说,梁实秋曾这样刻画他:"景超徽州歙县人,永远是一袭灰布长袍,道貌岸然,循规蹈矩,刻苦用功。好读《史记》,故大家戏呼之为太史公。为文有法度,处事公私分明。"[1]

1991年,天津人民出版社出版有《唐人街——共生与同化》一书,这是吴景超博士学位论文的中译本。2008年,商务印书馆重印吴氏的文集《第四

---

1 吴清可:《回忆我们的父亲吴景超》,《第四种国家的道路——吴景超文集》,商务印书馆,2008年,第209页。

种国家的出路》（据该馆 1937 年版排印）。此外，吴景超现存的文字为学界所知者并不太多。不过，在 20 世纪三四十年代，吴景超却是一位极为活跃的人物。早在 1919 年，他就撰有《皖歙岔口村风土志略》[1]，该文对于当前的"徽学"研究，仍然具有重要的学术价值。

《皖歙岔口村风土志略》一文之形成，与吴景超早年的经历有关。当时，虽然在外求学，但每到假期，他总要抽空回到故乡。[2] 吴景超曾对闻一多说过："人生最完满最快乐的生活，只是诚心悦意地加入社会去活动，使我所居的社会，因为有我，可以向真美善的仙乡再进一步。"从中可见，吴景超对于自己的研究和工作充满了激情。在《暑假期内我们对于家乡的贡献》一文中，吴景超主张回乡组织"少年学会"，其宗旨有三：一是研究学术，二是修养品行，三是改良社会。他主张在假期要外出旅行，"调查社会，为改良张本"。他还拟定了社会调查工作的纲目，内容包括：（一）教育情形；（二）交通情形；（三）慈善机关的情形；（四）生活状况。此外，如农业、工业、商业、物产、人口和风俗等，亦受到较多的关注。[3] 对照 1919 年《皖歙岔口村风土志略》的序言，"……是篇，首位置，次沿革，次物产，次宗法，次生活，次教育，次风俗，次胜景"，可见，吴景超的这篇"风土志"，与他较为长期的积累密切相关。对于岔口，他深情款款地写道：

> 昔仲尼去鲁，迟迟其行；汉高过沛，留连不舍。人无不爱其故乡，凡有血性者皆然也。岔口，余之生长地也，其地山清水秀，风俗淳朴，余自束发以至成童，皆度岁月于是。及长，离乡他适，然每逢佳日，心中辄怀故乡弗能忘。因就记忆所及，著为是篇……

---

[1] 《癸亥级刊》，1919 年 6 月。

[2] 1919 年 6 月《癸亥级刊》上有吴景超所撰的《树荫农语》，其中提及："吾家门外有广场一，老树数株立其中，为夏日避凉之佳所。去岁暑假归里，每夕必憩于其下，时则有老农名尚福者，为吾等说故事，其言颇多有味，记其数则于左，以备遗忘云。"此文述及当地捕蛇、捕虎、捕猴等方面的数则故事。此外，吴景超还写过一篇小说《死夫生妇》，也刊载于《癸亥级刊》上。

[3] 《清华周刊》第 7 次增刊，1921 年 6 月。

可见，正是因为桑梓情深，再加上对于社会调查重要性的自我意识，吴景超撰著了《皖歙岔口村风土志略》一文。该文作于1919年，当时吴景超不过18岁。从文字上看，其人的传统学术功底颇深。此处，试以他对村中八景的描述为例稍加说明：

（一）梯云夜读：梯云草堂，今已焚毁，然荒烟蔓草间，犹令人想见当日情景，每当风和日暖、鸟语花香之际，携书至其地，据磐石读之，令人抑郁之思，不扫而自去。

（二）虎阜涛声：两水合津，潮流陡急，泉石相搏，无风而涛，砰訇激跃，荡耳震目。

（三）龙门积雪：龙门尖，村前秀峰也，每交冬令，山巅积雪，霁日照临，光眩人目。

（四）长潭观鱼：长潭水碧，清澈见底，其下碎石棋布，罗罗可数，游鱼扬鬐，浮沉往来甚适。

（五）云碓夜春：晚间万籁俱寂，惟风送春声，若断若续，令人尘虑俗想，荡涤殆尽。

（六）金滩碎月：滩浅水急，月光照其上，动摇不定，折光辉煌，若金蛇舞。

（七）飞桥卧波：村前有桥一，长数丈，连通南北，每当溪水涨溢，桥下水流澎湃汹涌，自远望之，有如彩虹饮水，至足观也。

（八）前溪柳色：春夏之交，前溪柳绿，千丝万缕，笼雾含烟，登高望之，一碧无际。

所谓八景或十景等，是传统文人赋予地表景观内涵最为常见的一种表述。安徽歙县岔口，大概是在清代出现了"八景"之说。其中，列在首位的是"梯云夜读"，此处的"梯云"，是指梯云草堂，为岔口村著名的私家藏书所之一，咸同年间毁于太平天国兵燹。之所以将"梯云草堂"冠于"八景"之首,显然是意在标榜岔口系"贾而好儒"的一个徽州古村落。[1]

二、从《皖歙岔口村风土志略》看传统徽州社会

歙县岔口村位于新安江上游,作为新安江支流的大源河与小源河在此汇聚,呈Y字形,岔口因此而得名。其间,大源河自歙县周家村流出,而小源河则自井潭流出,两河在岔口村交汇后称为大洲源。在传统时代,岔口历来就是大洲源日用消费品和土特产品之重要集散地,是大洲源政治、经济和文化中心。

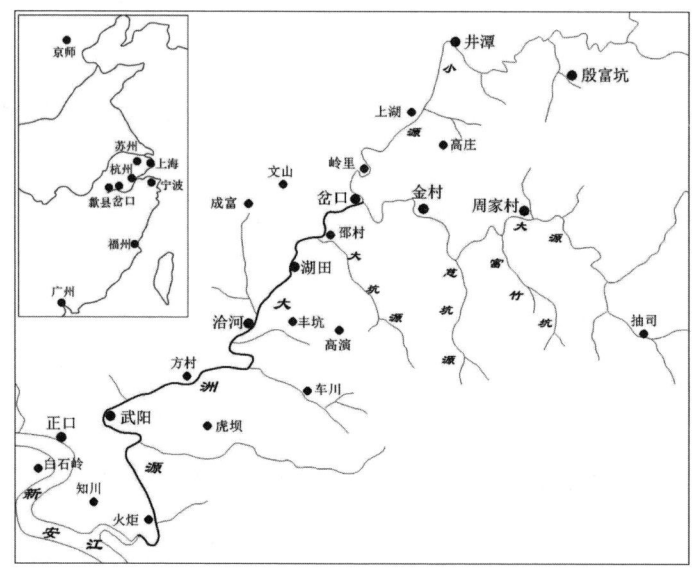

图1 歙县岔口及周遭形势图[2]

---

1 歙县民间诉讼案卷集成抄本中,有"岔口吴姓人氏,吴姓世代书香"的说法。另外,在《联句集记》抄本中,记录了岔口的两副对联。其一为:"飞阁临流楼台近映双溪水,鲜花竞艳梅萼先开十月天。"其二为:"霜叶风涛异曲远谐天籁响,山鸣谷应清歌隔断石泉声。"后者为"岔口做会联"。以上两种抄本均为笔者收藏。
2 本图由复旦大学当代中国社会生活研究中心李甜博士协助绘制,特此致谢!

（一）以茶叶为主体的乡村经济

大洲源一带是徽州茶业较为兴盛的地区，此前发现的反映大洲源一带社会生活的民间日用类书中，就有《卖方茶寄家信俚言》，其中的首段写道：

> 开船到威坪（正口茶叶下船到威），船破茶叶湿（威坪村头滩上，船只譬如撞破了，茶叶又受潮了），廿七到杭州（廿七上午九点钟到杭，茶叶未起行了），三篓看不的（方茶开篓出样，打样时，连开七篓，开篓茶叶受潮，三篓茶受潮最重的）。[1]

威坪镇属于浙江淳安县，是徽商前往长江三角洲的必经之地。而歙县的正口，则是新安江上游的重要码头，为进出大洲源、虎坝源的必经之地。此一俚言篇幅较长，内容颇为生动，上引的一段描述了晚清时期当地人由新安江外出，经歙县正口到浙江威坪再前往杭州贩卖方茶的过程。

歙县方茶早在唐代就已相当著名，关于这一点，在唐人杨晔的《膳夫经手录》中即有记载。及至晚清民国时期，在歙县南乡从事茶叶产销的村落相当不少。1919年，吴景超曾撰写过一篇徽州洋庄绿茶的调查报告：

> 谈徽州之物产者，必言茶叶，徽茶之名，几于中外皆知矣。业此者共分二种，曰店庄，曰洋庄。销于国内者曰店庄，销于国外者曰洋庄。店庄国人多知，兹无论矣。洋庄绿茶制法，与店庄大异……
>
> 徽州之茶号，约计二百余家，欧战之前，尚不止此，欧战之后，银根吃紧，航路阻碍，洋庄不甚行销，故茶号亦因之而减少。茶号最多之处，在休宁则推屯溪，在歙则推深渡、岔口等处云。……可由新安江

---

[1] 何莲塘的相关文书不止一种，系笔者在皖南从不同渠道收集而来。其中之一封面题作"何莲塘抄"，为民国抄本，书中一份卖契有"自前清移居徽歙大洲△△△地方"之句。另一为《类联集句》，封面除书名外，另有"何莲塘录"字样，其中包括"寿联""创造联""春联""道场联""学校联""闲挂联""演戏杂句""挽联杂句""黄鸟开会并做戏对联杂句"和"毕业联"。

运往杭州，茶叶抵杭，可由行家代运往沪，杭州江头有行数十家，皆代客运货者，如洪大房、曹泰来，其最著者也。运沪之途有二：一由沪杭火车，一由城河驳往拱宸桥，再改由轮船运沪。途虽二，而号家多愿由轮船。盖代客售茶之茶栈，皆在上海北市，轮船栈房，亦在北市，其取货也便。沪杭火车栈房，则在南市。（近来沪杭、沪宁，已曾联轨，由杭运沪之茶叶，亦可在北市起卸，将来号家或因火车快利，改由火车运茶，亦不可知）。[1]

吴景超出身于茶商家庭，对于徽州洋庄绿茶的了解相当细致。在上文中，他提及绿茶运销上海的交通路线，这一点，得到了一些契约文书的印证。[2] 歙县茶号最多的地方，除了皖南茶务的中心屯溪以及歙县深渡之外，便是自己的老家岔口。关于岔口村的茶叶贸易，吴景超指出：

> 茶之出类，颇为不少。村中有洋庄茶号六家，每年收集村中及他乡之茶叶，制为洋庄，运往沪上，销与外人。开设茶号，需资甚巨，而村人有充厚资本者，绝无仅有。囊时皆由沪上茶栈放水脚，或息借庄款，以应需用。年来金融紧迫，茶栈及钱庄，多不愿放款，村中茶号，以此停止或减少营业者，已非一睹矣。[3]

由此可见，岔口虽然地处偏陬一隅，但它却与长江三角洲乃至整个国际经济联系在一起，这提供了一个独特的视角，借此我们可以较为细致地观察近代国际贸易冲击背景下皖南山乡的巨大变化。

关于岔口一带的洋庄贸易，晚清民国时期的民间文献中有一些相关的记

---

1 吴景超：《徽州之洋庄绿茶》，《癸亥级刊》，1919年6月。
2 笔者手头有一份1925年"茶业公会"与"招商内河轮船公司总局"及"上海戴生昌轮船总局"订立的运茶合同，虽然年代稍晚，但所述与此可以比照而观。
3 吴景超：《徽州之洋庄绿茶》，《癸亥级刊》，1919年6月。

载。例如，抄本《杂辑》¹中有《岔口吴锡蕃先生伯仲》条，其中指出：

> 岔口开设吴心记之吴锡蕃，兄弟五人，北岸支，扦［迁］岔口数世矣。父蔚文在日，家道康，因做洋行中落，锡蕃经理店事、田园，勤劳罔懈，守之二十年，重做洋庄而中兴。二弟咏霓，邑廪生，改生意。三入泮，后即故。四清泉。五瀚卿，廪生。子侄辈右武等二十余人，一一受约束矣。些微习气，太和元气充溢庭宇。自奉甚约，款客适中，早作夜息，家道井然，论南乡家庭教育，当推第一焉。同时，伊之本家有荣寿字俊德者，屡入经司有叔之子也，以坐洋庄，骤发至二十万，在屯溪为徽商领袖云。

文中提及的吴荣寿，生于同治十二年（1873），卒于1934年。其人自童年起即随父、兄在屯溪经营茶叶，光绪二十七年（1901）子承父业，在屯溪开设了怡春、永原、华胜等茶号，精制"屯绿"。他曾与同好倡导组织屯溪公济局，于宣统二年（1910）在屯溪阳湖创办了徽州乙种农业学堂（亦名崇正学堂），并先后担任徽州茶务总会会长、休宁商会会长等职，制定《徽州茶务章程》。因席丰履厚，被当时人称为"茶叶大王"（在上海滩，同行称之为"茶大虫"）。正是因为这个原因，前述的传记中称他为屯溪的"徽商领袖"。1914年，著名教育家黄炎培前来屯溪，曾拜访吴荣寿，赴阳湖参观乙种农业学堂，调研茶业状况。当时，与吴荣寿合伙做茶叶生意的，还有岔口人吴汉尘、吴佩行等，他们的旧宅皆在屯溪阳湖一带，直到近年仍清晰可辨。²

另外，在晚清民国时期的诉讼案卷中，经常可见与岔口相关的茶叶贸易。

---

1 此抄本系歙县南乡磻溪方氏的家族文献，是有关晚清时期徽商与徽州社会的珍贵史料。私人收藏，已另文探讨。
2 安徽五福文化产业发展有限公司编：《徽商大典》，上海书店出版社，2013年，第166页，"茶大虫"条；第230页，"茶商吴荣寿像"条；第614页，"吴汉尘"条；第615页，"吴佩行"条；第616页，"吴荣寿"条。

例如，歙县民间诉讼案卷集成[1]中，就有一份档案"为挟截凶抢侄遭殴伤叩验拘究事"，其中提及："身侄荣华、正达、正益，于昨初六日挑细茶六袋，重一百九十五斤往岔口行卖。"另一份诉讼案卷指出：

> 具书人庄坑汪金魁，诉为奸贾勾谋，鲸吞血本，财命两陷，恳公赐追事。缘岔口吴长元仝弟祖元，开设吴怡泰洋庄茶号，曾托身代买茶叶，伊号亲自发出来袋皮、图章以为信记。身于左近各处代买春茶五十余担，茶银面经号内随时算讫，俟后又着身往六街各山坞收买，计春茶廿九担，现今发到念四担，归伊号内收数。讵元之弟兄奸诈百出，顿起狼心，魆向各茶户勾通舞弊，明则谓茶色不佳，不肯收号算账，暗则相帮各茶户私运别号代为脱售。身与理言，反逞凶横，频遭殴辱，且将身应付之茶户并挑茶担力现洋六十三元，元竟瞒身私自收入吞没，似此勾谋渔利，弊窦现然无疑。但应茶户之现洋，实身填出血本，若不恳公追究，势必财命两陷，文明商界，理法何存？为此迫不得已，伏诉贵府茶商绅董老先生台鉴，准情酌理，俯赐品评，俾得血本归原，不至财命两陷，身当顶感靡涯，谨诉。

这是一桩有关洋庄茶号的纠纷。从当代的《安徽省歙县地名录》来看，名叫"庄坑"的地方计有两处，皆位于歙县南乡。由此可见，岔口的确是周遭较大范围内的一个茶叶贸易之集散地。

在《皖歙岔口村风土志略》中，吴景超首先概述了岔口村的位置和沿革，指出：岔口位于歙县南乡，属于当时的南一区，"村之四周多山，西有坝岭，南有繁实凹岭，北有江村岭，前有龙门米，四山拱卫，如围屏然"。接着，吴景超记述了岔口村的"物产"，并对当地的生计做了重点的描摹，他认为："欲知一村人民生活之难易，必先考察其人民之职业，此不易之理也。"对于

---

[1] 抄本3册，书名据内容暂拟，私人收藏。

村人的生计，文中有着相当细致的调查。

众所周知，从总体上看，徽州是商贾之乡，岔口自不例外："村人又有经商于外者，其地多在北京、上海、苏州、杭州及江西之景德镇，浙江之金华、兰溪、衢州、龙游，安徽之寿州、霍山等处，或为人作伙，或自设店业。其最远者则为日本，行业为茶、漆为多云。"关于这一点，也得到其他文献的印证。譬如，晚清民国时期《歙县深渡乾裕号信底录稿（1903年—1913年）》[1]中，收录了1903年至民国初年的信件抄底68封。信底作者为歙县岔口人，1902年曾在歙县深渡开设乾裕号南货店，后在浙江兰溪米店工作，该信底主要收录了他写给苏州吴秋舫、杭州裕德茶行方树棠、苏州乾丰祥南货号吴声之、屯溪豫丰祥茶号吴瑞常、苏州集成酱园方季高等亲戚朋友的信稿，从中可见岔口一带商人外出的情形及徽商之间的相互交流。

此外，留在本地的男子，从事的职业也相当多样，兹据《皖歙岔口村风土志略》的记载列表于下：

表1　岔口村村民的职业基本情况

职业	数量或比例	基本情况
茶业	洋庄茶号六家	每年收集村中及他乡之茶叶，制为洋庄，运往沪上，销与外人
农作	村民之从事于此者十居八九	村之附近，可营农事之地，因其高下，可判为三：山地种麦豆及茶，洼地种稻黍及芋，平地则植菜蔬。农人皆勤于耕种，故年收多丰
药店	年来村中药店之增，为他业所不及，现计已有七家	所售皆中国药及药丸，亦有兼售金鸡纳霜丸等西药者，惟售药水者则绝无。店中率住有中医，为人看病及开药方

---

[1] 此抄本为安徽黄山学院孙承平先生收藏，收入笔者主编的《徽州民间珍稀文献集成》第24册，复旦大学出版社，2018年。

（续表）

职业	数量或比例	基本情况
杂货商	村中有杂货店十余家	所售多布匹、纸张及油、盐、糖、米等物，贸易尚佳，然每年获利最多不过数百元，以规模小也
肉店	售肉酒及面，业此者亦三四家	每年率有盈余，他村之人，亦可在店中打拼伙，惟须给费用
豆腐店	此物为村人日用之食品，需求甚多，故此类店肆，亦有六七家	店中兼售豆腐干、豆腐油等物
染坊	南一区只有染坊二家，其一即在吾村	以附近皆乡民，无衣绸缎者，故所染之物，多为线布及旧衣。近来染料虽昂，然营业兴盛如常，并不因之而减色也
鞋店	业此者，村中有一家	惟店主为外村人，所作之鞋皆极旧式，营业亦不盛
剃头店及铜匠		业此者亦外村人，所入皆足糊口
饭店	村中有饭店一家	他乡之人，皆以此为寄宿地。屋中殊不洁，陈设亦极陋，然取值甚廉，只二十四文一日也
木工		有大木、小木为［两？］种，大木为人造屋及选料度材，小木能作桌椅及各种雕刻，工价甚廉，每日在一百文左右
石工		有开石厂凿工及建筑者数种，然一人多兼两种，或三种俱能者，工价与木匠无有差异
砖匠		为人砌墙盖瓦及修理房屋，工价与木匠亦同
竹匠		南方多竹器，物之以竹编成者甚多，故有竹匠一业，吾村擅此者颇多，工价与木匠同
成衣匠		此业人数甚多，技术平常，工价极廉，每日只在八十文左只［右］
纸扎匠		业此者能制菩萨之各种衣冠，及各种灯彩，以村人多信鬼神，故业此者门庭不致冷落

(续表)

职业	数量或比例	基本情况
杀猪匠		即为人宰猪者也，每宰一猪，取值二百文
丝线担		丝线即妇女刺绣所用者，售者挑一担，手持鼓，摇之作声，闻者即出购
馄饨摊		馄饨价甚廉，一文可购其一。每届夏令，他乡之人来我村售茶者甚多，馄饨摊前，遂常有人满之患
面摊		售面及肉包、熟肉等物，外乡之人来村者，率取食于此
担夫		村中农人，多能肩重至远，故无事之时，为人挑担，亦颇获利。盖担夫工价之高，为他种劳工所不及也
打猎		附近山林多禽兽，村人每于暇日，持铳携犬，来往林中搜捕，以除害禾稼之兽
捕鱼		村前小河，有鱼鲜美可食，捕者或网或钓，日居河畔，得鱼则沽于市。惟村人每岁不放鱼秧，只知捉捕，以致鱼类日渐减少云
堪舆家		村人有究堪舆之学者，有习星相之术者，为人看地、批命账等事

上述的记录，对民国前期皖南山乡的一个村落，作了几近全景式的描摹。从总体上看，此一山村是传统徽州典型的农村社会。村中的居民绝大多数从事农作，关于这一点，吴景超写道：

岔口山多田少，务农者大半种山为业。山中所植者，曰小麦，秋末播种，夏初收割；曰黄豆，仲春播种，大暑收拔；曰粟米，曰苞芦，五月播种，孟冬收获。山中又多植茶柯，春茶立夏后收采，夏茶夏至后收采。田则无多，其中不过百亩而已，村人多以栽种蔬菜，如苋菜、青菜、白菜、冬瓜、西瓜、羊角、扁荚、韭菜、萝卜菜、马兰头、茄、芋、姜、葱，其最普通者也。猫能捕鼠，犬能守户，人家畜此者亦多。豕则家家皆有，以为婚嫁丧祭不时之需。家畜之禽，则有鸡、鸭等物，以为食品。绿豆鸟、画眉、八哥、竹鸡，则养为玩物。

此处勾画了当地农村家庭日用食料、经济作物和家禽家畜等的一般状况，从诸多侧面反映了皖南地区普通民众的日常生活，这些日常生活状况具有一定的稳定性。其中提及岔口的六家洋庄茶号，"每年收集村中及他乡之茶叶，制为洋庄"，这一点，与上引晚清民国时期的档案文书可以相互印证。不过，及至20世纪前期，岔口村也逐渐受到与日俱增的外来影响。如药房所卖者，就有外来的金鸡纳霜丸等西药。此外，馄饨摊和面摊的设立，也反映了与茶叶贸易相关的外来流动人口之增加。[1]

另外，从上表可见，岔口的算命先生和看风水先生，均为村民所深信。对此，吴景超指出：

吾村儿女婚嫁之权，可谓尽操于算命先生之手。村俗，凡两宅通婚以换年庚（即问名）为第一步手续，所谓年庚者，即一人之生辰八字也。年庚既换，乃请算命先生来，命其卜之，名曰对年庚。算命先生曰吉，则两家乃为正式之谈判；算命先生曰不吉，则互退年庚，彼此无商量之余地。坐是故，而吾乡女子乃无真正之八字者，盖男子之八字不吉，犹有希望得妻；女子之八字不吉，则终身无人过问也。八字既如此之重要，故村人之善排八字者，乃不一而足。私塾之教师，即最善排八字者也。村人凡遇婚嫁丧葬及建屋出行等事，必拣一好日子而后行。村人之能拣日子者颇多，凡遇小事，村人则就决于彼辈；惟遇大事，则必求教于拣日子先生，所谓拣日子先生者，以拣日子一事为营业者也。吾

---

[1] 关于这一点，在歙南的一些乡村中均有类似的情形，如新安江沿岸的璜蔚，当年茶市兴盛时期村落中出现的相关设施（如妓院等），其遗迹迄今仍依稀可见（此据2009年笔者的实地走访调查）。

村无之，惟六十里之外一村，有此辈一人，其营业颇不恶也。此外则看风水一事，村人以为一家盛衰之所关，对之尤为注意，凡祖宗营葬之先，必请看地先生，卜一吉壤。吾村附近，有所谓蛇形、驴形者，皆堪舆家之所谓好地也。村人对于堪舆家，崇拜颇深，虽其言多不验，然村人并不以此而灭其信仰也，亦奇矣哉！

关于算命先生和看风水先生，早在17世纪初的万历《歙志》中就有记载，徽州当地有阴阳家（算命）和形家（看风水）两类[1]。该方志特别提及的阴阳家笙桥谢氏，直到晚清民国时期仍极负盛名，这些人对于民众的日常生活影响极大。譬如，万历《歙志》指出："临河程珏妻石冈汪氏，年二十二，珏病瘵，吁天减算以益夫年，日者金云其命不利于夫，乃慨然自决，曰：不能以算而寿夫，矧反以生而刑夫乎？则有一死，庶可以代夫耳。遂自经死。"[2] 文中的"日者"，即指以占候卜筮为业之人，相当于前揭的"阴阳家"，这在晚清民国时期的歙县亦称为"批命先生"。关于这一点，徽州文书抄本《居乡里》中有："为人命里有穷通，端在时生格局中。限度运程分好歹，财官印绶不相同。四余七政兼诸曜，八卦三才并九宫。莫道世间无考验，全归星士断精工。"根据当代的调查，在歙县的一些地方，算命所得结果如果不能满足相关人等的期待，人们通常会想出其他各种补救的办法，这显然反映了民间社会的智慧。[3] 因此，吴景超笔下算命先生的角色，不清楚是岔口当地的情况的确如此，还是吴氏只看到了一种表面现象？如果是前者，那显然反映了歙县境内的地域差异。

除了固定居住者之外，村子里还时常出现一些流动的商贩。如其中提及

---

1 万历《歙志》"艺能"7上—下。关于万历《歙志》，参见拙文《万历〈歙志〉所见明代商人、商业与徽州社会》，《传统中国研究集刊》第5辑，上海人民出版社，2008年。

2 万历《歙志》"杂记"，40下—41上。

3 例如，在歙县里东乡，倘若男女八字相克，而女方仍有意联姻者，则多改年庚（如属虎的降岁，属羊的抬高年岁，谓之"羊抬虎落"），当时有俗谚云："十女九不真，改命作夫人。"关于这一点，详见柯灵权：《歙县里东乡传统农村社会》，复旦大学出版社，2014年，第285页。

的"丝线担",迄今还流传着民歌《卖丝线》,其唱词开首为:

> 担子挑起来,挑一个荡荡园,挑到了大家门,叫一声卖丝线一呀嗨。
> 担子放下地,恭喜又恭喜,花鼓呀摇起来,大家来卖[买]线一呀嗨。
> ……[1]

这首民歌以岔口方言歌唱,讲述小贩与姑娘的爱情故事,双方打情骂俏。不过,在歙县境内的其他地方,也都有以当地方言演唱的《卖丝线》,这当然反映了此类摊贩的流动性。

以上所述各业皆属于男子,此外,有关妇女者计有六业:

1. 择茶。自四月至九月,为制茶之时,村中女子,入茶号择茶,每日可得工价自数十文以至一二百文不等,视择茶之多寡而差;
2. 养蚕。女子之为此者,其数不多,出丝亦甚少,只供自用而已;
3. 制扇。村中小女,能以麦秆编成各式之扇,名麦秆扇,此物为夏日人人所必备,需求甚多,村人既能自制,故外货不至侵入;
4. 做鞋。女子为人做鞋。每日可得工价约百文,作成之鞋,颇坚固耐用,故村人旅外者,多带土做鞋数双而行;
5. 锄草。农事忙碌之时,田多之家,多雇女子为除杂草,每日工价在六七十文左右;
6. 卖菜。田中所种之蔬菜,如有盈余,多以售之于市,销场颇佳。

综上所述,在《皖歙岔口村风土志略》一文中,吴景超在记述各类劳作

---

[1] 金涛主编:《徽州记忆》(五)"歙县"卷,黄山市文化新闻出版局监制,2009年,第90页。

时,都非常注意记录当时的工价,这是颇有价值的线索。以择茶为例,他在《徽州之洋庄绿茶》一文中也指出:"茶号收茶百余石,即可开工。工人有三种,多寡视号之大小而异。大号约有焙工二百人,拣工六百人,作工八十人。小号则焙工不过数十人,拣工不过百余人,作工不过十余人耳。……拣工皆本地女人,工价视拣茶之多寡而差,自数十文以至百数十文不等。"可见,无论是大号还是小号,拣工的数量总是最多的,而这些拣工,都是由当地的女人所充当。由于上揭的描述记录了各类劳作相关的明确工价,倘若我们结合文中的其他记载,便可作为比较的基础,从而对民众的生活水准有一个基本的估计。例如,《皖歙岔口村风土志略》中提及,当地猪肉价格一百数十文一斤,面、盐等物约三四十文一斤,豆腐三四文即可购得一大方。相比之下,一般人只要勤于劳作,大概便可生活无忧。

此外,对于岔口村民众生计和社会关系的总体状况,吴景超指出:"吾村处丛山之中,民风朴野,故于政治、学术两界,露其头角者,实无一人。惟俗重劳而恶逸,民各能一技,且有田可资耕稼,失业之民,实不一觏。加以地当大小源之交,南一区之茶业,及他种贸易,皆以此为中心,故农商及劳动之业,有足述者。"可见,在上述的各类生计中,茶叶无疑是最为重要的,这一点,无论男女皆是如此。另外,"村人相见,其称呼皆按班辈之高低,老者虽为劳工,细者遇之,亦敬礼有加,以故,外间屡见之尊富蔑贫、轻视劳工陋习,在吾村实罕见"。可见,迄至民国初年,岔口村仍然保持着相当淳朴的民风。

(二)多族姓杂居村落的风俗

自明代以来,徽州就逐渐形成了宗族社会。岔口一带最早的居民为郑姓,明末,附近的凌姓以及昌溪吴姓相继迁入。及至清代,北岸吴姓开始迁入。到了民国时期,全村共有三百余户,约一千余人,其中人口最多的就是吴姓。对于岔口一地的"宗法",吴景超有专门的描述,他指出:当地有吴姓祠堂四所,即光裕堂、积善堂、彝叙堂和祥和堂。另外,还有属于凌姓的敬本堂。

当地其他各姓（如王、郑等姓），皆以人数过少而没有祠堂。各祠堂中，以吴景超所在的光裕堂人数最多，为其他祠堂所不及。由于吴姓的四个祠堂源出一支，关系甚密，而且，他们又与凌姓互通婚姻而为亲戚，所以村中彼此和谐相处，数十百年来都没有打过官司。[1]

关于祠堂的管理，吴景超指出：

> 每祠类皆置有田业，为祭祀之需，每年派二人轮当，并管理祠中一切事宜。一岁之中，如元日、清明以及各节，各房子孙，多携酒菜及香纸，入祠拜祭，诚敬之情，殊足令人生慎终追远之思也。岁首及清明，又当共往祖坟扫祭。吾家祖坟，远者七八十里，近者亦二三里，岁首只至近处，清明则无论远近各墓，皆当往祭也。岁首展墓所用之祭菜，除煖锅外，复有油果、春饼、茶盒、水酒等物，煖锅之数，有多至二十余者，排列一行，至足观也！祭时必放爆竹，焚纸箔。祭毕，各取煖锅于坟堂中，据地食之。于时则谈笑风生，庄谐杂作，其乐乃无比。清明至远处扫墓，亦多乐趣。吾家祖墓，有在歙之东乡者，有在绩溪县之宁［临？］溪者，非一日所能尽到，平常往返，恒以三日，大类学校之旅行也。清明所用之祭品，多以米果，为数甚多。祭毕，以此散之贫民，意颇善也。

宗族是徽州的一种社会组织，在徽州，宗族祠堂发挥着社会控制的重要功能，它通过举行祠堂祭祀仪式，执行祭祀制度，以增强宗族凝聚力，实现尊祖敬宗、合族收族、控制族人的目的。[2] 上述这段记载涉及宗族管理的诸多

---

1 不过，《歙县民间诉讼案卷集成》（抄本3册）中，提及歙县三十都七图监生张作云，控告岔口吴飞清引诱服弟寡妻郑氏成婚一案。按：三十都七图所属的各村包括虎坝山、武阳、光村、洽河、大坑、岔口、坝岭和抽司等。另，抄本《酬世汇编》亦提及岔口与金村争夺慈坑柴山，相讼数年，及至1937年才再次达成协议，这段记载虽然要晚于《皖歙岔口村风土志略》的年代，但它与前一个案例一样，或许都说明，岔口与周遭村落的纠纷实际上并非罕见。
2 参见陈瑞：《明清徽州宗族与乡村社会控制》，安徽大学出版社，2013年。

侧面，对于祠产管理、祭祀及其相关食物，都有颇为细致的记录。此外，对于宗族社会中的佃仆制度，吴景超亦有专门的论述："村中有伴当数家，村人对之，多怀轻蔑之念，此则不平之举也。伴当者，安徽细民之一种，其来由吾不得知。若辈之在吾村者，皆隶于各祠堂下，为各祠堂之人服役，大约男者多为吹手，女者则为喜娘，无执他业者。……伴当在前清时已获国家同等之待遇。……然徽州各地，此习犹未尽除，吾村之伴当，其托业于吹手、喜娘，服役各祠堂如故，此实吾村之玷，所当革除者也。"1727年，雍正皇帝发布开豁贱民谕旨，曾在徽州社会产生了极大的反响。此后，渐具实力的一些佃仆，纷纷通过各种手段寻找奥援，奋起反抗，以期尽快摆脱主家的控制，这在徽州的不少诉讼案卷中均有所反映。[1]不过，主佃关系是个极为复杂的问题，伴当的身份，实际上与区域经济结构下的职业和生计密切相关，故而佃仆、伴当的问题直到民国时期尚未最终解决。

对于家庭生活，吴景超特别推重徽州的分家制度："村中绝少三四世同居，虽兄弟亦多分爨，如一人有二子，则其子长大时，为父母者即为之析产。析产之书，多请族人签押，妨[防]他日之争执也。考家族制度中，惟数世同居一习为最恶，盖人口众多，则逢财相竞，遇事互诿，俭者不复俭，而勤者不复勤，终至人逸家衰，趋于贫困。吾村虽行家族制度，然能择其善而祛其恶，此村人所以多独立之精神，而少依赖之恶习也。"的确，分家制度促使徽州的个体能各自独立，发家致富。在我看来，此一制度与"打会"惯例，是徽商崛起的两个颇为重要的因素。而关于分家制度，唐力行先生曾揭示出徽州的"小家庭－大宗族"结构，根据他的研究：徽州宗族制度下的家庭结构以核心家庭为主、主干家庭为次，与此同时，徽州的宗族却呈现出扩大的

---

[1] 参见王振忠:《历史地名变迁的社会地理背景——以明清以来的皖南低山丘陵为中心》，郑培凯、陈国成主编:《史迹·文献·历史：中外文化与历史记忆》，广西师范大学出版社，2008年；王振忠:《大小姓纷争与清代前期的徽州社会——以〈钦定三世世仆案卷〉抄本为中心》，《明清以来徽州村落社会史研究——以新发现的民间珍稀文献为中心》，上海人民出版社，2011年，第109—137页。

趋势。商业的发展促进了家庭的裂变，家庭规模的缩小正是商品经济发展的必然结果。徽商资本一方面瓦解着大家庭结构，另一方面又加固并扩大了宗族血缘群体。家庭-宗族结构使得社会财产分为两个层次：家产和族产。家庭共有财产的无限分化，减缓了家庭成员之间的矛盾；而宗族共有财产的不断扩大，也纾缓了宗族成员贫富分化的矛盾。徽州的家庭-宗族结构使得徽州社会更富于弹性和流动性，有利于徽州社会的稳定以及徽商的商业活动。[1] 换言之，在大宗族的格局下，小家庭迸发出竞争的活力。

在论述了宗族和家庭的基本结构之后，吴景超认为："风俗者，所以表现一地习尚之美恶，而政教所因也。"他将岔口一地的风俗分为婚嫁、丧葬、岁时和迷信四项加以论述。

有关婚嫁，他指出：当地男子七八岁时，父母即择门第相当者，为之定婚。无论贫富，皆经过问名、赘定、行聘、请期、冠笄、迎娶等程序。迎娶的时间，大约富者在二十岁以内，而贫者则在二十岁外、三十岁不等。此外，他还具体描述了婚姻嫁娶的基本情况：

> 迎娶之前数日，男宅即派人至女家抬嫁资。嫁资者，妆奁也。嫁资既抬至，即有小儿女多人，取嫁资中重要物件，如枕头、钥匙等物藏之，俟新人至，乃令其出果子赎归，以为笑乐。……新人既出轿，乃与新郎先拜天地，后拜高堂，继交拜，于是婚礼乃成。旁观者，至此乃喧呼送房。所谓送房者，送新郎、新人入洞房也。新人居前，新郎在后，复有高年者二人，持蜡烛居先引之，由堂前至房中，沿途皆置布袋，令新人、新郎行其上，名曰传袋。传袋与"传代"同音，取延宗续系之意……

此处较为细致地记录了婚礼的整个过程，包括在男方的送房、传袋、吵

---

[1] 参见唐力行：《徽州宗族社会》，安徽人民出版社，2005年。

新人、撒帐、吃交杯酒、拜灶师［司］、拜三朝等，以及女方家中的嫁妆、辞祖、分家饭、哭嫁、接回门等。其中的一些记载，还反映出近代以来婚礼程序上的细微变化以及岔口村婚俗的独特之处。例如，文中提及的"哭嫁"，在歙南极为普遍：

> 嫁女一事，吾村与外间亦多不同。未嫁之前数日，女子须入祠辞祖，及期，男宅发轿来，待嫁之女子，乃放声哭，其母亦随之而哭。及良辰既届，女乃拜别父母，且食饭数口，名曰分家饭。然后由其兄或亲人抱之入轿，斯时女必大哭。轿既出门，家人乃持灯笼送之，及门外而返。女宅随轿同至男家者，有一喜娘，此喜娘三日后必返，报告男宅一切情形，及新人是否愁家等事。近来村人颇知女子嫁时号哭之无礼，皆相戒弗为。然而积习相沿，不哭似不合乎俗，女子畏羞，无敢破此例者也。

关于这一点，迄今仍留下了不少"哭嫁词"，可以与之比照而观。而所谓的炒新人，俗称"不吵不发"：

> 是日，村中复有吵新人之俗。吵新人者，请新郎、新人同立堂前，而嘲弄之也。吵之之法不一，有所谓撒帐者，以果盒所盛之果掷新人也，为此必有二人，一唱一和，其词多卑鄙，不堪入耳。又有所谓吃交杯者，以酒置杯中，强新人饮，惟不许咽下，移时复令其吐出，令新郎咽之。此外，复有唱歌者，有说笑话者，有作奇形怪状者，皆以博得新人一笑为目的。以一外村之女子，而无辜受若干生人之戏弄，不敢抵抗，不敢回声，亦大可怜矣！

与上述习俗相关的撒帐歌，有的相当俚俗乃至猥亵，这些，在众多的徽州文书抄本中有诸多生动的例证。[1] 此种"吵新人"的做法,甚至在明清的世情小说中也有记录,这对于理解旅外徽商的习俗亦颇有助益。

关于丧葬,《皖歙岔口村风土志略》指出:"丧葬诸节,颇为简单,然亦视贫富而别,贫者则丧事一两日即毕,富者有作祭等举,略旷时日。……俗礼,孝子于七七内,须衣麻衣,穿麻鞋,不进晕〔荤〕,不剪发。七七后,易麻衣为白衣,麻鞋为白鞋,三年始除服云。棺厝于野,非长久之计,为子孙者,于数年之内,必为择地安葬,其礼颇隆。"歙县的丧葬习俗颇具特色,这在最近几年的民间调查中都有详细的记录。作为传统时代"徽礼"的重要组成部分,其中的一些甚至被视作"非物质文化遗产"而得到地方政府部门的保护。[2]

此外,有关民间信仰,吴景超概视之为"迷信",他认为:"迷信者,不辨事理之是非真假而妄信之也。村人不解科学,怪诞不经之言,自易入耳,故迷信之风,较之通都大邑为尤甚。"根据吴景超的描述,岔口村人"多信菩萨,凡遇菩萨生日,携香烛往祭者,不绝于道"。

当时,岔口村中居民不过数百家,却有三座菩萨庙。其一为上帝庙,供奉玄天上帝。其二为上庙,也叫忠烈古庙,其中供奉着汪公大帝、八老爷、九老爷、东平王、太子、社公、社母等菩萨,这是村中最为重要的庙宇。"庙中有卦牌一,上载卦辞数十首,有上、中、下之分,村民多于岁首入庙求卦,以卜前途之吉凶云"。还有一座叫下庙(也叫水口庙),其中供奉着十余尊菩萨,重要的如关公、东玄坛、北玄坛、观世音、华佗、闻太师。以其中的"玄坛"崇拜为例,抄本《酬世汇编》卷5《财神札付》中即有一祭文:

窃以教设为三,自古儒林为首重;民生有四,而今商界居尊。欲

---

1 如岔口一带的一首撒帐歌,与全国广为流传的《十八摸》颇为相似。见金涛主编:《徽州记忆》(五)"歙县"卷,黄山市文化新闻出版局监制,2009年,第89页。
2 胡亮、营娟:《徽州丧葬仪式音乐研究——以歙南岔口丧葬仪式音乐为例》,《黄山学院学报》2011年第2期。

应物以无私，回溯高风于端木；觉生财兮有道，可致巨富于陶朱。小往大来，实为人愿；恒丰大有，殊赖神功。今照得大民国江南徽州府歙县孝女乡延宾里岔口新宁社管居住信士弟子凌寿泰暨合家男妇大小人等，熏沐三鞠躬，谨奉三坛正法，选于△月△日△时，天点神光，迎神附体，谨具醮仪，虔修法事，敢投词于正一龙虎玄坛赵大元帅之尊神而言曰：伏以正直无私，特授财神之职；威仪可敬，感钦元帅之称。秉九府之权衡，恒丰金窟；招四方之宾客，广辟财源。值此口岸开通，方幸经营便利。伏冀神灵永感，俾品物兮咸亨；虔祈圣泽宏施，庶春台兮共乐。行商则风顺鸿毛，快利畅销，喜扬归兮满载；坐贾则宾来雁序，轮流不息，欣日进夫千金。货随运而随销，具见新奇日著；财屡生而屡聚，堪为富有家声。克供厥职，大显威灵。依札施行，须至札者。

右札给付财神座下准此并及左右

招财童子、进宝仙官照验施行。

从上述的这份"札付"来看，"玄坛"信仰与商业经营密切相关。可能也正是由于这个原因，经商风气炽盛的岔口，还将玄坛分为"东玄坛"和"北玄坛"。根据徽州的都图文书，岔口村属三十都七图的孝女乡。从上揭的文书来看，岔口新宁社所属的凌寿泰，此次奉祀的是玄坛赵大元帅。而该份《财神札付》中有"口岸开通"的字样，似乎反映的是近代的史实。不过，文中又有"大民国江南徽州府歙县孝女乡延宾里岔口新宁社"字样，从这一行政沿革来看，民国时期已无"江南徽州府"的建置，而"大民国"显然也脱胎于"大清"乃至"大明"，因此，此一"札付"至少从清代中叶开始便长期沿用，可以与《皖歙岔口村风土志略》中的相关记载比照而观。

除此之外，吴景超还提及，在华佗菩萨神座之前，放置着一个签筒，筒内置有百余根竹签，上刻号数，村民一旦生病，其家属就会到华佗菩萨跟前，跪在地上焚香拜祷，然后取签筒簸之，至有签落地为止。"村民得签，验其号数，告之药店中人，即可得药。"根据吴景超的观察，"药店中有签簿，凡某签得何药，上皆载之"。他认为吃这些药没有什么疗效，但也没有害处。不过，村里人都非常相信华佗菩萨，认为那是相当灵验的仙方。除了这三座庙宇外，水口庙外还有一根如来佛柱，凡是离乡前往别处者，多立柱前顶礼膜拜，"谓如是则得佛佑，一路平安，不遭危险也"。如来佛柱目前在徽州乡间尚有一些遗存（特别是在婺源，保存者颇为不少，歙县里东乡一带亦有所见），据说走夜路迷失方向，可以抱住如来佛柱，这样就可以神清气定，看清道路。

与民间信仰相关的是岁时娱乐，具体表现为众多的迎神赛会。《皖歙岔口村风土志略》有专节描述当地的岁时节俗："元旦日，男女老幼，皆衣新衣，黎明即起，先拜天地祖宗，次拜灶师菩萨，村人相见，亦各拱手道喜。前清之季，族人犹有拜年之举，今已取销矣。是日所食各物，皆锡［赐］以佳名，如鸡子则曰元宝，面则曰长寿面，诸如此类，不胜枚举。初二后，各携酒菜展墓，名曰拜坟年。元宵前后数夜，有嬉马灯之举，店户各家，皆放花筒爆竹以助兴。"此外，文中还对二月二日接土地，三月三日嬉龙舟，清明祭扫挂纸，立夏食面，五月五日端午，七月十五祭祖宗、焚烧金银纸袋、作斋醮之会、召僧道施食，中秋食月饼、设宴赏月，九月重阳食角黍，十二月初八腊八节，二十四日送灶，除夕前数日送年节，除夕索压岁钱、坐三十夜等，皆有细致的描述。这些岁时节俗，在近年来出版的歙县白杨源、许村、里东乡一带的调查报告[1]中也有不少描述，彼此可以相互印证。

关于"拜灶师菩萨"，从民间文献来看应作"拜灶司"。迄今，在岔口一带还留下《送灶司爷经》："灶司老爷吟吟灶司经，灶司老爷一家之主你为尊，冬收白米罢仓仓满，红光落地罢遮灰尘，厌鬼别进来我家门，阿弥陀佛！"[2]

---

[1] 参见［法］劳格文、王振忠主编"徽州传统社会丛书"，如吴正芳：《徽州传统村落社会——白杨源》，复旦大学出版社，2011年；许骥：《徽州传统村落社会——许村》，复旦大学出版社，2013年；柯林权：《歙县里东乡传统农村社会》，复旦大学出版社，2014年。

[2] 金涛主编：《徽州记忆》（五）"歙县"卷，黄山市文化新闻出版局监制，2009年，第94页。

这是以岔口方言演唱的民歌，反映的便是"拜灶师菩萨"。再以元宵前后的"接菩萨""嬉马灯"为例，吴景超在《皖歙岔口村风土志略》中还有更为具体的描述：

  旧历新年，村人多闲暇，故娱乐之法亦最多。正月初十以前，村人多从事于拜坟年等事，无暇及此。初十以后，则接菩萨、嬉马灯、打锣鼓、唱曲等事，皆接踵而起。

  关于"接菩萨"一事，岔口村多在正月十三清晨实行，所接的菩萨为东北玄坛、八老爷、九老爷及太子菩萨等。通常情况下，每一个祠堂的人都必须接一两个菩萨，放在自己的祠堂里。接菩萨之时，用旌旗仪仗甚多，且放爆竹，有吹鼓手助兴，很是热闹。菩萨既接进祠堂，要宰杀一头猪加以祭祀。届时，村民皆需多备香烛祭菜前来祭拜。正月十三晚上还要"嬉马灯"，马灯是用以纸扎成各种灯彩，让儿童手持着行走。此外，也由青年子弟装扮《三国》《列国》各剧中的人物，混杂在其中游行。又有人装扮盲者、跛者、骑者、乘者、乞食者、卖艺者等种种装束，"尽滑稽之能，极奇诡之态"。在歙县，"嬉"就是玩的意思，嬉马灯一共要嬉六天，到正月十八为止，其中又以元宵一晚为最盛。

  此外，上述新年初十以后的"打锣鼓"，也就是集合若干人在一起练习各种乐器。晚间，村人多集中在祠堂里唱曲，所唱的则为徽调。在这几天，外村也有打锣鼓唱曲者到岔口各店家弹唱，店家则设茶及果子款待，临走时还要拿钱酬谢。这些人成群结队而来，数日内络绎不绝，每在一店弹唱，则其店之内外环绕聆听者相当之多，这也是新年的一桩乐事。

  三月三日有龙舟之戏，龙舟是为了奉祀唐时张巡、许远和南霁云等人。现存的《姚寿山读（豆腐会用）》等抄本，就是有关歙南龙舟会的文书。[1]仲冬

---

[1] 抄本计3册，是有关歙县九沙新安大社的相关文书，私人收藏，拟另文探讨。

有报赛之举，大概是因为当时冬收既成，人多愉悦，所以要及时行乐，开场演剧。演剧一事，每年都派数人办理，演剧之前数日，村人即于溪滩中扎一高台，又聘"班次"前来演戏。所谓班次，是指徽州以演剧为营业者，每班约数十人，其人来往无定所，"一日夜演唱，多则七八日，少亦四五日"。这几天时间里，除店家外，手工业者都休业，学校皆放学，大家集中在溪滩上看戏，远近的乡民也都联袂而至，这大概是一年内最热闹的日子。此外还有会场的布置，一般是十年一次。会场分为五隅，东隅以青色为标志，南隅以红色为标志，西隅以白色为标志，北隅以黑色为标志，中隅以黄色为标志。凡旗幡服色之类，皆以五色分之，相当壮观。会场中除戏台外，有祭场，有道场。其中，以演剧的戏台最为美观。此事从头到尾，要十天才结束。"村人每丁醵资一元，以成斯举，报赛则每人只醵资数十文而已。"在徽州，"五隅"的划分城乡皆有，可大可小，具有相当的灵活性。它既是一种地理划分，又是一个迎神赛会的组织机构，并由此衍化而为处理超越单个家族公共事务之基层组织，"五隅"或"五方"反映了地方基层组织较为原始的型态。[1]

（三）日常生活的其他方面

大凡风土志，对于一地民众的衣食住行均有细致的描摹。《皖歙岔口村风土志略》一文，就有对当地"衣食住"的概述，其中的饮食部分这样写道："村中居民，无不有田，又皆畜鸡豚，以供不时之用，故仰事俯畜，无虞不继。市上米价甚廉，一元可得二斗余。肉只有猪肉一种，价一百数十文一斤。牛肉、羊肉，非购自他乡，不可得也。油有豆油、菜油、猪油、麻油四种，菜油、猪油，多出自本地，豆油、麻油，则来自外邑。他如面、盐等物，约三四十文一斤。豆腐价最贱，三四文即可购一大方，质佳、滋养之妙品也。村人每日率食三餐，以饭为主，面及他物佐之。夏日有食四餐者，即下午加

---

[1] 参见王振忠：《明清以来徽州的保安善会与"五隅"组织》，（台湾）《民俗曲艺》第174期，2011年12月。

食点心一道是也。点心之种类甚多，最普通者，为肉包、馄饨、烧卖、水饺、煎饼、煎菜、芝麻糕、白米糖、风车饼等物。要之，村人食物只求富厚，不求精美，此与杭、沪间人不同之点也。"这是对一般民众的日常生活所做的描述。从中可见，市面上只有猪肉一种，牛肉难以见到，这可能与民间耕牛有限以及宗教信仰中对牛肉的禁忌有关。猪油可以自给，但在徽州，不少村落的猪油供给多来自外地。至于服饰部分，《皖歙岔口村风土志略》写道：

> 衣服多以布制，绝少用绸缎者，至于西装，则村人多未见之也。小儿夏日多赤足，不穿鞋袜，大人则多穿草鞋，或蒲鞋，以终日劳动，布鞋不适用也。大热之日，或袒其上体，或只穿坎肩，颇不雅观。天雨则戴箬笠，穿钉靴，或撑雨伞，踏木屐。冬日村民多戴瓜皮帽或毡帽，年老者间戴风帽，又有耳套者，以棉为之，旁缘以皮，严寒时儿童及老者多用之。此外复有一种御寒之物，名曰火笼，以竹编成，中盛炭屑，藉以取暖，形与外邑之脚炉大同小异。女子多缠足，戴耳环，男子亦有戴耳环者，惟女子之耳环，多饰以珠翠，累累如璎络，斯其别也。

上揭提及的服饰时尚，有不少已时过境迁。不过，其中的"火笼"之制，迄今在皖南农村冬季时还时常可见。另外，关于住宅，《皖歙岔口村风土志略》指出："村中之房屋，较外间为宏壮，屋多为二层，墙以砖造，外披白垩，甚纯洁。屋中则栋梁柱壁，皆涂以漆。窗及格子门，则雕以山水花草及篆隶各字，甚美丽。而大门上之门檐，尤为他邑所罕睹，门檐为砖制，上雕云物花草鸟兽极工，多出自精巧砖匠之手也。村人于建屋之初，必先打地基甚深，下盛石子，上铺巨石，故能历久不坯，非若外间之以碎砖为墙，弯木作梁，一经风雨，即有倒塌之虞也。"这是对徽派建筑的一种描摹，其中提及徽州老房子的粉墙，室内的梁柱、木雕以及门楣上的石雕等，均颇具特色。

此外，《皖歙岔口村风土志略》对当地的教育状况，亦有相当详细的描述。吴景超的记述上溯清初，下及民国，从中可见，当时由于茶叶的兴盛，岔口教育的发展颇为兴盛："自清初即崇礼教，重经学，雍、乾以降，有解元、举人数人，岁贡、廪生、生员十余人，武秀才亦有数人。科举废，学校兴，又设有师范传习所、国民学校，毕业其中者，多设馆教授，称良师。"据《皇清诰授光禄大夫吏部右侍郎加二级谕赐祭葬显考子怀府君行状》记载：王茂荫"舞勺后，从双溪吴柳山游。先生为乾隆丁酉科江南解首，故名宿也，门下多积学之士"[1]，舞勺之年，也就是十三至十五岁间，换言之，王茂荫是在岔口接受其早期的教育[2]。光绪三十二年（1906），歙县岔口举人张云锦等人，依靠茶捐及私人捐助创办了双溪师范，该校存续时间未久，便改为大洲公学，这是清末师范教育早期历史上重要的一页。[3] 由于有着颇为悠久的尊师重教传统，岔口人对于教育极为重视，当地的文风一向颇为炽盛。对此，吴景超分别叙述了岔口的私塾教育和小学。关于私塾教育，他指出：

>……私塾，村人称之曰蒙童馆，塾中之教师，曰蒙童馆先生。吾村有私塾三，其中教师，皆前清秀才，深于八股文者也，学生皆村中十五岁以上之小儿。一蒙童馆中，多者约二十余人，少者亦十数人。

在《皖歙岔口村风土志略》中，吴景超对于私塾教育的师资、私塾的规模、私塾的教材、私塾的行为规范、塾师的体罚措施、私塾的课程及教学安排等，都做了详细的叙述。例如，关于私塾的教材，他指出，蒙童所读之书，有深浅之分，浅者为《三字经》《千字文》《百家姓》，深者为《幼学琼林》《龙文鞭影》《论语》《孟子》等书。塾师要求学生颇为严苛，故为后者所敬畏，"先生在，学生皆正目端坐，不敢作声"。而私塾教师之所以能够约束儿

---

1 曹天生点校整理：《王茂荫集》，中国档案出版社，2005年，第237页。
2 歙县民间流传着《王茂荫与鬼议钞》，说的就是王茂荫小时在岔口梯云书屋念书的故事。见金涛主编：《徽州记忆》（四）"歙县"卷，黄山市文化新闻出版局监制，2009年，第259页。
3 参见方光禄、许向峰、章慧敏等：《徽州近代师范教育史（1905—1949）》，安徽师范大学出版社，2013年，第14页。

童,令其就范,主要的法宝就是界方和烟筒两类工具。凡是"背书不熟,事师不恭,或互相争吵者",教师就会以戒方或烟筒加以惩罚。"学生每日之课程至简单,早餐之前,入学诵旧书,名曰上早学。粥后,塾师即为学生上新书十数行,名曰上生书。生书须于午饭前背诵,不能者,每不许回家午餐也。饭后,学生皆习字,至三句钟,塾师乃教学生答对,答对毕,复温旧书,名曰念带书,须于晚饭前背诵",这就是私塾课程的基本安排,对此,吴景超颇为不满,认为私塾的教育已远远落后于时代。除了私塾之外,他还指出当地的新式教育:

> 村中有一小学,名曰大洲两等学校,此为南一区惟一之小学,开办于民国元年,校址在村西忠烈古庙,内有讲堂二,食堂一,厨房一,职教员办事室一。开办之第一年,有学生五六十人,现只二三十人耳。校中有职教员三,教授取启发主义,科目为国文、习字、算术、修身、历史、地理、理科、体操、音乐、图画等。校中经费不足,图画、标本、仪器,理科模形、器械等,皆未购置,以致儿童对于理科、地理等,皆不能十分领解,此其缺点也。授业时间,每日午前八点半起,至下午四点半止。校中无运动场,体操多至村外旷野上行之云。

作为新式教育的一种形式,小学与传统私塾的课程及教学安排完全不同。20世纪90年代,在皖南民间随处可见的旧书中,清末民国时期由商务印书馆印行的各类新式小学课本为数最多,这些课本,显然都是当年旅外徽人寄回家乡的新式教材。关于这些情形,我们在晚清民国时期的徽商书信中时常可见。当年,除了教材之外,还有不少其他的书籍也随之传入徽州。吴景超指出,岔口村中有藏书所数处,如梯云草堂、双溪草堂、山对旧书斋、霞峰别墅、自得山庄、能静轩和龙门草堂等,都是私家所设的藏书室。其中的梯云草堂,于咸同年间毁于火灾,及至民国初年,则以山对旧书斋、自得山庄藏书最为丰富。上述的诸多藏书室,"其中有用之书,无不具备,近今如名家小说、欧美小说，亦多购有"。揆诸史实，徽州素有藏书的传统，迄今在当地的古玩店中，仍可见到不少昔日庋藏古籍的红木书箱。及至近代，藏书的范围已不再局限于传统的儒家经典，而是扩及晚近的小说等。这种情形，自然从一个侧面也反映了徽州社会的变迁。此外，文中提及的名家小说、欧美小说，显然都是由外出经商者购置寄回徽州。正是由于茶业的兴盛以及茶商家庭对教育的重视，当地有不少人外出接受新式教育，成为知名的学者、文化人。在这方面，吴景超便是一个典型的例子。

三、结语

第一，吴景超曾主张模仿英国社会学家查尔斯·蒲司（Charles Booth）所开创的"社会调查"之研究方法，他认为，中国的社会调查应分为两个方面，一方面是农村调查，另一方面则是城市调查。其中，农村调查可以依靠学生，由于中国当时的学生大半来自农村，他们可以返回家乡调查自己的村庄。[1] 事实上，早在1919年，吴景超就在家乡岔口村做过类似的调查，以往学界尚未关注到他所撰写的《皖歙岔口村风土志略》一文[2]，以至于有人认为"尽管吴景超积极提倡社会调查，他自己却没能亲身参与"[3]。而从以上的分析来看，《皖歙岔口村风土志略》对徽州村落的调查颇为全面，涉及传统村落社会的诸多侧面。

吴景超后来著有《社会组织》一文，他强调，在做家庭历史调查时，"写时要多叙述事实，少发挥议论"。关于家庭，他提出下列的调查提纲：家庭的背景、与大家庭及宗族的关系、家庭组织、家庭仪式、家庭经济、家庭教

1　阎明：《中国社会学史：一门学科与一个时代》，第147页。
2　《第四种国家的道路——吴景超文集》书末附录有"吴景超先生主要著作"，其中并未列有该文。
3　《中国社会学史：一门学科与一个时代》，第148页。

育、家庭冲突、将来的家庭等。[1] 1928年8月，吴景超以《唐人街——共生与同化》一文荣获芝加哥大学社会学博士学位，它是吴景超"对本土关怀、实用主义立场以及实证性研究态度的兼顾"[2]。在这篇论文中，吴景超使用了包括中国移民问题联合调查特别委员会报告在内的政府报告、国会会议记录、法庭报告、法律文书、报纸杂志和政府统计数据等资料，又做了大量的调查与访问，收集了生活史以及个人传记。学界一般认为，这种偏重实际调查以及经验性材料使用的方法，是吴景超承自芝加哥学派的研究心得。[3] 不过，倘若我们对照《皖歙岔口村风土志略》一文，不难看出，有过先前村落调查的经历，对于从事更复杂社会的研究显然极有裨益。

第二，如果我们进一步梳理20世纪初以来较长时段的社会调查史料，可以更为清晰地看出《歙县岔口村风土志略》的学术价值。有关徽州经济、风俗的调查，比较系统的资料是清末刘汝骥编纂的《陶甓公牍》——光绪三十三年（1907），徽州知府刘汝骥委派当地士绅组成"统计学会"，将各类事项分民情、风俗和绅士办事习惯等类撰说，并经刘氏本人汇核编订。由于各县的调查出自众手，彼此的认真程度不同，故而史料的详略及其价值也颇有差异。不过，这是清末以前所有言及徽州一府六县民俗中最为详尽的一种文献，具有重要的史料价值，其成果对于研究徽州的民俗文化和社会变迁，弥足珍贵。[4] 民国初年，根据上海东亚同文书院各期日本学生的实地调查报告，汇集而成《"支那"省别全志》第12卷《安徽省》[5]，书中共分安徽省总说、开市场及贸易、都会、交通及运输机关、邮便及电信、主要物产及商业惯习、

---

1 吴景超：《社会组织》，见孙本文主编《社会学大纲》第七种，《民国丛书》第四编第十册。谷迎春、杨建华主编：《20世纪中国社会科学·社会学卷》，广东教育出版社，2006年。

2 陈新华：《留学生与中国社会学》，南开大学出版社，2009年，第208页。

3 同上书，第209页。

4 关于《陶甓公牍》，笔者最早作了颇为详尽的研究，发掘出该书的历史民俗研究价值，参见拙文《晚清徽州民众生活及社会变迁——〈陶甓公牍〉之民俗文化解读》，《徽学》2000年卷，安徽大学出版社，2001年。

5 ［日］东亚同文会编纂、发行，大正八年（1919年），（台北），南天书局，1988年。

工业及矿产、输移入品、商业机关和金融货币及度量衡十编，调查颇为细致，并附有一些相关的地图。该书原为日文，安徽省图书馆另藏有民国传钞本《安徽省志》[1]，即该书相关部分之中译本。30年代，铁道部财务司调查科编有《京粤线安徽段经济调查总报告书》（为"铁道部经济丛书"之一），该报告涉及旧徽州一府六县中的绩溪、歙县和休宁。稍后，建设委员会经济调查所曾在皖南各县调查，先后刊印了当涂、芜湖、宣城、广德、郎溪、歙县和休宁七县的调查报告。其中，对1934年歙县、休宁的详细调查，收入《中国经济志》第2册。[2]这些，都是较大县域范围内的调查报告。至于专门的个别村落之相关调查，也有少量的一些案例。例如，《绩溪庙子山王氏谱》的作者，就以皖南僻远山乡的一个村落为视点，勾勒出晚清民国时期民间社会的风俗画面。[3]此外，曹诚英撰有《安徽绩溪旺川农村概况》的调查报告。[4]这些，都已为学界所认知。不过，吴景超的《皖歙岔口村风土志略》一文，则是尚未得到学界关注的重要著作，理应引起我们的重视。

岔口是歙南的一个山僻小村，此一村落，即使是在晚近的民国《歙县志》中，也仅作为地名出现过数次，倘若没有吴景超留下的这一风土志略，我们对于当地情况可能几乎一无所知。[5]吴景超对故乡的调查，最终是以"风土志"的形式来展现。有关"风土志"的写法由来已久，"《禹贡》为风土志所自始，至《职方》而加详"[6]。后来，"风土志"也成为方志中的一个组成部分。及至民国时期，"风土志"的撰写，逐渐由传统方志学的描述转向具有一定近代社会调查意义的资料，其部分撰写者也由传统士绅转向受过新式教育的学生，

1　关于该书，承安徽大学徽学研究中心张小坡副教授的提示，特此致谢！
2　"民国史料丛刊"第9种，1935年；（台北）传记文学社印行，1971年影印。
3　参见拙文《一部徽州族谱的社会文化解读——〈绩溪庙子山王氏谱〉研究》，《社会科学战线》2001年第3期。
4　《农学杂志》特刊第三种，1929年。
5　关于岔口的情况，只在一些民间文书中稍有反映，如歙县民间诉讼案卷集成（抄本3册）曾提及："当今恶俗，惟赌为甚，惟岔口之赌风为太甚，若不禁赌，难免无事也。"
6　光绪《严州府志》卷三。

这使得"风土志"的内涵更为丰富和细致。在这方面,吴景超的《皖歙岔口村风土志略》提供了一个典型的例证。

第三,20世纪前期徽州村落调查的资料,迄今仍具有重要的学术价值,对于当代村落文化的保护亦颇具借鉴意义。

1949年以后,徽州村落调查的资料相对较少。管见所及,最为重要的成果当推1950—1951年的土改调查资料,此一成果目前见于华东军政委员会土地改革委员会所编《安徽省农村调查》[1],其内容主要包括《皖南区农村土地情况》《徽州专区农村情况概述》《屯溪市隆新乡徐村调查》《歙县潜口区西山村牛租调查》《祁门县莲花塘村公堂、祠、会调查》《皖南山区林山概况》《休宁花桥村竹、木、茶山调查》《黟县际村区卢村竹山、柴山调查》《歙县长陔区南源村树木情况调查》《徽州专区黄山风景区情况调查》等。此外,数年前由法国学者劳格文(John Lagerwey)教授主持的"徽州的宗教、社会与经济"["Religion, Society, and the Economy in Huizhou(Anhui)",2008—2011]项目,通过与徽州当地人的合作,以田野调查所获的口碑和地方文献,希望客观描述1949年以前徽州的传统经济、民俗与宗教,此一成果具体体现在由他与笔者合作主编的"徽州传统社会丛书",该丛书目前已出版《徽州传统村落社会——白杨源》《徽州传统村落社会——许村》《婺源的宗族、经济与民俗》(上、下册)《歙县里东乡传统农村社会》等卷。这些成果,不仅具有较为重要的学术价值,而且对于当前村落文化遗产的保护也有着一定的现实意义。[2]

---

[1] 《华东农村经济资料》第4分册,1952年。
[2] 有的作者在对村落社会做客观描述的同时,积累了丰富的文献史料和口碑素材,这为进一步村志的编纂奠定了重要的基础。例如,目前歙县北乡的许村,即以《徽州传统村落社会——许村》为基础,编纂了《许村志》。而吴景超的《皖歙岔口村风土志略》一文,也成为歙县南乡的岔口重修村志的重要参考资料。

清末民初徽州社会的缩影

——以吴景超《皖歙岔口村风土志略》为中心

邵宝振*

　　吴景超是中国近代著名的社会学家，他关于人口问题、工业化问题以及农村建设与都市化问题等都有着深入的调查与思考，至今，他的许多学术观点仍具有现实指导意义。而作为从徽州歙县大山中走出去的社会学家自然不会忘记生他养他的这片土地，他时时关注着家乡的发展。1946年，吴景超利用视察安徽机会，顺道返回歙县岔口老家，对徽州一带战后地方疫情进行考察，发现当地血吸虫病严重流行，遂将行政院善后救济总署赠送的一所按部队50张床位标准配置的野战医院的装备、药品，拨给了徽州，为地方政府创建"徽州医院"奠定了基础。

　　当然，从学术的角度看，吴景超1919年对他出生、成长的岔口村所做的社会调查《皖歙岔口村风土志略》（《癸亥级刊》，1919年6月。为简洁见，本文凡引用该文之处，一律以引号标明，不再注明出处），社会学及徽州地域学的学术价值很高。这是一篇基于实地调查的村落志类型资料，它从岔口村的位置、沿革、物产、宗法、生活、教育、风俗和胜景八个方面，对岔

---

* 邵宝振，安徽省歙县县委党史和地方志研究室副主任。

口村这样一个徽州的传统村落作了较为客观的细致描述。它为我们了解清末民初的徽州社会提供了一个窗口和样本，具有重要的史料价值。本文以《皖歙岔口村风土志略》为中心，重点从自然环境与物产、经济与社会、民俗风情等方面对清末民初的徽州社会作一探讨。

一、自然环境与物产

岔口村位于歙县南乡，距歙县县城约44公里，处于大源、小源两河汇流之处，是大洲源一个较大的村落。吴景超在《皖歙岔口村风土志略》一文开篇的"位置"即介绍："岔口者，南一区之一村也，地当两河合流，故曰岔口，又名双溪。两河一曰大源，自瓦上来，至岔口约五十里；一曰小源，自金竺来，至岔口约四十里。两河合流后，复西行，出大川口，入新安江。村之四周多山，西有坝岭，南有繁实凹岭，北有江村岭，前有龙门米。四山拱卫，如围屏然。"由此可知，岔口是一个山环水绕的村落，交通极为不便。从旱路要翻越坝岭、过昌溪、北岸，才能到达县城；走水路在正口搭船，可沿新安江直抵杭州、金华等地。

岔口的自然环境实际上也是徽州的一个缩影。1919年9月，歙县南溪南人吴日法在《徽商便览·缘起》中叙述道："吾徽居万山环绕中，川谷崎岖，峰峦掩映，山多而地少。……惟吾徽道途梗阻，交通乏便，……吾徽之由陆路旅行者，东则有大鄣之固，西则有浙岭之塞，北则有黄山之隘；由水路旅行者，则东涉浙江，滩险三百六十，西通彭蠡，滩险八十有四。经历险阻，跋涉山川，靡费金钱，牺牲时日，旅之往来，殊非易事。"[1]徽州地处皖南山区，北有黄山山脉，南有天目山脉，境内山连着山，绵延不绝。新安江及其支流涵盖了徽州的大部分区域，在山谷盆地或半山高坡之上，居民或垦山而

---

[1] 转引自张海鹏、王廷元主编：《明清徽商资料选编》，黄山书社，1985年，第6—7页。

种，或逐水而居，繁衍生息。

"歙南山多田少，居民多垦山而种，然皆土山，豆麦攸宜，较采樵之利不啻倍蓰。"[1] 据吴景超调查，"岔口山多田少，务农者大半种山为业"。山中种植的作物主要有小麦、黄豆、粟米，此外还有许多的茶树。"田则无多，其中不过百亩而已。"村民饲养的家畜家禽有猪、狗、猫与鸡、鸭等。

所谓的一方水土养一方人。徽州素有"七山一水一分田，一分道路和庄园"的民谚，山林经济是徽州农林收入的大宗，以竹木、茶叶、桐油、土漆等为主，其中茶叶品质好、产量高，畅销国内外，茶行亦是徽商经营时间最长、经营区域最广的行业，尤其到清末民初时期，茶叶贸易成为徽商四大行业之首，如岔口的吴俊德、昌溪的吴炽甫都是当时富有名望的茶商。吴俊德（1873—1934），名永柏，又名荣寿。1901年，吴俊德承父业，设怡和茶号于屯溪阳湖外边溪，后又陆续开设怡春、永源、华胜、公兴等茶号，多时达18家，茶工千余人。其曾先后任六邑同业茶务总会会长、严州保商会名誉会长、休宁县商会会长、平粜局局长等职，生活俭朴，乐善好施。吴炽甫（1847—1929），字世昌。其在各地开设的茶厂、茶庄、茶号最多，除在歙县昌溪开设"吴介号"茶号，在琳村开设泰昌茶厂外，还在北京开设恒瑞、存瑞、聚星、源成、德润、肇祥等茶庄；在辽宁营口开设德和永茶庄、同德茶号、永和茶号、泰昌茶号；在河北张家口开设德祥茶号；在河北宣化开设德裕茶号；在江苏扬州开设协和茶号；在福建福州开设同德茶厂、协大成茶厂等。它们组成了强大的集毛茶生产加工、花茶窨制、市场销售为一体的茶叶集团，执京、津及东北各地花茶销售之牛耳。

"茶之出额，颇为不少。村中有洋庄茶号六家，每年收集村中及他乡之茶叶，制为洋庄，运往沪上，销与外人。"吴景超亦出身于茶商之家，还曾发表过《徽州之洋庄绿茶》。洋庄，指的是经营海外茶叶贸易的茶庄。1842年，清政府被迫开放广州、福州、厦门、宁波、上海五处为通商口岸，徽州外销

---

[1] 许承尧撰、李明回等校点：《歙事闲谭》，黄山书社，2001年，第604页。

茶大量增加。1851年至1861年间，徽州府行销茶引56,330道，产量676万斤；1862年至1874年间，徽州府行销茶引达10万道之数，其中外销占十之八九。詹天佑的曾祖父、祖父都曾贩茶入粤，婺源人程国远、程士严、詹镛钜等先后贩茶运往广州销售；歙商王珠在广州设有茶庄，又在歙县至广州途中设有分号4家。同治年间，仅歙县就有外销茶号8家，其中以芳坑的江有科规模最大，时称"漂广东"。清光绪中叶，外销茶交易市场转移至上海，缩短了行程，方便新茶及时上市交易，从而更加促进了徽州茶叶的生产与销售，仅屯溪一地就有茶号136家。民国期间，歙县渔梁、琳村、深渡等地茶商达百余家，经营外销茶2万余担。每到茶季，新安江上商船云集，千帆竞发，颇为壮观。正是由于茶叶经济及徽商的兴旺发达，弥补了徽州山多田少、人多地少的生存矛盾，使得徽州社会保持着相对稳定而繁荣的局面。

二、经济与社会

据吴景超调查统计，1919年岔口村有300余户，1000余人，在大洲源中是仅次于洽河的大村。"地当大、小源之交，南一区之茶业及他种贸易皆以此为中心"，因处于大源与小源两河交汇处，岔口亦是大洲源日用消费品和土特产品的重要集散地。

据吴景超调查，岔口村民从事于农业者"十居八九"，农业也是大多数村民的主要收入来源，村民勤于耕种，将村庄周围的田地都开垦出来种植作物，"山地种麦豆及茶，洼地种稻黍及芋，平地则植菜蔬"，合理利用，一年的收成也能满足自给自足的生活。除此之外，农闲之时，男人可做担夫，赚取体力钱；上山打猎，下河捕鱼，即可改善生活，也可出售得利。女人则可从事择茶、养蚕、制扇、做鞋、锄草、卖菜等活计，赚取零花钱或贴补家用。

徽州向有经商的传统，岔口村亦然。据吴景超调查："村人又有经商于外者，其地多在北京、上海、苏州、杭州及江西之景德镇，浙江之金华、兰溪、衢州、龙游，安徽之寿州、霍山等处。或为人作伙，或自设店业。其最远者则为日本，行业以茶、漆为多云。"从吴景超的调查资料分析，岔口一村在外经商的人数当在百人以上，他们既解决了自身的生存问题，也为家人的生活提供了一定的保障，还是地方公益事业的主要捐助者。遗憾的是，吴景超可能限于时间与精力等问题，没有作进一步的深入调查，将他们的从业人数、经营规模、经营状况等详细资料罗列出来。

岔口作为大洲源的商业中心，人来客往，物流发达，为岔口本村及周边村民提供商品及服务的店铺亦为数不少。据吴景超调查，时岔口有杂货店十余家，销售布匹、纸张及油、盐、糖、米等物，每年获利约数百元；肉店三四家，售肉、酒及面；豆腐店六七家，兼售豆腐干、豆腐油等物；饭店一家，陈设简陋；馄饨摊与面摊，主要销售给外村来售茶或办事者等；药店七家，所售以中国药及药丸为主，亦有兼售金鸡纳霜丸等西药者，店中住有中医，为人看病及开药方。还有沿街叫卖的丝线担，售与妇女刺绣之用。

除开设商店之外，还有从事各种手工业者。手工行业有木工、石工、砖匠、竹匠、剃头匠、铜匠、成衣匠、杀猪匠、纸扎匠等。岔口手工业店铺有染坊一家，鞋店一家。诸多的手工业者为人们盖房起楼、打制家具、缝补衣服等提供生活服务，赚取一定的工钱，亦以此维持乡村的正常运转。当然，对大多数手工业者而言，务农仍然是其根本，农闲时则从事手工业。

徽州村落多聚族而居，岔口亦然。据吴景超调查，最先入住岔口的是郑姓，后凌姓及昌溪吴姓，皆于明末相继迁入；北岸吴姓迁入最迟，约在清初。但后来者居上，"人口近以北岸吴姓为最多，凌姓及昌溪吴姓次之，郑姓人不甚旺，今只十余家，其余若王姓、若胡姓，不过一二家、三数家而已"。也就是说，岔口是一个以吴姓为主导的村落。吴姓人口多、财力雄厚，故先后建有四所祠堂，分别为"光裕堂""积善堂""彝叙堂""祥和堂"；凌姓建有"敬本堂"。而王、郑各姓，皆以人数过少，没有祠堂。祠堂建筑可以说是徽州村落的核心与灵魂，它既是族人尊祖敬宗的祭祀场所，也是村民实行自治的议事场所。"吴姓四祠堂源出一支，关系甚密，与凌姓亦互通婚姻为亲戚。

故一村之中，和气渊然，数十百年曾无涉讼公庭之事。"以血缘为纽带，以尊长为主事的宗族管理模式简洁而有效。"村人相见，其称呼皆按班辈之高低。老者虽为劳工，幼者遇之亦敬礼有加，以故外间屡见之尊富蔑贫、轻视劳工陋习，在吾村实罕见。"无疑，徽州传统的乡村自治有其稳定性与温暖的人性光辉。

每个祠堂通过集资或捐助筹得钱款，购买田地作为祠产，出租所入用于祭祀开销，是徽州宗祠普遍采用的方法。为加强管理，一般实行轮值制度，管理祠中一切事宜。"一岁之中，如元旦、清明以及各节，各房子孙多携酒菜及香纸入祠拜祭，诚敬之情，殊足令人生慎终追远之思也。"尊祖敬宗的祭祀活动强化了宗族内部的凝聚力，聚餐饮酒拉近了宗族子弟的感情。岁首及清明，前往歙东及绩溪临溪等地祭扫祖墓，"祭毕，各取暖锅于坟堂中，据地食之。于时则谈笑风生，庄谐杂作，其乐乃无比"。

徽州向有佃仆（又称"伴当""细民"），他们"佃田主之田，葬田主之山，且与仆人通婚者"，是迫于生计而投靠地主的农民，他们佃种地主的土地，居住地主的房屋，或将祖先安葬在地主家的山场上，从而与地主形成了严密的依附关系。据吴景超调查，岔口有"伴当"数家，社会地位比较低，"村人对之，多怀轻蔑之念"。对此，吴景超引经据典，指出雍正五年（1727）、嘉庆十四年（1809）已对"伴当"实行开豁，享有与普通百姓同等的权利。但陋习还是有一定的延续性，特别是势单力薄的弱势群体不得不依附于大的宗族，"吾村之伴当，其托业于吹手、喜娘，服役各祠堂如故"。吴景超指出，"此实吾村之玷，所当革除者也"。

总体而言，在吴景超笔下，1919年岔口村经济繁荣，物价平稳，社会稳定，人民安居乐业。但揆诸史实，清末徽州社会充满着动荡与曲折，特别是咸丰、同治年间的太平天国起义，曾国藩的清军与太平军在徽州及江南长期的拉锯战给徽州带来前所未有的大损伤。吴景超所记，是历经动荡之后恢复、重建已见成效之后的稳定而繁荣，不是古往今来一直如斯的。

诸多的文献记载了战乱时的惨状，如："清咸丰间，洪杨之乱，吾徽受祸最酷。以歙一县计之,人口损十之七八,庐舍损十之六七。其时焚掠屠戮之惨,殆不下于明末之蜀、清初之嘉定扬州也。"[1] 休宁县在官兵撤出后,"贼复蔓延四乡,大肆荼毒,无山不搜,无地不到,无暴不极,无毒不臻,掠人日以千计,破产何止万家!杀人则剖腹抽肠,行淫则威劫凶迫。村村打馆,丝粟无存,处处焚烧,室庐安在?死亡枕藉,骨肉抛残。"[2] "咸丰甲寅(1854)以后,同治甲子(1864)以前,十年之间,几无日不在风声鹤唳、水深火热之中,琐尾流离,死亡枕藉。"[3] 作为"义军"的太平军烧杀抢掠,对徽州地方社会破坏甚大。

湘淮军以另一种方式破坏徽州地方社会。作为"清剿"的清军主要力量是曾国藩领导的湘军与李鸿章领导的淮军,对这些地方部队,清廷是不拨付军费的,这样饷银的筹集就落在了地方官身上,而一些贪腐的官员借办团练为名,大逞搜刮之能事,以致民怨沸腾,民不聊生。陈去病在《五石脂》中记述:"徽人谓曾国藩驻师祁门,纵兵大掠,而全郡窖藏一空,故至今谈湖、湘者,尤为切齿。"[4]

由此可见,徽州所受的"咸同兵燹"灾难深重,经过十余年的摧残,其后果是十分严重的。一是人口锐减,如道光年间歙县人口617,111人,同治八年(1869)人口309,604人,其间减少307,507人,人口减少了一半;二是巨额财富的损失,既有金钱财宝、古玩字画等浮财的被抢、被烧,也有大量的民居、祠堂、庙宇等建筑被烧毁、破坏;三是田地荒芜,百业凋零,生计日迫;四是瘟疫流行,雪上加霜;五是徽商一蹶不振,举步维艰。整个徽州社会与经济残破不堪,举步维艰,笼罩在一片凄凉、萧疏的氛围之中。

太平天国战乱之后,面对满目疮痍,徽州社会进行了全方位的动员,投入恢复、重建家园的过程中。徽州人掩埋了亲人或不是亲人的遗骸,开垦荒

---

[1] (民国)许承尧撰、李明回等校点:《歙事闲谭》,第128页。
[2] 同上。
[3] 胡在渭纂辑:《徽难哀音》(油印本),1924年。
[4] 转引自张海鹏、王廷元主编:《明清徽商资料选编》,黄山书社,1985年,第109页。

废的土地，整修残破的住屋，集资修建宗祠、庙宇等遭到破坏的公共建筑，逐步恢复庙会、灯会、祭祀等活动。徽商也前往各地想方设法恢复营业，涌现了一批很有作为的代表人物，如绩溪的胡雪岩、黟县的李宗煝、歙县的吴景隆、休宁的胡椿、祁门的倪炳经、婺源的朱文煊等。他们坚守乐善好施的传统，或参与外地的建设或支持家乡的恢复重建，不遗余力。如李宗煝捐千金修复黟县的碧阳书院。朱文煊捐500金修复朱氏宗祠；捐800金修婺源城垣；输银1200两建安徽会馆等。经过三四十年的艰苦奋斗，徽州上下实行的一系列改革与自救获得了成效，化解了太平天国之后徽州严重的社会危机，到清末时期，徽州社会趋于稳定并逐步繁荣起来，从而使民生得以休养生息。

从1912年到1937年抗日战争全面爆发，近代徽州经历了相对平稳发展的20多年时光。徽商获得了难得的发展机遇，为徽州社会的发展奠定了一定的物质基础。徽商在茶叶、木业、银行业、粮业、绸布业、漆业、酱业、百货业、制纸业、房地产等行业都颇有建树，其商铺广布金华、兰溪、杭州、苏州、上海、芜湖、武汉等地，涌现了如程霖生、吴俊德、周宗良等商业巨贾。社会相对稳定，经济比较繁荣，人民安居乐业，吴景超1919年的调查正是反映了此时徽州乡村的实况。

三、民俗风情

徽州一向重视教育，岔口村亦然。据吴景超调查，岔口村有私塾（蒙童馆）3家，教师为前清秀才，学生为村中15岁以上的儿童，教授的是《三字经》《幼学琼林》《论语》《孟子》等传统课程。另有一座新式小学，创办于1912年，名"大洲两等学校"，有教职员3人，学生20余人。开设的科目有国文、习字、算术、修身、历史、地理、理科、体操、音乐、图画等。但由于经费不足，图画标本仪器、理科模型器械等皆未购置。村中还有私人藏书所数处，分别为梯云草堂、双溪草堂、山对旧书斋、霞峰别墅、自得山庄、能静轩、龙门草堂等。不仅藏有传统古籍，还有国内名家小说、欧美小说等。

徽州受程朱理学的影响，十分重视礼法。吴景超分婚嫁、丧葬、岁时、迷信四项进行了较为详细的调查。如婚嫁有问名、贽定、行聘、请期、冠笄、迎娶等礼，贫富皆同。丧葬俗礼，孝子于"七七"内，须衣麻衣、穿麻鞋、不进荤，不剪发。"七七"后，易麻衣为白衣，麻鞋为白鞋，三年始除服。岁时，元旦日拜天地祖宗、灶师菩萨；初二后"拜坟年"；二月二日"接土地"；三月三日"嬉龙舟"；清明"挂纸"；立夏食"交夏面"；五月初五"端午"，家家门插艾叶，以雄黄酒洒地，小儿戴糯米袋，额上书"王"字；七月十五祭祖，间作斋醮之会；中秋食月饼，晚间设宴赏月；九月重阳食角黍；十二月初八为腊八节，村人以各种菜豆煮粥食之；除夕夜，各家皆悬挂祖宗遗像于堂，大人给小儿女"压岁钱"，晚间"坐三十夜"。

"村人不解科学，怪诞不经之言，自易入耳。故迷信之风，较之通都大邑为尤甚。"据吴景超调查，岔口有三座庙：一为上帝庙，供玄天上帝；二为上庙（忠烈古庙），供奉汪公大帝、社公社母等，庙中有卦牌，村民多于岁首入庙求卦，以卜前程；三为下庙（水口庙），供奉关公、观世音、华佗等，其中华佗菩萨神座前有签筒，村民得病，其家属至华佗菩萨前求签，得签后去药店取药服用。此外还有算命先生、拣日子先生（外村人）、堪舆家等。

"旧历新年，村人多闲暇，故娱乐之法亦最多。"从吴景超的调查与记述来看，岔口村春节前后的娱乐活动是非常丰富的，有接菩萨、嬉马灯、打锣鼓、唱徽剧等，前后约一周的时间；三月三日举行庙会，有龙舟之戏；冬闲季节，在溪滩中搭台唱戏，日夜演唱，多则七八日，少亦四五日。还有十年一次举行"会场"，除戏台外，还有祭场、道场，前后要十天才结束。亦有村民饲养绿豆鸟、画眉、八哥、竹鸡等宠物，以为娱乐。岔口自然景色优美，村中文人题有八景：梯云夜读、虎阜涛声、龙门积雪、长潭观鱼、云碓夜春、金滩碎月、飞桥卧波、前溪柳色。在这样一个深山之处的村落之中，村民怡然自乐，过着悠闲的生活。故吴景超说，岔口"山清水秀，风俗淳朴"。

"山限壤隔，民不染他俗，勤于山伐，能寒暑，恶衣食。女子贞洁，不淫佚，虽饥岁不鬻妻子，山谷民衣冠至百年不变。"[1]徽州处于山环水绕之中，交通不便，民众与山外的交流受到限制，因而其民俗保持着较为长久的稳定性。"惟俗重劳而恶逸，民各能一技，且有田可资耕稼，失业之民实不一觏。"较为贫瘠的土地使他们养成了勤劳与节俭的生活习惯。"家多故旧，自唐宋来数百年世系，比比皆是。重宗义，讲世好，上下六亲之施，无不秩然有序。所在村落，家构祠宇，岁时俎豆。其间小民亦安土怀生，即贫者不至卖鬻子女。婚配论门第，治袿裳装具，量家以为厚薄。其主仆名分，尤极严肃而分别之，臧获辈即盛赀厚富，终不得齿于宗族乡里。"[2]相对闭塞的自然环境，注重宗族文化建设的世家大族，精心经营着这一方土地，俨如世外桃源。惟世仆的社会地位较低，他们依附于大的宗族，在祭祀、年节等活动时为他们提供一定的服务。

四、民初新风

当然社会总是在发展之中的，特别是清末民国初年，新式学校的创办与新式教育的兴起，为徽州注入了新鲜的发展力量。1905年科举废除后，在官绅、宗族、商人及社会各界的推动下，徽州陆续创办了各类新式学校，如由江炜、许承尧、汪鞠友等人发起，经两江总督批准，该年创办了徽州府立新安中学堂，招收学生60人，1914年改为安徽省立第三中学。1906年，许承尧等创办紫阳师范学堂，为小学教育培养师资。此外还有众多的小学堂。据张小坡统计，至1912年，徽州高等、两等与初等小学堂的数量约为128所。其中，高等小学堂26所，两等小学堂52所，初等小学堂44所，女子小学堂

---

1 （清）道光《徽州府志》卷二《舆地志·风俗》。
2 同上。

6 所。[1] 此后，徽州教育蓬勃发展，如 1921 年，歙县的小学由清末的 39 所增至 117 所，学生数达 4317 人。[2] 此外，还发展技术教育，1908 年，休宁人戴瑛在隆阜创设休宁县农业初等小学堂，设有蚕桑科，开有实业课；1910 年，歙县岔口茶商吴俊德等人投资在屯溪阳湖创办徽州农业学堂，教授农业、林业、蚕业等知识。新式教育的发展，既开拓了民智，又为徽州各项事业的发展奠定了基础，并向新式社会缓慢转型。

五四新文化运动为徽州带来民主、科学之风，促进了教育、卫生、妇女、工商业等领域的改革，对徽州社会风气的转变及社会进步具有深远的影响。1919 年，歙县籍的陶行知推荐北京大学、金陵大学、南京高等师范的一些优秀毕业生到歙县省立第三中学任教，带来了新的思想、新的文化、新的理念，使学校风貌为之一新：通俗易懂的白话文得到推广，有新式标点的《红楼梦》《三国演义》《水浒传》在师生中广为流传，特别是《新青年》等杂志也被介绍到青年学生中，师生争相阅读。在进步思想的影响下，徽州的进步青年，特别是在北京、上海、南京等地求学和当学徒经商的部分青年，纷纷结社，出版进步刊物，传播新思想，进行社会启蒙教育。较有影响的有《古黟新语》《黟山青年》《微音》等刊物。胡适、陶行知等亦为《微音》月刊撰文，如胡适的《我也来谈东西文化》刊载在《微音》第 27 期上；陶行知的《徽州人的新使命》发表在《微音》30、31 期合刊上。《微音》月刊一时成为旅外徽州人的喉舌，对当时徽州新思想的孕育、新文化的传播影响深远。总体而言，清末民国初年，徽州社会随着国内外形势的变化，在内外诸多因素的影响下，进行着缓慢而有效的社会转型，向文明、自由、民主的道路迈出艰难的步伐。吴景超对新式教育和新的风气在岔口村的影响做出了具体的描述，为我们理解当时徽州社会的变迁提供了微观层面的证据。

总之，吴景超的《皖歙岔口村风土志略》一文，对养育他的家乡——歙

---

1 张小坡：《发展与困局：清末徽州新式教育运作实态论述》，见卞利主编：《徽学》第五卷，安徽大学出版社，2008 年，第 196 页。
2 歙县教育局编：《歙县教育志》，黄山书社，2009 年，第 133 页。

县岔口村，作了一个全景式的记叙，它不仅对于当时的徽州乡村具有一定的标本意义，而且对我们理解吴景超严谨的治学态度、务实的工作作风，以及他作为一个富有建树的社会学家的成长过程都有着重要的意义。

从芝加哥学派出发眺望"世界社区"
——重读吴景超的《唐人街——共生与同化》

王雪梅*

1928年8月,27岁的中国留学生吴景超以Chinatowns: A Study of Symbiosis and Assimilation(中文译为《唐人街——共生与同化》,以下简称《唐人街》)一文荣获芝加哥大学社会学博士学位。这个早在清华求学时期(1916—1923)就抱有改革中国社会想法的有志青年,回国以后把主要精力转向中国问题的研究,在中国海外移民的研究方面,远在大洋彼岸的华人同胞聚居唐人街的故事也逐渐沉入他的记忆深处。时光流转至1985年,北京大学社会学系袁方教授在访美期间取得该文的复印本,由筑生翻译并在1991年交付天津人民出版社出版。60多年前尘封在美国芝加哥大学的一段往事始渐为人知并产生一定的学术影响。从1991年到现在,弹指一挥间,又过30多年的光阴。近日有机会参与"吴景超与芝加哥学派"学术沙龙的讨论,重读此书以及相关文献,深感这是一本未得到仔细剖析也未得到应有重视的中国早期社会学重要著作。我的初步研习体会可以概括成以下三句话:第一,它是一个地道芝加哥学派的、经典的都市社会学研究著作;第二,它丰富和发展

---

* 王雪梅,中共北京市委党校(北京行政学院)社会学教研部副教授。

了芝加哥学派和都市社会学的移民同化理论；第三，它关于人口流动与迁移的思想超越了时代。

一、地道芝加哥学派、经典都市社会学研究

这体现在三个方面：研究主题、依据的理论，以及主要采用的研究方法。

首先，移民研究是芝加哥学派最经典的主题之一。关注移民融入问题，探讨族群、文化和种族关系，是美国社会学芝加哥学派在1920至1930年代形成的独树一帜的研究领域和研究传统，最先由托马斯（W. I. Thomas）开创，继而由派克（Robert E. Park）、沃思（Louis Wirth）等社会学家加以系统化和理论化。吴景超先生1923至1928年在美留学，1925年进入芝加哥大学社会学系学习，他的博士导师正是派克教授，此间移民研究正进入鼎盛时期，研究成果丰硕。吴景超先生在此背景下写作博士论文《唐人街》，开篇即点明研究主题："东方人和西方人在长期的隔绝中发展了不同的种族特征和文化特征，这是人类历史上第一次大量的东方人和西方人在新大陆会合，创建他们的前途……以后各个章节，将深入探讨由于东方和西方人的会合，这个国家的各个民族在个人生活、社会关系和种族关系方面显示的后果。"[1]

其次，以移民问题为牵引，芝加哥学派及其都市社会学研究主要形成了四个方面的经典理论：（1）芝加哥学派社会心理学理论，（2）社会变迁、社会过程理论，（3）集体行为理论，（4）人类生态学理论。四种理论分别作为都市社区中人格与制度的相互关系、变迁过程、形成方式及分布状态分析的进路。那时社会学随着整个社会科学的发展趋向，已由研究静态的社会结构，进而研究动态的社会过程；已由主张个人或团体的观点，进而主张社会互动的观点。这也是德国社会学系统学派最为提倡的一种观点——社会过程表现

---

[1] 吴景超著，筑生译，郁林校：《唐人街——共生与同化》，天津人民出版社，1991年，第23页。

为互动的形式,芝加哥学派相承此说。在《社会学这门科学的导论》中,派克将社会过程分为竞争、冲突、适应、同化四个互动阶段,在都市移民社会中,不同族群之间的接触是社会过程的起点。

《唐人街》的写作就是依据以上四种理论,论文的结构安排、脉络展开则是遵从了社会变迁、社会过程论。全书共分十七章,第一至第三章,描述了华人移民到美洲,开始两大族群、两种文化的接触和互动;第四章"经济危机和种族冲突",是从竞争到冲突的互动阶段;第五至第七章,侧重华人与美国其他族群之间曲折、艰难的调适互动;第八至第十一章,是全书的重点,围绕唐人街展开,深入分析华人移民独特的生存空间与生存状态;从第十二章开始,由唐人街的华人移民群体分析、空间分析,进入到微观的华人婚姻家庭,解析同化阶段的问题。

由此看来,从接触、竞争、冲突,到顺应、调适、同化,吴先生的著作就是按照社会过程理论四个阶段的逻辑进行写作的,至于对具体现象和问题的研究,无不是精当地运用芝加哥学派的都市社会学概念和理论加以阐释、解析,精彩和创新之处每每见于各章节。如在第三章"有色眼镜下的华人"部分,有经典的符号互动理论运用,有从舆论角度透视种族关系、洞察公共舆论的性质和功能——这正是派克教授关注和倡导的。又如在分析华人移民寻求新的安身立命过程中与其他族群出现激烈的种族冲突,集中体现为反华运动,在这一部分阐释中主要运用了集合行为理论。反华是一种集合行为,是一种社会运动,运用集合行为理论可以深刻揭示这一社会运动的机制。唐人街,作为美国都市中的"自然区域",身处其中的华人,究竟是一种怎样的生存状态呢?吴景超先生运用人类生态学理论,详尽地解析了唐人街生态,包括生态区位空间、生态组织结构、生态功能变动;揭示了唐人街的"真相",所谓"六大公司"、同业公会,乃至帮会,在实际的生态结构中都有其特定的功能。

再次,《唐人街》采用的主要研究方法,也是地道芝加哥学派的。研究以四种理论为基础,相应产生四方面技术方法,即个案法、自然史法、区位法及统计法。从方法入手,这种继承最早可以追溯到托马斯、兹纳涅茨基著的《身处欧美的波兰农民》。不同的是,托马斯兹纳涅茨基研究的是波兰移民的个人生活史和家庭生活史,而吴先生则创造性地用之以叙述华人群体生活史。在具体写作中,他往往是先确立一个观点,再引用若干个案资料加以论述,写作风格别开生面,文本可读性强。

二、丰富和发展移民同化理论

在第十二至十五章,吴先生集中探讨唐人街的华人家族与婚姻家庭生活、家庭中的文化冲突以及一代和二代之间的同化问题。正是在这个部分,吴先生核心关注的同化理论得以出现,他自己的观点也随之而来。

第一,唐人街是第一代华人移民"同化"的独特方式。第一代华人移民在种族冲突和文化冲突中通过职业竞争的妥协与白人取得经济上的共生关系,通过相对聚居的唐人街空间模式,建立起华人自己的社区、社会组织及宗族群体,从而构筑适合华人居住交往的、带有本土文化色彩的生态系统,以抗拒异国种族歧视和西方文化冲击。唐人街"不是西方世界中一小块怪异的东方领地,而是生活在一起的两个不同文化不同文明的种族群体相互交往而又不同化时,必然和不可避免会出现的事物……在这里,美国人成了外人"。[1]

第二,华人移民的代际文化冲突产生同化问题。第一代华人移民面对的是风俗习惯冲突、生活方式冲突、价值观念冲突,这种冲突不是产生于华人移民之间,而是产生于华人与白人之间。然而,从第二代华人(即在美国出生的华人)起,这种冲突扩展至华人内部第一代人与第二代人之间。这种源于文化冲突的代沟使得父母与子女之间的关系紧张,家庭、人格解组也随之产生。在第十六章,吴先生深入探讨了第二代移民人格解组、边际人现象与

---

[1] 吴景超著,筑生译,郁林校:《唐人街——共生与同化》,第153页。

同化问题。尤为值得一提的是，华人移民中的边际人首先产生于华人与白人之间的混血儿，其次产生于第二代华人。混血儿面临的文化冲突远比第一、二代华人严重。

第三，同化的动态过程与内涵的扩展。吴景超先生基于对唐人街华人移民的观察研究，认为融合了两种文化、具有新特征的人处于两种文化和社会的边缘，永远不会完全渗透或融合。因此，他关注同化的动态过程而不关注同化的结果。从动态过程分析，他认为同化应该包括两方面：一方面是在客观上接受了美国人的情感、价值观念和行为，另一方面是在主观上，个体在这个国家和社会中生存，各方面都感到很习惯。虽然吴先生没有明确地提出个人观点，但他并不认为同化只有一种路径，同化也并非完全接受所谓的优势文明。

第四，"边际人"概念的继承与丰富。在社会科学领域中，"边际人"（marginal man）这一概念的内涵最初是由德国社会学家格奥尔格·齐美尔赋予的。齐美尔不仅在《异乡人》中论述了与边际人十分类似的一种特定的心理和行为模式，[1]而且他本人实际上就长期扮演着一种"异乡人"或"陌生人"的边际角色：作为生活在德国的犹太人，他处在两种文化的边际状态；作为在大学中屡屡受到排挤但在非学术圈内却极富声望的名流，他处在两种社会阶层的边际状态；而作为一个杰出的社会学家和同样能将随笔和艺术评论写得极棒的怪才作家，他又处在两种职业和身份的边际状态。曾在德国留学时期师从齐美尔的派克则是最早揭示人的"边际性"特征的美国社会学家。1928年，派克在《美国社会学杂志》第3期上发表了《人类的迁移与边际人》一文。[2]在该文中，派克沿着齐美尔的思路，将边际人形象地比喻为文化上的混血儿，他们寄托在两个不同的群体之中，但又不完全属于任何一方，他们

---

[1] G. Simmel, 1950, "Stranger", in Georg Simmel, *The Sociology of Georg Simmel*, New York: The Free Press.

[2] Robert E. Park, 1928, "Human Migration and the Marginal Man", *American Journal of Sociology*, Vol.33, No.6.

的自我概念是矛盾的、不协调的。"正是在边际人的思想中，由新文化的接触而产生的道德混乱以最显著的形式表现出来。也正是在边际人的内心——那里正在发生文化的变迁和融合——我们可以最佳地研究文明和进步的过程"。[1] 派克先生看到的是一个矛盾的人格，他认为这种边际性既是一种负担，也是一种财富。这一类型的个体，眼界更开阔，也更有理性。所以，在派克教授看来，边际人是最佳的都市文明研究对象。

吴景超先生学习并认同社会学前辈对边际人概念的理解和解释，在运用这一概念分析唐人街华人移民时，提出边际人形成的三种具体路径，即唐人街有三类人（他们与当地的机构和本地人接触）可能最先转变为边际人：（1）与主动传播西方文化观念的传教士的接触者；（2）与雇主接触者——在唐人街以外就业的华人佣工，他们白天从雇主处接受美国文化，晚上回来传播和影响其他华人；（3）与当地学校接触者——进入主日学校（Sunday school，是美国在星期日为在工厂做工的青少年进行宗教教育和识字教育开办的免费学校）和公立学校的学习者。

吴先生发展了派克教授关于边际人作用的观点，区分了边际人可能扮演的两种角色，即文化使者和改革者。这两种角色实际上是从不同角度来讨论的。第一，对于融入国来说，边际人在文化传播方面具有优势，可以扮演文化使者的角色，比如在美国的华人将中国文化、价值观念、风俗习惯等美国人感兴趣的方面都介绍过去。第二，对于母国中国而言，边际人因为深入体验甚至深入研究过两国的文化，深知两国的差距，当他们回到母国，眼前的环境使他们不满，这就使得他们既有改革动力，也有改革能力，也就更有用武之地。后者也是吴先生更倾向的角度。

---

1 Robert E. Park, 1928, "Human Migration and the Marginal Man", *American Journal of Sociology*, Vol.33, No.6.

三、超越时代的人口流动与迁移思想

在第十七章"从世界范围看华人迁移"中,吴先生引用大量数据,一方面呈现了当时华人在世界范围内迁移的全貌,另一方面,揭示了华人移民在各地遭遇到排华风潮的状况。英国统治的地区如加拿大、新西兰、澳大利亚等都出现了排华风潮。据吴先生的研究,排华风潮也遍及中南美洲,"事实是从蒂华纳到合恩角,一道'长城'已经树立起来"。[1] 从19世纪80年代到20世纪40年代,美国经历了"排华风潮出现——排华法案出台——排华法案松解"的阶段,直至1965年排华法案才彻底废除。怎样看待排华风潮?起因仅是"华人是黄种人、是异类"吗?吴先生认为答案并非那么简单。

吴先生从迁移流动、经济贸易、文化接触等多个层次予以分析和解释。他认为19世纪是一个迁移和接触的世纪,迁移的浪潮是工业革命的伴生物,而工业革命一定程度上导致农村经济的解体,所以迁移浪潮"标志着移民与经济解组有密切联系"。[2] 商品、人口和资本流动之间是什么关系呢?按照经济学家的解释,国际贸易对贸易各方都有好处。吴先生对此予以质疑,他认为当进入贸易的国家处在同一经济发展阶段时,这个论断无疑是正确的;但是如果一个国家经济落后,另一个国家高度工业化,贸易可能使前者经济瓦解。因为通过贸易,高度工业化国家的商品和资本流入,给落后国带来两个破坏:一是使落后国经济体制运转不灵,二是打破了落后国国内人口——生活资料之间的平衡。他举例:18世纪时英国商品进入爱尔兰,使得爱尔兰的棉花种植、羊毛工业遭到扼杀和毁灭,导致爱尔兰经济的瓦解。而中国国内经济破产与爱尔兰先前发生的情况有惊人的相似,所谓上一世纪发生在爱尔兰的情况,"如今正在中国重演"。[3]

一面是国内经济破产,一面是人口压力巨大,危机由此产生。以吴先生

---

[1] 吴景超著,筑生译,郁林校:《唐人街——共生与同化》,第332页。

[2] 同上书,第325页。

[3] 同上书,第335页。

的观点,移民、华人往外迁移实际上是对危机的一种应对和调适。如果这种调适没有障碍,过剩的人口就会留在新大陆——有更好的工资条件、更多的就业机会的地方,这样就会重建一种平衡的秩序,同时中国的人口压力也会减轻。但现实中出现的情况是,华人向外迁移的过程中存在障碍,表现为排华法案的实行。排华法案之所以出现,是因为华人迁移破坏了迁入国原有的国家市场,波及迁入国的利益。吴先生写道:"生活水平高的国家,他们的有利地位绝不容许染指的。他们用排华法案保护自己。这好像是在说,'你们穷人应呆在你们自己的地方,不要给我们添麻烦'。"[1] 故尔,人口流动被人为限制住了,减轻人口压力的渠道被堵死了。

写到此,吴先生笔锋一转,他指出人为限制的办法是有限的。他甚至预测,这种情形下的排华法案是不可能持续的,美国重新打开国门是迟早的事。因为一个国家可以通过关税保护本国的商品,但不能够控制世界市场;可以通过排华法案阻止更便宜的劳动力流入,但无法阻止资本外逃,当通过移民无法建立平衡时,就会改为通过资本输出实现。他还认为竞争过程的发展,会出现巨大的地理性的劳动分工,资本和劳动力会在有竞争力的地方再次结合,这也就促成了世界社区的出现。因此,从美国的角度来说,长此以往,本国商品会失去竞争力,美国也就不可能对华人长久关闭大门。"世界社区"[2] 这一概念是吴先生的创新,以他的观点,世界社区以劳动分工为特征。

吴先生认为,人口流动可以重建世界的经济和政治秩序,对促进一个"伟大社会"的成长有很大的作用。这个伟大社会,正如格雷厄姆所言,它就是"一致",一致比合作和共同行动更进一步,它是人类社会更崇高的目标。[3] "伟大社会""世界社区"是如何出现的呢?实际上吴先生很早就看到了经济一体化乃至全球化的力量,因为人口、商品和资本的流动一定会带来文

---

[1] 吴景超著,筑生译,郁林校:《唐人街——共生与同化》,第342页。

[2] 同上书,第344页。

[3] Robert E.Park & Ernest W.Burgess: *Introduction to the Science of Sociology*, Chicago, Illinois: The University of Chicago Press, 1921. P.164

化的接触，接触必然产生文化冲突，但文化融合也不可避免。两种文化接触时，首先建立互利关系，然后产生感情态度影响，不同文化族群之间就会形成共同的"论域"[1]。这就是吴先生眼中人类社会一致的未来。

事实上，"二战"以后，特别是到了20世纪80年代，世界经济体系才被学术界所认知。80年代时，弗里德曼提出"世界城市"的概念，意味着当时的学者开始认识到全球经济形成了一个经济体系，世界城市就是经济体系的节点。全球化成为研究的热点则是在冷战结束以后，也就是20世纪90年代以后——联想到吴景超先生早在1928年即提出类似的思想观点，不能不令人佩服。

吴先生也超越了塞缪尔·亨廷顿（Samuel Huntington）。因为早在亨廷顿之前，吴先生就看到了文明的冲突。但与亨廷顿不同的是，吴先生加了一个中间环节，即不同的文明首先接触和冲突，经过过渡、边际的阶段走到某种共同的论域。而亨廷顿只是谈到文明的冲突会带来世界秩序的重建，但是世界的秩序怎么建立？重建的路径在哪里？建成什么样子？他并没有提出来。

吴先生真是一位学术超人，他不仅穿透了他所研究的现象，而他研究的视野也是穿越时空的。《唐人街》的最后一段是吴先生摒除了情感色彩的冷静预言："也许一个世界共同体不像一个村庄那样充满诗意；也许一个世界政治秩序不如民族自治那么理想；也许一个世界文明太单调，不如许多民族和地区的文化纷呈。然而，无论我们个人的希望和理想是什么，现在存在的动力，似乎正催促世界新秩序的诞生，它不是任何团体和个人所能支配的。"[2]

〔感谢中共北京市委党校（行政学院）社会学教研部硕士研究生胡明琰、范炜钢、武旋同学做文字整理；感谢吕文浩副研究员、张路路编辑、赵雅茹编辑修订并润色文稿〕

---

1 吴景超著，筑生译，郁林校：《唐人街——共生与同化》，第344页。
2 同上书，第345页。

如何理解吴景超提出的"同一个世界"

王君柏*

吴景超的博士论文《唐人街——共生与同化》(以下简称《唐人街》)末章最后的结论是:世界文明最终只有一种,最终将只有一个世界共同体。将近一个世纪了,这个结论是否还站得住,对这个"同一个世界"如何理解,既是对吴景超学术的再评价,也是对当前全球化过程的有益探讨。

一、吴景超清晰认识到全球化的进程已经开始

虽然《唐人街》主要是讲在美国的中国移民,但作者显然没有停留在唐人街的小范围之内,而是放眼全球,上升到全球范围的移民和文化变迁上来。自从中国的国门被西方列强打开,就出现了西方商品的大量输入、西方资本的流入。虽然国际贸易对各方都有好处,但如果国家之间的发展水平差距很大,高度工业化的国家必然使落后的国家经济崩溃,中国正是这样的落后国家。根据吴景超掌握的数据,1864 年到 1924 年,中国每年的进出港口商船吨

---

* 王君柏,江南大学社会学系教授。

数由600万吨上升到1亿吨,其直接结果,就是西方商品和西方技术已经使中国的经济体制运转失灵,这与陈翰笙、费孝通等人稍后的实证研究是完全吻合的。但我们也看到,吴景超对这个问题的解决思路,与费孝通等学院派学者不同,更与陈翰笙等党的实践派不同,所以吴景超后来批评了费孝通等人发展乡村工业的思路,认为那不代表正确的方向。他更是在长篇的论述中,阐述了充分利用外国资本,而不是盲目打倒帝国主义。

外国资本的输入,在吴景超看来是双赢的,是好事情,即西方有利可图,中国也有利可图。他认为"到19世纪末,外国在中国的投资一直很少。1895年,外国列强获得在中国所有的开放城市、市镇和港口从事一切制造工业的权利。……从那以后,外国在中国的投资大幅度增长",并根据1927年的数据,认为当时的外国投资大概是30亿美元左右。他甚至希望中国在这种资本输出中,能够吸引到一个可观的份额,因为这种投资可以扩大城市就业,能够将不堪重负的农村人口吸引到城市里来,而这才是人口迁移的最主要的渠道,也正吻合了他后来提出的第四种国家的出路。[1] 而达成这一个认识,又是基于全球化这一前提,即吴景超讲的:"排外法可以阻止外国人入境,但不能阻止资本输出。如果廉价劳动力不能去到资本的所在国,资本就会流出去设法利用廉价劳动力",如果阻止人们到国外去寻找机会,机会就会来敲他们的大门。[2] 所以,吴景超已经充分认识到人、财、物的全球化趋势不可阻止,并进而谋划在这个进程中改善中国人的处境。今天回头来看,新中国成立以来的历史已经证明,无论是前三十年,还是后四十年,都无不从反面或正面说明,只有主动融入这个全球化的过程,自身也才能发展壮大。

---

1 参见吴景超著,筑生译,郁林校:《唐人街——共生与同化》,天津人民出版社,1991年,第341—342页。
2 同上书,第343页。

二、"同一个世界"以及边缘人的关键作用

既然研究的主题是移民,那么在人、财、物全球化的大趋势下,民族国家与社会的发展,将是一幅什么样的图景?吴景超的答案非常肯定:同一个世界共同体,甚至"随着时间的推移,最终将消灭各种文明的差别,而只有一种文明"[1]。显然,乍看之下,我们是不能接受这个果断的结论的,毕竟这似乎没有尊重我们伟大的传统文化,没有考虑到我们文化的特殊性,但其实只要认真理解他的思路,并注意这个"随着时间推移",就会发现这个结论还是客观公允的。

首先,同一个世界市场是同一个世界的基础。"在同一经济领域里,不同集团之间的竞争终归是不可避免的。如果禁止人们在同一政治区域内竞争,他们的商品仍将在同一个世界市场竞争。"[2] 在此问题上,吴景超是坚定的竞争主义者,即最终必须是产品说话,市场最终属于最物美价廉的商品。从长远来看,无疑是这样,但在具体的经济实践中,垄断与拒绝竞争毕竟还是比较多,所谓同一个世界市场,可能也只是理想中的最佳状况。尤其是在现代产业链条中,利润并不是平均分配的,被"卡脖子"的现象还是比比皆是,竞争与垄断是相伴而行的。

其次,新的经济基础导致新的政治秩序,即随着人员和资本的全球化,必然出现你中有我、我中有你的局面。当然,在经济发展不平衡的前提下,更多的是强国对弱国的渗透,比如,"为了保护在海外的公民的生命和财产,为了使欧美国家的贸易有一个安全的世界环境,西方国家采取种种方式对弱国实行政治控制,包括建立势力范围、保护国,以及最近出现的托管地"[3]。这无疑是一个难题,毕竟在全球竞争的环境里,国家经济发展总是有差距和强弱,这个同一个世界,难免就偏向强者一边,是强者的世界。在民族运动和

---

[1] 吴景超著,筑生译,郁林校:《唐人街——共生与同化》,第315页。
[2] 同上书,第343页。
[3] 同上书,第343页。

国际主义之间，究竟是否有一个清晰的界限，是否能够两全其美，无疑是一个很大的挑战。吴景超虽然提出了民族主义运动只反外国统治，不反国际主义，但并未看到如何做到这一点的具体措施。如此一来，这个"同一个世界"可能还是有空中楼阁的性质。

最后，吴景超理解的"同一个世界"表现在文化形式上，就是最终只有一种文明。这是直接从移民的活动来讲的，移民处于两种文化的重叠处，属于文化之间的边际人，或者"文化混合体"。吴景超认为边际人的作用是巨大的，从一般意义上讲，可以沟通两种文化；从积极意义上讲，往往会成为推动社会进步的改革者。而沟通和改革的结果，就是"文化混合体"的范围不断扩大，原来只限于小范围的文化特征得到逐步传播，长期沟通与改革的结果，就是逐渐消灭文明之间的差别，成为一种文明。但这一种文明，既不是甲文明，也不是乙文明，而是融合后的一种新的文明。具体到东西方文明，结果就是"人们将分辨不出东方文明和西方文明，而只能显示出一种文明，那就是两种文明的熔合；正如西方文明是希腊艺术与哲学、罗马法律、犹太宗教等文明的熔合一样"[1]。所以，不是西风压倒东风和东风压倒西风的问题，而是一个文化再造的问题，不必对是否被同化的问题过于敏感。更何况，这都需要"随着时间的推移"，也就是未来的一种可能。

三、放眼世界：一种必不可少的研究维度

1988年，在纪念吴景超学术思想研讨会上，雷洁琼说，"我们的老社会学家有一个很大的特点是要使社会学中国化"，"所谓中国化，就是要使社会学为国家服务"。[2] 显然，吴景超是属于这样的老社会学家，即使是在美国做的博士论文，也是研究华人移民问题，在结论上自然而然地展望中国的未来。但

---

[1] 吴景超著，筑生译，郁林校：《唐人街——共生与同化》，第315页。
[2] 同上书，"代序（2）"，第6页。

他的中国化，是从全球视野来反观中国现实，在国际普遍性中去找中国的位置，这是研究中国问题必不可少的一个维度。

研究中国的问题，是从中国的特殊性出发，还是从全球普遍性出发，是不同学者的视角选择的问题，吴景超和费孝通就是两个典型的代表，吴是放眼世界，费是一头钻进乡土。但这两种视角最终必须汇合，才能应付这个全球化的世界。对此，同样是在1988年的纪念吴景超学术思想纪念会上，费孝通讲得很透彻："吴先生在当时的条件之下，放眼世界，看到世界中的中国地位。我一下子钻到土里面去，到乡土中国里面去，所以，尽管我现在七十八岁了，我还得要从土里钻出来。乡下人要上街、要进城。我的头脑要从乡土中国进入一个现代化的中国。"进而明确，要同吴景超的学术思想结合起来，微观与宏观相结合，乡土同当代国际相结合，这样逐步形成具有中国特点的社会学的一批概念。[1] 这种汇合的必要性，目前也正被学者们所认识到。[2] 只是前者更加务实，后者更加理想化。对中国问题的研究，大概也正是要一边摸着石头过河，一边还是要看着大环境，顺应世界大潮流。不看环境地摸着石头过河，可能南辕北辙；只强调大方向的理想主义，可能脱离实际，好心办坏事。

总之，吴景超先生的"同一个世界"既是他对世界的敏锐把握，又是观察社会的一个非常重要的视角。他仅仅通过对唐人街的研究，就看到世界一体的未来，真可谓识于"青萍之末"，有其客观事实的一面；以这种视角来观察社会，必然意识到这种愿望在实现的程度上属于进行中的状态，有方法意义上的理想的一面。

---

[1] 吴景超著，筑生译，郁林校：《唐人街——共生与同化》，"代序（1）"，第4页。
[2] 王小章：《"乡土中国"的现代出路：费孝通与吴景超的分殊与汇合》，《探索与争鸣》2021年第9期。

吴景超、潘光旦关于"民族自信力"先天根据的论争

吕文浩[*]

1935年7月7日,天津《大公报》"星期论文"栏刊出了时任清华大学社会学教授吴景超的《自信心的根据》一文。此文的针对性很明确,它是对于当时中西文化讨论中对于中国文化的悲观论调的一个有力的反驳。他说:"有些人考虑到这些事实之后,便丧失了自信心,以为我们的文化既不如人,便是我们这个民族不如别人的证据。天演的公例,既然是优胜劣败,所以中华民族的前途,是很黑暗的,是没有希望的。"吴景超着意于文化问题,而从民族特性的普遍性上求解,力图为培植民族自信心做出论证。

此文刊出后不久,以研究民族特性知名的社会学家潘光旦立即写了一篇《论自信力的根据》(《独立评论》第160号,1935年7月21日)回应,其中既有赞同,也有重要的补充。因吴、潘的文章都有很多人关注,《独立评论》便将原刊于《大公报》的吴文加以转载(第161号,7月28日),随后又在第162号上(8月4日)刊出吴景超对潘光旦的再回应文章《论积极适应环境的能力》。

---

[*] 吕文浩,中国社会科学院近代史研究所副研究员。

《大公报》和《独立评论》都是20世纪30年代中国知识分子讨论时事和文化问题的重要阵地,影响公共舆论匪浅。两位社会学家在不到一个月时间里就与中西文化问题相关的"民族自信力"问题展开有深度的往复辩论,对于中国人认识相关问题的许多方面具有重要的参考价值。这场论辩可以看作是1934年上半年起《独立评论》同仁讨论"如何树立民族自信心"[1]和1935年初席卷整个文化界的"本位文化与全盘西化"论争的余波。这场论辩,不仅仅是一场思想论争,它把论争引入学术讨论的层次,同时也是社会学学科内部不同取向之间的论争。惜乎注意到的人尚不多,所以,有必要对其来龙去脉和内涵加以梳理。

一、吴景超论中国人的智慧和体质

吴景超的《自信力的根据》一文不是一时的心血来潮之作,而是他长期关注并思考中西文化和中西民族问题的结晶,其博士论文《唐人街》从某种意义上来说就是从"边际人"的角度探讨中西文化的冲突和融合的。而这篇文章基本观点的雏形可追溯到1929年初发表的《中国文明何时可与欧美并驾齐驱?》一文。

1929年3月12日,时任南京金陵大学社会学系教授的吴景超写了一篇《中国文明何时可与欧美并驾齐驱?》,发表在社会影响很大的大众刊物《生活周刊》上。在这篇文章里,他首先列举当时关于中西文化孰优孰劣的两种流行的看法,并明确表明自己的态度。当时一种意见以为中国的物质文明也许比不上西洋人,但如谈到精神文明,那么中国一定要首屈一指了;另外一部分人则是对中国的物质文明和精神文明都看不起。吴景超认为这两派意见"都失之过偏",前者是妄自尊大,后者是妄自菲薄,都不是正确的态度。什

---

[1] 张勇:《"怎样才能建立起民族的信心"——20世纪30年代〈独立评论〉关于"信心与反省"的讨论及其他》,《复旦学报》(社会科学版)2007年第6期。

么才是正确的态度呢？他认为，最为可取的是自觉的态度，也可称为努力的态度。所谓"自觉的态度"，"简言之，便是自己要知道自己，知道自己什么地方不如人，何以不如人"。从中国文化的现状而言，他对那些采取批评态度的人"抱有相当的同情"，这就是不讳疾忌医，首先要"知道自己什么地方不如人"。第二步才是了解我们"何以不如人"，也就是说，我们这些地方不如人的原因是什么。

如果中国文化不如人的原因是从先天根据上来说，我们民族的智慧就比不上欧美民族，那么这个打击将是釜底抽薪式的，后天再多的努力也无济于事。吴景超说："假如我们的智力是比欧美人差的，那么中国文化的前途可谓毫无希望。"今天的人已经很难体会近代中国人在国际上所遭遇的诸多挫折，以及它们带给国人心头的那种普遍缺乏自信力的情形。更何况，当时在西方也是一个种族偏见盛行的时代。近代中国的知识分子往往要花很多精力和心思来论证中国人的智慧并不低于欧美人，或者将这一点作为他们讨论中国文化前途的前提条件之一。

吴景超很重视关于中国人和欧美人智力高下的研究成果，在《中国文明何时可与欧美并驾齐驱？》一文里，他花了很大的篇幅来征引西方心理学、社会学学者根据智力测量结果对于黄、白二种人智慧高下的判断。他是一个很注意广泛搜集材料的学者，并不是刻意搜集对黄种人或中国人有利的证据，而对于不利的证据视而不见。首先他列举了三种主张中国人的智力较差于白人的研究成果，而且并没有加以批驳；其次，他又引用了两种主张"中西人的智慧是相等的，并没有差别"的研究成果；最后引用了三种主张"说是中国人的智慧较胜于白人"的研究成果。以上这八种研究成果，都是学者根据选取范围大小不同的人群加以科学研究得出的结论，因选样大小不同，选取对象不同，得出的结论五花八门，究竟哪一种可信呢？一时不容易断言，但吴景超在意的是："科学的证据，并没有把我们列入劣等民族之中"，"我们看了这些统计，不必自夸，也不要自馁。最科学的态度，是假设我们不优于白人也不弱于白人以待证于将来。"这真是学者的态度，即便有大部分的研究至少支持中国人不劣于白人,他也没有对此有利于自己论证的材料大加赞扬,而只是很谨慎地提示我们要有信心,并将"不优于白人也不弱于白人"的想法作为假设,以待将来更加周详的研究。[1]

时隔五年,在中国本位文化和全盘西化论争论最热烈的1935年,7月7日,时任清华大学社会学教授的吴景超又写了《自信心的根据》一文,作为《大公报》"星期论文"刊出。在这篇文章里,吴景超的论证思路一如往昔,依然是从历史上的文化表现和科学上的生物依据两个方面来论证中华民族并不弱于白人,他希望以此来"增加大众对于自己的信心"。在引用两种西方学者关于头颅容量和脑重量的研究成果之后,他认为中国人的数据较优于西方人,并不足以成为引为自傲的确实证据,"此处我们要替欧人说一句话,就是欧人脑重的平均数,是根据一万以上的个案而得到的,中国人的平均数,只根据少数个案,样本太小,也许不能目为定论。不过我们可以说的,就是现在的研究,证明我们的脑经,是并不弱于白人的"。

除了比较中西智力高下以外,吴景超在《自信心的根据》一文还特别提到中国人适应环境的能力很强,"是任何民族所不及的"。他的根据是中国侨民的分布范围很广,热带寒带都能适应,不像白人黑人适应范围狭小,不时发生"水土不服"的问题。这点见解大概是当时流行的认识,吴景超特别引用中国驻美公使伍廷芳的话来支持。这种体力上的优势,也使得中国人在生存竞争上不会被淘汰,而且有很大的向各处发展的潜在力量。

吴景超的社会学专业背景决定了他并不是从自然科学层面研究种族,但他希望征引一些生物方面的研究成果来证明中西种族的平等,在这个基础上他将重点放在文化方面的论述。在广泛阅读西方人关于中西种族智慧高下的科学成果后,他首先确立了很强的民族自信心:"我们只要离开文化的领域,走入生物的领域,离开文化而谈民族,离开后天的而谈先天的,离开环境而看遗传,

---

[1] 以上参见吴景超:《中国文明何时可与欧美并驾齐驱》(上篇),《生活周刊》第4卷第18期,1929年3月31日;《中国文明何时可与欧美并驾齐驱》(下篇),《生活周刊》第4卷第19期,1929年4月7日。

就可发现我们中华民族,是一个伟大的民族,是有一个灿烂的将来的。"[1]

二、潘光旦的回应

吴景超的《自信心的根据》一文,在《大公报》"星期论文"刊出之后不久,7月21日,他的同事和老朋友,清华大学社会学系教授潘光旦发表了一篇《论自信力的根据》(《独立评论》第160号)作为回应。潘光旦具有生物学的训练,对民族素质中的先天因素颇多探讨。在科学研究的基础上来认识中华民族并提高其素质是他的主要关怀。讨论民族自救、民族出路民族复兴一类的话题而根本不理会民族的生物基础,是他很不赞同的,他将之归结为"不着边际的民族议论",曾专门著文加以批判。看到同事吴景超在《大公报》上、陈衡哲在《独立评论》上著文讨论民族的生物基础[2],他觉得两年前的批评已经不大实用,"这是私心以为很可喜的"。

潘光旦在原则上非常赞同吴景超的基本看法,即民族自信力非具有体力与智力的生物条件不可;对于吴景超提出的种种论证,他也表示乐于接受。不过,他依据自己掌握的材料和研究成果,对中华民族的体力和智力上的问题都进行了进一步的补充和讨论,大大扩展和丰富我们对于这个问题的认识。

关于中华民族适应环境的体质,在原则上潘光旦和吴景超一样接受当时的流行见解,认为中国人适应环境的能力很强。他所做的补充是,所谓适应环境的能力是很复杂的,可以作进一步的细化,从整体上看是优点的适应环境能力中也蕴含着若干负面的因素。他认为,适应环境的能力可以分为三类:"第一种是积极的,即对于环境能加以修正转变,使比较永久的合乎人用;第二〔种〕是消极的,即仅仅能迁就环境,逆境之来,也能顺受;第三〔种〕

---

1 以上参见吴景超:《自信心的根据》,(天津)《大公报》"星期论文",1935年7月7日,第2版;转载于《独立评论》第161号,1935年7月28日。
2 陈衡哲:《心理康健与民族的活力》,《独立评论》第154号,1935年6月9日。

是半消极半积极的，即用移继［徙］的办法，来永久的躲避一个不良的环境，而另觅一个良好的环境。"他认为，吴景超所提出的种种适应环境的能力，大都属于第二种，即"随遇而安的能力，抵抗疾病的能力，耐劳忍苦的能力，逆来顺受的能力"，这些能力无一不是中华民族品性中最显著的特征，也无一不是消极的。关于中华民族的这种消极的适应能力，潘光旦以前曾再三论述，他认为这虽不能说是一个弱点，至少也不能完全说成是优点，因为它本身是优劣互见的。在1937年出版的《民族特性与民族卫生》一书中，潘光旦将这种消极的适应力等民族特性在"民族的病象"篇中做了极为系统、极为深入的论述。[1] 只有在全面准确认识民族特性的基础上才谈得到培植民族的自信力。如他所言："我也是一个主张培植民族自信力的人，不过始终以为培植的第一步是在了解我们民族性格的真相，优点固然值得注意，弱点也应明白的承认。"[2]

潘光旦此前曾发表过《鲍蒂思教授的华人智力观》一文，对于鲍蒂思教授认为中国人的智力很不高明，比不上大部分的西洋人，并且也比不上日本人的结论，他没有明确否认，也没有直接肯定其可靠性。但摘译鲍蒂思这篇专论和他判定中华民族"元气所剩无几"的论断放在一起，还要大家"应该参考到他"，言外之意，似乎不难体会。[3] 在针对吴景超的文章所写的《论自信力的根据》一文时，他再次征引了鲍蒂思的结论，和吴景超征引证明中西种族平等的研究形成鲜明的对照。不过，这次他的态度比较客观，认为"学者因材料的不同，方法的各异，发见的结果，自然是瑕瑜互见。事实上恐怕也确乎是一个瑕瑜互见的局面"。这最后一句话很重要，说明他认为中国种族是有弱点的，不见得西方学者研究出来的中国学者不喜欢看的结果都是有偏见的，这一点和吴景超是一样的。他进一步以学者的立场论述何为"真正的自

---

1 参见潘光旦：《民族特性与民族卫生》第四篇"民族的病象"，收入潘乃穆、潘乃和编：《潘光旦文集》第3卷，北京大学出版社，2000年，第178—203页。
2 参见潘光旦：《论自信力的根据》，《独立评论》第160号，1935年7月21日。
3 参见潘光旦：《鲍蒂思教授的华人智力观》，初刊《时代评论》第2期，1931年10月26日；辑入潘光旦：《人文史观》，商务印书馆，1937年；收入潘乃穆、潘乃和编：《潘光旦文集》第2卷，北京大学出版社，2000年，第435—439页。

信力":"自信力有两种,一是带伤感主义的色彩的,情绪的成分多于智识的成分,甚至于以假作真,以虚为实,来自己勉强安慰自己,第二种是以自我认识为基础的。以自我认识做基础的自信力才是真正的自信力。"

吴景超和潘光旦都是具有严谨学术态度和爱国情怀的学者,所以,他们在中国人的体力和智力水平的认识上能够达成某些共识,但侧重点的差别也还是清晰可见的,——吴景超更多地看到中国民族性的某些优势,而潘光旦则更强调对民族性的不利因素作更真切的认识和改造。或者说,吴景超所见多为中华民族同于其他民族(尤其是西方先进民族)的一面,而潘光旦对中华民族异于其他民族的独特之处挖掘得更为深刻。正因为如此,同样喜好发掘中华民族特殊性的梁漱溟先生对潘光旦的民族特性研究给予了更多的关注和肯定。[1]

三、吴景超的答复

如果说潘光旦《论自信力的根据》一文除了表明潘、吴二人有基本共识以外,还具有侧重点的不同的话,那么进一步的讨论则使他们之间的差异更为突出。

吴景超针对潘光旦的补充意见作了答复,以"论积极适应环境的能力"为题刊登在《独立评论》第162号上(1935年8月4日)。他没有再讨论潘光旦所谓的"消极适应环境的能力",只是再度申明潘光旦承认这种适应能力很强。他又说从中国移民范围之广,可以证明潘光旦所谓的"半消极半积极的适应能力"也是很大的。这次他讨论的中心是潘光旦所说的中国民族缺乏"积极适应环境的能力",即对于环境能加以修正转变,使比较永久地合乎人用,换句话说便是"开拓,发明,建设,创造,兴一种利,革一种弊"的能

---

[1] 梁漱溟:《中国文化要义》,成都路明书店,1949年初版;收入《梁漱溟全集》第3卷,山东人民出版社,1990年,第30页。

力。他抓住了潘光旦文中的"发明"一词集中讨论。站在文化社会学的立场，他认为发明的多少不取决于社会需要的多少，也不以某些天才的是否出现为转移，而是系乎一时一地的文化基础的厚薄。如果有了文化基础，时机成熟，甲不来发明，乙也会来发明，并不是由于人们的生理上有了什么变化，产生了一些有发明能力的天才，发明才随之出现。中华民族只是由于特殊的历史条件的限制未能发展自然科学，所以才导致发明的文化基础异常薄弱；如果此后中国能够努力吸收别国文化或充分世界化，自然也能发明许多东西，与欧美并驾齐驱。归结起来，中国不如人的问题，乃是文化不如人，不是遗传不如人。[1]

可以看出，吴景超1935年就这个问题前后所发表的两篇文章，分别是从生物立场和文化立场阐述了同一个问题的两面。中华民族素质如何，在这一问题上直接和潘光旦进行讨论的，大约只有吴景超，但是，可以合理地推测，持有吴景超一类看法的人，当不在少数。从这个意义上说，这个讨论具有相当的代表性。潘光旦与吴景超的论争，基本上属于遗传论与文化论在中国民族问题上的分歧。潘光旦的生物学和优生学的学科训练使他更多地从生物遗传的角度考虑民族性的问题，他所开出的药方也比较侧重于从优生的角度提高中华民族的基本素质；而吴景超则是以广泛征引西方学者的相关成果，使其达到确认中华民族不是劣等民族，至少在体力和智慧上不弱于白种人为基本目标，而进一步地对民族生物特性的研究非他关怀的重点。

结语

很难简单地以孰是孰非来为这场争论"盖棺论定"。两位社会学家都有浓厚的爱国情怀，都力图为培植中华民族的自信力做出学术上的论证，而且他们参考到了当时能够看到的最新的而且比较广泛的材料，从个人的学术专

---

[1] 参见吴景超：《论积极适应环境的能力》，《独立评论》第162号，1935年8月4日。

长作了严谨的分析和思考，尽管角度不同，但都是有价值的，都值得后人进一步思考。

我们可以用"消极适应环境的能力"和"积极适应环境的能力"来分别概括潘光旦和吴景超的主要思想倾向，前者批评与反思多于肯定与鼓舞，后者则正好相反。他们从不同的思考方向提出了值得时人乃至后世继续思考的问题。

如潘光旦所提出的中国民族特性中的消极适应环境的能力，那种"随遇而安的能力，抵抗疾病的能力，耐劳忍苦的能力，逆来顺受的能力"，我们不是至今还随处可见吗？这些当然有其文化的、社会的原因，但是它们就没有一点先天的根据，仅仅是由后天的社会文化制度决定的吗？恐怕也不尽然。一个民族当然有其特殊的体质和适应环境的方式，两者交相作用，产生多种多样的民族特性，不承认这些民族特性差异，不承认这些差异具有某种先天的根据恐怕是不科学的。在国际体育竞技场合、在社会生活领域，这些都是一再被证明的道理，可以作进一步的学术上的探讨。

再如吴景超侧重"积极适应环境的能力"，对中国为什么缺乏发明的文化基础，也就是中国为什么缺乏自然科学的探讨，被有些学者认为是首先提出并回答了"李约瑟问题"[1]。他的看法有两点：一是中国人的聪明才智，没有用在这个上面，中国知识分子的用心对象不是私人的意志决定的，而是学术空气决定的，不幸中国自西汉以后知识分子的心力主要用在儒家的几部经典上，培养了许多"难能而并不可贵的本领"，如背诵十三经等事情上；二是中国人在建筑自己文化基础的过程中，受别个文明国家的益处太少，如果能像欧洲各国一样，广泛吸收别国的文化成果以为己用，便能大大加快自己的发展速度。[2]

---

[1] 谢泳在《吴景超三十年代的学术工作》(《东方文化》2000年第6期) 一文最早提出了这个观点。后来有庞绍堂续作完善与发挥，谢泳又将这一观点写进流传较广的《清华三才子》一书。参见庞绍堂：《吴景超先生的学术思想与学术风格》,《南京大学学报》(哲学、人文科学、社会科学版), 2004年第5期；谢泳：《清华三才子》，新华出版社，2005年，第200页。

[2] 参见吴景超：《论积极适应环境的能力》,《独立评论》第162号，1935年8月4日。

继承与超越
—— 重访社会学家吴景超的汉代历史研究

吕文浩

吴景超（1901—1968）是一个活跃在20世纪20至50年代社会学界和公共思想界的著名学者，但鲜为人知的是，他还是一位对汉代历史情有独钟并做出独特贡献的社会学家。从1928年9月留学回国之后至1935年底去行政院任职之前的七年间，吴景超一面延续其博士论文末章所开启的主题进行工业化、都市化以及人口问题的研究，一面重启清华求学时期的两汉历史研究并发表了一系列论文。前一个方面在30年代中期凝结为"第四种国家的出路"的宏观社会学命题，并经从政时期（1935年底至1947年2月）对实际经济问题的探讨得以深化，40年代后期更提出了将社会主义与市场经济加以结合的前瞻性构想。这一方面可以说是吴景超贡献卓著且较为人知的一面。他对汉代历史的研究，在当时的中国社会学界是最早也最为专深的，所发表的一系列专题论文在社会学界、历史学界和思想界都具有一定的影响。他的汉代历史研究尽管和若干专业历史成果有"交集"，但本质上属于从社会学观点对汉代历史进行研究的路径，以今天的术语来说，可以说是开启了中国历史社会学研究的先河。1935年底从政以后，吴景超从事汉代历史研究的兴趣和时间受到挤压，基本上处于停顿状态，但抗战时期耳闻目睹官僚资本的横行，乃愤然以汉代史实勾勒出官僚资本存在的基本形式，发为时论。直到50年代中期，他仍然未能忘情少年时代的兴趣，在研究计划中将"两汉人民生活史"作为副业列入，并已实际着手资料准备工作。[1]可惜政治风云的变化，使他的"副业"无法继续，甚至"正业"也不能正常进行。

汉代历史研究是贯穿社会学家吴景超一生的学术兴趣，但集中研究并发表成果则仅仅局限在短短的七年时间里，这是他的这个"副业"比较充分发展的时期。本文将1928至1935年间吴景超汉代研究的成果，及其所产生的学术影响、社会影响加以梳理，并分析这种研究在方法论上具有什么长处和什么局限。在抗战期间，社会学家吴景超与历史学家傅斯年围绕汉代地方制度的论争，虽仅见于私人信函，外间无从得知，但他们的讨论是有深度的，尤具方法论的启示意义，在某种意义上说，傅斯年对吴景超的批评是30年代中期胡适对吴景超"武力统一论"批评的延续和深化。从吴景超的汉代历史研究及其与专业史学家讨论的个案，我们既能看出社会学家在从事历史研究中所特具的优势，也能看出他们的局限所在。这些往事故实的挖掘及其背后意蕴的阐释，或可对今天从事历史社会学和社会史研究的学者提供若干启示。

一、社会学研究主题的汉代历史研究

1908年，吴景超开始在家乡安徽省歙县岔口村的私塾读书。1916至1923年就读于北京清华学校。从他在《清华周刊》上所发表的部分文章，如《暑假期内我们对于家乡的贡献》《人生蠡测》《清华学生安身立命之路》等来看，

---

[1] 据记者报道，1956年起，"他除了照常在中国人民大学任课外，还订了学习和科学研究的十二年初步规划，选定以下三个题目进行研究：以'国民经济重要比例关系'为重点，以'两汉人民生活史'为副业，以'资本主义国家社会学思想批判'为后备"。不仅如此，他还牺牲假期休息时间进行资料准备工作："暑假期间，他放弃了去北戴河等地休养的机会，在丰富藏书的围绕中，仅仅《资治通鉴》一书就读了2500多页，为'两汉人民生活史'积累了大批资料。"参见吴闻：《吴景超教授访问记》，《文汇报》，1956年10月24日，第2版。

他具有积极的人生态度、强烈的学术进取精神和改造社会的愿望，迥异于平庸之辈。从《清华周刊》上他发表的为数不多的国学习作，如《孔子作春秋论》《赵瑞侯先生讲经述略》《中国式的文人：曹子建》等来看，他的功底不能算很深厚，但思路清晰，见解敏锐，文笔畅达。在最早的一篇课艺习作《孔子作春秋论》后面，苏少禾先生的评语是：识解高超，议论闳畅。据同级同寝室的同学梁实秋描述，早在清华学校求学时期，吴景超"好读史迁，故大家称呼之为太史公"[1]。

对社会学有成见的梁实秋[2]没有提及的是，吴景超在清华学校时期已经对社会学发生了强烈的兴趣，而且格外用功钻研。他临别清华时说："社会学是我喜欢念的功课，所以我对于他，不但课本念得很熟，就是关于这门的课外书籍，教员没有教我们去念，我自己也要自动的去念。"在老师指定的教科书之外，他不"以诵一家言自足"，目的是广涉各家学说，以求看到一个问题的各方面。[3]可以说，早在清华学校时期，吴景超不仅是一个"太史公"，还是一个不折不扣的"群学君"。

1928年夏吴景超在美国芝加哥大学社会学系获得博士学位，旋即回国，投入刚刚开始蓬勃发展的社会学的教学研究工作之中。在历史方面，他有研究中国家庭史的计划。[4]作为初露头角的职业社会学家，他将自己早年熟读的

---

1 梁实秋：《忆清华》（节录），钟叔河、朱纯编：《过去的学校》，湖南教育出版社，1982年，第119页。

2 胡适在《独立评论》第111号（1934年7月29日）的"编辑后记"里说："吴景超先生的好朋友梁实秋先生常说：'景超是个顶聪明的人，学什么都好，只是不应该去学社会学！'实秋对于社会学是有成见的；可是我们每读景超先生的文章，总觉得社会学应该是'学什么都好'的顶聪明人才配学的。不知实秋先生以为如何？"

3 吴景超：《留别赠言（四）》，《清华周刊》第285期（赠言号），1923年6月8日。

4 1932年9月1至4日，吴景超参加在燕京大学举办的中国社会学社第二届年会，提出的报告是《中国家庭史研究》，他"用历史的方法，搜集关于婚姻步骤、婚姻制度、家庭组织、家庭关系、家庭教育、家庭经济等材料，以明了中国历代家庭之状况，及其变迁之原因"（《社会科学社［社会学社］昨年会第一日》，《北平晨报》1932年9月2日，第7版）。这大概是他计划从事这个领域研究的一个大纲。

汉代史料以社会学的眼光重新审视,发表了一系列有社会学意味的汉代历史论文。其中主要有:①《西汉遗留下来的几条仕宦之路》[1];②《两汉多妻的家庭》[2];③《两汉的人口移动与文化》[3];④《一个内乱的分析——汉楚之争》[4];⑤《两汉寡妇再嫁之俗》[5];⑥《西汉的阶级制度》[6]。另外,1932年4月完成的《中国历史上的肉刑》[7]虽不以汉代历史为限,但仍有相当一部分内容在汉代范围之内。从学术分量而言,1931年7月、1932年10月分两期刊载于中国社会学会主办的《社会学刊》上的《两汉的人口移动与文化》、1935年7月发表于《清华学报》的《西汉的阶级制度》无疑是最为突出的,后者也许可以说是在当时学术影响最大的一篇。抗战时期他为《大公报》写的"星期论文"《官僚资本与中国政治》[8]则是一篇以汉代历史为切入点,对中国国情极富洞察力的短文。

吴景超这些有关汉代历史的论文所涉及的主题,婚姻、家庭、内乱、社会流动与人口迁移对文化传播的影响、人才升降以及社会分层等,都属于社会学研究的主题。从社会学的观点研究历史在当时具有开创性,给传统史学带来了一股新鲜的空气。以社会学方法治史,以前在史学界虽屡有呼声,但研究成绩毫无疑问是不突出的。一个对历史学素有积累的留学归国的社会学博士,忽然发表了一系列历史研究的论文,引起关注是很自然的。这些论文不仅具有学术价值,而且与当时思想界关注的问题有较为密切的联系,因此发表之后,在学术界、思想界产生了较大的反响。

1931年1月底至2月中旬,发行面很广的《生活周刊》连续三期刊登了

---

1 分三期连载于《生活周刊》第6卷第6—8期,1931年1月31日、2月7日、2月14日。
2 《金陵学报》第1卷第1期,1931年5月。
3 分上下篇分别刊登于《社会学刊》第2卷第4期(1931年7月)、第3卷第2期(1932年10月)。
4 《金陵学报》第1卷第2期,1931年10月。
5 《清华周刊》第37卷第9、10期合刊,1932年5月7日。
6 《清华学报》第10卷第3期,1935年7月。
7 吴景超:《中国历史上的肉刑》,《政治学报》第2卷,1932年6月。
8 (重庆)《大公报》"星期论文",1942年4月20日,第2版。

吴景超的《西汉遗留下来的几条仕宦之路》,远在美国南加州大学研究院学习社会学的龙冠海不久就在一位朋友处看到了。他在 4 月 9 日写给胡适的信中谈了他的读后感:"在这篇东西里面,他所指出来的,我认为是关于中国社会的黑幕之重要发见。他指出的是:(一)父兄之路,(二)同乡之路,(三)亲戚之路。这三条是中国社会腐化的门径。我希望你和其他的人,在国内言论界有地位的,出来讨论这个重要问题,出来攻击走这三条路的人。我们当然不能希望完全封闭了这三条路,因为这是办不到的,我们只能希望改正起一种有危险性的社会心理,使走那三条路的人数减少了。"[1] 龙冠海是凭着自己的阅读印象给胡适转述的,除了将吴文指出的四条路,误记为三条路,遗漏了"师友之路"之外,还有个别字句的不准确,但这些都无关宏旨,重要的是他准确地抓住了吴文的思想内涵和现实意义。

吴景超从 1928 年 9 月留学归国至 1932 年 2 月间,先后在《生活周刊》上发过三篇比较长的文章,其中两次分三期刊载,一篇分两次刊载,因之和该刊主编邹韬奋有些来往。1932 年春夏之交,也许是由于他看到邹韬奋当时正在关注废止内战运动的声浪,便把自己上年 10 月发表的《一个内乱的分析——汉楚之争》一文从北平寄给邹氏参考。邹韬奋在废止内战运动沸沸扬扬之际收到吴文,一读之下,特别感到一种"阅读的兴味",情不能已,迅即写出一篇《读〈一个内乱的分析〉》发表在《生活周刊》上。邹韬奋特别注意的是吴文的结论,即他对于内乱发展过程一般性规律的揭示,他以为这些发现可以作为分析当前内乱的重要参考。第一,他认为吴文把"苛政及人民的不安"作为"秦末之乱所以发生的原因","看似寻常,实为不可忽视的不刊之论",当前军阀互争私人地盘的内乱之所以有人跟着干,就是因为其背后有"苛政及人民的不安"驱动。第二,他大段引述吴文的一段话表示赞赏,这段话的主旨在于说明:新政权的成立只可说是革命过程中一个重要的阶段,而

---

[1] 中国社会科学院近代史研究所中华民国史组编:《胡适来往书信选》(中),中华书局,1979 年,第 59 页。

不能目为革命的归宿。"假如新政权成立后的设施，与旧政权相仿佛，那么只可说是以暴易暴，不但不能说是革命得到归宿，反而成为一个新革命的起点了。所以我们如想判定某次的革命是否成功，不能以成立新政权为标准，而应以新政权成立后，看他是否能为民众谋幸福为标准。所谓为民众谋幸福，并不是空说的，乃是要实行的……。"第三，他认为吴文把"革命"这个可敬可爱的名词送给秦末一班为自己争富贵功名，以自私自利为出发点的"首领"及其徒党，是很可惜的，因为必须真心诚意为大多数被压迫的民众奋斗而置个人得失生死祸福于度外的行为才配得上"革命"这个名称。[1] 邹韬奋援古以论今，从吴文总结的内乱一般规律谈及当前的内乱，获得了新的启示，也给吴景超提了一个醒："内乱"和"革命"不能不加以清晰的区分。

以上所述龙冠海和邹韬奋对吴景超汉代历史研究论文的关注，不在于学术本身的深入讨论，而在于如何把从历史研究中得来的结论运用于现实社会问题的分析。这可以归结为"社会影响"的范畴之内。

吴景超汉代历史研究论文发表之后，在社会学界和历史学界也产生了一些影响，因资料所限，在此只能做一些简略的勾勒。

1934年青年社会学者董家遵发表的《从汉到宋寡妇再嫁习俗考》一文的第二节"两汉寡妇的再嫁"大量引用了吴景超《两汉寡妇再嫁之俗》的论述，他说："汉代寡妇再嫁的情形，既经吴君详尽的检讨，所以本文除加以补充外，仅节作数百言的介绍。"[2] 他对吴文的评价也很高："可是近人谈到汉时此种问题的已不乏其人。其中吴景超先生以社会学家的眼光作有《西［两］汉寡妇再嫁之俗》，堪称很有价值的分析"[3]；虽然有点偶然的疏忽，但是"并无玷吴君的全文，他分析汉时寡妇再嫁情形，其细腻周至诚非前人所得及"[4]；其断言卓王孙大怒于卓文君的私奔司马相如，并非大怒女儿再嫁，而是不满意于

---

[1] 参见韬奋（邹韬奋）：《读〈一个内乱的分析〉》，《生活周刊》第7卷第22期，1932年6月4日。
[2] 董家遵著，卞恩才整理：《中国古代婚姻史研究》，广东人民出版社，1995年，第258页。
[3] 同上书，第256页。
[4] 同上。

司马相如是个穷措大,"确是精审之谈"。[1]

吴景超的长篇力作《西汉的阶级制度》在《清华学报》刚刚发表,就被《食货》半月刊节选转载了讨论奴隶制度的部分,以《西汉奴隶制度》的形式发表。该刊主编,历史学者陶希圣为什么要选载这部分呢?大约是由于该刊此前刊登过两篇讨论西汉社会性质而观点却截然对立的论文[2],吴景超的论文则提出第三种观点,而且与武伯纶的一篇有关奴隶数量的观点有所商榷。在节选转载《西汉的阶级制度》这一期的"编辑的话"里,陶希圣没有明确表示他赞成那一种观点,但他对吴文,显然是很欣赏的,他说:"《西汉奴隶制度》一文,否定西汉为奴隶社会,也否定为封建社会。我得到吴先生的同意,把这篇从《清华学报》十卷三期节载下来。读者当注意的是,他用的方法和他用的工夫的精细。"[3]

陶希圣对吴景超文的肯定,可能与他纠正武伯纶的疏漏也有关系。武伯纶估计西汉奴隶数目有2000万以上至3000万,吴景超认为"这是一个大错误"[4],并对错误的原因进行了分析。武伯纶的推算法是:其一,假定汉代每一个官吏有奴隶百人,而官吏的数目,据《汉书》卷十九所载,大约是130,285人,因此仅官吏所有的奴隶便有1300万以上;其二,《食货志》武帝没收民间奴隶"以千万数"的意思是1000万。官私奴隶加起来,也就在2000万至3000万之间。吴景超针对第一点推算,分析道:"他不知道13万余官吏中,大多数是小官,如斗食、佐史等,年俸不过百石,假定他们一家五口,一年便要吃去90石,余下来的10石,如何能养活一百个奴隶?"关于第二点,吴景超认为武伯纶误会了"以千万数"的意思,他分析道:"假如他细读下文,就可发现自己的错误。因为这些没入的奴婢,都分发在诸苑养狗马禽

---

[1] 董家遵著,卞恩才整理:《中国古代婚姻史研究》,第257页。
[2] 分别是武伯纶的《西汉奴隶考》和戴振辉的《两汉奴隶制度》,《食货》第1卷第7期,1935年3月1日。
[3] 《食货》第2卷第6期,1935年8月16日。
[4] 吴景超:《西汉的阶级制度》,《清华学报》第10卷第3期,1935年7月。

兽，或各官府。这些地方，如何能容纳 1000 万呢？还有，在武帝的时候，因为关中的官吏、罪人及奴婢都较文帝时为多，所以在文帝时，从关东运粮食数 10 万石至京都便足，到武帝时，便加至 400 万石。假定每人每年食粟 18 石，400 万石也只能养活 20 余万人。假如武帝真的没收了民间奴婢 1000 万人，而这些人又分在关内做养狗马等事，试问这许多奴婢所需要的二万万石粮食，果从何处得来？"[1]

武伯纶推算的西汉奴隶数量虽然很大，但他认为这些奴隶并未从事生产性劳动，所做的是家务劳动，所以他认定西汉并不是奴隶社会，而是封建社会。吴景超推算的奴隶数目是 20 万至 60 万人，大体不足总人口 5900 多万的百分之一，因人数很少，又不从事生产活动，所以他认定西汉不是奴隶社会。吴景超没有从现成的概念里选择一个来简单地给西汉社会定性，而是谨慎地以专制的、农业的、阶级的三个限定词加以必要的描述。武、吴两人的看法大异中有小同，但在研究方法的完善程度和资料解读的准确程度上，确有明显的高下之别。

尽管吴、武两人关于西汉奴隶不从事生产性劳动的观点受到了后来的社会学者的质疑，但在对武帝没收民间奴隶"以千万数"的解释上，吴景超的看法得到了更多的支持。著名的社会史家瞿同祖在 20 世纪五六十年代完成的英文著作《汉代社会结构》（*Han Social Structure*）里，将"以千万数"译成"a thousand or more private male and female slaves"[2]（千余私家男女奴隶），显然是站在吴景超一边。

吴景超在从事汉代历史研究时和专业历史学家保持着密切的学术交流。胡适和傅斯年等《独立评论》同人都是他请教的对象，抗战时期他在美国访问时甚至和美国研究汉代史的学者韦慕廷（C. Martin Wilbur）有所切磋。吴景超的《西汉的阶级制度》一文在发表之前，曾送到胡适在米粮库的家里请

---

1 吴景超：《西汉的阶级制度》，《清华学报》第 10 卷第 3 期，1935 年 7 月。
2 瞿同祖著，邱立波译：《汉代社会结构》，上海人民出版社，2007 年，第 147 页。

教过。1943至1944年访美期间,吴景超遇到韦慕廷,韦氏送一本自己的《西汉奴隶制度》(*Slavery in China During the Former Han Dynasty*),因这本书引用吴文之处甚多,所以特意送一本书请他批评。吴景超读韦著时遇到理解歧义的文献时曾写信征求胡适的意见,胡适也很看重这位后起之秀,在答书中谈了自己的意见。[1] 在早先时候,吴景超关于汉代历史的某篇论文曾向傅斯年请教,傅斯年不仅自己给予具体的答复,还曾请时任中央研究院社会科学研究所专治汉晋史事的助理劳干提过详细的意见。[2]

二、从历史中试图发现通则

吴景超试图以中国的历史材料来说明社会科学上一般性的问题,这是社会学这门学科的基本性质决定的。

在1931年发表的《一个内乱的分析——汉楚之争》一文所研究的汉楚之争,历来只有历史学家才去研究,其目的在于描写某时某地某人所发生的事实。而吴景超的目的,则在把这些事实重行安排,看出它们中间的关系来;换句话说,他的目的,不在叙述事实,而是分析这些事实,得到一点关于内乱的知识。从一个个案("一个内乱")中想要得到全体("一切内乱")的规律性,无疑是有困难甚至是不可能的。吴景超对此也有自觉,他说:"不过我们大约不能以为懂得一个内乱的因素及过程,便可知道一切内乱的因素及过程。虽然做不到这最后的一步,我们去分析一个内乱,也许便是达到这最后一步的起点。"[3] 这是他开启的关于"内乱"的社会学研究的第一个案例,未

---

[1] 参见吴景超致胡适信五通,耿云志主编:《胡适遗稿与秘藏书信》第28册,黄山书社,1994年,第542—543页。
[2] 参见傅斯年致吴景超信(暂系年于1934年),王汎森、潘光哲、吴政上主编:《傅斯年遗札》第2卷,"中央研究院"历史语言研究所,2011年,第648—650页。
[3] 吴景超:《一个内乱的分析——汉楚之争》,《金陵学报》第1卷第2期,1931年10月。

来希望搜集更多的案例，做一些比较的研究，专门考察这些"内乱""有无共同的条件，有无共同的过程"[1]。着眼于"共同"而非专业历史学者重视的不重复发生的"特殊"，这是社会学家乃至广义上的社会科学家异于历史学家之所在。从楚汉之争这个内乱中，吴景超发现内乱有起点、有归宿、有中间的过程，它的系统是：苛政→人民不安→革命→现状推翻→群雄争权→统一完成→善政→和平恢复。

1933年底写作《革命与建国》一文[2]时，吴景超将八阶段简化为三阶段：第一期自苛政至现状推翻，可以称为打倒旧政权的时期，又可称为革命第一时期；第二期自群雄争权至统一完成，可以称为创立新政权的时期，又可称为革命第二时期；第三期自善政至和平恢复，可以称为建国时期，又可称为革命第三时期。他运用从中国内乱史研究中得出的法则来观察当时的社会，认为当时中国还处在群雄争权时期，最迫切的任务是统一；而统一的手段只能是武力统一，开放政权和联省自治的方式，皆不可行。他认为这是中国历史的经验所昭示给我们的。

对于吴景超这样运用历史法来寻求通则，以分析当前时势的做法，胡适极不赞同。他说："关于吴先生的历史方法，我也有点怀疑，历史是'不再来的'，所以一切公式比例，都不能普遍适用。"[3]他分析中国历史上改朝换代的革命，汉代以后，只有明代的革命成功，才与以汉代秦的过程约略相似，其余的，如魏之代汉，晋之代魏，隋唐代周隋，如五代之相继，如宋之代周，如元清之代宋明，皆不遵循秦汉易代的规律。他又指出，以汉比明，也有截然不同之点，楚汉是先推翻秦的政权，而后相争，而明是先削平群雄而后打倒蒙古政权；王莽、曹丕、赵匡胤的政权转移都由于权臣篡位。他不赞同吴景超"太拘泥于历史例证"的方法，认为"这是迷信历史重演的态度，我认为最不合逻辑，并且含有最大危险性"。他举例说，"善政"列在吴景超所

---

[1] 吴景超：《一个内乱的分析——汉楚之争》，《金陵学报》第1卷第2期，1931年10月。
[2] 《独立评论》第84号，1934年1月7日。
[3] 胡适：《武力统一论——跋蒋廷黻吴景超两先生的论文》，《独立评论》第85号，1934年1月14日。

发现的内乱系统的第七阶段,但是"如果中国五十年不能完成统一,难道这五十年之中就不能有'善政'吗?"[1]

分析吴、胡之间关于内乱的分歧,似乎可以这样说,吴景超所发现的,确实是一种内乱的发生过程,但也仅仅是一种形态,还有其他更多的形态等待着社会科学家去发现。社会过程的复杂性、变化性都远远超过生物性的个体,发现社会过程规律的困难远远大于通过人体解剖发现人体结构的奥秘,从一次社会过程试图发现普遍适用的规律,确实是不太可能的。我们今天已经知道了历史的答案,知道吴景超预测的结果是准确的,但不能由此反推他的推论是无懈可击的。也许吴景超敏锐的现实感受力使他看到了当时的群雄割据与秦汉易代之际具有高度的相似性,他才将两者作了比较。

1931年发表的《两汉多妻的家庭》的研究动机,是想分析中国婚姻制度中多妻制的详细情况。他的目的是根据两汉的史料,来研究多妻家庭的内容,呈现其家庭生活的样态。他认为,从方法论的角度来说,研究多妻制家庭生活,个案法比历史法完善,"但用个案法以研究这个问题,困难很多,在这些困难没有打破之前,历史法颇有一试的价值。"[2] 从两汉史料的研究中,他总结出多妻制对于家庭生活的种种恶劣影响多达七点之多:内多怨女;诸妻间妒忌及仇恨,时有残忍的行为;妻子中之失宠者怨恨丈夫;丈夫视诸妻如货物,可以转相授受;杀婴;父子失和;异母兄弟或亲兄弟受他人之煽惑而失和。吴景超研究两汉多妻家庭固然因史料的限制,多取皇帝和达官贵人的事实为例,但他很明确地指出:多妻家庭"在地位愈高,家赀愈富的社会中越普遍,在下级的社会中,这种家庭是罕见的","有钱有势的人想'御声色'乃是多妻制度存在的主要原因。但在'御声色'三字之下,不知道有多少人的幸福,便轻轻葬送了"。从汉代史实分析多妻制度之社会分布及社会影响,由一代之史实窥见一般之状况,这是吴景超的学术路径。此文所述翔实而冷峻的事

---

[1] 胡适:《武力统一论——跋蒋廷黻吴景超两先生的论文》。
[2] 吴景超:《两汉多妻的家庭》,《金陵学报》第1卷第1期,1931年5月。

实背后，乃是对传统社会黑暗的强烈控诉。此处虽不明言一夫一妻制之优长，其提倡之意，已是呼之欲出了。当时正值废除妾制的关键时期，吴景超对于传统婚制的负面影响的揭露，当然具有鲜明的时代意蕴。不过，需要补充说明的是，严格说来，以"多妻制"来概括中国传统的婚姻制度是不够严谨的，"以一夫一妻制为主导以妾制为补充"的表述才更为准确。

1931年初发表的《西汉遗留下来的几条仕宦之路》一文，由人才的升降渠道来观察"某社会或某事业的进化已到什么程度，或腐化已达什么程度"[1]，这种类型的研究不但在仕宦界适用，在学术界、经济界以及其他各界，也都适用。他从西汉发现的四种类型的人才升降渠道分别是父兄之路、同乡之路、亲戚之路、师友之路。文章标题中用了"西汉"两字，但并不表明这几条仕宦之路是西汉人发明的，只具有时代的意义，而是因为他运用的材料都是从《汉书》中取来的，说明至迟在西汉时已经有了这几条仕宦之路；而且，标题中"遗留下来的"这几个字，"表示西汉人所走的几条路，据我的观察，现在还有人走的意思"[2]。所以，这篇文章不仅是一篇历史研究论文，而且具有强烈的现实指向，在他看来，这几条路都是革命的政府应当封闭的，取而代之的，应当是他在《社会组织》一书（世界书局，1929年）中所讲的，民众应当只选那几个政府中定政策的人，至于实行这种政策的人，需要特殊知识或技艺的，便采用考试的办法。在文章的结尾，他恳切地呼吁："现在正是革命的政府当权的时候，我们希望这一天能早实现。"[3]

抗战时期他发表的《官僚资本与中国政治》，与《西汉遗留下来的几条仕宦之路》在方法上很相似，它是从西汉的史料中分析中国官僚资本形成的六种形式。表面上看，他在研究西汉的官僚资本，事实上，他只是借西汉的史料来说明一个普遍性的问题——中国的官僚资本如何形成。他说："社会科学家对于一个问题的探讨，本来有两个下手的方法，一是实地的调查，一是

1　吴景超：《西汉遗留下来的几条仕宦之路》（上），《生活周刊》第6卷第6期，1931年1月31日。
2　同上。
3　吴景超：《西汉遗留下来的几条仕宦之路》（下），《生活周刊》第6卷第8期，1931年2月14日。

历史的研究。我们现在愿意采取第二个方式，利用前汉的史料，来分析官僚资本形成的方式。"[1]

总括起来看，前面所举的几种研究，吴景超之所以采取历史法，是因为采取其他方法困难很多，而他所研究的，确实又是非常值得研究的，带有普遍性的社会问题。历史法拓展了吴景超的学术视野，使他能够探测到其他方法特别是社会学常见的实地调查法所不易进行的地方。当然，胡适的批评提示我们，历史本身是丰富的、多元的，运用历史法要注意，从局部概括出来的结论不可不谨慎地推广运用。从研究方法的角度来看，吴景超的汉代历史研究有突出的成就，也有不容忽视的局限性。

三、为中国社会学研究增添历史纵深感

相比较之下，吴景超的长篇论文《两汉的人口移动与文化》《西汉的阶级制度》以及篇幅较短的《两汉寡妇再嫁之俗》更引人注目的是史料的丰富和分析的细密，那种明确地寻求通则的努力似乎并不明显。但它们能够为中国社会学研究增添历史的纵深感，更深入地揭示中国这个有悠久文明的社会的独特性，并为当时的学术思想论争提供有价值的意见。

《两汉的人口移动与文化》告诉人们，人口的移殖、平民和官员的流动，都带来了他们眼界的变化，他们作为文化的承载者，经由移殖和流动促进中国文化在地区之间的传播，并对一个统一的中国文化的形成做出了贡献。他在这篇文章的结尾深情地写道：

> 我们总括以上的讨论，也许可以明了在一个乡里观念、家族观念发达的社会中，在一个人民不常搬家的社会中，文化为何不分歧的发

---

[1] 吴景超：《官僚资本与中国政治》，（重庆）《大公报》"星期论文"，1942年4月20日，第2版。

展,而仍有整齐划一的可能。假如中国的人民,既不移殖,又不流动,那么中国甲区与乙区的文化,一定有很大的差异。反是,假如中国的人民,移殖性与流动性都大,那么中国的社会中,一定要缺少两种基本的观念,便是上篇所指出的家庭观念与乡土观念。近代的中国,移殖性已渐渐的增加,将来这两种观念,也许要完全打破。同时流动性也渐渐加增,所以中国本身的文化,不但是格外朝着划一的路上去,同时还呈着与西方文化融合之象。在这种中西文化融合的过程中,流动的人,不管他们是流民,或是劳动者(强迫服役制已取消,但劳动者仍存在,中国人到海外谋生的,还是这个阶级),或是学生,或是官吏,或是商贾,依旧的还有他们的贡献。[1]

吴景超由古及近,从国内各地区之间经由人口移动带来的文化融合,连带及于近代海外移民对促进中西文化融合的贡献。这种分析问题的开阔视野,与他数年前完成的博士论文《唐人街——共生与同化》中关于边际人(marginal man)具有文化传播者和改革者两种角色的论述一脉相承。[2]在这里,精英和民众同样是历史进程的参与者与推动者。后世史家曾热烈讨论的命题——人民群众创造历史,还是人民群众与英雄共同创造历史,吴景超固然无由参与,但他在这篇论文中实际上已经表明了自己的观点。他以社会学的立场,有力地提出了学生、官吏、商贾乃至苦力这些流动的人群,在国内的文化融合和中西文化的融合上,都"依旧的还有他们的贡献"。

《西汉的阶级制度》一文,不仅在于探讨西汉社会的性质,对于当时学术界一个具体问题的有关论争做出自己的回答,而且其志在于探讨阶级斗争学说是否适合探讨中国历史的进程。他的研究表明,西汉具有三种阶级(奴婢、平民、官僚贵族)的分野,也存在剥削关系,但这并不能成为推动历史

---

[1] 吴景超:《两汉的人口移动与文化》(下),《社会学刊》第3卷第2期,1932年10月。
[2] 参见吴景超著,筑生译,郁林校:《唐人街——共生与同化》,天津人民出版社,1991年,第16章"边际人"。

的势力。原因是,西汉的阶级是所谓"安分的阶级",不是"革命的阶级"。"这两种阶级的区别,就是安分的阶级,虽然是被剥削,但视此为当然。他们承认现状,而不反抗现状。他们以现存的社会为自然的,想不到以一种新的社会来代替他。他们没有一种革命的哲学,作他们行动的目标。"[1]以此观点来分析西汉末年的内乱,他认为并非阶级斗争所造成,而且内乱的结果,也没有改变阶级的形态,只是各阶级的人改换了一下。具体检讨王莽之乱的原因,他认为,王莽的初衷是帮助或解放下层阶级的,但因人才、经费和交通等条件不够,他的政策未能付诸实施,可是对民间却造成了很大的骚扰;频繁地征讨周边民族,劳师动众,使人民不能安居乐业;因没有汉武帝时期的物资积蓄,而贸然增加民间负担,一遇天灾,便无法应付,天灾所带来的流民充当了反叛力量的主力,这是王莽之乱之所以爆发的最重要的原因。以我们今天的视野来看,阶级分野和阶级斗争固然是中国历史发展的重要内容,吴景超的阶级史观或不无改良主义的局限性,但将阶级斗争扩大化,视之为所有时期的中国历史发展的唯一主线,恐怕也是不合理的。如何重新把阶级带回到中国历史的研究,合理评估其历史作用,还有待于今天的专业历史学者更为具体而深入的研究。

《两汉寡妇再嫁之俗》一文,并没有特别的方法论自白,但熟悉这一段历史的人都知道,吴景超特别揭示出两汉风俗中并无寡妇守节的事实,反映了后五四时代贞节批判的深化,在更为深厚的学理基础上延续了五四的启蒙主题,具有鲜明的时代特色。[2]仅以中国历史的经验即可证明,时人所谓"贞节"并非天经地义,而是某个历史阶段某些大人物提倡之后形成的社会风气。

---

1 《西汉的阶级制度》,《清华学报》第10卷第3期,1935年7月。
2 参见拙著《中国现代思想史上的潘光旦》第7章第4节"'贞节'新解与五四后性道德的探讨趋势",福建教育出版社,2009年,第212—220页。

四、社会科学方法治史的限度：吴傅之争的意涵

全面抗战时期，吴景超与蒋廷黻、翁文灏、陈之迈、何廉、陶希圣等人延续此前《独立评论》的风格，在战时首都重庆创办了一份旨在发表独立思考与研究心得的时论刊物《新经济》，从1938年11月16日起至1945年10月1日，这份刊物共办了6年零11个月，发刊凡138期。据有关学者研究，首先提议创办这份刊物的是蒋廷黻，他不仅起到了催生作用，而且可以说对该刊相当热心，尤其是在前期起到了核心作用。[1] 而刊物的日常编辑工作主要由在经济部任职的社会学家吴景超担任，除了1943年三四月间赴美访问将近两年时间以外，他一直是刊物的实际主编。

在全面抗战爆发前的多年间，若干政府内外的人士一直有调整中国省区的意见讨论。至抗战时期，这种要求已经成为"极普遍的风气"，国民参政会的川康建设方案主张将四川划为三省即是其中的一个具体方案。甚至国防最高委员会也成立了一个专门的委员会，遴请负责任的官员及有专门研究的学者设计一个涵盖全国范围省区调整的具体方案，他们搜集的材料极为丰富，方案也在积极进行之中，使人感到缩小省区的要求"已经渐露实现的曙光"。[2]

对时事敏感，以研究"建国问题"为宗旨的《新经济》同仁及时捕捉到这个热点问题。他们不仅发表了政治学家陈之迈的《中国的省区》一文，还由蒋廷黻约时任中央研究院历史语言研究所的所长傅斯年写一篇中国地方制度历史状况的论文。傅斯年一时无暇，便将这个约稿转给了在该所任职的历史学者劳干（贞一），请他代劳。劳文完成后转给蒋廷黻，蒋的总体看法是："前段讲秦汉地方政制，颇多精彩，惜不详细；后段讲现在如何应缩小省区，意见很对，但不起劲。"[3] 他并且预料到吴景超接到稿子后必然感到难以处理：

---

1 参见阎书钦：《国家与经济：抗战时期知识界关于中国经济发展道路的论争——以〈新经济〉半月刊为中心》，中国社会科学出版社，2010年，第15页。
2 参见陈之迈：《中国的省区》，《新经济》第3卷第3期，1940年2月1日。
3 蒋廷黻致孟真先生函（1942年4月25日），傅乐成校注：《傅孟真先生与友人论学书——纪念先生七十诞辰》，《文星》第15卷第5期，1965年3月1日。

分割不好，删改不好，全文照登也不好。但因当时太忙，蒋廷黻未加意见就把稿子转给吴景超了。吴景超没有领会蒋廷黻的约稿意图是：不要劳干讨论当代问题，只求他间接地说明缩小省区方案有其历史的根据。他认为劳文写得很长，对于中国历史上的地方制度，从前汉以至前清都大略谈过，"但只见堆砌工作，对于历代地方制度之作用、意义及其问题，则均未谈到"，而讨论当代地方制度的部分，"虽无特色，但言人之所未言，故遂删去考据部分，代为刊出"。[1]

劳干一篇纵论古今地方制度的长文，最后以两个页码多一点的篇幅刊出。[2]对于一个历史学者来说，讨论历史的部分被删掉了，讨论当代的最后一部分被删去考据部分，只留下了一些被认为是没有特色但"言人之所未言"的议论部分刊出，他当然是极为不满的。傅斯年说劳干写此文"甚费气力"，但吴景超却认为此文"实未用尽气力，应细加分析，从新写过，始有价值"。[3]

更让劳干愤懑的是，这篇不被吴景超欣赏的文章在删节刊出后竟不知去向。傅斯年托劳干撰文，但劳文未得到应有尊重和恰当的处理，也颇使他感到气愤。他在给吴景超的信函中说："弟曾编过三几种刊物，从未弃过人之稿子，似乎编辑者应体贴撰文者。即如劳君此文，如承寄下，弟稍为改动，未尝不可卖数百元。彼撰此稿，是弟托之，并无卖文之意。然贵刊不登，弟理当为之另找一处卖之。此文既仅以末段交印刷人，**其前之长篇似无亦交印刷人之理，然则再请吾兄费神一检**，如何？感激之至！"[4]可惜的是，稿子因经过一次编辑部搬家，确实丢了，再也找不回来了。后来由蒋廷黻出面设法给予劳干赔补经济损失，丢失原稿的问题始告解决。[5]劳干并未直接向蒋廷黻或

---

[1] 吴景超致孟真先生函一（1942年4月6日），傅乐成校注：《傅孟真先生与友人论学书——纪念先生七十诞辰》。

[2] 劳贞一：《论缩小省区》，《新经济》第6卷第7期，1942年1月1日。

[3] 吴景超致孟真先生函一（1942年4月6日），傅乐成校注：《傅孟真先生与友人论学书——纪念先生七十诞辰》。

[4] 孟真先生复函一（1942年4月），傅乐成校注：《傅孟真先生与友人论学书——纪念先生七十诞辰》。

[5] 蒋廷黻致孟真先生函（1942年4月25日），傅乐成校注：《傅孟真先生与友人论学书——纪念先生七十诞辰》。

吴景超直接表达自己的不满。这种心情上的愤懑是由托他写稿而且特别仗义执言的傅斯年表达的。

1942年3月26日，傅斯年致函吴景超责问缘由，4月6日，吴景超在回复中不仅表达了他和蒋廷黻对劳文的负面评价，而且说自己对于汉代制度略有研究，前汉中央与地方的关系，经贾谊、晁错、主父偃等人的几次设计始告解决，但此点在劳干文中却未曾得到发挥。傅斯年接到吴函后，很快作了回复，对于劳文的好坏以及是否用心，"均不论"，他以历史学家的丰富学识，敏锐地抓住吴函中"譬如前汉中央与地方之关系，经贾谊、晁错、主父偃等几次设计，始告解决者，在劳君文中并未发挥"的看法，做了具体的展开。他认为吴景超所举的贾谊、晁错、主父偃等几次设计，"**皆关于汉廷对于王国之政策者，并非关于地方之制度者**"；"若兄所言者，乃'西汉如何统一中国'一政治问题耳，此是两事也。七国乱前，汉与王国，并非中央与地方之单纯形式，**法律**、**事实**，皆如此。王国之变为地方，乃七国平后至汉武初年逐渐而成之者"。

简言之，傅斯年的意思是汉初至汉武帝初期的王国制度并不是汉代地方制度的组成部分，而是与地方制度并列的一种形式，写汉代的地方制度不必要写王国制度。在他看来，由汉代中央政府直接控制的郡县制才是汉代地方制度的研究对象，王国与汉廷的关系，"大致如数年前英国之与埃及、伊拉克（即有High Commissioner驻扎之时代）。如画地图，汉朝郡县自成一色，乃王国犬牙交错于其间，汉制名此曰'藩辅'，法律事实皆如此"。

由于敏锐地抓住了这种基本认识上的分歧，傅斯年在复函中强调说："今闻兄此论，实觉诧异。设若当时由弟作此文，而不由劳君，恐亦遭兄此责，而弃去之矣。"[1]

劳干稿问题已告解决，但因此而起的吴景超与傅斯年关于汉代地方制度

---

[1] 孟真先生复函一（1942年4月），傅乐成校注：《傅孟真先生与友人论学书——纪念先生七十诞辰》。

是否可以将郡县制与王国制一并纳入的争议战火被燃起了。

4月24日，吴景超再次回复傅斯年，详谈他对汉代地方制度的基本看法。他认为，王国与郡县为西汉地方制度的两种形态，讨论西汉地方制度，决不可专谈郡县而忽略王国，"王国与郡县，相同之点甚多，至于武帝以后，两者几有合流而成为同一形态之势"。接着他列举了王国与郡县的相同之处有六点：郡与国均用汉法；郡与国均用汉吏；郡与国均上计；郡与国之兵卒，均可由中央征调；郡与国均纳献费于天子；郡与国之名称，常互相更换。由此六点，他得出结论，认为郡与国具有密切的关系，"郡与国之人民，其义务虽亦略有不同之处，然相似之点，超过相异之点"。[1]

4月24日吴景超的信函，直到5月7日才到达傅斯年手里。傅斯年反复看了吴函多遍，吴景超强调郡国之间"相似之点，超过相异之点"是作为历史学家的他绝对不能接受的。他感到不能不有所辩驳，于是在5月12日又写了一封将近4000字的长函。首先他认为需要区分西汉前后的时代变化，尤其是七国之乱前后的变化；其次他分析吴景超所举的"郡国"两字并列，即认为郡国一样是不合理的推断，在他看来，这是汉代的一个"滑词"，如"诸侯王"之有王无侯。然后，傅斯年以很大的篇幅对吴景超所列举的六点理由逐条"签注"，详加商榷。他认为吴景超所谈的六点郡国相同之处不是笼统便是误会，而在他看来，郡国的相同之处多有名无实，相异之处才是最关紧要的。在逐一就郡国相同之处的事实作了辩驳之后，傅斯年接着正面阐述自己的观点，认为此事之本题是"汉初之国家究是如何体制"，在此点明了之后，"则支节（即兄所举之例）与字面（即兄所谓'两种形态'，'甚为密切'）之辩论，皆可省矣"。

那么，傅斯年眼中的汉初国家体制是什么呢？他的基本看法是：汉初制度虽承秦制中的郡县制，但又吸取了周制中的分封制，兼有两种成分。他说：

---

[1] 参见吴景超致孟真先生函二（1942年4月24日），傅乐成校注：《傅孟真先生与友人论学书——纪念先生七十诞辰》。

"汉高祖鉴于秦代国家体制之'孤立',至于一个赵高可将国家败坏到如彼地步;又鉴于当时之情势,**所以求折衷于周秦二者之制度中,即是兼采二者**。'斟酌损益',造出一个汉初年之形态来:**汉自为秦,为一国**,其地等于秦郡十五,韩旧地以形势扼要,大部亦在内。其他旧为山东诸国者,仍分建为九国,王各治其民。"由郡国并立的历史缘由来看,他认定汉初的王国是"实性藩国",所以劳文讨论地方制度,并没有必要讨论王国制度。[1]

5月19日,吴景超复傅斯年函,一面申明自己的基本观点以及与傅斯年的分歧,一面就4月24日信函中所谈的六点加以补充并就傅的逐条"签注"作了答复。他认为汉初的王国并未有傅斯年所说的那么独立,虽由周代的分封制演变而来,但其实质已经大变,将其列入汉初地方制度的一部分是没有问题的。他说:"总之,弟以兄前信中比汉王国与汉廷之关系,犹如英与数年前之埃及、伊拉克,未免太于看重王国之独立性。故举以上数点,意在说明王国系汉之一部分,王位虽尊,但均臣事汉帝。汉帝对于王国,亦有种种控制,此种控制初虽疏阔,但亦不致如英之对埃及、伊拉克也。汉初王国,虽由封建制度演化而来,但其性质已大异。"[2]

傅斯年收到这封长信后,正值闹湿气,只好匆匆回复以待病愈以后再详复。此后的几个月"夏日如年,无法执笔",直到10月11日才重新捡起思路,续加辩驳,写了一封将近9000字的长信。他这次的主要辨析围绕汉廷与王国的关系性质展开。针对吴景超屡屡提到的英国与埃及、伊拉克的关系,他强调这个比拟是"关于某一固定点之比拟",即数年前英国在埃及与伊拉克设有驻扎大员时代的关系。他列举了很多事实,强调这时的英国对于藩属国是有很多干涉权力的,并不是如我们一般想象中的那么疏阔。傅斯年在这段比拟之后,将汉廷与王国的关系比作本国与帝国的关系。他认为吴景超的问

---

[1] 参见孟真先生复函二(1942年5月12日),傅乐成校注:《傅孟真先生与友人论学书——纪念先生七十诞辰》。

[2] 参见吴景超致孟真先生函三(1942年5月19日),傅乐成校注:《傅孟真先生与友人论学书——纪念先生七十诞辰》。

题乃是将本国与帝国混为一谈所致。他说:"故弟以为兄之误会,盖由混本国与帝国而起。言归正传,廷黻兄之乞于我者,历代地方制度一文;弟之乞于劳君者,两汉地方制度一文也,**非请其谈帝国建设也**。在兄心中,凡用'汉法'此词详下及'兵由中央征调者',皆是汉之地方,如是则必将西域、南蛮以及匈奴呼韩邪降后一齐作为汉(宣帝以降)之地方,**其体制亦皆为汉之地方制度矣**。大昆弥、小昆弥、左贤王、右贤王,成了汉之地方制度,岂不滑稽欤?然如兄之所执,乘之逻辑,岂不如此欤?"关于使用汉法与是否为帝国之部分,傅斯年的基本观点是:"**然则帝国之中,一切皆须分层言之,不必一用汉法之某端即为本国,匈奴是也**";"**不必不用汉法之某端,即在帝国之外,西域是也**"。

傅斯年在这封详细讨论的长函中体现了鲜明的史学立场,他对吴景超的不少批评即由此出发。

如在谈到《史记》作"郡国守相",《汉书》作"郡守"一事,吴景超坚持认为《史记》的记载正确而《汉书》的记载有误,傅斯年则认为"弟则以为此等用史料方法之 ABC,可不必再论矣。"

又如吴景超强调汉初地方制度与前代国史上地方制度的差异,傅斯年则强调历史演变的重要性。傅斯年说:"历史上事,无全同者,为了解之,须从其演化看去,史学之作用正在此。**如以横切面看之,何贵乎有史学**?"由此点出发,他认为汉初诸侯王,在其国体上与周初封建全同,不同的只是汉初的王国不能再封建,所以,"故诸王虽为真性封建式之国,而其中并非真性封建式之社会"。

总结这场论争,傅斯年认为:"以上反复言之者,诚感兄之用史料,似只管字面之便已,而不暇于细择,故常有转证吾说者。"[1]这场争论,尽管出场的是傅斯年和吴景超,实际上也应该算上和傅斯年同调的劳干,因为从多次征

---

[1] 以上五段,参见孟真先生复函三(1942 年 10 月 11 日),傅乐成校注:《傅孟真先生与友人论学书——纪念先生七十诞辰》。

引的观点来看，傅、劳是站在同一个阵线上的。从这个意义上来说，这场论争体现的是社会科学家治史与史学家治史的旨趣差异。吴景超与傅斯年往复讨论汉代地方制度，大体上经历了由简入繁、由浅转深的过程，其中有对史料的不同解读，也有方法论上的论争。社会科学家之重同类合并，历史学家之重具体差别，其分别大端在此。

这次论学信函前后凡六通，约计17,000余字，在吴、傅二人的论学书简里都是空前的。傅斯年素以霸气著称，能够一而再、再而三地和一个社会学家长函讨论汉代历史问题，虽然讨论到后来他也有几分不耐烦，但在他心目中无疑是将吴景超当作一个历史学圈外的高手来对待的（他说："谨自附于诤友，非好辩也。"[1]）。他非常重视吴景超的来信和自己复信的底稿，装订成册，保存在身边，一直带到了台湾，现在还静静地躺在中研院历史语言研究所"傅斯年档案"之中。

结语：应继承的与应超越的

吴景超是一位在都市社会学、中国社会经济问题研究等领域颇有造诣的社会学家，他的历史研究集中在汉代历史范围之内，应该说是很有特色也有独特贡献的。他的这些研究成果具有强烈的现实感，不仅对于深化社会学的中国研究具有不可多得的价值，也在某些方面具有针砭时弊的意义。其内容、方法、学术影响和社会影响，我们在本文已经做了基本的梳理。从吴景超的汉代历史研究所提出的问题与观点，我们可以看出他之所长在于，由现实感带来的敏锐性以及由社会学学科训练带来的理论高度。

吴景超的局限性在于对历史本身的具体性和复杂性估计不足。胡适和傅斯年对吴景超汉代历史研究的批评，其要害之处就在于此。历史学是否需要

---

[1] 傅孟真先生复函三（1942年10月11日），傅乐成校注：《傅孟真先生与友人论学书——纪念先生七十诞辰》。

以及如何借鉴社会科学的理论方法，在中国近代史学史上意见纷纭，甚至同一个人，如梁启超，前期和后期的观点亦有不同。至今这仍是困扰历史社会学研究者及社会史研究的一大理论问题。当代资深学者桑兵先生反思历史学与社会学之间的方法之异，特别强调历史学着重见异，有别于社会科学的主要求同，故"治史不宜归纳，而要贯通"，"不过见异并非仅仅关注具体，反而更加注重整体，要在整体之下研究具体，探寻个别的普遍联系"。桑先生注意到了吴景超与傅斯年的论争，叙述道："1942 年 10 月 11 日，他复函好用社会学方法研究中国历史的吴景超，有的放矢地强调：'历史上事，无全同者，为了解之，须从其演化看去，史学之作用正在此。**如以横切面看之，何贵乎有史学**？'"[1] 史学所贵之"异"，对于社会科学方法治史是一个重要的提醒，它告诉我们，在寻求共同的结构和共同的过程之时，不要忘记对历史本身的具体性和复杂性予以足够的重视，否则，即便在史实抽象的基础上建立起整齐而宏伟的楼阁，其细节也是经不起仔细推敲的，从而使这座楼阁失去了牢固的根基。今天我们重访吴景超的汉代历史研究，不仅要强调继承前辈学者的宏伟识见，超越其时代的、学科的局限亦是题中应有之意。以如是态度来回顾学术史，当代的历史社会学研究及社会史研究方有健康发展的可能。

---

[1] 桑兵：《中国近现代史的贯通与滞碍》，《近代史研究》2010 年第 2 期。

批判与建设：
陈序经与吴景超文化社会思想之比较

刘集林[*]

陈序经（1903—1967）与吴景超（1901—1968）均为我国早期知名社会学家。二人年龄相若，学历相似。[1]在20世纪三四十年代，陈序经主要以研究文化问题著称，吴景超以探讨工业化问题名世。他们作为注重现实社会问题研究的社会学家[2]、文化倾向上的典型西化派，对东西文化、乡村建设与工业化都市化、民主政治建设等诸多现实社会问题均作了较为深入的探讨，二人或直接交锋，观点对立；或各自为战，主张相应，从一个侧面充分展示了民国时期西化派知识精英文化社会思想的丰富面相。本文即以上述问题为中心，比较二者的分歧与共识，揭示西化派知识分子内部的不同类型，进而反思西化派知识分子的社会思想在民国时期社会发展过程中的是非得失。

---

[*] 刘集林，南开大学社会学系副教授。
[1] 陈序经于1928年获伊利诺依大学政治学博士学位（陈毕业于上海复旦大学社会学系，留美期间兼修社会学，1929至1931年又在德国留学），吴景超于同年获芝加哥大学社会学博士学位。
[2] 在1937年全面抗战爆发前，陈序经的主要研究工作首先是主权观念研究，其次是在南开经济研究所主持工业发展对于社会的影响的调查，再次才是文化问题的研究。见陈序经：《我怎样研究文化学——跋〈文化论丛〉》，《社会学讯》第3期，1946年8月1日。

一、东西文化观

陈序经是30年代初"全盘西化"论的代表人物,"全盘西化"四字就由其首次提出,并从理论上做了系统阐释。1931年4月,当时还在德国游学的陈序经针对孙本文的《中国文化研究刍议》一文,在《社会学刊》上发表《东西文化观》,依据"文化本身上是分开不得"的文化整体论,首次明确提倡"全盘接受西洋文化""全盘采纳西洋文化"。[1] 数年后的1935年初,十教授《中国本位的文化建设宣言》发表,号召"中国本位的文化建设",在知识界引起广泛讨论。时任清华大学社会学系教授的吴景超很快撰《建设问题与东西文化》在《独立评论》第139号上发表。吴文赞成《宣言》从字面上提出的折中态度,并从理论上着力批判两类西化论,其一便是陈序经的全盘西化论。吴景超的公开批评很快引起了好战的陈序经的激烈回应,在《独立评论》上就东西文化问题也由此展开了多人参与的热烈讨论。讨论中吴景超回应了陈序经的反批评,进一步阐释了取法西方文化的具体态度,陈序经亦再撰文反驳。因二人立场截然有异,吴景超没再做回应。综观二人的争论,分歧实际体现为三个方面。

(一)文化是否可分?

这是陈、吴文化论战的根本问题与焦点所在。陈序经持文化本身不可分的整体论,认为作为一种类型的文化体系,本身是不可分的,所以要西化只能全盘西化;吴景超认为文化内部各因子并非必然联系,有不可分也有可分者,因此西化过程可以有选择地进行。陈序经在《东西文化观》中指出"文化本身上是分开不得的,所以它所表现出的各方面都有连带及密切的关系",一方面变更,它方面也必然受其影响,所以孙本文等主张用科学的方法分析固有文化的长短而为改造文化张本是行不通的。吴景超则指出,陈序经全盘

---

[1] 陈序经:《东西文化观》,《社会学刊》第2卷第3期,1931年4月。

西化论的一个基本不足便是文化本身不能分开的观点，因为它"只含有一部分的真理"，实际上"文化的各部分，有的分不开，有的是分得开。别国的文化，有的我们很易采纳，有的是无从采纳"。并先后用美国社会学家麦其维、霍布浩（霍布豪斯）、路卫（路威）、德国社会学家亚富勒魏伯（A.韦伯）的学说进一步阐释。麦其维、韦伯将文化区分为文明（Civilization）与文化（Culture），其中文明是"发明"出来的，包括自然科学及物质的工具等；文化则是"创造"出来的，包括宗教、哲学、艺术等，因此前者可以到处传播，后者则因是一个地方时代民族性的体现，根本无法完全模仿。而霍布豪斯和路威关于家族制度、配偶制度的具体研究更明白指出："一种生产方法，可与不同的家族制度相结合，没有一种家族制度，是与一种生产方法'分不开的'"，"能说一妻多夫的文化，与某种经济文化是'分不开'的吗"？[1]

在陈序经看来，吴景超关于文明与文化区别的反驳，只不过是重复国人以往的老调而已，即将文化简单两分为道的文化与器的文化、物质文化与精神文化，而且霍布豪斯也认为每一社会文化的各方面是有连带与密切关系的。吴景超在批评中随手举例说：采纳西洋电灯不必采纳西洋跳舞，采纳西洋科学不必采纳西洋基督教，采纳西方治学方法而不必学他们见女人而脱帽的习惯，如全盘西化就应该反对用筷子、反对说中国话等。对此，陈序经更是详加反驳，指出跳舞、基督教分别先于电灯与科学，而电灯的发明与科学的发达又反过来对跳舞与基督教产生相当的影响；受西洋教育的人见女人多脱帽子、国内番菜馆的逐渐增加与语言逐渐趋于西化等均为国内西化事实。所以，"吴先生始终不明了文化的各方面有了连带与密切的关系而分不开的理论"。[2] 显然，陈序经只是从部分西化的事实中推论出全盘西化的应然性与必然性，并将文化的连带与密切关系等同于绝对的分不开关系，这并没有真正回应吴

---

[1] 详见吴景超：《建设问题与东西文化》《答陈序经先生的全盘西化论》，分别载《独立评论》第139号（1935年2月24日）、第147号（1935年4月21日）。

[2] 详参陈序经：《关于全盘西化答吴景超先生》《从西化问题的讨论里求得一个共同信仰》，分别载《独立评论》第142号（1935年3月17日）、149号（1935年5月5日）。

景超的理论批评。

（二）如何对待中国文化？

全盘否定传统文化或固有文化是陈序经全盘西化观的另一面。他的"文化"概念特别注重文化适应时代的创造性与发展性，因此"所谓'保存固有文化'这句话……都是不通的"。即使从固有文化本身上看，"中国的固有文化，可以说是老子和孔子的结晶品"，核心都"是反物质生活的道"，是"单调"，已无法适应"世界的趋势"。因而"吾们所反对的是要保存固有文化"，固有文化只具有历史地位的价值。陈序经还退一步指出即使在这个"世界的趋势"中存在中国固有文化的特质，也证明这种特质并非中国所固有，而是世界文化的共同特质。[1]

30年代初，在民族危机日趋严峻之际，诸多知识分子对国内知识界日趋西化的主流倾向多表示担忧，为增强民族自信心，十教授宣言提出本位文化建设，主张折中中西文化，实际主张侧重重建与恢复优秀传统文化。这一主张得到吴景超的赞同，他指出复兴中国文化的"唯一途径，便是折中的态度了"。但又不满既有折中主张的空洞言说，提出"我们第一要'具体'指出，在中国固有的文化中，那一部分还有适应环境的活力，因此应当保存"，只有真正保存固有优美文化与采纳西洋优美文化，才能创造适应新环境的新文化。[2]

对此，陈序经批评吴景超"完全忽略了两种文化接触后的趋势"，即东方文化趋于消灭而西方文化趋于世界共有的趋势，从文化程度比较上看，中国固有文化无论哪一方面"都没有人家那样的进步"。陈序经用十分情绪化的语言指出："从东西文化的内容来看，我们所有的东西，人家通通有，可是人家所有的很多东西，我们却没有。从文化的各方面的比较来看，我们所觉为最

---

[1] 陈序经：《东西文化观》，《社会学刊》第2卷第3期，1931年4月。
[2] 吴景超：《建设问题与东西文化》，《独立评论》第139号。

好的东西，远不如人家的好，可是我们所觉为坏的东西，还坏过人家所觉为最坏的千万倍。"对国人提倡固有文化的现状，陈序经认为那也不过是"为了外人所利用以压我民众"的工具，或者不过是"为好奇心理而当做古董欣赏"而已。[1]

出乎意料的是，吴景超并没能"具体"指出中国固有文化中哪些部分是适应环境的部分来回应陈序经，反而在其他地方指出当时还没有一篇文章能条举中国文化的优点在十项以上且言之成理者，因此"拿中西的文化互相比较，我们固有的文化，相形见绌，这大约是不可否认的事实了"[2]。承认"中国不如人的问题，乃是文化不如人"[3]，这就有点与陈序经同一论调的味道了。吴景超鼓励中国人应该有文化自信心，并利用相关事实和研究数据指出，国人应有的自信心的根据有二："第一，中华民族适应自然环境的力量，是任何民族所不及的。""第二，中华民族的聪明才智，与任何民族比较都无愧色。"[4]这自然与固有文化的具体内容无关，而强调文化的西优中劣，强调文化创造的自信心，正是陈序经西化思想的基本特征，这就难怪陈序经后来在总结1935年的中西文化论战时以胜利的口气说："吴先生在这里，是有意的，和积极的，近于全盘西化论了。"[5]

（三）如何对待西方文化？

与陈序经全盘接纳西洋文化的基本立场不同，胡适、吴景超等西化派多取折中立场。吴景超认为"西方文化本身的种种矛盾，是主张全盘西化的致命伤"，对西洋文化的正确态度应该是"指出在西洋文化中，那部分应当采纳，能够采纳"。[6]后来吴景超进一步具体阐释为四种态度：一、对某些西方文

---

1 陈序经：《关于全盘西化答吴景超先生》，《独立评论》第142号。
2 吴景超：《自信心的根据》，《独立评论》第161号，1935年7月28日。
3 吴景超：《论积极适应环境的能力》，《独立评论》第162号，1935年8月4日。
4 吴景超：《自信心的根据》，《独立评论》第161号，1935年7月28日。
5 陈序经：《一年来国人对于西化态度的变化》，《国闻周报》第13卷第3期，1936年1月13日。
6 吴景超：《建设问题与东西文化》，《独立评论》第139号。

化整个接受以代替中国文化的类似部分，如西方文化中的自然科学、医学等；二、对某些西方文化整个接受以补充中国文化的类似部分，如哲学、文学等；三、对某些西方文化可作为参考但决不抄袭，如资本主义生产方法、各国关税政策等；四、对某些西方文化不客气地加以排斥，如迷信的宗教、儿戏的婚姻、诲淫的跳舞、过分的奢侈等。[1] 吴景超关于西化内容矛盾多而无从全盘西化的质疑，实际是当时反对全盘西化论者的共识，对此陈序经早在1934年的广州文化论战中就做了回答。他再次重申，吴的问题只是一个枝节问题，中国文化本身也有不少冲突，同理，西洋文化尽管从表面上看五光十色，但"他们却有共同的基础、共同的阶段、共同的性质、共同的要点"，即有一个"根本的原则"，即民主化。[2] 也就是说，只要把握民主化的原则，全盘西化就没有障碍。针对吴景超正面提出的折中论，陈序经批评它不但不具备操作性，相反，自清末以来折中论的实际表现，却生出将西洋文化之短与中国文化之短相结合的严重流弊，因此折中论在事实上"所生出的危险，恐怕远在真正复古派之上呵！"[3] 对吴景超提出的四种具体态度，陈序经也一一回应，强调继续吸收西洋文化精华的重要性，申明吴所提到的西洋文化的不足（如迷信的宗教等），也不是西洋人与主张全盘西化论者所提倡的，最后陈序经以一种独特的算术方法，认为合计吴的四种态度，证明吴"不但只承认了西方文化的3/4以上，而其实是承认了2.5/3以上了"，所以已接近全盘西化论。[4]

20世纪30年代中期知识界掀起的中西文化论战涉及面甚广，其中一个主体内容便是全盘西化论与倾向西化的折中论之间的论战，陈序经与吴景超的交锋可谓这两派争论的典型。从事实上看，折中论因其理论的相对周全并适应时势而最终成为主导倾向。从理论上看，吴景超的批评也确实揭示了全

---

[1] 吴景超：《答陈序经先生的全盘西化论》，《独立评论》第147号。
[2] 陈序经：《关于全盘西化答吴景超先生》，《独立评论》第142号。
[3] 同上。
[4] 陈序经：《从西化问题的讨论里求得一个共同信仰》，《独立评论》第149号。

盘西化论的致命要害，此外，全盘西化论以偏概全、以逻辑代事实、以数字计算代理论分析的种种弊端也十分明显。不过，陈序经的数字计算式的反驳也揭示出当时的折中论的胜利并非理直气壮。吴景超一方面承认中国文化不如人，一方面又提不出更具体的中国固有文化的可继承内容或文化要素，说明折中论也有底气不足的问题，这就很难说吴景超在论战中取得了真正的胜利。

二、乡村建设与工业化、都市化问题

在中国社会经济发展的道路问题上，自20世纪20年代初至40年代中期，知识界始终存在"以农立国"还是"以工立国"的争论。30年代初，因背景各异、旨趣多样的乡村建设实践遍及全国，颇具声势，更引起知识界关于社会经济发展道路的广泛讨论。在这场讨论中，陈序经与吴景超均主张中国当走工业化、都市化的道路，不过在乡建态度、乡村出路、工业化主张等问题上，两人立论的侧重点明显不同。大致说来，陈序经主要从消极方面全面抨击现实中的乡村建设运动，吴景超则侧重从积极方面阐发中国走工业化道路的具体路径。

对当时乡村建设运动，陈序经留德回国后就密切关注。自1932年到1936年春，他亲自参观了广州、定县、邹平、定县等多处乡村建设试验站。实地考察的结果使陈序经对乡建运动颇为失望。从1936年4月开始，即乡村建设运动接近尾声之际，他在《独立评论》等刊物上连连发文，从乡建运动的现实效果、理论、组织、方法等方面全面否定乡村建设运动：在现实效果上，乡建工作所包括的教育、卫生、政治、农业四个方面均乏善可陈；乡建理论主要体现为复古倾向与"以农立国"论，更为危险；组织建设过于复杂，团体数目太多，发展太快，以"县"为单位的建设既小（区域小）又大（乡建内容无所不包）；方法上存在脱离政府与依赖政府的矛盾、实验方法与单位主义的片面性弊端等。因此,乡村建设运动的衰落是必然的。[1]

吴景超也始终关注乡建运动,在总体认识上,与陈序经一样,认为农民的生计问题并不是乡建运动所能解决的,农村问题只有"放在经济建设的大问题之下","才可得到一个根本的解决"。[2]但他并没有取尖锐批判的态度,对当时乡村建设运动中的一些问题主要从正面建设的角度参与讨论。如对乡建运动中"知识分子下乡难"的问题,他并不像陈序经那样对乡建人员的工作成绩苛刻指责,而是从同情理解的角度指出:乡村缺乏容纳知识分子的职业、乡村缺乏研究学问的设备、乡村低下的物质文化无法满足知识分子的需要、家庭及亲戚朋友不希望知识分子下乡等是知识分子下乡难的四个基本原因。[3]进而提出,都市知识分子在都市工作也有为乡民服务的不可替代的功能。面对乡村需要知识分子的现状,吴景超主张用"政治及职业的力量",提倡在各县设立"农政局",由受过大学教育的毕业生二三人主持其事,分别承担调查现状、推广知识、建立乡村组织的职能,尤其希望通过乡村组织建设来培育乡村领袖,通过乡村领袖的自组织活动推行各项乡村社会建设。[4]对于乡村农民的组织建设,吴景超高度重视,在30年代末,他又特别著文强调各地组织农会以推进农业建设的重要性。[5]

对农村发展现状的分析与农村出路的探讨,陈、吴二人的主张基本一致,都认为人多地少、分配不均是农村的根本问题,农村的根本出路在走工业化的道路。

陈序经指出,我国人口多而可耕地少,且土地分配不均,不少农民无田可耕,土地面积不够用与人口的逐渐增加为农村根本问题,显然不可能"只靠农业以解决中国的农村问题"。吴景超更是利用种种详尽数据,分析了当

---

1 对陈序经的乡村建设观的具体探讨,详参拙文《西化与乡建——陈序经的乡村建设观与乡建论战》,《中南民族大学学报》2007年第1期。

2 吴景超:《第四种国家的出路——吴景超文集》,商务印书馆,2008年,第16、17页。

3 吴景超:《智识分子下乡难》,《独立评论》第62号,1933年8月6日。

4 吴景超:《农政局——一条智识分子下乡之路》,《独立评论》第64号,1933年8月20日。

5 吴景超:《农业建设与农民组织》,《新经济》第1卷第2期,1938年12月1日。

时农村普遍破产的原因,并比较了中外乡村发展现状、中外农民生活程度的差异,探讨了扩大中国农场的种种可能路径、如何借鉴国外经验寻求佃农变成自耕农的种种具体措施。在农村出路问题上,陈序经强调"以工业为前提,以都市为起点"。首先"必要极力去发展工业,以吸收农村的过剩人口,才是办法"。其次,在工农轻重缓急的合理关系上,工业发展是农业发展与乡村建设的必需条件,乡村建设应"从都市而尤其是大都市的左近的乡村下手","逐渐地放大其范围"。如此可充分利用都市中的行政机关,利用这些机关的人才与设备,从事交通、卫生、教育、农业等乡建事业建设,从而解决乡建中的治安混乱、人才和经费短缺等问题。[1] 就农村建设本身而言,主要在农业发展,"要依赖于农业的科学化与农业的机械化"。因此,在陈序经看来,乡建的根本目的在"把中国的乡村西化起来,使能调和于西洋或西化的都市而成为一种彻底与全盘西化的文化"。[2] 吴景超则从人口密度和职业分派两个变量出发,认为中国出路一方面在节制人口,一方面在工业化、都市化。就农村出路而言,一方面扩大农场,并改良农业技术,使传统的农村生产方法即"筋肉生产方法",一变为"近代的机械的生产方法",在提高农业生产率的同时,使农村过剩的人口加入都市;另一方面通过积极发展都市以救济农村,通过发展都市的工业、交通、金融等建设事业,解决农村劳动力过剩、农产品运输困难、农民资金短缺等问题,使都市与乡村,互助共进,最终"由以农立国的国家,变为以各种实业立国的国家"。[3]

不难看出,陈、吴两人在一些具体提法上明显有别,如陈序经只是强调以都市单方面的力量、资源下去帮助、支援乡村建设,而吴景超注重的却是走都市引领、城乡协调共进的发展路径。但陈、吴二人在强调都市工业化吸纳农村过剩人口、农业发展走向科学化与现代化方面的基本立场是一致的。

不过就对农村问题关注的广度和深度而言,陈序经显然远逊吴景超。从

---

1 陈序经:《乡村建设的途径》,《当代评论》第4卷第2期,1943年12月11日。
2 陈序经:《建国应以城市为起点》,(天津)《益世报》1947年12月9日,第1版。
3 吴景超:《第四种国家的出路》,第48、54、65—67页。

20世纪30年代末到40年代，农村、农业、农民问题始终是吴景超探寻中国经济发展道路的一个重要内容，除上述内容外，他还先后专文讨论农业政策、田赋、农村组织、农村土地、农村发展模式等诸多三农问题。尽管陈、吴二人都是经济发展道路中的工业化派（关于工业发展对于社会的影响的调查工作也曾是30年代陈序经研究工作的重心之一），但比较而言，陈序经主要是在批判乡建运动的过程中简略地申论了工业化、都市化的基本主张，并没有进行细致、深入的具体探讨。而吴景超作为工业化派的代表人物，正是以全面、深入探讨中国的工业化道路著称于世，其对于工业发展的外资引进、技术设备与技术人才、工业管理、外资竞争、政府与工业的关系、计划经济与社会主义的可分性、市场经济与计划经济融合的"新路"论、近代都市化的原因、人口节制与经济建设等诸多工业化、都市化问题的深入探讨，至今深具启示意义。

三、民主宪政问题

20世纪30年代初，以《独立评论》为中心，知识界就国难期间中国政治的走向，掀起了一场较为热烈的关于民主与独裁政治的争论。论战大致分为三派：一派持独裁论，他们认为国难期间为统一、建国应实行专制独裁统治，以蒋廷黻、丁文江为代表；一派主民主论，主张国难时期应行也能行民主宪政政治，以胡适、陶希圣为代表；还有一派为折中论，主张政制改革而不主张开放政权，以陈之迈、张佛泉为代表。[1] 吴景超、陈序经也参与了这场争论，大致说来，吴景超偏于折中论，而陈序经偏于民主论，但二人又各有特别之处。

吴景超通过历史的分析，认为"我们当前最大的问题，是统一问题。国

---

[1] 详参陈仪深：《〈独立评论〉的民主思想》，联经出版事业公司，1989年，第59—140页。

家统一之后,一切建设计划,才能实行"¹,而从事实上看,"中国现在的政治,是一党独裁的政治,而在这一党独裁的政治中,少数的领袖,占有很大的势力"²。可以说,在现实社会中,吴景超是倾向于以独裁来谋统一的。不过,从价值取向上看,他与胡适一样,又赞成民主政治,并从英国的民主政治中,归纳出实施民主政治应具备的五个条件:多个政党、自由讨论、普选权、多数党执政、频繁选举。他主张用教育的方式,促成这些条件的完成,然后水到渠成地推行民主政治。³可见吴景超只是将民主政治视为未来的应然目标,并不赞成胡适当下就实施民主政治的主张,认为现实的关键是武力统一中国并培植民主政治的条件。这与上述典型的折中论也有区别。

陈序经针对当时主张独裁政治的论调,撰《论独裁》一文,从学理的角度予以反驳。他认为,从学理上看,"所谓独裁政治,既不是一种政体或制度而和民主政府对峙而能相提并论,从我们目下的需要来看,所谓独裁政治,并不是一种可以讨论提倡能达到的政治"。独裁政治本为变态政治中最变态的一种,在空间上既无普遍性,在时间上亦无永久性。"独裁是自养的自成的自造的自裁的",所以独裁与专制不同。而独裁政治的基础从根本上是以情感与武力为基础的,在善恶观上,最终也只能以独裁者自身的善恶观做标准。独裁问题的关键在于是否存在独裁者,若没有这种人,"则讨论提倡是没有用的"。相反"由讨论提倡而产生出来的人物,只是而且只能叫做人民的公仆",而以公仆治理国家,就是民主国家。⁴如前所述,在反驳吴景超关于西方文化自身矛盾重重无从化起的质疑时,陈序经强调"民主化的途道"为西方文化的根本原则,即使是独裁,"不但是暂时和局部的现象,而且能够顾及民意,奖励民治"。⁵显然,从上述三派的角度来看,陈序经的论述偏于学理的阐

---

1 吴景超:《革命与建国》,《独立评论》第84号,1934年1月7日。
2 吴景超:《中国的政制问题》,《独立评论》第134号,1935年1月6日。
3 吴景超:《中国的政制问题》,《独立评论》第134号。
4 陈序经手稿:《论独裁》,藏南开大学图书馆。该文是否发表待考。
5 陈序经:《关于全盘西化答吴景超先生》,《独立评论》第142号。

释,现实倾向含糊不清,书生气十足的论述也无补于任何现实问题。但其反对独裁政治、主张民主政治的态度还是十分明确的。陈序经在当时反驳各方质疑西方文化形式多样如何化起的问题时,也反复强调西方文化共同的基础是"民主中心的政治",任何极左、极右的主义都只是民主制途径中的变态现象。[1]1947年,国民政府实行全国宪政选举,梁漱溟讥为"选灾",并从中西文化差异上展开论述。应该说就现实结果而言,梁漱溟视选举为"选灾"可谓一针见血,但陈序经对此撰《宪政·选举与东西文化》的长文,严厉批评。在宪政观上,陈序经坚持中国应采取完全取法西方的民主宪政制度。尽管他承认西洋的选举制度在中国实行有不少弊端,就是在西洋也还有流弊。但民主、选举、宪政本身是必须追求的,不能因有弊端而漠视,应该努力在推行中逐渐发展。而且中国也是完全有可能取法西洋宪政的,苏联、日本能取法西洋坐收西洋发明之功,中国亦能如此。"而况实行选举,也是推行民主宪政的一种主动力。"推动民主宪政,又是逐渐使老百姓有钱、有势、有知、有胆、有空闲、有兴趣的一种主动力。故取法西洋并无问题。反观中国传统,陈序经用诸多史实指出,内中并无民主精神与容忍之道,孔子之道正是专制政治的护身符,故以儒家思想去调和西洋的民主精神,"是很大的错误"[2]。这时陈序经的民主宪政观,与30年代胡适的主张已无甚区别。

总之,在宪政问题上,陈序经与吴景超作为西化代表人物,追求民主政治的根本目标是一致的,但达致民主政治的途径则各具己见。吴景超主张先求统一(实含独裁统一之意),后谋民主政治;陈序经没有就民主与独裁争论明确表态,但从其一贯思想来看,也始终赞成在现实社会中全盘推行民主政治制度。尽管如此,二人关于实施民主宪政的具体主张恐怕都有理想与空疏之弊。正如论者所言,吴景超要在武力统一的过程中乃至武力统一后培

---

[1] 详参拙著:《陈序经文化思想研究》,天津人民出版社,2003年,第280—282页。
[2] 详见《宪政·选举与中西文化——评梁漱溟的"预告选灾·追论宪政"》(一)(二),分别载《世纪评论》第2卷第23期(1947年12月6日)、24期(1947年12月13日)。

植民主政治的条件,"恐怕还有新的、更大的困难"[1]。而陈序经完全无视梁漱溟所强调的中国特殊社会结构与文化而直接推行宪政,只怕是更寸步难行。事实上,对于如何真正实施民主政治,二人均没有深入探讨并提出具体的方案。

四、总结与思考

如本文开篇所示,尽管陈序经侧重文化研究,吴景超主攻都市研究,但作为社会学家,他们的学术成绩实涉及现实社会的诸多方面,面对诸多共同的现实社会问题,二人从各自的角度与旨趣都展开了认真的探讨,这就使得对二者社会思想进行综合比较成为可能,实际上除上述问题外,他们在教育、社会学理论与方法、社会主义观等问题上均有可比之处,但从上述三个主要方面进行比较,已可大致区分他们社会思想的不同取向。

就前述思想比较而言,概括地说,在中西文化观上,陈序经主全盘西化论,吴景超主折中论,二人还就此展开激烈交锋。在乡村建设与都市化、工业化问题上,陈序经集中精力以激烈的态度全盘否定乡村建设运动,以揭示工业化、乡村西化的应然归宿;吴景超在积极面对乡建具体问题的同时,更细致地从建设的角度阐明发展中国工业化、都市化的具体途径;一正一反,二人主张相应。在民主宪政的问题上,陈序经反对独裁,主张直接取法欧美的议会选举方式推进西化进程,吴景超则主张从历史的角度思考中国民主宪政问题,现实取向是先强调统一、集中,然后逐步过渡到民主宪政实践。二人对民主宪政的追求是一致的,但达致目标的手段明显有别。

从思想派分的角度来看,二人都是典型的自由主义西化派知识分子,但在西化派内部,具体的思想主张也千差万别。一般而言,自由主义知识分子

---

[1] 陈仪深:《〈独立评论〉的民主思想》,联经出版事业公司,1989年,第138页。

的西化派以胡适为领袖,形成当时学术界占主流地位的"胡适派学人群"[1],而吴景超正是其中的核心成员;陈序经为典型的西化派,并系胡适主编之《独立评论》撰稿最多的作者之一,但陈、胡二人基本无私交,严格意义上不属于胡适派的圈内人。尽管同属西化派,陈、胡、吴三人的思想却并非简单的派别对应,而是有着复杂的纠缠关系。如在文化问题上,胡适在学理主张上与吴景超类似,但在现实策略上一度更偏向陈序经;在宪政问题上,陈序经与胡适基本一致,而吴景超则与胡适相左;在关于乡村出路、工业化与都市化的基本主张上,陈序经与吴景超旨趣相若。

不过,如果以类型划分,一般还是可将西化派大致分为极端西化与折中西化两大类型,陈序经与吴景超正分别为这两种类型的代表。以陈序经与吴景超为例,这两种类型的持论趋向也有较为明显的类型区别。大致可以说,陈序经注重批判,偏于解构;吴景超注重建设,偏于建构。批判、解构型主要从消极方面揭露、批判现实种种社会问题,从而呼吁现实社会的彻底变革;建设、建构型则是面对社会现实,如何寻求种种可能的现实途径改善或解决社会问题,逐步推进社会发展。具体就陈、吴而言,在中西文化问题上,陈序经虽然后来提出了较为系统的文化学学说,但其全盘西化的社会影响,主要体现在中西文化比较上对中国固有文化处处不如人的偏激批判,以及在多次文化论战中对中国固有文化的进一步贬斥;而吴景超则强调依据中国现实,极力挖掘固有文化的现代性因素,结合世界潮流,建设新文化。在乡村建设问题上,陈序经着重从实践、理论、组织、方法等方面全面批判、否定乡村建设运动,而其工业化、都市化主张只是一种简略的陈述;吴景超则通过详尽的中外比较,揭示中国乡村人多地少、自耕农不足、生计困难等问题,立足中国国情,参照国外办法,以城乡协调一体发展为目标,切实探寻可能解决现实问题的具体途径。如面对乡建实践中的知识分子下乡难等具体问题,吴景超是在理解的基础上从建设的角度寻求可能的解决办法。至于其都市化、

---

[1] 参见章清:《"胡适派学人群"与现代中国自由主义》第一章"自由知识分子的聚集及其人物谱系",上海古籍出版社,2004年。

工业化的种种专门论述，更是一种深入的正面建设工作。在民主宪政的问题上，陈序经固然主张直接推行民主制，但他针对梁漱溟认为国会选举不合国情实为"选灾"论的批驳，重心还是对固有社会、政治文化的全面否定；而吴景超则强调从现实出发寻求逐步实现民主的可能途径。

导致陈、吴思想取向差异的原因固多，其中与个人经历、学术背景、性格志趣、社会位置等方面的不同有较大关系。

陈序经出身侨商家庭，早年随父亲周游东南亚，对殖民地人民饱受殖民者欺压的情形感受至深，又辗转于新加坡、广州、上海等地求学，对中外文化的巨大差距有更深的直观印象，改造中国社会面貌的心情尤为迫切。相应地，在学术资源上，留学前就接受了生物进化论思想，留学美国、德国后，广泛学习西方文化人类学、社会学等社会科学理论，他整合文化人类学的进化论、传播论与德国文化社会学，最终形成以文化整体论、直线进化论为基础的新进化思想，一切问题的探讨以西方文化为指针。这种急切趋西的一元化的文化观使他更注重揭示中国传统文化与现实社会的种种缺陷与落后，并为之深感忧虑。相反，吴景超出身徽州商人家庭，早年考入清华学校，个人生活与学习经历可谓一帆风顺，其改造社会的心态可能要比陈序经平稳得多。留学美国后，受以都市研究闻名的"芝加哥学派"创始人派克亲炙，专注于都市问题研究与社会调查的方法。在研究方法上，也深受社会学家孙末楠（W. G. Swmner，今译萨姆纳）的影响，注重事实，勤做卡片，随时注意收集相关问题的最新中外数据、理论、解决方法，与陈序经粗线条式的论述相比，吴景超的论述更具实证性，在其种种中外宏观比较中，可见当时各国最新各种统计数据，问题论述也更为细致、具体。在文化理论上，自然也倾向于接受文化人类学中历史学派、相对主义思想，强调文化发展的多种路向。总的来看，在学术思想上，吴景超更注重社会学研究的综合性、文化发展的多样性、学术研究的社会改良性，[1]这自然易于形成他的建设型、建构型特征。

---

[1] 吴景超的社会学观与文化发展观可参其《社会学观点的应用》（1934）、《民族学材料的利用及误用》（1933）等文，均收入《第四种国家的出路——吴景超文集》。

在立论发言的社会位置上，陈、吴二人也有较为明显的区别。陈序经留学回国后，终身在高校工作，是一位典型的学院型知识分子，吴景超则从1936年到1947年脱离高校，厕身政坛，成为民国时期学人从政的重要一员，先后任南京国民政府行政院秘书、工矿调整委员会、经济部和战时生产局秘书等职，可谓走出了象牙塔的实践型知识分子。美国社会学家默顿论及科层组织知识分子与独立知识分子区别时指出："独立知识分子可以毫不动摇地坚持自己对政策问题所阐述的见解，由于不必付诸行动，他常常不理解各种行动的困难，而这些行动困难是时刻装在科层组织知识分子心中的。"[1]这一论述正可揭示陈、吴二人的区别。从默顿的分类来看，陈序经这种学院型知识分子正是典型的独立知识分子，改造社会注重应然目标、理想类型，重学理而少实践，相对忽视具体行动的种种困难，面对并不如意的社会现实，解决问题的心情更为迫切，社会批判的意味也就更为明显。而吴景超科层组织知识分子的意味更为明显，因多年来一直从事都市社会调查，对社会问题有更深入的、全面的观察，对解决现实社会问题的种种困难也有更具体的认识，而在多个部门从政的经历与实践，对现实社会问题的复杂性及解决问题的种种困难当有更全面而清晰的认识，且作为政府成员，发现问题的目的本不在批评，而在如何用种种切实可行的办法解决"行动的困难"，属于典型的建设型知识分子。当然作为社会学家，陈序经也注重实地调查，如为了解乡建运动，曾参观诸多乡建试验站；还主持过"工业发展对社会影响的调查"，亲自带人去河北高阳、广东顺德等地做实地调查，但因旨趣在于批评，所以建设性主张与吴景超相比还有不小的差距。

应该指出的是，从比较的角度归纳出陈序经批判型、解构型知识分子与吴景超的实践性、建设型知识分子的不同特征，并不意味着陈序经的激烈批判性思想因不免偏激就应简单否定，而吴景超的正面建设思想因较理性周全而值得充分肯定。事实上，社会的健康发展固然需要逐步的、积极的正面建

---

[1] ［美］罗伯特·K.默顿著，唐少杰等译：《社会理论和社会结构》，译林出版社，2006年，第375页。

设，但消极的、激烈的负面批判，也能进一步推动正面建设者更清醒面对社会问题，反思自己的局限，从而使自己的建设主张更为健全。因此，无论在中西文化论战中，还是在乡村建设运动与宪政论战中，陈序经的尖锐批评都得到了论敌与时评者的高度肯定。[1] 而且，面对陈序经等极端西化论者的批评，吴景超等折中西化论的回应也有考虑不周、情胜于理的种种尴尬，说明吴景超的正面主张也值得进一步思考。近代以来中国的社会转型、社会发展是一个复杂的历史过程，就西化派而言，正是由陈序经等批判、解构论与吴景超等的建设、建构论一正一反地共同推动着社会思想与社会实践的发展，两种类型的思想与主张均有得有失，均是我们今日重新思考社会建设、社会治理的重要参照点。就整个思想发展而言，在对保守派与西化派的大致区分中，历史进程也正是由西化论对传统的尖锐批判、对世界潮流的深入把握、由保守论者对文化传统的深入挖掘而共同推进的。

最后要指出的是，无论陈序经的解构，还是吴景超的建构，他们探讨中国现实问题的旨趣与终极目标是根本一致的，即：跟进时代潮流，以西制西，促进并坚信祖国的民族独立与富强振兴。陈序经指出"要想抵抗或打到帝国主义，我怕还是要帝国主义"；吴景超斥责畏惧帝国主义经济实力的部分乡建派为"畏难退缩派"，坚信学习帝国主义，极力与其争夺市场，"前途终是光明的"。[2] 这种跟进现代世界趋势的努力与坚信民族复兴的信念，也是民国时期西化派知识分子的群体特征。

---

[1] 详参拙著：《陈序经文化思想研究》，第295—297页；拙文：《西化与乡建——陈序经的乡村建设观与乡建论战》。

[2] 见陈序经：《乡村建设理论的检讨》，《独立评论》第199号，1936年5月13日；吴景超：《我们没有歧路》，《独立评论》第125号，1934年11月4日。

吴景超与20世纪二三十年代中国社会学研究趋向

阎书钦[*]

清华大学社会学系于20世纪30年代极一时之盛，不仅聚集陈达、吴景超、潘光旦、李景汉等国内一流学者，且研究方法在民国社会学界独树一帜。1948年5月，中央大学社会学系教授孙本文曾将清华大学社会学系与燕京大学、中央大学社会学系并称为民国社会学三大学派，认为"燕京的社区学派注重文化与功能，清华的实地调查派注重直接材料，中央的系统学派注重理论的体系，皆较为显著者"[1]。然孙本文所谓"实地调查派"，就李景汉、陈达等农村、人口等社会调查而言似更恰当，而吴景超、潘光旦则颇注重引介美国社会学研究方法。在民国学界，直接承袭美国芝加哥大学社会学研究衣钵者，恐以吴景超为首。由吴景超相关论著，似可窥见民国社会学研究之社会行为分析、以人文区位学为方法的都市社区研究诸趋向，同时，吴景超亦将芝加哥大学都市社区研究方法与哈佛大学经济学教授格来斯（N. S. B. Gras）都市经济发展理论相结合，论述都市工业发展问题。显然，就引介美国社

---

[*] 阎书钦，天津师范大学历史文化学院教授。
[1] 孙本文：《当代中国社会学》，（南京）胜利出版公司，1948年，第278页。

学研究方法言,吴景超在民国学界确为要角。实际上,吴景超在民国社会学界诸留美归国学者中居学术中心位置,中国社会学社的成立即直接缘于吴景超的回国。1928年9月,吴景超由美至沪,时任复旦大学教授的孙本文为吴景超洗尘,并邀余天休、吴泽霖、潘光旦、王际昌、应成一、俞颂华、李剑华、温崇信、游嘉德作陪,席间决定组织东南社会学会(1930年2月吸收北方社会学者参加后,改称中国社会学社)。[1] 由孙本文诸人对吴景超回国的重视,足见其在民国社会学界位置之显要。

一、吴景超与美国社会学研究方法

就其学历言,吴景超长期受美国一流社会学学府之熏染。他于1923年至1925年在美国明尼苏达大学主修社会学,获学士学位。之后,他入芝加哥大学社会学系读研究生,先后于1926年、1928年获得硕士、博士学位。在明尼苏达大学,他深受社会行为派社会学家白乃德(L. L. Bernard)影响。在芝加哥大学,他又直接参与派克(R. E. Park)、蒲其斯(E. W. Burgess)等主持的芝加哥都市社区调查。他因深受美国社会学研究方法之训练,故极重视引介美国社会学理论与方法。他于1928年回国就任金陵大学社会学系教授后,立即于当年秋季学期以纽约大学教授范智儿(H. P. Fairchild)《社会学基础》(*Elements of Social Science*, 1924)一书为教材,在该校预科开设"社会科学初阶"课程,向学生传授社会学研究方法。1929年6月,他在《社会组织》自序中亦称:"我有一个私见,以为在今日教社会科学,传授知识给学生,是一件小事。最要紧的,是引起学生对于社会科学的兴趣,使他油然有研究之志,然后教给他一点科学的方法,使他可以满足这点志愿,这才是件大事。"[2]

---

[1] 孙本文:《当代中国社会学》,第230—231页。
[2] 吴景超:《自序》(1929年6月于金陵大学),吴景超:《社会组织》(孙本文主编《社会学大纲》第7种),世界书局,1931年,第1—2页。

吴景超在美留学的20年代为美国社会学重要嬗变期。此时，社会行为分析、文化社会学、人文区位学研究在美国学界正方兴未艾。19世纪末20世纪初兴盛于美国学界的早期心理社会学，至20年代日渐式微。美国早期心理社会学以布朗大学教授沃德（L. F. Ward）、哥伦比亚大学教授季廷史（F. H. Giddings）、芝加哥大学教授司马尔（A. W. Small）诸人为代表，注重研究人们内在心理。20年代，结合社会环境分析人们外在行为的社会行为分析理论则异军突起，汤麦史（W. I. Thomas）、派克、蒲其斯、白乃德等为其代表。这些人与芝加哥大学多有瓜葛。派克、蒲其斯长期担任芝加哥大学社会学系教授。汤麦史于1896年获得芝加哥大学社会学博士学位后留校任教，1910年始任芝加哥大学社会学系教授，1923年至1928年任纽约社会研究新校（New York New School For Social Research）教授。白乃德亦属芝加哥学派，原为明尼苏达大学教授，后任康奈尔大学教授。20年代亦为美国文化社会学的重要形成期。此派以哥伦比亚大学教授乌格朋（W. F. Ogburn）、南加州大学教授恺史（C. M. Case）诸人为代表，借鉴鲍亚士（F. Boas）等文化人类学方法，注重社会文化研究。同样在20年代，派克、蒲其斯等主持芝加哥大学社会学系开展芝加哥都市社区调查，提出人文区位学理论。显然，除文化社会学外，吴景超留学的芝加哥大学社会学系为社会行为分析、人文区位学两大美国社会学研究新潮流之重镇，吴景超自然深得其要领。

受芝加哥大学都市社区调查影响，吴景超极力提倡开展中国都市社区调查。1929年8月，他在《都市社会学》中认为，要改良都市，对都市社会问题"不可不有一番研究的工夫"，找到都市中贫穷、犯罪、娼妓等社会问题的产生原因，为此，"非实地调查研究不为功"。值得注意的是，他不仅强调中国都市社区研究要依据芝加哥大学人文区位学方法，亦主张以美国社会行为分析、文化社会学理论为指导。他在《都市社会学》中强调，中国要开展都市调查，须掌握"一点方法及有用的概念"，而派克与蒲其斯《社会学导言》（*Introduction to the Science of Sociology*，1921）、柯莱（C. H. Cooley）《社会组织》（*Social Organization*，1909）、乌格朋《社会变迁》（*Social Change*，

1922）、孙末楠（W. G. Sumner）《民俗论》（*Folkways*，1906）、汤麦史与齐南尼基（F. Znaniecki）《欧美波兰农民》（*The Polish Peasant in Europe and America*，5 Vols，1918-1920）可为理论指导。[1]派克与蒲其斯合编《社会学导言》集中阐述社会行为分析理论，为芝加哥大学社会学系基本教材。据孙本文介绍："全书所分章节及所作引论均出于派克教授的手笔。其所论述，足以代表司马尔教授所领袖之芝加哥社会学派的学说。此书在芝加哥大学社会学科，既用作初级社会学教科书，亦用为高级学生及毕业生研究社会学必须参考之书。故有芝加哥社会学科'圣经'之目。"[2]耶鲁大学教授孙末楠的《民俗论》集中探讨人类社会民俗问题，为美国文化社会学之理论先导。乌格朋的《社会变迁》首次阐述文化社会学理论，为20世纪20年代美国文化社会学形成的标志著作。汤麦史与齐南尼基合撰的《欧美波兰农民》则为结合社会文化环境进行社会人格个案研究的开创性著作。显然，与孙本文一样，吴景超亦重视美国社会行为分析、文化社会学诸名著，并主张将之一同应用于中国都市社区研究。

在民国社会学理论体系构建过程中，以孙本文为中心的社会学者群体居于要位。孙本文1928年出版《社会学ABC》、1929年至1930年主编社会学丛书、1935年出版《社会学原理》，可称民国社会学理论体系构建之主体。孙本文诸人融会社会行为分析、文化社会学等20世纪初美国新兴社会学理论，构建起以社会行为为对象，以社会文化环境分析为基础的完整社会学理论体系。吴景超虽不像致力于构建社会学理论体系的孙本文那样大量阐发美国社会行为分析、文化社会学理论，但他确为以孙本文为代表的注重社会行为分析、文化社会学理论的民国社会学者群体之一员。吴景超在美期间，即与孙本文多有交往。孙本文于1925年获得纽约大学社会学博士学位后，于当

---

[1] 吴景超：《都市社会学》（据世界书局1929年版影印），《民国丛书》第1编（15），上海书店，1989年，第81页，第83—84页。

[2] 《附录一：社会学重要参考书籍提要》，孙本文：《社会学原理》（下）（据商务印书馆1947年版影印），《民国丛书》第2编（15），上海书店，1990年，第252页。

年秋到芝加哥大学做访问研究,并就所著《社会学上之文化论》与时在该校学习的游嘉德、吴景超、胡体乾、范定九、陈叔扉等人讨论,"尤以游、吴两君之助力为多"[1]。孙本文于1928年始酝酿编写"社会学丛书",邀请吴景超、游嘉德、黄凌霜、杨开道、寿勉成、潘菽、黄国璋、吴泽霖、李剑华等分头撰写。此丛书于1929年至1930年由世界书局出版15种,包括孙本文撰《社会学的领域》《社会的文化基础》和《社会变迁》,吴景超撰《都市社会学》《社会的生物基础》和《社会组织》,潘菽撰《社会的心理基础》,寿勉成撰《社会的经济基础》,黄国璋撰《社会的地理基础》,黄凌霜撰《社会进化》,吴泽霖撰《社会约制》,游嘉德撰《人类起源》,杨开道撰《农村社会学》和《社会研究法》,李剑华撰《社会学史纲》。吴景超对孙本文主编"社会学丛书"帮助颇多。《社会的地理基础》之所以由黄国璋撰写,即缘于吴景超的推荐。黄国璋与吴景超曾同在芝加哥大学读书。1929年夏,在南京教书的吴景超至时任中央大学地理学教授的黄国璋寓所,谓孙本文正主编"社会学丛书",邀其撰写《社会的地理基础》。[2] 此套"社会学丛书"可称美国式社会学理论丛书,主旨在于介绍美国最新社会学理论,各册撰者亦多为留美归国者。孙本文在《社会学丛书序》中称:"各书陈述,虽不必有独创之见,但执笔者均系国内专攻社会科学之人,对于所任各书,尤擅专长,差堪自信。"[3] 其所言值得玩味者,一为各书"不必有独创之见",二为各书执笔者"尤擅专长"。由此可知,孙本文初衷在于介绍美国最新社会学理论,学术创新在其次,且执笔人选择以对美国某种理论的了解深度为准。孙本文又于1948年5月介绍,此丛书"就社会学上各种最新学理及方法,为有系统的介绍,以广传播",借以"阐明社会学的性质及范围,以免除误解"。[4] 其所谓社会学新

---

1 《例言》,孙本文:《社会学上之文化论》,北京朴社,1927年,第1—2页。

2 黄国璋:《自序》(1930年8月5日于南京),黄国璋:《社会的地理基础》(孙本文主编《社会学大纲》第3种),世界书局,1931年,第1—2页。

3 孙本文:《社会学丛书序》,孙本文:《社会的文化基础》,世界书局,1932年,第1—2页。

4 孙本文:《当代中国社会学》,第34—36页。

学理与新方法，自然以美国为重点。丛书各册陆续出版后，吴景超、吴泽霖、李剑华、钱振亚均以此为课本，尤其吴景超通过在金陵大学社会学系的讲述，感觉此丛书"极适合于社会学入门课本之用"[1]。之后，孙本文于30年代撰写《社会学原理》过程中，亦与吴景超多有交流。孙本文在此书例言中即称，吴景超"对于本书的设计及内容材料，多所建议"[2]。

受美国社会行为分析、文化社会学影响，吴景超在社会环境与遗传对人口品质的影响问题上，虽不像孙本文那样对强调遗传因素的优生学持批评态度，但在两者之间更强调社会环境对人口品质的作用。所以，孙本文在主编社会学丛书时，邀请吴景超而非潘光旦撰写《社会的生物基础》，而在此问题上最有发言权者则为专力研究优生学的潘光旦。吴景超自称，他在人口品质的遗传与环境因素问题上，主张兼取两者，唯以事实为根据，"假如事实告诉我们遗传的力量大，我们便信遗传的力量大。事实告诉我们环境的力量大，我们便信环境的力量大"。为此，孙本文曾于1929年10月将吴景超称作"折中派"。吴景超此种认识系折中其两位老师白乃德、牛门（H. H. Newman）观点的结果。1923年至1925年，吴景超在明尼苏达大学攻读社会学学士学位时，曾受业于白乃德。白乃德在美国最先反对本能论，注重环境因素对人口品质的影响。受其影响，吴景超在美曾与注重遗传要素的潘光旦通信辩论约半年。经过争论，其观点"略为有点修改，不复趋于极端"。吴景超于1925年至1928年在芝加哥大学读研究生期间，曾选习该校生物学教授牛门的课程。牛门在课堂上曾谓："我故意注重遗传，理由是你们受环境说的影响太深，不如是，不能把你们的偏见矫正过来。"吴景超受两派美国老师的影响，"在朋辈中，对于环境与遗传的论调，比较是不走极端的"[3]。所以，他在1930

---

[1] 孙本文：《社会学大纲序》（1930年5月1日于南京），孙本文主编《社会学大纲》（上），世界书局，1931年，第1—2页。

[2] 《例言》，孙本文：《社会学原理》（上）（据商务印书馆1947年版影印），《民国丛书》第2编（15），上海书店，1990年，第1—2页。

[3] 吴景超：《自序》（1930年1月于南京金陵大学），吴景超：《社会的生物基础》（孙本文主编《社会学大纲》第4种），世界书局，1931年，第1—2页。

年6月出版的《社会的生物基础》中表示，人的智力既受遗传的影响，亦受环境的影响。一个人成为大人物，既要有好的环境，又要有好的"脑经"，"遗传与环境，在个人的发展上，都是重要的，虽然在某特质上，两种势力之重要的程度如何，我们还不十分明了"。[1]

不过，吴景超虽在社会文化环境决定论与遗传决定论之间取折中态度，但更强调社会文化环境对人口品质的影响。1929年8月，他在《都市社会学》中分析都市人口增长与人口品质关系时强调，优生学家的看法只有"片面的真理"，人口品质（包括人口的智力与能力）虽一定程度受遗传的影响，但受社会环境的影响更大。他表示，"社会学者与优生学者意见却有很不相同之点：优生学者把遗传看作万分重要，好像文化的命运只有遗传的势力可以左右之；社会学者固不否认遗传，但相信环境的影响，尤为重要。所以，社会学者对于上流社会中人生产率之降低，固然触目惊心；同时，他们看见都市中不良的环境，使多少青年堕落，多少可以有为的青年，不得机会发展，也是痛心疾首的"。[2] 1930年6月，他在《社会的生物基础》中，引注重从社会环境角度分析社会心理的密歇根大学教授柯莱《人性与社会秩序》（*Human Nature and the Social Order*，1902）一书所言，说明环境对人口品质的影响较遗传大。柯莱认为，在遗传与环境四种可能的结合中，有三种结合会使人走上下流之路：好遗传与坏环境结合；坏遗传与坏环境结合；坏遗传与好环境结合。只有好遗传与好环境结合，才可使人上进。吴景超由此认为，改良生活环境对提高人类素质更具重要性，"假如我们希望好遗传与好环境结合，那么，我们对于优境运动，应当是热心赞助的。譬如中国，只因教育不普及，便有多少人材，都永远埋没了"。他又表示："遗传学在今日还未十分发达，所以，想用优生政策来改良社会，其根据是很薄弱的。反是，世界有多少天才，因为得不到机会，而与野草同腐，或本可有为的青年，因受不良环境的

---

[1] 吴景超：《社会的生物基础》（孙本文主编《社会学大纲》第4种），世界书局，1931年，第78—97页，第111—112页。

[2] 吴景超：《都市社会学》，第32—36页。

陶冶，因而堕落的，不可胜数。所以，改良社会，使天才得到机会，得脱颖而出；或使可以有为之青年，得向上发展，其理论上之根据，是很巩固的。我们批评改良社会的计画及优生政策时，应当记得此点。"[1]

显然，吴景超深受芝加哥大学社会行为分析与人文区位学理论影响，同时，对以哥伦比亚大学为研究重镇的文化社会学理论持赞同态度，而疏离于美国早期心理社会学理论。吴景超此种社会学观念，与民国社会学界注重引介美国20世纪初最新社会学理论，以构建自身社会学理论体系的学术倾向相吻合。

二、芝加哥大学人文区位学方法与吴景超都市社会学研究

20世纪初，芝加哥大学社会学系成为美国社会行为分析理论重镇。自1915年开始，派克、蒲其斯等又主持该系开展芝加哥都市社区调查，将社会行为分析方法应用于芝加哥都市社区研究，实地考察和解析芝加哥不同区域中社会行为的特点与异同，从而形成以芝加哥都市社区研究为特色的人文区位学派。20年代，该系此方面成果颇丰。1925年，派克、蒲其斯编辑出版《都市》(*The City: Suggestions for the Investigation of Human Behavior in the Urban Environment*, 1925)。此书是有关都市区位(position)研究的论文集，由区位关系视角研究都市发展及在都市环境中的人类生活行为，为20年代美国人文区位学代表著作。同年，派克、蒲其斯又将1925年美国社会学年会论文汇编为《都市社区》(*The Urban Community: Selected Papers From the Proceedings of the American Sociological Society*, 1925)一书。1928年，潘尔满(V. M. Palmer)出版《社会学的实地研究》(*Field Studies in Sociology*, 1928)，系统阐述芝加哥大学社会学系社会调查方法，用作该校社会学概论班学生的研究手册。20年代末30年代初，芝加哥大学社会学系将该系师生

---

[1] 吴景超：《社会的生物基础》，第111—112页，第116页。

有关芝加哥都市社区的诸项专题研究成果编为芝加哥大学社会学丛书，由芝加哥大学出版社出版。此丛书包括安迪生（N. Anderson）《走江湖的》（*The Hobo*，1923）、司来修（F. M. Thrasher）《流氓党》（*The Gang*，1926）、麻流（E. R. Mowrer）《家庭解体》（*Family Disorganization*，1927）和《家庭失和》（*Domestic Discord*，1928）、开凡（R. S. Cavan）《自杀》（*Suicide*，1928）、斯绍（C. R. Shaw）《少年犯罪区域》（*The delinquency Areas*，1929）和《摇滚男孩：一个犯罪少年的故事》（*The Jack-Roller: A Delinquent Boy's Own Story*，1929）、杂包夫（H. Zorbaugh）《金水岸与贫民窟》（*The Gold Coast and the Slum*，1929）、莱克莱斯（W. C. Reckless）《芝加哥的罪恶》（*Vice in Chicago*，1934）、布拉门萨（A. Blumenthal）《小镇资料》（*Small-Town Stuff*，1934）等。其中，《流氓党》和《走江湖的》两书学术影响较大。前者为司来修研究芝加哥少年帮的报告，调查了芝加哥1313个少年帮，详细分析他们的历史、组织、人物、环境、原因等；后者考察芝加哥"无家庭的游民社会"的生活状况及其各种问题。[1]

在民国社会学界，吴景超与芝加哥大学都市社区研究关系最密切。孙本文介绍，吴景超曾于1925年至1928年在芝加哥大学随派克、蒲其斯从事都市生活研究。[2]其博士论文《唐人街——共生与同化》即为运用人文区位学方法具体考察芝加哥等地美国华人社区的研究成果。[3]故吴景超高度重视芝加哥大学上述研究成果。1929年，他在《都市社会学》中认为，派克、蒲其斯合编《都市》是都市研究者必备之书，该书首篇派克撰《都市：都市环境中的人类行为的研究》具体阐明派克关于都市研究的基本观点，学术价值最大。同时，派克、蒲其斯编《都市社区》亦有参考价值。吴景超于1928年离开芝加哥大学回国前后，正值芝加哥大学社会学丛书集中出版之际，故对此丛书印象深刻，遂在《都市社会学》中予以重点推荐，强调此丛书"可以代表支

---

[1]《附录一：社会学重要参考书籍提要》，孙本文：《社会学原理》（下），第266、268页。
[2] 孙本文：《当代中国社会学》，第156—157页。
[3] 参见吴景超著，筑生译，郁林校：《唐人街——共生与同化》，天津人民出版社，1991年。

加哥大学研究都市的方法及成绩,想研究中国都市的人,不得其门而入的,可以取以上数书一阅",可为中国都市社区研究的模范。其中,吴景超较重视麻流关于家庭问题的研究、开凡关于自杀问题的研究,认为在运用该系社区调查方法开展都市社区研究方面,两项成果较有代表性。[1]

  吴景超为向国内系统而详细引介芝加哥大学人文区位学研究方法之最早者。他于1929年8月出版的《都市社会学》,主要内容即为介绍芝加哥大学此种都市社区研究方法。他在自序中表示,此书算不上"研究中国都市的报告",只想达到两个目的:第一,指明都市社会学的研究"园地",希望对此学感兴趣者"可以同来工作";第二,"介绍一点西方学者研究都市的方法,以作国内同志的参考"。[2] 孙本文亦介绍,此书"多少含有芝加哥学派的意味"[3]。吴景超撰写此书缘于孙本文的提议。1927年,孙本文在上海复旦大学开设都市社会学课程,"颇感觉材料之不易搜集,而尤憾国内乏适当书籍,可供学生参考之用"[4]。1928年,孙本文着手策划社会学丛书。恰在此时,吴景超于当年9月回国任金陵大学社会学系教授。孙本文便嘱吴景超撰写此书。[5] 孙本文之所以邀吴景超撰写此书,是因为他感觉吴景超对此种研究了解最深切,为撰写此书的不二人选。孙本文解释说,"近年来,美国芝加哥大学,并且从社会学的眼光,用科学的方法,去研究都市生活的全体","这种研究,对于了解都市生活与解决都市问题,必有极大贡献"。吴景超"是曾经参预芝加哥大学都市社会研究的一个学者。他对于都市生活的研究,受过最新颖、最适当

---

[1] 吴景超:《都市社会学》,第63—67页,第81—83页。
[2] 吴景超:《自序》(1929年1月10日于南京金陵大学),吴景超:《都市社会学》(据世界书局1929年版影印),《民国丛书》第1编(15),第1—2页。
[3] 孙本文:《当代中国社会学》,第156—157页。
[4] 孙本文:《孙序》(1929年1月12日于上海江湾),吴景超:《都市社会学》(据世界书局1929年版影印),《民国丛书》第1编(15),第1—3页。
[5] 吴景超:《自序》(1929年1月10日于南京金陵大学),吴景超:《都市社会学》(据世界书局1929年版影印),《民国丛书》第1编(15),第1—2页。

的训练的。所以,他写这部都市社会学,是最相宜的"[1]。

吴景超在《都市社会学》中介绍了蒲其斯等关于都市区域布局的研究成果。蒲其斯根据对芝加哥的研究,提出都市区域分为五道圈:都市中心为第一道圈,属商业区域,有高楼大厦、火车站、百货商店、大银行、大旅馆、大戏院等;与商业区域相邻的第二道圈有一些小工业及一些破旧的房子、污秽的街道,贫民、外侨、卖淫者多居住在此处;第三道圈为中等住宅区域,不想离商店或工厂太远的商店伙计、工厂细工多居住在此地;第四道圈为高等住宅区域;第五道圈靠近乡下,有大工厂,居住着依靠工厂为生者。吴景超对蒲其斯的说法作了归纳:第一道圈为商业区域,第二道圈为工业与贫民住宅的混合区域,第三、四道圈为住宅区域,第五道圈为工业区域。据此,他认为一个都市大体包括商业、住宅、工业三类区域。[2]

结合社会环境分析人们的行为是芝加哥大学都市社区研究方法的核心内容。同时,其社会环境分析又与美国文化社会学所言社会文化关系密切。他们的这种都市社区研究方式,集中体现于绘制和分析都市社会问题区域分布地图工作。吴景超对此种方法作了集中介绍,称之为"暗射地图",强调"这是研究都市问题的一个好方法,值得我们采择的"。他介绍,芝加哥大学社会学系首先通过绘制此种地图,发现不同社会问题在都市的不同分布,再分析不同地区社会问题集中的深层社会原因。他们在调查中发现,芝加哥各城区集中存在的社会问题各不相同,其原因在于各城区相异的环境导致人们行为的差异,"因为一个人的行为,处处受他环境的影响。不同的环境,可以产生出不同的行为来。都市中各区域的环境不同,所以,那儿住民的行为,也不相同"。吴景超详细介绍了派克、蒲其斯主持成立的芝加哥大学社会学实验室。他介绍,试验室有很多标满芝加哥犯罪、离婚等各种社会问题的"暗射地图",还保存着大量芝加哥各城区历史资料。吴景超认为,这些历史资料对于都市研究非常有用。"譬如我们想要知道甲区中的犯罪率,何以较他区为

---

[1] 孙本文:《孙序》(1929年1月12日于上海江湾),吴景超:《都市社会学》,第1—3页。
[2] 吴景超:《都市社会学》,第47—49页。

高,我们在实地调查之先,便可到社会学实验室中,把甲区的历史,翻开来看一下。从这些历史的报告中,我们便可得到一点线索,再去实地调查,费时少而得益多。这些调查的结果,如发现了新材料,与甲区有关的,可以作成报告,加入甲区的历史中。支加哥大学的教授与学生,对于支加哥,是不断地研究的,所以,关于支加哥的材料,也与年岁以俱增。"[1]

在引介芝加哥大学都市社区研究方法方面,吴景超确有开创之功。之后,借鉴此种方法开展中国社区研究似成民国社会学界普遍风气。孙本文即极关注芝加哥大学社会学丛书。1935年1月,他在《社会学原理》中介绍,此丛书"系专就都市生活之一方面,做详细研究。此皆其研究报告也。读此诸书,可知芝加哥大学社会学家之研究方法及成绩"[2]。潘尔满《社会学的实地研究》作为系统阐述芝加哥大学社区调查方法的重要著作,受到杨开道、孙本文诸人的高度重视。1928年此书出版前后,吴景超已于同年9月回国,故于1929年初撰写《都市社会学》时未及介绍。1930年8月,杨开道在《社会研究法》再版序言中认为,此书为美国有关社会研究方法的代表著作,自己于1929年撰写《社会研究法》时未见此书,故在初版自序中说美国仍缺乏社会研究方法的整体系统。他读过此书,深感此一说法已不合时宜。[3]孙本文在《社会学原理》中亦认为,"此书优点,在于就社会学的立场,用个案研究的方法,以指示调查的途径,为社会实际研究最善之书"[4]。芝加哥大学都市社区研究亦对崇尚英国功能派文化人类学的燕京大学学者影响巨大。1933年,燕京大学社会学系教授吴文藻邀派克来燕大讲学,对该校师生社区研究思路产生极大影响。费孝通回忆,他与燕大同学于1933年将"community"译为"社区",便是在翻译派克的作品时提出的。派克所讲社区研究在燕大反响很大,"在1933

---

[1] 吴景超:《都市社会学》,第60—63页。
[2] 孙本文:《社会学原理》(下),第268页。
[3] 杨开道:《再版序》(1930年8月于燕大东园),杨开道:《社会研究法》(孙本文主编《社会学大纲》第2种),世界书局,1931年,第1—2页。
[4] 《附录一:社会学重要参考书籍提要》,第266页。

年这种社区研究就在燕京大学学生里流行了起来",甚至成为燕大师生实现社会学中国化的努力方向,大家感觉"要说明中国社会是个什么样的社会,科学的方法只有实地观察,那就是社区调查"。[1] 费孝通于1936年夏进行的江苏吴江县开弦弓村调查和后来撰写的《江村经济》亦深受派克社区调查方法的影响。[2] 吴文藻亦高度评价芝加哥大学人文区位学研究。他于1935年在《西方社区研究的近今趋势》一文中,将芝加哥大学都市调查称为"科学的社区研究之开端"[3]。1936年,燕京大学社会学系教授赵承信在《社会调查与社区研究》一文中亦介绍,芝加哥大学人文区位学研究,一方面运用社会学界一般的研究方法,如实地视察(field observation)、访问、历史材料与机关报告的利用、统计分析、图表说明等,另一方面,又创造出一系列独特研究方法,如都市自然区域研究、都市区域布局研究、都市区位变动研究等。[4]

吴景超《都市社会学》为民国首部都市社会学专著,对民国都市社会学研究有开启之功。1929年1月,孙本文为此书作序称:"吴先生此书,就是中国第一部的都市社会学。以后中国都市研究的发展,都是靠吴先生开创之功与提倡之力。"[5] 不过,吴景超此书重点在介绍芝加哥大学都市社区研究方法,未关注都市社会学理论体系构建问题。20世纪30年代致力于构建都市社会学理论体系的上海江南学院、暨南大学教授邱致中于1934年6月在《都市社会学原理》中即批评吴景超囿于介绍芝加哥大学都市社区研究方法,"殊少注意

---

[1] 《个人·群体·社会》(1993年7月24日于北戴河,1993年10月在香港中文大学社会科学院和北京大学社会学人类学研究所联合举办的第四届"现代化与中国文化"研讨会上的讲稿),费孝通:《论人类学与文化自觉》,华夏出版社,2004年,第110页。

[2] 《从人类学是一门交叉的学科谈起》(1996年11月20日在北京大学"展望二十一世纪——北京大学博士后第一届学术研讨会"上的讲话),费孝通:《论人类学与文化自觉》,第2—4页。

[3] 《西方社区研究的近今趋势(1935年)》,《吴文藻人类学社会学研究文集》,民族出版社,1990年,第151—158页。

[4] 赵承信:《社区研究的区位法与功能法》(节录自赵承信《社会调查与社区研究》,《社会学界》第9卷,北平燕京大学社会学系编辑,1936年,第183—204页),《社会科学概论选读》,北平燕京大学法学院,1938年,第595—596页。

[5] 孙本文:《孙序》(1929年1月12日于上海江湾),第1—3页。

于学的理论体系底论究",忽视都市社会学学术体系的构建,认为"吴景超博士底著作,其着意点只在介绍都市社会的研究于中国,所以,对于都市社会学之成为学底讨论,全未着笔。……他只抱守着支加哥派社会学者派克和蒲节士底研究方法与结果,用以输入中国,并未企图建立都市社会学的"。[1]

显然,吴景超对于引进芝加哥大学人文区位学理论及中国都市社会学的建立确有开创之功。不过,因诸种机缘,吴景超在此后的教学、科研工作中,对中国都市社区调查致力并不充分。倒是哈佛大学经济学教授格来斯的都市经济理论对吴景超三四十年代的社会学研究产生更多影响。吴景超据此发表大量有关都市工业之灼见,成为三四十年代中国学界工业化论的领军者。

三、从人文区位学到都市工业:吴景超研究旨趣的转换

20世纪二三十年代,吴景超研究旨趣有一个明显转换,即由引介芝加哥大学人文区位学都市社区研究方法转向对都市工业的阐发。所以,孙本文于1948年在《当代中国社会学》中将吴景超划入注重经济因素社会学者之列。[2]实际上,吴景超此一学术转向仍以芝加哥大学都市区位研究为起点,试图将此种研究方法与格来斯都市发展进程理论相结合,提出"都市区域"概念,关注以都市工业为中心的经济发展问题。

1937年2月,吴景超将30年代发表于《新月》、《清华学报》、《社会科学》(清华大学)、《大公报》(天津)、《独立评论》的16篇文章辑为《第四种国家的出路》一书,有关工业化内容占其大半。《提高生活程度的途径》提出"创造新工业,创造新都市",强调发展都市工业对提高国民生活水平的重要。《发展都市以救济农村》强调都市和工业对农业经济的带动作用,认为"都市与乡村的关系,不是敌对的,而是互助的",中国应完善和发挥都市对农村经

---

[1] 邱致中:《都市社会学原理》(都市社会学丛书第二种),上海有志书屋,1934年,第264—267页。
[2] 孙本文:《当代中国社会学》,第254页。

济的促进功能。为此，应发展三项事业，即兴办工业、发展交通、完善金融机关。兴办工业可促使农业人口向工业转移，"我们只有希望全国的都市，从发展工业上努力，那么，一部分的农民，迁入都市，固然可以有立足之地，就是那些留在乡下的农民，因争食者减少，生活也可略为舒适一点了"。发展交通事业可使农村与都市结成一种"如胶似漆"的关系；完善都市金融机关，在都市周边地区设立支行或代理处，既可吸收农村地区的资金，以发展生产，亦可贷款给农民，以减轻农民利息负担。《我们没有歧路》强调机械生产的重要，认为"筋肉的生产方法，对于人民福利上的贡献，无论从那一方面着眼，都不如机械的生产方法"。机械生产和人工生产是完全不同的两条路：一条使人富有、聪明、长寿；一条使人贫穷、愚笨、短命。[1] 吴景超这些观点系综合格来斯相关论述与芝加哥大学都市社区研究理论的结果，早在1929年8月出版的《都市社会学》中即已形成大致轮廓。

格来斯早年获得哈佛大学经济学博士学位。1912年至1918年，他先后任马萨诸塞州克拉克大学（Clark University）助理教授、副教授。之后，他任明尼苏达大学教授。1927年，他又调任哈佛大学商业管理研究生院（Graduate School of Business Administration）教授。他于1922年出版《经济史入门》（*An Introduction to Economic History*，1922）一书。格拉斯将人类经济史分为采集经济、游培经济、乡村经济、市镇经济、都市经济五个时期：在采集经济时期，生产和生活资料完全依靠自然供给，同时，人类时常处于迁徙之中，某个地方的生产、生活资料枯竭，人们便移至他处；在游培经济时期，人类虽仍时常迁徙，但生产和生活资料的获取不仅依靠采集，还依靠驯养禽兽和培植植物，初步形成畜牧业和农业生产；在乡村经济时期，人类开始定居，畜牧和种植仍为主要生产方法，但种植比畜牧所占比例更大，同时，定时在固定地点进行的集市贸易逐渐发展；在市镇经济时期，商人阶层和商店在市

---

[1] 吴景超：《第四种国家的出路》，商务印书馆，1937年，第14—15页，第116—120页，第140—141页。

镇逐渐形成，而且，市镇与附近数十里的乡村组成经济区域，市镇起初只是商业中心，之后，工业也开始集中于市镇；在都市经济时期，都市拥有发达的批发业、金融业、工业及各类专门人才，尤其是，都市交通便利，辐射范围广大，与其周围"附庸"地区间的经济联系极为密切，形成以都市为中心的方圆数百里的经济区域，并且各大都市间亦保持密切的经济联系。[1] 显然，格来斯对都市经济时期的描述，一方面指出商品批发、金融、工业等都市经济的基本构成，另一方面强调都市与其周围"附庸"地区的经济关系。

吴景超极推崇格来斯《经济史入门》。他于1929年8月在《都市社会学》中称，"数年来所读的名著，令我反复数次而不厌的，这要算是一部"。他强调，"此书的作者，对于经济发展史，别有见地；对于都市经济的解释，尤为清晰周密"，"关于都市与附庸之关系，有一书是非读不可的，那便是格来斯教授的《经济史入门》"。[2] 他又在1929年撰写的《社会组织》中表示，经济史学界一般将人类经济史分为采集、渔猎、畜牧、农业、工业五个时期，颇不完善，只有格来斯的分期法"比较最完善"。由格来斯的经济史分期理论，吴景超认识到都市经济发展的必然性。他认为，如今英、美等国家已进入都市经济阶段，中国大部分地区仍处市镇经济阶段，但已开始向都市经济发展。"人类从采集经济到都市经济，乃是一大进步。经济组织，原是要满足人类物质生活的需要的。我们对于物质生活的要求，是要充足，要优美，要多花样。都市经济，最能满足这种要求。所以，都市经济发达的国家，如美，如英，其人民的生活程度，远非那些尚在市镇经济或乡村经济之下谋生活的国家所可及。"[3] 显然，格来斯的经济史理论对吴景超影响颇大。

在都市社会学研究中，吴景超试图将格来斯的观点与芝加哥大学都市人文区位研究相结合。他在《都市社会学》中，融会芝加哥大学人文区位学理论和格来斯都市与周围"附庸"地区关系理论，提出"都市区域"概念。他

---

[1] 吴景超：《社会组织》（孙本文主编《社会学大纲》第7种），世界书局，1931年，第47—55页。
[2] 吴景超：《都市社会学》，第83页。
[3] 吴景超：《社会组织》，第47—55页。

认为,"都市区域"由"都市"与"附庸"两部分组成,"都市"正如"细胞核","附庸"就是"细胞体","我们现在谈都市,第一就要把眼光放大一点,不要只看到都市,应该还要看到都市以外的附庸。研究都市经济的人所用的单位,不是都市,乃是都市区域;正如研究生物学的人,所用的单位,不是细胞核心,乃是细胞"。他又把"都市区域"视作"经济区域"。在这个区域中,"都市"与"附庸"之间,通过商业贸易、工业生产联系起来。交通是确定某个"都市区域"范围的首要标准,"我们定一个都市的附庸,不看他与某地的远近,而看他与某地的交通","凡是某都市的铁路、河流、运河以及汽车道所能通达的地方,便有成为那都市的附庸的可能"。吴景超对都市经济基本构成的分析,既以格来斯对都市经济构成相关论述为基础,亦借鉴了蒲其斯关于都市区域布局分为商业区域、商业区与居住区过渡地带、中等住宅区域、高等住宅区域、郊外大工厂区域五道圈理论。他认为,一个发达的都市要有零售商场,以满足城市居民的购物需要;要有批发市场和货栈,以便批发和流通周边"附庸"地区和其他都市的货物;周边要有工业市镇,以便将收集来的原料加工为工业品;要有铁路、轮船、邮政、电报等交通、通信设施,以便运输货物,与各地互通信息;要有大银行、信托公司、保险公司等金融机构,以便流通金融,并为实业开发提供资本,"一个商埠如能把以上各方面都发展满意,便不愧为一个大都市,一个经济生活的中心了"。[1]

由格来斯都市发展进程理论,吴景超意识到发展都市工业的必要性。格来斯根据对英美都市的研究提出,一个都市的发展要经过组织市场、兴办工业、发展交通、整顿金融四个步骤。吴景超在《都市社会学》中,根据中国都市发展情况修正格来斯此一理论。他认为,格来斯此种结论主要根据英美都市发展历程做出,但中国近代都市不像英美都市那样经过长时期的自然发展过程,而是在西方工业经济推动下,在短时期内完成近代都市的转换。格来斯所言四个步骤在中国都市化进程中同时存在。他强调,"这四个步骤,并

---

[1] 吴景超:《都市社会学》,第1、7、28页。

不能说是谁先谁后，因为他们是同时进行，互为因果的。我们与其把他看作四种步骤，不如把他看作四个方面。无论那一个都市，总要把这四步都做到完备的地步，才可算是头等的都市"。由此，他强调，工业经济是都市发展的必然结果，"都市中的工业，可以说是应运而起的"，无论在欧美，还是在中国，"工业多发展于都市中"。一方面，都市的一个重要功能就是将周围"附庸"地区的农、林、矿等出产物加工成工业品；另一方面，都市原料聚集，人员集中，市场覆盖广大，具有原料、人工、市场销售等发展工业的必备条件。[1]

如上所述，吴景超之所以在 20 世纪 30 年代高度关注中国工业化问题，与其都市社会学研究密切相关。他对中国工业化必要性的大量阐发，乃以格来斯都市经济发展理论与芝加哥大学都市人文区位研究为其理论支撑。

吴景超民国时期社会学思想与 20 世纪初美国社会行为分析、人文区位学、文化社会学诸新兴社会学潮流适相吻合。作为中国第一代社会学家，吴景超努力将这些最新社会学理论引入中国，并予以融会贯通，致力于构建自身的社会学理论。他尤其综合芝加哥大学人文区位学方法与格来斯都市经济发展学说，提出较系统的都市工业发展理论，并将其应用于中国社会实际研究，于三四十年代长期关注中国工业化问题。吴景超的社会学研究亦是民国时期社会学中国化过程的重要组成部分。1988 年 5 月，雷洁琼在"纪念著名社会学家吴景超教授学术思想讨论会"上曾谓："吴景超先生是我国第一代社会学家。我们的老社会学家有一个很大的特点，是要使社会学中国化。虽然我们大多数，可以说全部都是英美留学生，但是，每一个老前辈，无论陈达同志、潘光旦、吴景超同志等，都努力研究中国社会情况，使社会学中国化，不是照抄欧美的理论。所谓中国化，就是要使社会学为国家服务。研究我们中国的问题，不是去研究外国的问题，这是我们老一辈的很大的特点。"[2] 总之，吴景超的学术贡献将永远彪炳中国社会学史册。

---

[1] 吴景超：《都市社会学》，第 22—24 页。
[2] 雷洁琼：《代序（2）——在纪念著名社会学家吴景超教授学术思想讨论会上的讲话》，吴景超著，筑生译，郁林校：《唐人街——共生与同化》，第 6—7 页。

《社会学原理》在清华：
社会学教材与吴景超的讲授

严飞[*]

一、吴景超与清华

作为中国第一代社会学家，吴景超先生的学术道路与清华大学是密不可分的。从1915年考入清华到1923年赴美留学，作为清华学生的吴景超热爱读史，被同学们称为清华园里的"太史公"，为后来发表的一系列有社会学意味的汉代史研究论文埋下了伏笔。

在美国接受了系统完整的西方社会学学术训练并在芝加哥大学取得博士学位后，1931年吴景超回到清华大学社会人类学系任教。这段时间，也是他学术成就的井喷时期。他主要关心的工业化、都市化、农村土地制度、租佃及人口等问题，这些都是当时中国社会非常重要且亟待解决的问题，他的许多观点都具有独特的学术贡献。他的学术特点一是善于利用西方社会学研究的方法来研究中国社会，强调一定要用实际研究来佐证观点、解决问题，绝不信口开河；二是视野开阔，总是把眼光放在全世界范围内来观察中国问题，

---

[*] 严飞，清华大学社会学系副教授。

他的文章中引述的理论和数据都是当时最新的；三是善于用新眼光去整理旧材料，从历史事实发现社会制度运作的基本规律、基本机制，并把它揭示出来。今天的清华社会学仍旧有着明显的注重"社会调查""中西融汇""古今贯通"的特点，城市社会学、劳工社会学、历史社会学也都依旧是重要的研究方向。

吴景超一向对于经济制度研究有兴趣，首先在中国论坛上叫响了"工业化"的口号。他指出，如果一"建国"，则"工业化"便是其中一个主要的项目，这取得了全国不少人士一致的认可。同时，他也为中国社会学的"本土化"做出了积极的贡献。早在1927年，吴景超写作的《关于清华大学文科课程的商榷》，就批评当时清华课程多用美国教材。他认为："清华大学的文科，其职务不只在灌输学生以欧美的智识。大学文科的教员，应与学生一同研究中国的问题，使中国的社会科学，将来有独立的希望……我们以为大学一二年级的学生，不宜即分系专攻……"[1] 后来他也的确撰写了《都市社会学》一书，成为这一领域最早的中国本土教材，孙本文曾评价该书"虽篇幅不长，而内容极简明扼要"[2]。

二、在清华教授社会学

1917年，清华在全校范围内开设社会学课程，由美国学者狄德曼（G. G. Dittmer）主讲[3]。1925年9月，清华学校正式建立了大学部，招新制普通科学生，开始由留美预备学校逐步向完全的综合性大学过渡。1926年，大学部取

---

[1] 吴景超等：《关于清华大学文科课程的商榷》，《清华周刊》第28卷第4号，1927年10月14日。
[2] 孙本文：《当代中国社会学》，（南京）胜利出版公司，1948年，第156页。
[3] 在中国高等教育机构内首次开设社会学课程的，为美国人门阿瑟（Arthur Monn）。国内大学设社会学课之可考者，以圣约翰大学为最早。1905年，门阿瑟在圣约翰大学讲授社会学课，采用了白芝浩（Walter Bagehot）的《物理与政治》（Physics and Politics）为课本。参看赵晓阳：《西方社会学在中国最早讲授的时间和人物》，《清华社会学评论》2021年第16辑。

消普通科，改为四年一贯制的正规大学，共建立17个系，社会学系为其中之一。1928年8月，清华学校改名为"国立清华大学"。学校确定社会学与人类学并重的发展原则，将社会学系扩名为社会人类学系。1930年开始增聘教授，续招新生，扩充课程，并按课程的性质分为理论社会学、应用社会学、人类学三大分支。

1932年，清华社会人类学系更名为社会学及人类学系。跟之前的学年比较，社会学及人类学系无论在教学团队还是学程安排上，都在不断壮大与调整，教师方面有教授兼系主任陈达，教授史禄国（Sergei M.Shirokogoroff）、吴景超，讲师傅葆琛、林颂河，助教倪因心、史镜涵。

在本科生课程教授上，吴景超尽管刚刚以教师身份加盟清华一年，但已经开始负责重量级的社会学理论和研究方法这两门必修课程（"社会学原理""社会研究法入门"），同时教授自己所专长的研究领域——"城市社会学"，并以此课程为基础带领同学们开展城市经济调查。在"社会学原理"的课程教授上，吴景超强调从社会组织的角度出发去理解社会的结构和运作，特别是社会组织在不同的区域（农村／城市）下的制度性表现。与此同时，吴景超也承袭了当时中国知识界对斯宾塞社会进化论的重视，并作为社会学理论课程的重要分支进行授课。晚清甲午战争之后，中国知识分子竞相吸取来自西方种族竞存的理论讨论中国的"保种"问题，种族改良论遂风靡此后数年间。新文化运动时期发轫于英国的优生学开始较多地引进中国，被中国知识分子采用作为论述种族改良的新的知识依据。彼时，以优生学研究见长的潘光旦尚在上海任教，直到1934年9月才在当时的系主任陈达的延聘下，回到母校清华任教，主持清华社会学系理论社会学组的工作。

具体而言，吴景超教授的三门课的课程大纲如下：[1]

---

1 《社会学及人类学系学程》，《国立清华大学一览》，清华大学，1932年，第75—76页，80—84页。

社101-2　社会学原理

全学年、六学分、每周三小时　教师：吴景超

此为社会学入门之课程，内容如下：（一）社会学的领域，及其与他种社会科学之关系。（二）研究社会学的方法，特别注意统计、个案以及历史方法。（三）影响社会生活的各种势力，如地理、生物、心理、文化等。（四）社会组织之研究，从各方面下手：（1）社会组织的制度方面，如家庭、经济、政治、教育，及其他重要制度。（2）社会组织的区域方面，如乡村、都市，及其他区域社会。（五）社会变迁及社会进化之原理。此课程之主要目的，在指示学生以社会上的各种重要现象及问题，并养成其以科学方法研究社会之态度及能力。

社201-2　社会研究法入门

全学年、六学分、每周三小时　教师：吴景超

此学程目的，共有两种：（一）使学生明晰如何利用科学方法去研究社会问题。（二）使学生多读社会学者研究的成绩。为达到此两种目的起见，本课程研究之单位乃问题，而非方法。在每项问题之中，选择名著若干种，尤其研究的成绩，去追溯著者在研究时所用之方法。所选择的名著并不限于一种方法。各种方法之重要原理及技术，便于研究名著时指出。

社211　都市社会学

上学期、三学分　先修学程：社会学原理　教师：吴景超

研究在都市环境中之社会生活及组织之社会学。包括：（一）都市社会学及其趋势；（二）都市社会之性质；（三）都市社会之构造；（四）都市社会之功能及其在特殊环境中所有之生活及活动；（五）都市社会所构成之人群及状态；（六）都市社会之改造问题；（七）都市化对于文明之影响。

1934年，清华大学社会学及人类学系再次更名为社会学系，教学团队也

继续扩大。1935年—1936年度，社会学系教员有教授兼系主任陈达（本学年休假），教授兼代理主任吴景超，教授史禄国（本学年休假）、潘光旦、李景汉，讲师傅葆琛、杨堃，助教倪因心、史镜涵。[1]

在本科生课程教授上，"社会学原理"一课转为由陈达负责教授，课程大纲大致不变。吴景超则开设了两门新课，分别为"贫穷"与"社会变迁"。前者关注于城市中的"边缘人"/"边际人"（marginal man）及其政策层面的处置方法，这一脉络和其于芝加哥大学完成的有关唐人街华人移民的博士论文有着清晰的接续和拓展，将华人移民在美国作为"边缘人"的共生与同化的生活状况拓展到对中国贫困人群的深描研究。[2] 值得说明的是，"边缘人"概念是吴景超的导师罗伯特·派克（Robert E. Park）所提出。在派克看来，"边缘人"夹在两种文化之间，常常感到两者的矛盾和冲突，左右不是。[3] 后者则关注社会变迁的理论与经验，特别是有关革命与改良的讨论，可以清晰地展现出中国社会宏观图景的历史变迁趋势。这三门课程的具体课纲如下：

社101-102　社会学原理　教师：陈达

此为社会学入门之学程，内容如下：（一）社会学的领域，及其与他种社会科学之关系。（二）研究社会学的方法，特别注重统计、个案，及历史方法。（三）影响社会生活的各种势力，如地理、生物、心理、文化等。（四）社会组织之研究，从三方面入手：（1）社会组织的制度方面，如家庭、经济、政府、教育，及其他重要制度；（2）社会组织的区域方面，如乡村、都市，及其他区域社会；（3）社会组织的阶级方面。（五）社会变迁及社会进化之原理。此课程之主要目的，在指示

---

[1] 《文学院社会学系教职员一览表》，《国立清华大学一览》，清华大学，1935年。

[2] 吴景超1928年8月在芝加哥大学完成博士论文，其博士论文由筑生等译成中文出版。参见吴景超：《唐人街——共生与同化》，天津人民出版社，1991年。

[3] Robert E. Park. "Human migration and the marginal man," *American Journal of Sociology*, Vol. 33, No. 6(1928), PP. 881-893.

学生以社会上的各种重要现象及问题，并养成其以科学方法去研究社会之态度及能力。

社242　贫穷　教师：吴景超

先论贫穷的定义，次论社会各种穷人之状况，及根本上处置此种穷人之方法。如贫农、贫工、低能、疯狂、残废、衰老、孤儿、寡妇等问题，皆有所讨论。末论院内救济与院外救济之原理。（本年度暂不开班）

下学期、三学分、每周三小时　先修学程：社会学原理

社264　社会变迁　教师：吴景超

此为一研究学理的学程。首讨论变迁的阶段，对于目前流行的各种阶段论，加以批评。次论变迁的原因，对于地理史观、英雄史观、经济史观等等，均有讨论。继论变迁的先后，讨论物质文化与非物质文化，那种先变的问题。对于变迁的形式，亦作简单之申述。此后即讨论变迁的阻碍，并由阻碍讨论革命与社会改良问题。领袖、舆论、知识与革命及改良的关系，皆附带研究。最后略述近代各种改良社会的学说，以示社会变迁的趋势。

全面抗战时期，清华大学搬迁至昆明进入西南联大阶段，与北大、南开两校在条件极其艰苦的情况下开展联合教学、科研工作。在此之前，吴景超则前往国民政府行政院任职，暂时离开了学院。1945年日本投降后，学校开始修缮清华园。1946年联大结束，三校复员。

1946年秋到1949年初，属于复员后的清华社会学系。在教师方面，除李景汉、李树青等尚在美国，短期内不能回校执教外，1946年年度开学伊始，潘光旦、陈达、吴泽霖即已到校。吴泽霖同时还主持全校教务，潘光旦也兼主持图书馆。不久，苏汝江自美回国，费孝通又自英伦回来，离校约十年的吴景超也自南京返校。教员周荣德、张莘群，助教袁方、廖宝昀、全慰天等先生，也均于复员后随校来平。陈达则于半年内教完全年课程之后，于1947

年3月请假离校赴美，参加普林斯顿大学两百周年纪念会。[1]

课程方面，这一时期由清华社会学系全系教授负责开设"社会学名著选读"一学程，为研究生及四年级学生所必修。除指定阅读名著外，全系教师及选修学生每两周举行座谈会一次，以便师生共同探讨。此外有潘光旦的"社会思想史""优生学""家庭问题""中国社会思想研究"；吴泽霖的"社会学原理""普通人类学"；陈达的"人口问题""劳工问题""社会立法"；吴景超的"社会学概论""比较经济制度""贫穷问题"；苏汝江讲授"社会计划""社会研究法""人文区位学"和"社会调查"；费孝通讲授"社会制度""社会变迁""农村社会学""都市社会学""文化论""社会结构"。苏汝江的"社会研究法""社会调查""人文区位学""社会计划""专题研究"；周荣德的"户籍行政""社会机关参观"；张荦群的"现代社会运动"；袁方的"社会分化"等。又有"名著选读（一）"及"名著选读（二）"，由潘光旦、陈达、吴泽霖、吴景超、费孝通五位先生分组教授。另外，"社会心理学"也是必修课程，社会学系之外另请清华心理学系唐钺教授主讲"社会心理学"、燕京社会学系关瑞梧教授主讲"社会工作概论"、家政系倪逢吉教授主讲"家政学及儿童福利"。复员后，清华社会学系也在天津《益世报》主编"社会研究"副刊，登载本系师生著译文稿，每星期四出刊一次。[2]

1949年人类学系合并至社会学系后，至1952年全国院系调整之前，清华社会学系任课教员大约为14人，分别是专任教授潘光旦，其任教的课程有"家庭""社会主义思想史""马列名著选读"等；专任教授陈达，其任教的课程有"人口论""劳动政策与法令""劳动保护"等；专任教授吴景超，其任教的课程有"苏联经济建设""工资与生产""唯物社会学"等；专任副教授苏汝江，其任教的课程有"社会调查与研究""劳动力调配"等；专任副教授史国衡，其任教的课程有"企业管理""劳动行政"等；专任副教授张荦

---

[1] 清华大学档案，档案号1—4：2—249。
[2] 清华大学档案，档案号1—4：2—249。

群,其任教的课程有"工人运动史"(兼任大课委员会副主任,大多时间在那边);专任副教授袁方,其任教的课程有"劳动保险"等;专任讲师刘世海,其任教的课程有"劳动统计""政治经济学"等;专任讲师全慰天,其任教的课程有"土地改革与土地问题"等;专任教授吴泽霖,其任教的课程有"西南少数民族概况""人类学";专任教授费孝通,其任教的课程有"民族政策"(主要时间在民族事务委员会);专任副教授李有义,其任教的课程有"藏文""西藏文化""比较宗教";专任讲师胡庆钧,他当时在民族事务委员会工作;助教诺尔布才仁(民族组)拟任教"蒙(古)文""维吾尔文"[1]。在教学中存在的问题及改进方面,社会学系各组原则上基本相同,一直积极扩充语言课程,培养少数民族语言人才,希望在这方面与民族学院及北大之东方语文系密切合作;实际材料不够充实,希与业务机关更加强合作,并希望多供给资料充实教学,克服个人主义的教学研究,加强这方面的集体主义。[2]

社会学系1952年被取消前有教员潘光旦、陈达、吴景超、苏汝江、史国衡、张荦群、袁方、刘世海、全慰天、吴泽霖、费孝通、李有义、胡庆钧和诺尔布才仁。1952年院系调整后,吴景超于当年调到中央财经学院任教,1953年转到中国人民大学经济系任教。1957年,吴景超和一同参加民盟中央1957年6月6日座谈会的费孝通等人被划为右派。1968年5月7日,吴景超先生因肝癌在北京病逝,终年67岁。

三、"社会学原理"的讲授教材

从吴景超在清华讲授社会学的课程中可以看出,社会学在中国早期的发展,既依赖于诸多学者的学术成果,也依赖于学科体制的建设工作。一个学科要立足,对年轻学子的培养是至关重要的。教材的编写、课程的教授、以

---

1 清华大学档案,目录号校办1:卷宗号52005。

2 同上。

及学术项目的推动等工作，学科的知识与技能得以传承下去。

在教学工作当中，作为学科基础的"社会学原理"课程对培养学生兴趣、勾勒学科的轮廓有着重要意义。吴景超和陈达都曾于清华教授"社会学原理"这门课程。这门课程一般性地向学生介绍社会学，培养学生用社会学的视角关注社会上的各种重要现象和问题，并对学生用科学方法研究和思考社会问题进行初步培养。这门课程也是社会学的最基础的课程，往往是社会学子最先学习的课程，也是其他专业的学生接触社会学时难以绕过的课程。在1930年代社会学学科建设开始发展的时期，许多高等学校都开始设立了社会学系，并开设了社会学课程。在这一时期开设最多的课程之一，就是"社会学原理"。

"社会学原理"是社会学学科中相当重要的课程，包括吴景超在内的教授们在教授"社会学原理"时使用的教材也具有相当的学科地位，因此很有必要对这一时期课程所选用的社会学教材做一番系统的梳理。

社会学在最早传入中国时，相关文献基本由日本学者的著作翻译而来。在这些最早引入中国的社会学文献当中，社会学原理教材占了大多数。孙本文曾指出，在中国社会学的萌芽时期，中国所编译的相关书目"几乎全属于普通社会学一类"[1]。1902年章太炎所译的《社会学》由广智书局出版，是中国最早的整本社会学书籍，比严复翻译的《群学肄言》全本出版的时间还要早一年。此书就是章太炎将岸本能武太介绍斯宾塞（Herbert Spencer）理论的著作翻译而来。此外还有1903年吴建常转译市川源三的《社会学提纲》，该书是吉丁斯《社会进化论》的日文译本。

1911年上海商务印书馆出版了欧阳钧编译的《社会学》，这本书也是最早编译的社会学教材之一。全书共13章146页，约6.6万字，主要根据日本人远藤隆吉的《社会学讲义》等书编译而成。欧阳钧编写此书时，认为社会学可以分为唯心、唯物两派。他据以编译的远藤隆吉采取的是"置重心理而

---

[1] 孙本文：《当代中国社会学》，（南京）胜利出版公司，1948年，第20页。

亦不脱物界"的框架，以意志的结合为中心概念，是属于心理学派的社会学。他认为社会学研究能够为社会带来许多益处，包括激发爱国心、匡正学术、改良政事，以及完备教育。特别是他在这部书中十分强调教育的重要性，他认为无论是社会的进化还是个人的幸福，都需要依赖教育的作用。

到了20世纪20年代以后，随着第一批在欧美受到正式社会学科班教育的学者回国，国内一般社会学的著作和译著逐渐增多，来源也愈发丰富。一方面译作的来源更广，欧美社会学家的著作开始被翻译引入中国，如世界书局出版、采取海逸史（Edward C. Hayes）、爱尔华特（Charles Ellwood）等著作编译而成的《社会学入门》，[1] 另一方面也开始出现国人自著的社会学概论类书籍，如1924年中华书局出版的《社会学要旨》。

朱亦松的《社会学原理》是这一时期影响较广，较为重要的国人自著教材，于1928年5月由上海商务印书馆出版发行，全书分4编18章，284页，约14万字。此书是朱亦松在上海各大学授课所编讲稿多次修改而成。这本教材取材于十多种参考书，以美国社会学家海逸史、罗斯（Edward A. Ross）、凯勒（Albert G. Keller）的著作为主，但此书并非简单的排序编辑，而是"完全出诸自己口吻。这是朱氏融会贯通后的作品"[2]。朱亦松在此书中提出所有的社会活动都受到因果律的支配，把社会现象的因果关系称为社会律，而社会学研究就是要发现这些社会律。在诸多社会现象中，他特别关注社会演化和社会制裁，认为这两个问题是社会学的基本问题。此书特别强调功能的视角和"群"的观点，完全从功能的角度出发去考察社会生活、社会演化和社会制裁。

至30年代，社会学在中国进一步发展，也有许多社会学概论类书籍出版，其中影响最大的社会学概论类书籍当属孙本文所著的《社会学原理》。此书于1935年首次出版，出版后在社会学界颇受欢迎，于是在1940年被教育

---

1 主要包括海逸史所著《社会学研究》（*Sociology*）及爱尔华特所著《社会学及现代社会问题》（*Sociology and Modern Social Problems*）等书目进行的编译。
2 孙本文：《当代中国社会学》，（南京）胜利出版公司，1948年，第33页。

部定为部定大学用书。全书共有5编28章，248页，约23万字，涉及社会学的诸多方面。作为官方承认的教材，此书在内容的排布上有很强的规范性，在每一章的末尾，都会附上该章的温习问题，推荐的论文题目，以及十分详细的注释与参考文献列表。在介绍西方社会学观点时，也尽可能选取最新的思潮，在学者们争鸣而尚无定论的点，也会附上双方的意见和参考书籍，以求让学生有思考方向并作出自己的判断。另外，这本教材也特别注重本土材料的使用，所引证事实之处只要能找到中国的材料，就使用中国的材料。除了在正文内容方面有诸多优点之外，此书的两个附录也为社会学人提供了很大的便利。附录一根据社会学的细分栏目列出了诸多参考书目，对于一些重要的栏目如普通社会学等的参考书目，还附有该书的简介，有助于社会学人进行更深入的学习。附录二是社会学名词汉译表，将416个普通社会学上重要的概念，以及434个世界范围内的学者人名的中文翻译列出。其中在每一个人名之下，还附有其生卒年月、国籍、主要著作及其出版年代等，极大地便利了初学者学习，以及学者之间的交流。

此外，这段时间还出现了一些马克思主义社会学的教材。李达所著的《社会学大纲》第一版于1935年由北平大学法商学院出版，两年后修订第2版在上海笔耕堂书店出版。全书共分5篇12章，854页，合计约40万字，系统地介绍了马克思主义，涉及了几乎欧洲和苏联马克思主义理论讨论的全部问题，是中国马克思主义社会学的经典著作之一。

四、从改造社会到改造课程

纵观早期的各个社会学教材，尽管流派立场各不相同，但都有一些共同关注的话题。教材是为初学者和一般读者准备的书目，其话题的选择反映了编著者对学科的理解。我们可以简单地把这些教材的所有主题划分为学科议题和学科关注的内容两方面。前者包含诸如对社会学名称来源的解释、对社会学意义的介绍等与社会学本身相关的议题，后者则指诸如社会的组成要素、社会进步与演化这类具体的研究话题。在学科议题方面，各教材基本都会涉及的话题有社会学的价值、目标与意义，以及社会学研究方法；而在学科关注的内容方面，关注最多的话题有社会的组成要素、社会进步与演化。这些话题的选择和解释首先反映了整个学科的关注重点。

从19世纪末到20世纪20年代，是社会学作为一门新兴的学科、作为"西学"的一部分刚刚被引入中国的时期。引入社会学的目的本就是希望通过这门学科回答当时中国存在的各种问题，并通过改造社会来予以解决[1]。因此这些教材自然会在介绍完社会学是什么之后立刻开始说明社会学在社会改造方面的作用，而要改造社会自然也需要对社会演进的原理做出介绍，故大部分教材的论述范围也包括了社会进步与演化。这在吴景超教授"社会学原理"时强调"社会变迁及社会进化之原理"的内容中也可略见一斑：他在讲述社会变迁的时候会着重描述社会演进机制的细节，关注社会发生变迁时内部的变化，而不是在更大更广的视野上讨论社会整体的历史和竞争，以帮助学生"养成其以科学方法研究社会之态度及能力"。

而伴随着更大历史层面的社会变迁，我们也可以随之看到，以吴景超为代表的这一批清华社会学教授们，深深卷入到时代的洪流之中，安身立命成为他们新的人生课题。吴景超在清华所教授的课程和其个人学术研究，也从对城市边缘人和城市贫穷问题的关注，转向为"苏联经济建设""唯物社会学"；所使用的社会学教材，也开始转为马克思主义社会学的教材。吴景超在1928年完成城市边缘人的博士论文的时候，应该完全无法预见到，多年之后，自己所奉献一生的社会学研究，成为时代的边缘学科；而社会学学者，则成了国家的边缘人。

---

[1] Leonard Shih-lien Hsu, "The sociological movement in China." *Pacific Affairs*, Vol. 4, No. 4（1931），283—307.

以都市振兴乡村社会

——吴景超城市社会学思想再思考*

宣朝庆、陈旭华**

引言

吴景超的社会学思想近年来受到不少学者的关注。20世纪30年代，经历"以农立国"与"以工立国"的中国经济发展道路论战之后，吴景超身上逐渐被贴上"西化"与"重工"的标签。现有研究多延续以往的研究传统，在"重工"[1]与"西化"[2]的标签下解读吴景超。这种研究在体现吴景超学术特色的同时，一定程度上遮蔽了吴景超都市社会学先驱的思想贡献。目前对其都市社

---

* 基金项目：2021年国家社会科学基金青年项目"外源性组织嵌入乡村社会的民国经验与启示"（21CSH002）。

** 宣朝庆，南开大学社会学系教授；陈旭华，哈尔滨工业大学社会学系讲师。

1 郑杭生、周国兵：《吴景超的工业化与节制人口思想》，《中国人民大学学报》1989年第3期；马陵合：《经济与社会之间：吴景超学术思想的过渡性特征》，《民国研究》2012年春季号，社会科学文献出版社，2012年。

2 郑大华：《20世纪30年代思想界关于中国经济发展道路的争论》，《求索》2007年第3期；刘集林：《批判与建设：陈序经与吴景超文化社会思想之比较》，《广东社会科学》2009年第6期。

会学进行的研究呈现碎片化状态，或具体阐释他的农村发展思想[1]，或梳理其农业现代化、工业化和都市化思想[2]。从吴景超学术发展脉络来看，工业化理论建立在其都市社会学系统发展后的视野之下，是其城乡关系观点下发展中国的实践策略。跳过吴景超的都市社会学思想，无法将他对国家出路的探索全景式呈现出来。

在乡村振兴视野下重新审视吴景超的都市社会学思想，有着独特的意蕴。十九大以来，因应社会主要矛盾的变化，在现代化经济体系高质量发展的要求下，为解决乡村发展不充分、城乡发展不平衡问题，国家提出乡村振兴战略，将乡村发展摆在国家重点关注的战略地位。2018年中央更是发布一号文件《中共中央国务院关于实施乡村振兴战略的意见》，进一步为乡村发展指明方向。不过，作为一项长远的战略安排，乡村振兴毕竟处于探索发展阶段，目前学界对乡村振兴的地域依托问题持有两种相互对立的思想和行动倾向：一种倾向是就乡村论乡村，这种倾向下的研究多囿于乡村内部的产业振兴，重视乡村自身的"造血"功能，在一定程度上忽略了乡村发展的外部支撑问题；另一种倾向是片面强调城镇化，忽视了乡村和逆城镇化问题，存在目标浪漫化、理想化的嫌疑，这种倾向容易导致经济社会运行效率的下降，与以推进供给侧结构性改革为主线的要求相悖。[3]面对新时代城乡融合这一根本方向，国家和社会各界开始反思我国的城乡发展道路。在此过程中，规避西方"拔根的城镇化"，立足中国社会普遍性的制度和文化特点，探索迈向"扎根的城镇化"这一倾向愈发突出。[4]2022年3月，国家发改委印发的《2022年新型城镇化和城乡融合发展重点任务》明确指出，以县域为基本单元推动城乡

1　张树军：《在中西比较中借鉴：20世纪30年代吴景超农村发展思想》，《广东社会科学》2014年第1期。

2　杨棉月、周石峰：《都市社会学先驱吴景超的现代化思想析论》，《贵州师范大学学报》（社会科学版）2013年第6期。

3　姜长云：《实施乡村振兴战略需努力规避几种倾向》，《农业经济问题》2018年第1期；杨开忠：《乡村振兴以都市圈为主要依托》，《北京日报》2018年6月4日，第13版。

4　卢晖临、粟后发：《迈向扎根的城镇化——以浏阳为个案》，《开放时代》2021年第4期。

融合发展,推进城镇基础设施向乡村延伸、公共服务和社会事业向乡村覆盖。上述以城带乡的城乡融合模式早在社会学家吴景超的城市社会学思想中就已探究过,吴景超立足城乡关系,提出"发展城市以救济农村"的思想,这给我们打开了城乡发展的新视野,即从城乡关系的整体性视角去思考乡村振兴战略。

乡村振兴战略提出的背景,与吴景超所处时代乡村建设的现实状况有很大的相似性。尽管当前的乡村衰落与民国时期乡村危机产生的原因有所不同,但乡村在城乡二元格局中的弱势地位却是类似的。从制度层面来看,国家以往的规划设计都偏向城市,乡村发展在很长时期内都没有定位在国家发展较高的优先次序上。[1]民国时期,中国现代化的推进者们(从知识分子到中产阶级,乃至政治领袖)大多将现代化的希望放在几个先进的城市,放在沿海地带,独独忽略了广大腹地和乡村。[2]相比之下,改革的现代化冲击对中国农村的影响并不明显,农村的变化多是间接的,放任自流的。[3]尽管随着现代工业的兴起,中国从以农村文明为特征的传统文明向以都市文明为特征的现代文明迈出了重要的一步,[4]但正如费孝通先生所言,中国都市的发达似乎并没有促进乡村的繁荣,相反都市兴起和乡村衰落在近百年来像是一件事情的两面,反映了中国经济畸形发展的事实。[5]到了当代,我国的社会形态同样经历了一个城市崛起与农村消逝同步演化的过程。[6]从这个意义上来说,今天的乡村振兴与民国时期的乡村建设所面临的问题具有内在一致性,可以说乡村振兴是

---

1 折晓叶、艾云:《城乡关系演变的研究路径——一种社会学研究思路和分析框架》,《社会发展研究》2014年第2期。
2 许纪霖主编:《中国现代化史》,学林出版社,2006年,第3—14页。
3 [美]吉尔伯特·罗兹曼主编:《中国的现代化》,国家社会科学基金"比较现代化"课题组译,江苏人民出版社,2003年,第435页。
4 罗荣渠:《现代化新论——世界与中国的现代化进程》,北京大学出版社,1993年,第328页。
5 费孝通:《乡土中国 生育制度 乡土重建》,商务印书馆,2011年,第353—359页。
6 文军、沈东:《当代中国城乡关系的演变逻辑与城市中心主义的兴起——基于国家、社会与个体的三维透视》,《探索与争鸣》2015年第7期。

百年来中国乡村建设运动在新历史阶段的延伸。[1]

在百年乡村建设连续统的角度下，重新探讨吴景超的城乡关系思想具有特殊的意义。与单纯的乡村建设和发展都市化经济、建设都市文明的城市化思路不同，吴景超为乡村建设提出的重要命题是"发展都市以救济乡村"，这种思想建立在城乡互动的基础上，蕴含一种去边缘化与泛中心化的城乡融合发展图式。借鉴这种思想，可从城乡关系的整体性视角去审视当前乡村振兴战略的理论意义与实践困境。基于此，本文以吴景超的城乡关系思想为研究对象，通过回顾其对乡土社会转型的思考，首先揭示吴景超在经济化都市的独特视角下探索国家出路的社会学取向，进而展现他基于中西社会反思构建的城乡融合发展图式。在反思中国城乡关系问题和发掘本土城乡关系发展理论的基础上，以期为当前乡村振兴战略下中国城乡社会发展提供理论借鉴。

一、经济化都市：探索国家出路的社会学取向

近代以来，对于国家的发展出路存在两种主流倾向：一种是发展都市化经济，进而实现现代化；一种是发展乡村，进行乡村建设。基于我国被迫现代化的背景，发展都市化经济已经成为当时现代化的主流取向。时人在化解传统与现代、城市与乡村以及中国与西方等一系列命题的过程中，往往将中国置于西方现代社会的分析框架下，西方文明的"典范效应"成为模仿的对象，城市成为现代化的代名词。从思想层面来看，清末以来走出国门的先进知识分子目睹了工业文明和农业文明的巨大差距，生发了学习西方城市文明的观念。[2] 从现实发展来看，外力强迫下通商口岸的开放将中国纳入世界资本

---

[1] 王先明指出，新农村建设并不是今天才提出来的时代性命题，它既是过去百年来中国乡村建设运动在新的历史阶段的一个延伸，同时也是历史上"新农村建设"思想的一个历史性跨越。参见王先明：《中国乡村建设思想的百年演进（论纲）》，《南开学报》（哲学社会科学版）2016年第1期。

[2] 赵可：《晚清知识分子城市观念的萌动与走向》，《中州学刊》1999年第1期。

主义体系之中，经济中心城市优先发展成为一条新的规律[1]，这些城市无论规模、职能、性质，还是发展动力、发展模式都带有资本主义色彩[2]，都市化经济在现代化进程中的位置愈益突出。这导致中国近代化社会变革首先并主要发生在城市，特别是在沿海商埠和内陆大城市中的扩展，但始终没有向传统的腹地——广阔的乡村社区——扩散传播，因而，城市与乡村、沿海与腹地对峙的社会经济文化二元结构，便成为中国近代化进程中的突出现象。[3]受核心-边陲逻辑的影响，边陲国家（地区）原有的城乡结构被分裂，新兴城市是为国外资本主义经济体系服务的，负责把农业初级产品、工业原料和自然资源输出到远在海外的核心地区，把工业产品向乡村贩卖，从而失去了城市对乡村腹地的带动、反哺功能。[4]在这个过程中，传统时代城乡一体化进程发生逆转，在工业化、城市化和现代化趋向中，"城乡背离化"趋势隐然发生。[5]随着乡村危机的爆发，第二种倾向应运而生，以梁漱溟、晏阳初为代表的乡村建设派主张从农村入手，针对农村存在的经济、教育等问题开展乡村建设、平民教育等运动，旨在将社会建设的重心从都市转移到乡村。

与上述都市化经济和乡村建设的发展思路不同，吴景超则另辟蹊径，采用经济化都市的视角，将都市视作经济组织，为后发现代化国家出路设计了全新的发展图式。具体来说，与都市化经济不同，经济化都市视角是把焦点从经济转移到都市自身，经济的地位固然重要，但仅作为都市的属性存在，如此便将后发国家的现代化出路问题拉到了都市社会学视野之下。随后，吴景超将这种社会学取向贯彻到发展图式的具体设计上，首先从经济发展的角度揭示都市的发生机制，进而将都市看作一种经济组织，把城乡发展纳入区

---

[1] 何一民：《论近代中国大城市发展动力机制的转变与优先发展的条件》，《中华文化论坛》1998年第4期。

[2] 葛剑雄等：《人口与中国的现代化（1850年以来）》，学林出版社，1999年，第180页。

[3] 王先明：《近代绅士——一个封建阶层的历史命运》，天津人民出版社，1997年，第340页。

[4] 宣朝庆：《百年乡村建设的思想场域和制度选择》，《天津社会科学》2012年第3期。

[5] 王先明：《试论城乡背离化进程中的乡村危机——关于20世纪30年代中国乡村危机问题的辨析》，《近代史研究》2013年第3期。

域整体之中,强调都市对周围地区的辐射及服务能力,在此基础上,通过城乡融合发展步入现代化行列。

从经济属性对都市形成机制的解释,是吴景超都市社会学研究的重要组成部分,也是其探索国家出路的起点。留学期间,他从芝加哥日常生活切实体会到都市经济对周围地区的辐射作用,如芝加哥宰牲行业的牛羊来自于周围乡村的养殖户,周围乡村的牛羊肉则来自于芝加哥的屠宰场。[1]芝加哥各行各业折射出的城市与乡村间密切联系给了吴景超极大震撼,刺激他从经济属性角度解释都市形成机制。1927年吴景超明确提出"都市是生产者与消费者的一种组织,以一都市为中心,在这中心点,生产者以其所有,易其所无,以满足他各种欲望"[2]。这一定义从组织视角出发,把都市视作一种经济组织,并从交易的角度揭示了都市的形成,指出满足人类欲望的方式在于交易。通过将都市组织看作一种近代文明的产物,他按组织规模(辐射范围)的大小区分了都市与市镇,指出市镇的商业势力只局限于周围数十里,而都市的商业(批发生意)规模可绵延周边数百里甚至数千里。当然,都市与市镇的区别不仅仅是表面的范围大小差异,二者在组织繁简、交通便利性、金融组织以及工业生产规模等方面都不可同日而语。[3]二者的本质差异在于都市对周边地区的辐射能力更大。

这种都市与市镇的类型划分是吴景超都市社会学研究的重要支撑,旨在从中西对比中为国家发展找寻出路。吴景超对都市与市镇的区分带有明显的经济进化论色彩,这在其《社会组织》一书中有具体阐释。在书中,他援引格拉斯《经济史入门》的观点说明都市经济的动态生成过程,格拉斯将经济史划分为采集经济、游培经济、乡村经济、市镇经济以及都市经济五期,采集经济和游培经济时期,人类常常迁徙;到了乡村经济时期,开始定居生活,贸易逐渐固定,出现庙会;到了市镇经济时期,商人及商店开始出现,贸易

---

[1] 吴景超:《都市之研究》,《留美学生季报》第11卷第3号,1927年1月。
[2] 同上。
[3] 吴景超:《社会组织》,世界书局,1929年,第52—55页。

不再受时间的限制。自市镇经济出现后，市镇与附近数十里的乡村，便发生一种经济组织，这种组织包括该区域中的生产者及消费者。市镇经济再进步，便到了都市经济。从采集经济到都市经济，是人类的一大进步，从组织发展的角度来看，经济组织原是要满足人类物质生活的需要，而都市经济最能满足这种要求。[1]在与美国的比较中，吴景超指出美国早已到达都市经济一级，而中国还在市镇经济一级，上海、汉口等不过是都市的雏形，只有在都市经济之下，国家与人民才可富庶，而市镇经济只能使人民小康而已。[2]这种定位为他之后对国家出路进行探索及设计指明了方向。

总体来说，吴景超以社会学的眼光，从都市的角度出发系统地审视中国社会，这种经济化都市视角融合了社会学与经济学的学科内涵，不但确立了其探索国家出路的社会学取向，也对后来社会学与经济学领域的都市研究产生了深刻影响。于社会学而言，他对城乡发展的中间层面——市镇经济的重视与后来费孝通的小城镇理论具有内在关联性。费孝通于20世纪80年代指出小城镇是"比农村社区高一层次的社会实体的存在，这种社会实体是以一批并不从事农业生产劳动的人口为主体组成的社区。无论从地域、人口、经济、环境等因素看，它们都既具有与农村社区相异的特点，又都与周围的农村保持着不可缺少的联系"[3]，认为中国的城市化应该走小城镇模式，以反哺区域经济，推动城乡一体化的发展。于经济学而言，吴景超从经济属性对都市形成机制的解释与后来经济学领域对都市生成命题的研究具有一致性，他强调的都市中组织复杂、交通便利等方面都是促进交易效率提高、推动都市形成的关键要素，这与后来运用均衡分工、交易成本和报酬递增等概念解释城市的起源及发展的新经济地理学、新兴古典经济学及区域经济学观点相通。[4]

---

[1] 吴景超：《社会组织》，世界书局，1929年，第47—55页。

[2] 吴景超：《都市之研究》，《留美学生季报》第11卷第3号，1927年1月。

[3] 费孝通：《小城镇，大问题》，《费孝通文集》第9卷，群言出版社，1999年，第199页。

[4] 新兴古典经济学具体观点参见马亚华、杨凡：《空间交易成本与城市的形成——作为一种经济组织的城市》，首届中国城市发展与产业经济学术年会论文集，上海，2014年11月，第188—196页。区域经济学具体观点参见安虎森：《区域经济学通论》，经济科学出版社，2004年，第147—156页。

二、去边缘化与泛中心化：一种城乡融合的发展图式

在经济化都市视角下，吴景超通过对中西社会的反思提出了城乡融合的发展图式。对西方社会研究颇深的吴景超在美留学期间[1]，看到西方都市可辐射周围数千里，都市与周围地区处于一种良好的交易状态。然而，当时中国的城乡却处于一种二元分离的状态，这刺激他"借他人的镜子，看出自己社会的短处来"[2]。对于当时的农村问题，吴景超提出需要放在经济建设的大问题之下解决。他认为农村运动无法解决农民的生计问题，这种对乡村建设运动的认识总体上与陈序经一致，都认为农民的生计问题不是乡建运动所能解决的。[3]这种思路与时人王枕心一致，"在以都市支配农村的经济组织系统下，抛却都市与农村的关系，去谈农村建设是绝对不可能的一回事"[4]。吴景超指出中国农民数量巨大，占当时人口的80%，而农村运动的力量有限，所以必须把农村问题放在经济建设的大问题之下，与工业、矿业、运输业、商业等问题一同解决，如此才能彻底解决农民的生计问题。[5]由此，吴景超开始思考如何有效地将乡村纳入到中国现代化潮流之中。

首先，吴景超从都市的经济属性出发，将城乡作为一个整体，试图破除城乡由地理映射到发展优先级上的中心－边缘结构，对城乡发展策略进行设计。他关注都市经济的发展，认为只有在都市经济之下，国家与人民才可富庶，为此，他提出的都市发展策略是组织市场、兴办工业、发展交通、整顿金融四个方面，这四个方面需要同时进行，互为因果。[6]需要指出的是，吴景

---

1 费孝通先生曾说，"要查各国情况、社会统计就找吴（景超）先生"。参见费孝通：《在纪念著名社会学家吴景超教授学术思想讨论会上的讲话（代序一）》，吴景超：《第四种国家的出路——吴景超文集》，商务印书馆，2008年，"代序"第1页。
2 这从他在美留学期间写的《都市之研究》一文中可以看出。参见吴景超：《都市之研究》，《留美学生季报》第11卷第3号，1927年1月。
3 刘集林：《批判与建设：陈序经与吴景超文化社会思想之比较》，《广东社会科学》2009年第6期。
4 王枕心讲、汪忠笔记：《对于农村建设的意见》，《乡村建设》第6卷第5期，1936年10月16日。
5 吴景超：《第四种国家的出路——吴景超文集》，第16—17页。
6 吴景超：《都市社会学》，世界书局，1929年，第22页。

超的都市发展策略,并不仅仅是发展都市,他以生物学的细胞类比,指出对都市进行研究不能只看到都市,还要看到都市以外的地区,即都市附庸[1],发展都市必须注重都市的附庸,附庸与都市的关系可以用蜘蛛网来比喻,蜘蛛如都市,蜘蛛网所及之地便是都市的附庸,蜘蛛网的线便是铁路与河流。[2]也就是说,吴景超视域内的都市发展旨在超越城乡发展的中心-边缘结构,将都市及都市周边的地区纳入一个整体之中,由都市与都市的附庸共同组成都市区域。[3]所谓"都市区域"是一种经济区域,"在这个区域之内的人民,分工合作,以其所有,易其所无,他们交易的中心点便是都市"[4],这种"都市区域"的定义与其1926年提出的都市定义如出一辙,其目的都在于将都市的工商业发展与都市周围地区的出产品紧密联系起来,强调都市与其附庸的经济关系。这种以都市为中心,将都市周围的附庸地区纳入"都市区域"之中的发展思想,与当前的都市经济圈和区域发展思想类似,不仅关注都市的发展,还要促进都市周边地区的共同发展,具有城乡体系协同发展的色彩。当然,除了都市与其附庸的关系,吴景超还关注都市与都市的关系,强调都市间的互助与竞争[5],这种互助与竞争的目的在于构建一种泛中心化的区域发展结构,扩大区域影响力。

随后,吴景超在"都市附庸"思想的基础上,又明确提出"发展城市以救济农村"的城乡关系思想。这种思想既受组织视角的影响,也是系统关系的体现,其内涵是在发展都市的基础上救济农村,实现城乡的协同发展。这一思想与其经济组织视角下都市及其附庸关系的观点具有内在的一致性,二者都从空间维度上将都市周围的区域纳入都市发展之中。他认为近代社会与

---

1 吴景超所谓的"附庸"更强调的是辅车相依的关系,而非一般意义上的主次、从属关系。
2 吴景超:《都市之研究》,《留美学生季报》1927年第3期。
3 对于都市附庸的确立方法,吴景超指出不是单看距离的远近,而是看它与都市的交通,此处他再次以蜘蛛网做比喻,指出交通是都市与附庸沟通的重要媒介,因此,都市的附庸并不固定,而是随着交通的发展而产生变化(吴景超:《都市社会学》,第8—12页)。
4 吴景超:《都市社会学》,第1—2页。
5 同上书,第12—21页。

中古或上古社会的差异中最值得注意的便是人口的都市化[1]，强调农业革命、工业革命以及商业的发展三点因素对近代都市化的影响，在此基础上，他指出一个国家乡村与都市人口分配上的适当比例是提高人民生活程度的关键所在，中国想要达至更深的都市化，无其他新奇之路，只有步先进国的后尘，改良农业，提倡新式工业，发展机械运输，供给贸易便利。[2] 接着吴景超提出城乡协同发展的三种事业：一是兴办工业，解决农村大量剩余人口的生计问题；二是发展交通，确立都市内地，加强都市与农村、都市与都市之间的联络；三是扩充金融机关，把总行设于都市，支行或代理处分布于内地各处，既可以吸收内地的现金来做生产的事业，又可放款于内地，使农民减轻利息上的负担。[3] 他认为，工商业是都市繁荣的根据，交通线是都市与其贸易领域打成一片的工具。[4] 可以看出，这种发展都市以救济乡村的思想本质是通过交通、金融等网络将都市乡村连成一片，在实现城市发展的同时促进农民、农村问题的解决。概言之，不同于单纯发展都市或建设乡村，吴景超设计的是一种城乡融合发展的思路，这种思路体现了中国近代先进知识分子解决当时社会问题的积极探索，更是吴景超方案的核心和前瞻性所在。

在"发展都市救济农村"的思想中，吴景超尤其强调"人"的因素，主张都市中的领袖树立"都市意识"。他认为当时中国的领袖缺少一种"都市意识"，所谓"都市意识"是指都市领袖清晰都市的势力范围，努力地去经营这些地方，使这些地方与领袖所经营的都市共存共荣。他指出假如每个都市中的领袖都有都市意识，然后根据此种意识去努力，那么中国虽然当时经济萧条，农村破产，但将来总有繁荣的一日。[5] 确立"都市意识"需要明确"都市内地"，他指出每个都市都有它的内地（hinterland），这个内地是它的主要市

---

[1] 人口都市化包括两种意义，一是从人口的地理分配上看去，19世纪以后住在都市的人逐渐增加；二是从人口的职业分配上看，19世纪后从事农业的人逐渐减少，在别种实业中谋生的人逐渐加多。
[2] 吴景超：《近代都市化的背景》，《清华学报》第8卷第2期，1933年6月。
[3] 吴景超：《发展都市以救济农村》，《大公报》"星期论文"，1934年9月9日，第2—3版。
[4] 吴景超：《近代都市的研究法》（通信），《食货》第1卷第5期，1935年2月1日。
[5] 吴景超：《发展都市以救济农村》，（天津）《大公报》"星期论文"，1934年9月9日，第2—3版。

场,也是它的食物与原料的主要来源,每个有"都市意识"的人,都注意都市内地的生产。都市内地的确立对于理解都市活动,或预测都市将来的发展都是有用的。因此,他主张都市中的领袖,特别是商会中的负责人出来领导"都市内地"确立研究。[1] 从吴景超的学术脉络可以看出,其"都市意识""都市内地"的提出与前期的"都市附庸"思想一脉相承,目的在于确定都市范围,在发展都市的基础上,救济周围的农村,这种城乡发展正是其组织视角延伸出来的组织发展模式,本身蕴含一种共同体思维。

与上述对城乡融合发展图式的系统探索相比,目前学界多关注吴景超的"以工立国"工业化发展主张,该现象主要受到20世纪上半叶关于中国经济发展道路论战(以农立国 vs. 以工立国)的影响。从学术脉络来看,工业化是城市化发展的重要内容,吴景超的工业化理论与其城乡协同发展策略一脉相承、相互补充。在"以农立国"与"以工立国"的争论中,吴景超认为中国的发展没有歧路,只有走工业化的道路才能图存。[2] 他指出,欧美通过工业革命提高了大众的生活水平,提倡中国的工业化也正是为了减轻贫穷问题,提高生活水平。[3] 在中国工业化问题的检讨中,他分析了资本、技术、管理、外货竞争以及政府与工业的关系,深入探讨了中国工业化应该改革的问题。[4] 他认为中国由贫弱到富强,工业化是最重要的工作,只有实现工业化,提高中国人民的生活程度和国防力量这两个"富"和"强"的目标才能实现。[5] 特别值得注意的是,吴景超的工业化理论既注重政府的责任,也注重商会、同业公会等社会组织的合作[6],这种国家与社会共治的思想是其工业化理论的重要特征。

---

1 吴景超:《怎样划定一个都市的内地》,《独立评论》第151号,1935年5月19日。
2 吴景超:《我们没有歧路》,《独立评论》第125号,1934年11月4日。
3 吴景超:《贫穷的征服》,(天津)《大公报》1935年9月8日,第2版。
4 吴景超:《中国工业化问题的检讨》,《独立评论》第231、232、233号,1937年4月25日、5月2日、5月9日。
5 吴景超:《中国工业化的途径》,商务印书馆,1938年,第1—4页。
6 吴景超:《中国工业化的途径》,第46—55页。

整体来看，吴景超在城乡关系问题上秉承系统、联系的眼光，这内在地决定了其发展策略在城乡关系构型上注重城乡"差异"而非"差距"，强调都市对乡村的服务功能。20世纪以来，随着城乡二元格局的形成，城乡之间的发展差距受到极大重视，逐渐形成了"城乡差距"的观念，生成了城市挤压农村的发展态势。针对此，吴景超的城乡关系学说将都市看作一种经济组织，强调发展都市的重要性，发展出"都市意识"思想，通过将都市周围的乡村纳入到都市这一整体系统之中，生成了发展都市以救济农村这一协同发展策略。这种由"城乡差异"生发出的城乡协同发展思路，旨在去除乡村在国家发展战略中的边缘地位，同时通过"都市+附庸"的区域结构扩大都市影响力，最终多都市通过合作与竞争连成一片，构建一种泛中心化的区域发展结构。吴景超这种去边缘化与泛中心化的城乡融合发展图式，是中国近代先进知识分子救济农村、解决当时国家出路问题的代表性方案之一。

三、以改良社会为终极归宿：一种自觉的社会建设意识

作为中国最早的都市社会学家，吴景超的学术思想是民族危机深重年代里中国知识分子忧患意识的真切表露，旨在改变中国的不幸境遇，提高人民的生活程度，进而为中国寻求一条切实可行的出路。[1] 吴景超对中国城乡发展图式的理论设计，彰显了当时先进知识分子自觉的社会建设意识，以及探索国家出路的社会学取向。

民国时期，社会发展出路问题作为迫切的时代需求，引起时人的极大关注。随着对各种社会问题的认识，知识分子形成了自觉的社会建设意识，并逐步展开社会建设。[2] 从社会建设的角度来看，吴景超发展都市以救济乡村思想的直接目标是提高人民的生活程度，终极归宿是改良社会的理想，这本质

---

1 陈树德：《如何改变中国的不幸境遇？——重读〈第四种国家的出路〉》，《社会》1996年第8期。
2 宣朝庆、王铂辉：《一九四〇年代中国社会建设思想的形成》，《中国社会科学》2009年第6期。

上是一种自觉的社会建设意识。归结起来，其对国家出路的探索是一种具有浓重工业化色彩、同时兼顾社会政策和制度重构的"社会建设论"。[1]

从吴景超的个人经历来看，其社会建设的自觉可追溯至留美之前。吴景超于1915年考入清华留美预备学校，在校期间担任《清华周刊》的编辑。基于对研究工作的热情，1919年，不到18岁的吴景超便撰写了《皖歙岔口村风土志略》，从位置、沿革、物产、宗法、生活、教育、风俗和胜景八个方面，对徽州的一个传统村落作了多维度的细致描述，[2]这说明他早期便十分关注社会问题，重视实地调查。1921年，在《暑假期内我们对于家乡的贡献》一文中，他指出中国人最大的缺点是无共同生活、无编制能力（即组织能力），要矫正这两个缺点必须要努力输入组织会社的精神，因此他明确提出学生可以在家乡组织少年学会，少年学会的宗旨就在于研究学术、修养品行、改良社会。[3]可见，此时的吴景超已有调查社会、改良社会的理想，这种理想一直贯穿在他之后的研究与实践中。

国外留学的经历，不仅强化了吴景超重视实地调查以改良社会的观点，也培养了其中西对比的视野以及改良社会的科学理论。吴景超于1923年赴美留学，1925年进入芝加哥大学社会学系学习，师从著名社会学家派克，受芝加哥学派的影响，其都市社会学具有明显的经验主义取向。1926年他指出美国社会学大多都是进行实地调查，发现社会问题。[4]在他的社会学研究中，他指出彻底的社会改良须根据社会事实，[5]他认为社会学的观点是一种综合的观点，在研究社会时用得着，在改良社会时也用得着，因此，一切改良社会的工作，必须有科学的理论做基础，以证明其工作对于改良社会确有贡献。[6]在《贫穷的征服》《都市研究与市政》等多篇论文中，他重复强调外国社会

---

1 宣朝庆、王铂辉：《一九四〇年代中国社会建设思想的形成》，《中国社会科学》2009年第6期。
2 吴景超：《皖歙岔口村风土志略》，《癸亥级刊》，1919年6月。
3 吴景超：《暑假期内我们对于家乡的贡献》，《清华周刊》第7次增刊，1921年6月。
4 吴景超：《都市之研究》，《留美学生季报》第11卷第3号，1927年1月。
5 吴景超：《中国县志的改造》，《独立评论》第60号，1933年7月23日。
6 吴景超：《社会学观点的应用》，《独立评论》第111号，1934年7月29日。

调查的两个方面，一方面是英国的都市研究，包括蒲司（Charles Booth）对伦敦穷人生活的详细的、连续的研究，[1]以及针对大都市生活各方面的利物浦（Liverpool）调查；[2]另一方面是美国的都市调查，吴景超特别强调美国都市调查的特殊之处在于很多人认识到都市调查与改良社会的关系。[3]将吴景超的论述与其后期的思想结合起来，不难发现，国外的理论与调查影响了他的都市社会学理论，强化了他调查社会以改良社会的理想。

从吴景超对提高人民生活程度的重视中，更是可以看出他进行社会建设的自觉。他多次将都市经济发达的英美国家与中国当时的情况进行对比，指出都市经济发达的国家其人民的生活水平远非那些处于乡村经济或市镇经济之下谋生活的国家所可及。[4]他认为中美农民生活水平差异的主要原因在于农场面积大小以及是否使用机器，提高中国农民生活程度的方法一是开垦荒地，扩大耕种面积；二是发展农业以外的实业，吸收农业过剩人口。[5]他提出中国的城乡人口需要保持适当的比例，同时走工业化的道路，最终达到提高人民生活水平的目标。他提出具有本土化性质、作为社会学命题的"第四种国家的出路"就是以改良的立场谋中国的出路。[6]从改良社会的理想出发，可以想象到吴景超1935年底开始在行政院的任职必然带有以学术改良社会的抱负，以及将学术运用于实践的理想，在其对善后救济的研究中也可以看到这种抱负和理想。

吴景超先生注重探索中国本土化的城乡发展策略，其研究具有注重本土性、注重实地调查、注重比较，以及善用类型等特点。第一，注重本土化理

---

[1] 蒲司于1886年开始以地域和职业为根据，花费十几年实地调查伦敦穷人的生活。蒲司研究开始后的40余年，伦敦大学又根据蒲司提出的问题进行了调查，呈现出几十年间完备的伦敦穷人生活状况。

[2] 即英国利物浦大学针对大都市生活各方面所做的调查。

[3] 吴景超：《都市研究与市政》，《市政评论》第3卷第9期，1935年5月1日。

[4] 吴景超：《社会组织》，世界书局，1929年，第55页。

[5] 吴景超：《中国农民的生活程度与农场》（写于1930年10月），《新月》第3卷第3期，出版时间不详。

[6] 陈新华：《留美生与中国社会学》，南开大学出版社，2009年，第221页。

论的重要性。他在1929年就指出教授社会科学的人应当注意社会科学的方法，要在弄清社会科学的方法后去研究中国社会的问题，不能做外国社会科学的附庸。[1]他对中国社会的研究都是从理论下手，根据理论来研究中国的社会，以研究中国现实之所得，再来修改理论。[2]第二，强调搜集事实材料的重要性，注重实地材料的收集。他认为对事实材料的收集是社会学者谈论社会问题与他人不同的地方，[3]"中国今日无论什么社会科学，最感困难的，便是材料的缺乏……我们以后研究经济生活，应当注重于实地调查"。[4]为解决研究社会问题及改良社会问题者搜集资料的问题，他提出应该改造中国的县志，主张参照李景汉先生的《定县社会概况调查》作为县志修改的模范，详实地记录社会状况。[5]在都市研究资料的收集方面，应包括都市的历史、统计、区域、位置、人口、组织等方面；[6]在农村资料的收集上，应注重当地的人口与耕地资料。第三，正如费孝通先生指出，吴景超先生的研究是宏观的，用全世界各国的材料来做比较，去找中国社会的出路，去理解中国社会。[7]吴景超先生对很多问题的探讨都以外国作比较，在《世界上的四种国家》一文中，他根据人口密度及职业分派划分出四种国家，找到中国的定位。[8]在对中国佃户如何变成自耕农的问题中，他用美国和丹麦来做比较，指出中国可参照丹麦的方法，以政府的力量解决佃户问题。[9]第四，吴景超先生善于利用类型的方式，在类型划分的基础上，提出改良计划。比如在农村问题上，他从中国农民用什么手段去换取他们所需的物资与劳务这个问题出发，将中国农村分

---

1 吴景超：《几个社会学者所用的方法》，《社会学界》第3卷，1929年。
2 吴景超：《近代都市的研究法（通信）》，《食货》第1卷第5期，1935年2月1日。
3 吴景超：《社会学观点下之社会问题》，《金陵月刊》第1卷第2期，1929年1月10日。
4 吴景超：《社会组织》，第55页。
5 吴景超：《中国县志的改造》，《独立评论》第60号，1933年7月23日。
6 吴景超：《近代都市的研究法》（通信），《食货》第1卷第5期，1935年2月1日。
7 吴景超：《第四种国家的出路——吴景超文集》，商务印书馆，2008年，第2页。
8 吴景超：《世界上的四种国家》，《独立评论》第75号，1933年11月5日。
9 吴景超：《从佃户到自耕农》，《清华学报》第9卷第4期，1934年10月。

为宁波型（输出劳务，换取金钱）和绍兴型（输出物资，换取需要）两类，在此基础上为农村发展提出指导意见。[1] 总之，吴景超先生的城乡关系学说建立在中国本土发展的基础上，其发展都市以救济农村、确立都市意识的思想对当前城乡发展仍有很强的借鉴意义。

结语：构建乡村振兴的文化自觉

城乡关系是认识中国与发展中国的出发点。马克思曾说，"城乡关系一改变，整个社会也跟着改变"。[2] 我国的城乡关系在近代以前处于良性循环状态[3]，在此过程中，城市集中了价值观、意识形态、制度以及器物等文明要素，成为文明的载体，主要为周边的农村和整个农业经济服务。[4] 到了近代，在外部力量的干预下，原有的城乡一体化被破解，城乡背离化发展态势造成了乡村社会、经济、文化的全面衰退危机，爆发严重的乡村危机。[5] 自此，乡村建设成为近代尤其是 20 世纪以来历史进程中的重要内容之一。[6] 对乡村发展，乃至国家出路的探索成为知识分子的重要使命。

本文从现实意义和学术价值两方面对吴景超进行了考察。就现实意义而言，在百年乡村建设连续统中，以都市振兴乡村社会的发展思路应得到重视。当前，我国乡村发展不充分、城乡发展不平衡问题仍然较为突出。在建设现代化经济体系高质量发展的要求下，乡村振兴战略应运而生。从根本上

---

[1] 吴景超：《中国农村的两种类型》，《世纪评论》第 1 卷第 12 期，1947 年 3 月 22 日。

[2] 马克思：《哲学的贫困》（节选），中共中央马克思恩格斯列宁斯大林著作编译局编：《马克思恩格斯选集》第 1 卷，人民出版社，1995 年，第 157 页。

[3] 任吉东：《历史的城乡与城乡的历史：中国传统城乡关系演变浅析》，《福建论坛》（人文社会科学版）2013 年第 4 期。

[4] 薛凤旋：《中国城市及其文明的演变》，三联书店（香港）有限公司，2009 年，第 313—330 页。

[5] 王先明：《试论城乡背离化进程中的乡村危机——关于 20 世纪 30 年代中国乡村危机问题的辨析》，《近代史研究》2013 年第 3 期。

[6] 王先明：《中国乡村建设思想的百年演进（论纲）》，《南开学报》（哲学社会科学版）2016 年第 1 期。

讲，乡村振兴是解决中国经济、政治和基层社会治理短板的大战略。科学把握乡村振兴的内在逻辑，必须处理好乡村振兴和城市化战略的逻辑关系[1]，换句话说，乡村振兴需要置于城乡关系的大视野中考察。这里就可以借鉴吴景超先生城乡关系学说中的整体、系统视角，首先，将城乡发展纳入整体视野。即在保持"城乡差异"的同时，通过提升中心城市的辐射力，加强城城互联，将城市与乡村发展结合起来，以城乡互补的方式促进乡村振兴的实现。其次，要将当前的区域发展战略纳入国家发展的整体视野。为解决我国城市发展的"点状"繁荣问题，国家相继提出了京津冀协同发展、长江三角洲城市群发展规划等战略，不过，这些战略容易将人们的视野集中在某一具体地域，而忽略整体视角。为此，需要从国家发展整体视野的角度，将区域发展战略统筹结合，通过构建泛中心化的区域发展结构，在促进地区发展的同时，克服点状繁荣问题，促进发展不充分不平衡问题的解决。

就学术价值而言，吴景超凭借其经济学与社会学的交叉视角做出了许多先驱性工作，其"城乡差异"基础上的城乡协同发展方案是中国本土化城乡关系理论不可跳跃的章节。然而，现有研究多延续以往的研究传统，在"重工学派"与"西化学派"的标签下解读吴景超的学术理路。这两个标签在体现吴景超学术特色的同时，也在一定程度上遮蔽了吴景超都市社会学先驱的思想贡献，无法将他对国家出路的探索全景式呈现出来。从吴景超的学术发展脉络来看，他基于中西对比，得出中国社会的城乡发展方案，该方案旨在去除乡村在国家发展战略中的边缘地位，同时通过"都市＋附庸"的区域结构扩大都市影响力，最终多都市通过合作与竞争连成一片，形成一种泛中心化的区域发展结构。其工业化理论建立在其都市社会学系统发展后的视野之下，是其城乡关系观点下发展中国的实践策略。系统考察吴景超的城市社会学思想，有助于本土化城乡关系理论的构建。

进一步来说，在乡村振兴视野下，无论是本土化理论构建，还是现实发

1　黄祖辉：《科学把握乡村振兴战略的内在逻辑与建设目标》，《中国农民合作社》2018年第3期。

展,都应该增强文化自觉意识。费孝通先生曾说,"文化自觉指生活在一定文化中的人对其文化有'自知之明',明白它的来历、形成过程、所具的特色和它的发展趋向"。[1] 任何形式的"文化自觉"都必须是与时俱进的,这种"自觉"不仅仅以认知、反思传统为自觉,更深刻的意义是反思、批判过去的同时,认知现实、建构未来。[2] 因此,需要从文化自觉的角度重新审视当前的乡村振兴战略。近年来,我国对城乡关系的认识不断提升,从城乡统筹发展,到城乡一体化发展,再到今天的城乡融合发展。于乡村而言,城乡融合发展过程中最根本的振兴是让中国农民进入城市文明社会,让农民成为市民,成为有契约精神的理性的市民社会关系的组成部分,这就要求我们从深层次的城乡关系理论视角去思考乡村振兴。作为一项巨大的系统工程,乡村振兴的实现不但需要反思过去,找寻本土城乡关系理论的发展脉络,还需要认知现实,探索中国本土化的城乡发展方向。概而言之,需要增强乡村振兴的文化自觉意识,加强对城乡发展的理论建设。

十九大以来,立足城乡关系整体性的城乡融合发展理念不断从理论和实践层面重塑城乡发展格局。国家相继出台了《中华人民共和国乡村振兴促进法》《关于推进以县城为重要载体的城镇化建设的意见》《2022年新型城镇化和城乡融合发展重点任务》等一系列建立健全城乡融合发展的政策法规。与此同时,沿循吴景超、费孝通等社会学家的思想脉络,学界在城乡连续统视野中对城乡关系进行了深入地再探索。部分学者以"城乡关系"为中心建构一个城乡社会学的理论框架,从城乡关联的角度考察中国正在经历的波澜壮阔的城市化进程与社会转型。[3] 还有学者指出小城镇在城乡连续统中具有重要意义和地位,但受限于小城镇在城乡连续统中位置的失衡,以及由于失衡所导致的发展中心的坍落,面向未来的小城镇建设,需要在村与村之间的横向

---

1 费孝通:《对文化的历史性和社会性的思考》,《思想战线》2004年第2期。
2 张鸿雁:《新型城镇化进程中的"城市文化自觉"与创新——以苏南现代化示范区为例》,《南京社会科学》2013年第11期。
3 何雪松:《城乡社会学:观察中国社会转型的一个视角》,《南京社会科学》2019年第1期。

联结及村与城之间的纵向联结中找寻依旧有活力和生命力的产业形态和文化因子，在城与乡的融合发展中探寻小城镇得以兼容城乡文明的可能性和潜力，即从探寻本土化的特色资源出发，搭建一二三产业融合发展的新颖路径，走出一条既立基于悠久的文化传统，又可以引导未来潮流的小城镇发展道路。[1]因此，立足本土化，关注城乡关系历史性变革，在整体视野下审视城乡发展问题，必将有助于开启新时代城乡融合发展新境界。

---

[1] 王绍琛、周飞舟：《困局与突破：城乡融合发展中小城镇问题再探究》，《学习与探索》2022年第5期。

为什么要重温吴景超的"两类农村"与城乡一体论

王君柏

1947年，社会学家吴景超发表了一篇短文——《中国农村的两种类型》[1]，全文不足3000字，在今天看来都不足以称之为论文。但仔细阅读该文，就会发现这种短文的内涵，却超越很多鸿篇大论。仅仅从这篇短文，我们就可以判断，在城乡发展问题上，吴景超真的是一位"不该被遗忘的前瞻性社会学家"（语出吕文浩编《都市意识与国家前途》"编后"）。

首先，吴景超对通常所谓的农村"自给自足"的说法，进行了简单的辨析，认为大部分农村是做不到自给自足的，普遍存在从外村、外县、外省输入生活必需品的问题，尤其是工业化以来，甚至需要从外洋输入。其实，我们总是用自给自足来概括农村生活，还是没有深入分析农村生活的现实，即便是在太平洋岛屿上的原始生活，也存在村与村之间的相互周济，才能渡过偶然的灾荒。以此观之，当前农村欲罢不能的人情往来，某种程度上也是更大范围内解决财富流转的方式，自给自足是一种理想状态，到更大范围内去获得财富才是一种常态。

---

[1] 收入《第四种国家的出路——吴景超文集》，商务印书馆，2008年。

其次，在打破"自给自足"这一似是而非的说法后，吴景超提出了在更大范围内解决必需品的两种类型，并将这两种类型作为理想类型，来代表中国农村的典型：宁波型和绍兴型。简单地讲，宁波型农村就是人多地少，本地资源不足以养活本地人口，于是人口大量外出务工、经商，近则杭州、上海，远则汉口、北京等，甚至海外如日本、新加坡等东南亚诸国，获取金钱，源源不断汇到家乡来，使得宁波农村的生活水准远高于其他农村。而绍兴型农村，则是输出大量特产，比如锡箔、平水茶、绍酒、内河鱼，这些特产的价值是绍兴所有稻谷价值的两倍半，这就足以使得绍兴农村可以衣食无忧。以这两个理想类型为尺度，可以进一步衡量全国的农村，典型的宁波型还有诸如歙县、台山、梅县等，典型的绍兴型还有沿太湖的蚕丝区、沙市附近的棉区等。而大部分的农村，可能介于这两类农村之间，即劳务与特产各输出一些，从而达到维持村庄经济的平衡，满足基本生活。

最后，最重要的是，不能孤立地用单个村庄来看待经济的维持，必须坚持"中国一家，繁荣不可分"的态度，才能真正理解两种类型的农村。远在七十多年前，吴景超就大声疾呼：自给自足的时代早已过去。因为如果其他地方经济衰落，就吸纳不了多余的劳务，也购买不了外地的特产。用他的原话讲，就是"无论哪一类的农村，其繁荣与否，不全系于当地的收成，还要看当地过剩的劳力，过剩的物资，是否有出路"。这样，就顺理成章地提出了城乡一体的结论，并且还不仅仅是城乡一体，还有乡乡一体，即不同类型农村之间也存在相互依存的关系。只不过说，过剩的劳力和物资，一般都是汇集到城市，所以主要还是城乡一体的问题。进而言之，发展都市以振兴乡村，也就是吴景超的基本观点了。

我们只要把眼光稍微向后凝视一下，就会发现：我们的"城乡一体化"的提出，还是近十年的事情，2010年之后，才陆续有一些关于城乡一体化的讨论，相关著作也才相继推出。而国家层面的以城乡一体化为中心的新型城镇化，是2014年以后才开始大张旗鼓地展开。而这离吴景超提出的一体化发展，差不多已经七十年过去了，正是在这个意义上，我们不得不说，吴景超是一位具有前瞻性的社会学家。而与他同时代的学者，还有不少在鼓吹"以农立国"，或者与此类似的其他反对工业化、城市化的论调，对此，吴景超一概送上一个"经济复古论"的帽子，并且坚决地说：我们对于一切的复古运动，都不能表示同情，对于这种经济上的复古论，尤其反对。

我们之所以再次将吴景超的这一结论拿出来讨论，主要是基于两点考虑：第一，我们对吴景超这一结论的理解，还是没有真正进入行动的层面，甚至还有被忽略的倾向；第二，中国的城乡发展，在东部的某些发达地区确实已经到了城乡一体化的阶段，但在广大的中西部地区，一体化还只能算是一个口号，甚至还有城乡两极分化的现象。所以，重温吴景超的这一论断，无论是对于我们的理论指导，还是实践工作，都具有深远的意义。

在理论指导上，充分理解"自给自足的时代早已过去"的断喝，对于我们的实践工作有非常重要的理论价值。比如乡村振兴，既然全国一体，乡村振兴的路径可能就有很多，关键在于总体效益的最大化，而不一定非得盯着具体的乡村，因为资源在城乡之间自由流动，就会找到最能发挥价值的地方。太多的资金投往不产生效益的地方，只能是一种消耗，并非可持续发展。所以畅通人与物在城乡之间的自由流动，不要人为设置障碍，才是乡村振兴的正确打开方式。也正是在这个意义上，吴景超的"发展都市以救济乡村"还是没有过时，至少还是当前的主要方式。

在城乡发展的实践领域，还需要认真对待吴景超"中国一家"的论断。一方面是人、财、物的自由流动的障碍还是不小，比如城市社会服务没有对没有户籍的农村打工者开放，就不能算友好，农民工能够在城市安居乐业的可能性就降低；农民的财产性收入，很难体现，更难兑现，因为农民的财产主要就是承包田和宅基地，而这属于集体资产，在个人或家庭作为市场主体的时代，这种主要的财产性收入如何兑现，是个不小的考验。今天有所谓的"地畔农民"和"下地农民"的区分，前者拥有土地权但不直接耕种，后者直接耕种但没有土地权，这两类农民的规模越来越大，实际上就越来越阻碍农村的发展。而面积是城市三倍的农村宅基地，目前也还是一种纯粹的沉睡的财富，多年前就号召农民带着财产进城，至今还是顾虑重重，殊不知，不能流动、不能兑现的资本就不能成为财产，而财产性收入就更谈不上。另一方面，医疗、教育等与老百姓息息相关的资源逐渐中心化，尤其在中西部地区，这种中心化的趋势愈演愈烈，人为提高了农村人口的生活成本，使农民不得不付出看病、上学之外的其他费用（从中心学校周围的租房市场就可见一斑，甚至很多地方为了发展房地产，还挟持优质教育资源、医疗资源以自重），结果是侵蚀了农村的利益，形成拔苗助长式的城市化。

时代在进步，社会在发展，看起来纷繁复杂，让人眼花缭乱，但对于一些基础性的认知，尤其是那历久而弥新的真知灼见，我们应该反复掂量一下。正如著名诺贝尔奖获得者赫伯特·西蒙所讲的那样，对于被事实证明为正确的东西，我们应该不厌其烦地去温习、去践行。吴景超的城乡一体论，我认为正是这样的结论。

吴景超：愈来愈激进的家务社会化设想

吕文浩

在中国第一代职业社会学家里，吴景超治学方法的特点是非常鲜明的，他善于而且勤于搜集当时世界各国尤其是工业化各国的社会统计资料，并以此为依据观察当时中国社会的问题，提出一些前瞻性的论断。正因为他的这一特点，他对当时中国社会问题的判断，思想往往比较敏锐而新颖，但有时也未免过于低估了历史悠久的传统社会组织的作用。他关于家务社会化的设想就有这种特点，值得加以梳理和评析。

一、促进妇女解放的利器

1934年三四月间，吴景超先后在《独立评论》第92号和第94号上发表了《变动中的家庭》和《家庭职务与妇女解放》两篇文章，系统阐述近代以来家庭职务所发生的变化及其对妇女解放的影响。在工业革命的影响下，家庭职务已经有相当大的部分转移到社会上去了，家庭的重要性已为经济制度和政治制度所取代，在此基础上，妇女解放才具有了现实的可能性和进一步发展的空间，所以家庭职务的社会变动促进了妇女从事职业活动。他认为，家庭和职业是妇女生活中两个不可或缺的因素，要想鱼与熊掌兼而得之，"最好的办法，只有使家庭的职务社会化，使一切成年的女子，不论已婚未婚，都不致因家庭的职务，而影响到他们的职业"[1]。他特别推崇苏俄广泛设立托儿所的制度，认为这会对妇女解放运动起到积极的推动作用；另外，在教养子女以外，家庭中的主要杂务如做饭、洗衣等可以通过社会化的途径加以解决；余下来如果还有一些工作，也可以在上工下工的时候由夫妻合作来完成。吴景超特别强调女子经济独立的重要性，认为这对于女子养成独立自尊的心理有莫大的作用，他对此有"十二分的同情"，愿意设法帮助克服妇女职业活动带来的荒废家事的困难。

吴景超坚决支持妇女解放运动，他提出的帮助妇女解决兼顾职业与家务的社会化途径，受到了知识女性的欢迎。很快，一位署名"詹詹"的作者在《独立评论》第97号发文肯定吴景超的想法，并对家务社会化的方案提出了许多具体的建议。不过，她也提醒吴景超，家务社会化并不是有百利而无一害，"若将社会化的办法，说得百利而无一弊，反而失之夸张，使反对女子解放者更有所借口。凡是作一种运动，或提倡一件事，倡者往往将它说得天花乱坠。其结果并不足加增这件事的力量，或促进这件事的成功，反而因一二小破绽，使旁观者对于整个运动，生怀疑的态度"。詹詹在原则上进一步探讨得出的结论是，妇女没有义务牺牲自己，"使其他一部分的人"过上较愉快较满意的日子，甚至为国家民族的利益也没有必要单单要求妇女"这一部分的人"牺牲自己，而是全体国民都应当有同样的牺牲。这样看来，为了妇女自身的发展，家务社会化这件事情，利多弊少，应该放手去做。[2]

在20世纪二三十年代有很多人提出家务的社会化方案，仅仅从观点上来说，吴景超的文章也许并无太多新意，但可贵的是，他的看法是观察了世界工业先进国家的许多经验以后提出来的，具有一般人所不具备的翔实的事实

---

[1] 吴景超：《家庭职务与妇女解放》，《独立评论》第94号，1934年4月1日。
[2] 参见詹詹：《家庭职务与妇女解放》，《独立评论》第97号，1934年4月22日。

根据。应该说,家务社会化的方向是符合历史发展的潮流的,尽管在当时的中国社会并不具备多少实现的条件,但只要确实代表了历史前进的方向,它就是不可阻挡的。

二、家庭教养子女能够完全被社会抚养取代吗

但过于乐观地倾向于所谓"进步"的思想潮流,也难免会说过头话,从而忽视传统社会组织的作用。1948年5月,吴景超在给费孝通《生育制度》一书所写的书评里似乎就犯了这个毛病。

费孝通认为,家庭的职务尽管有很多部分已经转移到社会上去,但只要有一个基本的抚育作用守得住,它还是能够存在的。吴景超针对此话,认为在生产发达的国家里抚育的功能"已有为政府逐渐取而代之之势",并以英国、法国和苏联的生育津贴和英国的养老金为例加以说明。从政府分担过去由家庭承担的抚育功能来说,这部分新出现的事实当然有其价值。但下一段话就不无疑问了。他认为:"关于社会性的抚养,即关于子女行为习惯上的教导,在许多国家中,教育制度的重要性,已经超过了家庭,老师已取父母的地位而代之。这种趋势,如继续发展下去,是否可以发生一种局面,就是那些生了子女的母亲(特别是那些在社会上有职业的母亲),当他离开医院产科的时候,便把孩子留给国家的抚养机关教养,而自己则单独的回到寓所?抚育制度,发展达这一个地步,家庭是否还有存在的必要?"[1]对于子女教养一事,教育制度的重要性从比较长的时段来看,当然有在时长上和程度上超越家庭的重要性之势,但吴景超想象的未来图景则明显是线性进化观念的产物。即便由国家抚养机关承担子女早期教养在经济上完全没有问题,我们要问的是:生育完毕的母亲离开产科医院,在心态上是否可以接受单独回到寓所?

---

[1] 吴景超:《婚姻向何处去?》,《新路》第1卷第1期,1948年5月15日。

子女的早期教养是否为母亲所乐意完全委托给国家抚养机关？以儿童公育的办法来处理子女教养问题是否对子女的成长最有益处？这些问题，恐怕都不能给予肯定的答复。

费孝通对于社会性抚育的实际效果并不看好，他更青睐的是由家庭来承担子女早期教养的传统方式。他说："把抚育的任务交给一男一女的基本单位去担负可以说是采取了小群负责的原则。……在过去和现有的情形下，这种小群负责的原则也许更能胜任这工作，至少以家庭和保育院来比较的话，大体上家庭里所生长出来的孩子比较健全些。这说明了为了效力，社会共同来经营集体抚育的方式，为了些我们还不太明白的理由，好像还需要改善。在抚育作用采取集体负责的原则，在现代社会里，已经开始实行，但是一般说来还只限于抚育作用的较小及后期的部分。"[1] 吴景超则是对此不表赞同，他认为在某些社会里，一个人生下来，几个月大的时候白天总是住在托儿所里，稍长入幼稚园、入小学中学，青年时期可以完全离开父母上大学，这样的人在加入社会之前，花在家庭的时间少，得之于家庭的抚养少，家庭在抚育上的重要性已经被社会取代了。但吴景超没有提及的则是，这样的一种社会抚养方式，是否为一种人们所乐意选择的方式，是否在实际效果上超过家庭抚养主导、社会抚养辅助的方式。

三、一个相反的观点

与吴景超提倡家务社会化相反，吴景超的朋友，社会学家潘光旦则走向另一个极端。

潘光旦一直以提倡母亲对孩子的自生、自养、自教著称。对妇女从事职业活动，他并不笼统地加以反对，而是有限度的肯定；对日间托儿所，他予

---

[1] 费孝通：《生育制度》，天津人民出版社，1981年，第27—28页。

以肯定；对未来衣食住行等公共设施的社会化，他认为将会对妇女从事职业活动提供必要的助益。但在当时中国社会妇女职业门路狭窄、家务社会化程度极低的条件下，平均一个母亲生三四个孩子，还要自养、自教，在很大程度上等于让妇女回家带孩子了。

1942年在《新母教》一文里，潘光旦明确地说："我们最好不要把儿童送进所谓托儿所，特别是中国式的托儿所。我们根本用不着这一类的托儿所。那是一种有几个钱的人躲懒的方法，推诿责任的方法，和对于新母教有兴趣的人完全没有缘分。就是国家来办这种托儿所，我们自己不用花钱，好像端的为我们减轻负担，我们也不感激，我们也不放心，我们良心上要觉得对不起子女。"他之所以这样说，是因为他对于社会化抚养深刻的不信任，对于时人赞扬的儿童很早进入社会化，适应集体生活，他也不以为然。他说："子女的个性，只有父母最知道，而只有母亲知道得最清楚，托儿所一类的办法也许可以在集体生活方面，或所谓社会化生活方面，给儿童一些初期的训练。但我们知道人的性格是两方面的，社会化也要，个别的修养也要；国家文化所期望于我们的，也是这两方面的并行与协调的发展；一个儿童的社会化的训练，将来的机会正多，从小学校读书起一直到学成服务，无非是这种机会，而个性的发见与启迪，应该是家庭教育的一个责任，也唯有家庭教育，唯有母亲，最能尽这个责任，教家庭以外的人来做，并且和别人家的子女混在一起做，总有几分隔靴搔痒。"[1]

母亲自养、自教子女当然会有一些社会抚养不容易做到的地方，如对子女个性的了解更清楚，对母亲自身人格的充实也有一定的助益，但这条路几乎等于堵塞了妇女职业发展的大路，让妇女为家庭、为民族国家奉献自己的一生，这种与现代社会妇女广泛参与社会生产的潮流相悖的观点注定了要退出历史的舞台。但这种极端的想法中的某些合理性的成分，确实又是吴景超那种过分信任社会化抚育观点的一副解毒剂。

---

[1] 潘光旦：《新母教》，初刊《云南日报》1942年5月3日"星期论文"，辑入《优生与抗战》，商务印书馆，1944年；收入《潘光旦文集》第5卷，北京大学出版社，2000年，第144页。

四、为什么愈来愈激进

其实，吴景超自己早年在《社会组织》一书中表达的见解还是比较平正通达的，不像以后那么激进。在那本书里，他认为，在养的一方面，大多数人赞成子女前三四年的早期教养由家庭承担的办法，原因之一是做父母的有爱子之心，不肯把子女送到社会机构抚养，交给别人抚养也不放心；原因之二是统计数据表明儿童私育优于儿童公育。在教的一方面，在现代社会，家庭的作用大为缩小，但它在前三四年负完全责任；之后虽然有社会机构部分分担责任，但家庭对于子女教育的责任，还是很重大的，"父母影响子女的力量，每为他种势力所不及"，"因为家庭是第一个教育机关，父母是第一个教师，他们在子女身上所留下的影响，是根深蒂固的，是可以左右他们前途的发展的"。[1] 以此观点和1948年过分信任社会化力量，甚至由此怀疑未来家庭的存在价值相比，真判若两人。

吴景超的思想前后为什么会发生这种变化？其演变轨迹不易清楚地勾勒出来。但我们从他发表的文章中还是可以发现一些蛛丝马迹。1931年吴景超为德国社会学家弥勒娄（Muller-Lyer）的《家庭》一书的英译本写了一篇书评，也介绍到了书中关于近代家庭变动的部分（约1/4篇幅）。弥氏其人，是一个进化论者，认为人类的家庭从远古到20世纪，经过了氏族时期、家庭时期与个人时期，20世纪的欧美各工业国家，只走到了个人时期的前期，尚未达到个人时期的全盛时代，"现在欧美的国家，已经到了家庭崩溃个人发展的初期，这种趋势并未停止，将来变到什么样子很难说，不过婚姻与家庭的组织及职务，一定和过去不同，一定与现在也有些差异，这是可断言的"[2]。欧美各工业国家当时迅猛发展的家务社会化已经对家庭的抚育职能造成了强有力的冲击，为妇女解放运动的发展也创造了前所未有的有利条件。

---

[1] 吴景超：《社会组织》，世界书局，1929年，第33—34页。
[2] 吴景超：《弥勒娄著的〈家庭〉》，《图书评论》第1卷第3期，1932年11月1日。

回顾当时中国社会则是家务社会化几乎没有起步，五四时期盛行一时的妇女解放运动缺乏实现的社会条件，在30年代种种"妇女回家论"甚嚣尘上的现实背景下，女性从事职业受到限制乃至禁止，职业女性被人用"幽默"的口吻，视为怪物，"以笑骂讥评的语调出之"[1]。这种现实，不能不让坚定的新式人物吴景超感到焦虑。他对于家务社会化的热衷，以及对于家庭重要性愈来愈加以淡化的倾向，都与在历史和现实中家庭曾经作为束缚女性职业发展的牢笼有着密切的关系。

另一个值得注意的线索是吴景超对于社会公平与和谐的追求。吴景超曾多次介绍西方发达国家缩小贫富差距的举措，如对富人征收遗产税和累进所得税，对穷人发放各种家庭津贴以及普遍施行社会保险等等。在家庭抚养子女方面，贫富差距直接影响了未来一代的教育程度和职业选择，从而使社会的不平等代代相传，如何才能打破这个"世袭社会"的恶性循环呢？吴景超对于社会取代家庭承担儿童教养抱有很大的期待。他认为这个历史进程已经开始了，而它"一经开始之后，将来就不免会有一天，社会觉得自己的精力饱满，便把这个责任整个的担负起来。这当然又要减低家庭在社会制度中的重要性，但从个人发展及福利的立场去看，这是一种收获，而非一种损失"。一旦这个理想得以变为现实，一个人受教育的机会和选择职业的机会，都将趋于平等。他满怀希望地说："随着社会生产力的进展，这一天迟早总会来到的。到那时，每一个人潜在的能力，都可以得到最大的发展，职业的分配，才真能够照着竞争的原则进行，世袭的原则，必然会变成历史上的陈迹了。"[2]

一种思想的产生及其变化，某一个方面被提出来加以特别的强调，都离不开它所依托的社会环境。吴景超为什么热衷于提倡家务社会化？当然是因为这种想法对于解决中国当时的妇女解放问题有相当的助益。他为什

---

[1] 语出上文所引詹詹在《独立评论》上的文章。
[2] 吴景超：《家庭与个人职业》，《新路》第1卷第13期，1948年8月7日。

么有意无意地对家庭的子女教养作用有淡化的倾向？这一方面是因为当时妇女回家论的影响还非常之大，强调家庭对于妇女解放的正面作用还非其时，另一方面则是他所怀抱的那种浓厚的社会改良意识使然。回顾这一段历史，对于我们如何促进妇女解放和社会平等，将会提供有益的借鉴，同时也可以从前辈学者的论述中体会到他们那种为了社会进步事业而不断探索的拳拳之心。

吴景超与费孝通的学术情谊

吕文浩

关于中国现代化的路径选择,世人皆知费孝通先生在20世纪30年代中期"江村"调查中发展出来的乡土工业的经验,这一模式经过40年代对内地农村经验的总结,以及80年代以来的小城镇调查等,已经在中国现代化的历程中发挥了重要而持久的影响。在此之外,还有一派重视都市化和工业化,并以其为核心来通盘考虑中国现代化道路的学说却相对地较少为人所知。它的代表人物就是著名的社会学家吴景超教授。

特别凑巧的是,吴景超和费孝通作为这两派学说的代表人物,不仅有长久的师生之谊,而且在学术上能够相互欣赏、相互批评,成就了一段学林佳话。

一、乡土中国与放眼世界

吴景超生于1901年,长于费孝通9岁,他1923年毕业于清华学校后留美学习社会学,对芝加哥大学的都市社会学有深入的研究。吴景超的视野非常开阔,特别注意吸收世界范围现代化进程的资料加以比较,从中找出中国可以吸收的经验;他又特别注重搜集社会统计资料,尽可能以数字来表现客观的社会现实。费孝通出身于燕京大学社会学系,跟随吴景超的清华同班同学吴文藻奠定了社区研究的路径,即注重运用人类学方法对具体社区,特别是农村社区作显微镜式的深入观察。用费孝通后来的话说:"吴先生在当时的条件下,放眼世界,看到世界中的中国的地位。我一下子钻到土里面去,到乡土中国里面去……"[1]

综合世界各国现代化道路的基本条件,吴景超依据人口密度和职业分布两点,把世界上的国家分为四种类型:第一种国家,人口密度颇高,但在农业中能够谋生的人,其百分数比较低;第二种国家,人口密度颇低,但在农业中谋生的人,其百分数也比较低;第三种国家,人口密度颇低,但在农业中谋生的人,其百分数比较高;第四种国家,人口密度颇高,但在农业中谋生的人,其所占百分数也比较高。每一种类型,他都举出几个典型的例子加以分析,而在他的心里,特别留意于以中国为代表的第四种国家应该如何在吸收世界现代化经验的基础上,寻求适合自己的发展模式。"四种国家"分类的学说,以"世界上的四种国家"为题首发于胡适主编的《独立评论》第75号,出版于1933年11月5日。吴景超1937年出版的论文集,也是他的代表作《第四种国家的出路》以这一篇论文为基础和核心,绝不是偶然的。

1934年秋天,24岁的费孝通先生进入清华研究院社会学部,师从俄裔人类学家史禄国教授学习体质人类学。在清华研究院,他的目的很明确,就是接受更为专深的人类学专业训练,以便在研究实践上完成他的学术领路人吴文藻教授所心仪的社区研究。

当然,在保持燕京的学术交往圈以外,费孝通和清华的几位老师也有不少来往,特别是与潘光旦、吴景超建立了非常密切的关系。费孝通在进清华之前就和潘、吴已经认识并有来往,两年同系的师生情谊又加深了这层关系。

---

[1] 参见费孝通:《在纪念著名社会学家吴景超教授学术思想讨论会上的讲话(代序一)》,吴景超:《第四种国家的出路——吴景超文集》,商务印书馆,2008年,"代序"第1页。

还应指出的是，潘、吴两人也是费孝通的老师吴文藻在清华求学时代的同学和好友。潘光旦是清华1922级（当时以毕业年份称某某级）的，吴景超和吴文藻是1923级的，当时清华1921级、1922级、1923级这三级同学因五四运动以来常在一起活动，彼此的熟悉和情谊超越了其他各级间所能达到的程度。三人还因共同编辑《清华周刊》而建立了密切的合作关系。吴景超在潘光旦担任集稿部主席[1]时早已是《清华周刊》的"资深编辑"了，在潘光旦毕业后继任总编辑。吴文藻在吴景超任总编辑时负责"书报介绍附刊"，组织发表了不少有影响的稿件。费孝通的这三位老师之间的情谊，自然会促使他和潘光旦、吴景超保持密切联系。

费孝通是研究院的学生，但他抽空上过吴景超教授给本科生的课，所以他后来自称是吴"正牌的学生"[2]。吴景超1957年写的交代材料里介绍费孝通和他的关系时，第一条就说："费孝通是燕京社会学系毕业转到清华研究院的，那时我在清华教书，他常来我家吃饭谈天。"[3]除了正式的课业学习以外，还常在课后到老师家里"吃饭谈天"，可见关系之密切程度。

有意思的是，从学术渊源上来说，吴景超和费孝通都和当时西方学术界流行的"社区研究"有颇深的渊源，而且还在不同时期和不同场合听过芝加哥大学社会学系派克（Robert E. Park）教授的课程。吴景超是在1925至1928年芝加哥大学社会学系时师从派克教授等学习如何研究都市社区；费孝通则是1932年在燕京大学听了两个月派克教授的课，从而影响到毕生的学术道路。吴景超1928年回国以后并没有亦步亦趋地在中国复制芝加哥学派从事都市社区研究的经验，而是着眼于中国基本上是一个乡土性社会的客观事实，集中探讨城乡关系和中国社会经济建设发展道路，走出了一条以宏观社会学

---

[1] 五四时期学生因反抗权威、伸展个性，一度把原来的"编辑部"改为"集稿部"，把"总编辑"改称"集稿部主席"。

[2] 参见费孝通：《在纪念著名社会学家吴景超教授学术思想讨论会上的讲话（代序一）》，吴景超：《第四种国家的出路——吴景超文集》，商务印书馆，2008年，"代序"第1页。

[3] 《吴景超七月十六日交给民盟中国人民大学支部整风领导小组的书面交代材料》，《揭露章罗联盟的谋士——吴景超》，中国人民大学，1957年7月，第143页。

解决中国前途命运的独特学术道路。费孝通从派克教授那里学到了如何从实际生活中观察社会事实、提炼社会学概念，他也没有像芝加哥学派那样在中国从事都市社区研究，而是进一步追溯到人类学的社区研究方法，并把它运用到对中国农村社区的深入研究。

费孝通和吴景超一个侧重微观研究，一个侧重宏观研究，表面上看在学术上走的是两种大不相同的路径，但彼此对于国情的认知和对于国家前途命运的关注则是一致的。

费孝通对于吴景超的学术创见是很熟悉的，并且能够从自己的视角出发加以提炼和吸收。他说："我们互相欣赏，他的'第四种国家'，我对他的这种分类，就是到现在还在用，这就是工农比例。现在讲小城镇，讲中国农村的发展，最后总要有一个比较，有个基础，就是工农比例。如苏北是三七开，到了扬州是五五开，过了长江是倒三七开。这样才能表示得清楚。实际上这个方法是我从他那里学来的。"[1]

费孝通从吴景超那里学到了从工农比例来分析中国农村的发展，但是他的研究是注重从农村出发、从微观出发来理解中国社会，来寻求中国农村的发展模式。这与吴景超注重从都市出发、从宏观出发来寻求中国农村和城市社会发展道路有相当的差异。这两种路径，各有所长，各有所短，尽管得出的结论不尽相同，但是也是可以相互补充，相互结合的。学术上的大家总是善于以我为主，博采众长的。费孝通是一个聪明人，他从吴景超身上学到了长处，看到了吴景超的学术成就，同时也看到了形势的变化，看到了吴景超的路径不能达到的地方，从而采取新的办法进行研究，发展出具有自己特色的学术思想体系。如果说早年费、吴差异多于相同，那么到了费的晚年，他却越来越体会到吴景超学术路径的长处了。这当然主要是中国社会形势的变化引起的。将近80岁时，他还表示，对世界经济的总的情况，以及宏观的认

---

[1] 参见费孝通：《在纪念著名社会学家吴景超教授学术思想讨论会上的讲话（代序一）》，吴景超：《第四种国家的出路——吴景超文集》，"代序"第2页。

识要补补课,"乡下人要上街、要进城。我的头脑要从乡土中国进入一个现代化的中国"。[1] 过去中国主要是一个农业国家,注重乡土社会的经验,从实际出发,从乡土工业和小城镇发展来推进中国的现代化,当然也有其合理性;但长期局限于乡土经验,不能放眼世界、以城市化和工业化为核心来带动农村的发展,确实有其弊病。费孝通的心路历程,可以说真实反映了中国现代化所走过的这两个阶段。

二、有思想高度的肯定与欣赏

1938年夏天费孝通从英国博士毕业不久,即投奔业师吴文藻在云南大学设立的社会学研究室。后来吴文藻到重庆的国民政府任职,研究室改由费孝通负责,他召集一批刚刚从清华大学社会学系、哲学心理学系毕业的优秀学生一起以社区研究的方法从事实地研究,开创了社会学史上传为美谈的"魁阁"辉煌。此时的吴景超已经离校多年,在国民政府经济部任秘书,主编着一份指导舆论的半月刊《新经济》。

抗战时期费孝通除了在美国访问一年以外,先后在云南大学和西南联大从事教学研究工作。不过,他和吴景超也许是有直接或间接的学术交往的。证据之一是吴景超在这一时期先后为费孝通的两本新书写过书评,这两本书,一是在英国出版的英文版的《中国农民生活》(即《江村经济》),一是1941年云南大学社会学系研究室的油印本《禄村农田》。从书评的发表时间和原书的出版时间之间的距离极近来看,想必是费孝通直接给吴景超赠书,否则以当时战时交通的不便,进口的西文书、未正式出版的油印本都是难以及时地通过正常渠道流通到在重庆国民政府经济部任职的吴景超手中的。

吴景超对费孝通的成名作《江村经济》评价很高,他说:"据我所知,在

---

[1] 参见费孝通:《在纪念著名社会学家吴景超教授学术思想讨论会上的讲话(代序一)》,吴景超:《第四种国家的出路——吴景超文集》,"代序"第3页。

英文及中文出版的书籍中，描写一个区域里的农民生活，像本书这样深刻细密的，实在还没有第二本。"他对费著青眼有加的主要原因，是他认为费著以人类学的方法研究一个范围较小的社区，值得在中国社会学界推广。他说："我们看了这本书以后，觉得中国各地应当有许多学者，用同样的方法，把各地民众的真正生活描写出来，让大家读了，对于我们自己的国家有更深刻、更广泛的认识。"因为以中国幅员之辽阔，个人能认识清楚的地方只是极小的一部分，其余的部分，依靠地理的著作、游记或旅行得来的认识多是肤浅的、粗枝大叶的，乃至于与真相不符合，而费孝通的这一类书能够补救这种缺点。[1]

在给费孝通《禄村农田》一书所写的书评里，他写道："《禄村农田》是一本很有趣味的书。在我们学社会学的人看来，这本书的价值，在代表着中国的社会学，走上了一条新的途径。在过去的十余年，中国的社会学者的主要工作，在于介绍西洋的理论。真能利用西洋的理论与方法，到中国的社会里去做实地研究的，可谓绝无仅有。现在费先生带领着一班青年的社会学者，在云南切实的做了许多实地研究的工作，而且已有好几种油印成书。我相信这种风气的提倡，一定会替中国的社会学奠定稳固的基础，盖起庄严的建筑。"[2]

看来，吴景超对《江村经济》和《禄村农田》的高度评价并不是简单地赞誉费孝通本人，而是与他对中国社会学发展方向的思考紧密地联系在一起的。

1947年9月，费孝通最重要的理论著作《生育制度》在上海商务印书馆出版了，吴景超读后大赞真是一本好书，随即写了一篇书评《婚姻向何处去？》在他主编的《新路》周刊上发表。他在文章开头一段就说："费先生的书，我读了已经不少，但这一本书，无疑的是后来居上，在他所有的社会学著作中，要算最有贡献的一本。就在中国社会学界中，过去二十年内，虽然

---

[1] 吴景超：《中国农民生活》（书评），《新经济》第1卷第11期，1939年4月16日。
[2] 吴景超：《禄村农田》（书评），《新经济》第6卷第9期，1942年2月1日。

不断的有新书问世，费先生这一本书，内容的丰富，见解的深刻，很少有几本书可以与他站在同一水准之上的。"[1]

将这样高的赞誉给予一位学界后辈，在吴景超来说恐怕是绝无仅有的，就算同辈，他也未见给予谁这么高的评价。事实上，吴景超一生写过很多书评，评介的中外著作都很多，但前前后后算起来，给一个人的著作写过四篇书评（另一篇评论的是下文将要叙述到的《人性和机器——中国手工业的前途》）的，除了费孝通以外，还找不到第二人。说费孝通是吴景超最欣赏的中国社会学家，应该是毫无疑问的。在费孝通从一个社会学系的研究生到学界新秀的过程中，几乎每个成长阶段都能看到吴景超肯定、欣赏与支持的行为。

但有必要指出的是，吴景超通过书评活动对费孝通的肯定、欣赏与支持不是简单的"捧场"，说一大堆肉麻的溢美之词加上几句不痛不痒的话指出"白璧微瑕"。他的赞誉是有高度的，如前所述，他总是着眼于中国社会学的发展前途，指出费著的精要之处以及它的推广价值。

三、很具体而犀利的批评

吴景超对费孝通著作的批评也是很具体而犀利的，但所有批评都是"对事不对人"，保持了评论的价值和尊严。

比如，他在《禄村农田》的书评里，一方面肯定有别于普通"社会调查"而偏重于学理探讨的"社会学调查"所具有的方法论优势，另一方面又指出费孝通在运用这种方法论时表现出来的不足。其一是田野工作时间只有三个多月，有点太短。他认为至少得花一年时间，才可以把农作日历内所发生的事实，都观察得到。其二是在研究方法上，应个案法和统计法并用，仅仅分析了五家的生活费用，数目太少。他认为，研究五个家庭的生活费用，"只能

---

[1] 吴景超：《婚姻向何处去？》，《新路》第1卷第1期，1948年5月15日。

用个案法，其目的则在细密的描写各家的生活实况，使读者对于各家过日子的酸甜苦辣，有清楚的认识。但是作者除叙述各家生活实况外，还算出他们各项生活费用的百分比，并以所得来批评恩格尔律，这不能不说是误用了统计方法。统计方法，只有大量材料在手时才可利用。五家的统计，样本太小，即使结果与恩格尔律不合，也不能证明恩格尔律的不确"。[1]

再如，对于《生育制度》一书，他认为费孝通片面强调生育行为"损己利人"的一面，因而将生育制度归结为全社会安排下来强迫人们接受的制度，并不是一种全面的分析。因为生育子女具有老年社会保障的经济功能（即"养儿防老"），也有其不可忽视的宗教功能，即相信死后的灵魂需要子孙的祭祀才能保证在另一个世界里不过冻馁的生活，"经济的动机与宗教的动机，都可以使大多数的人，把生育子女，看做一种利己而非损己的工作。人种所以能够繁衍到今日，这是重要的原因"。[2] 类似这种讨论性意见，基本上每篇书评都占有一定的篇幅，有的甚至是主要的篇幅。

吴景超的评论意见很细致，全书的结构布局、章节编排顺序的合理性都没有逃过他的注意。如对《江村经济》一书，他说："本书所注意的，是农村生活的两大方面，家庭与经济，作者先论家庭而后讨论经济。假如把这个次序改变一下，先讲经济生活而后论家庭，是否格外合理，加增读者的了解能力？林德教授的《中村》[今译《中镇》]，便是先讲经济的，我觉得他的办法，很可仿效。林德的书中，还谈到教育、宗教、娱乐、政治等问题。如欲读者对于一个区域中人民的生活，有整个的了解，这种种问题的叙述与讨论，是不可少的。希望作者于本书再版时，加入这些材料。"[3]

---

[1] 吴景超：《禄村农田》（书评），《新经济》第6卷第9期，1942年2月1日。
[2] 吴景超：《婚姻向何处去？》，《新路》第1卷第1期，1948年5月15日。
[3] 吴景超：《中国农民生活》（书评），《新经济》第1卷第11期，1939年4月16日。

四、关于中国手工业前途的辩论

1945年冬天，费孝通与西南联大的青年朋友袁方在昆明的一家小茶馆里闲谈，袁方说他要到成都去开手工业讨论会，两人便说了很多关于中国手工业的话。后来张之毅、张荦群也加入谈话，谈完后由费孝通把讨论的结果写成文章，作为四个人的共同成果，由袁方拿到手工业讨论会上宣读。后来这篇不长的文章作为"时代评论"丛书中的一个小册子，以费孝通拟的书名《人性和机器》出版。1946年小册子又在生活书店印了一次，所以颇有流传。

1947年费孝通在北平整理旧书时，恰好返回清华社会学系任教的吴景超在近旁，因为他们的这本小册子里点名提到了吴景超工业化的主张，所以就拿出一本给他看。不久之后，吴景超因不同意费孝通等在书中为他心目中"一定是逐渐衰微而终于消灭"的手工业唱赞歌而写了一篇商榷性的书评，题目是《中国手工业的前途》，发表在8月16日出版的《经济评论》第1卷第20期上。

这篇商榷性的书评可以说是一曲机器工业和都市文明的颂歌。在吴景超看来，手工业是根本无法和机器工业竞争的，它的命运一定是逐渐衰微而终于消灭的；机器工业可以设立于都市，也可以设立于农村，后者不但合于国防的需求，而且可以把近代都市文明带给农村，造成一种工农混合的新社区；无须担心机器工业造成大规模的失业，它创造了大量的就业机会和转业的现象。

抛开经济层面不谈，单就费孝通和吴景超两人对都市文明的感受和评价来谈也是很有意思的。费孝通此前自称："我还是在乡下往来，还带传统的性格和成见，对于上海的嚣尘，香港的夜市，生不出好感。苏州长大的人，生活的理想似乎走不出：绸长衫，缎子鞋，和茶馆里的散懒。"[1]而从徽州大山深处走出来的吴景超则深感农村的闭塞、落后和单调，留学芝加哥大学社会学

---

[1] 费孝通：《初访美国》，《费孝通文集》第3卷，群言出版社，1999年，第223—224页。

系时，他学到了派克教授等人对都市文明的尽情礼赞，从而产生心向往之的感情。吴景超在这篇文章里，以"单调的、寂寞的、寡趣的"9个字来描述乡村生活，而且认为其不能满足一个人多方面的兴趣发展，使其人格得到全面发展；而在都市里，人们则是呼吸着自由的空气，享受着高级而全面发展人格的生活。他甚至说"在都市中住惯的人，都不愿再回到乡村中去，连费先生等都包括在内"[1]。

在写这篇文章时，吴景超还口头约费孝通作文答复，但费孝通迟迟没有应约写回应文章。当年10月2日下午，在北平燕京大学，华北区中国社会学会第八届年会最后一场安排的是关于"中国工业化的前途"的专题讨论，吴景超和费孝通相继发言，在会上展开了很热烈的辩论。吴、费发言完毕，"会员们对此问题纷纷提出意见，一致认为应该使机器工业与手工业配合起来，促使中国的工业化"[2]。

此前此后还有一些其他人，或赞成或反对地在刊物发表文章与费孝通讨论过《人性和机器》那本书的主张。看着这许多讨论，费孝通想说的话越来越多，便动手写了一篇答复吴景超的文章，《小康经济——敬答吴景超先生对〈人性和机器〉的批评》，发表在11月8日出版的《观察》第3卷第11期上。

在这篇回应文章里，费孝通一方面答复了吴景超提出的种种质疑，更重要的是正面阐述自己关于乡土工业的一整套设想。他的想法是着眼于当时国力衰弱、民生凋敝的现实，寄希望于更新中国乡村中农工互补的传统，使包含乡村手工业在内的乡土工业能够切实地发挥增加农民收入的作用。

费孝通从在江村调查时即已开始探索手工业和乡土工业的发展道路以及对于解决中国社会问题的贡献，到写作这篇回应文章时已有超过10年的探索时间。而吴景超则是从上世纪20年代末回国初期就开始大力鼓吹都市化与工

---

[1] 吴景超：《中国手工业的前途》，《经济评论》第1卷第20期，1947年8月16日。
[2] 《社会学会年会中讨论中国工业化》，《华北日报》1947年10月3日，第4版。

业化,一方面驳斥种种"以农立国"论调,一方面探索相关的许多具体问题,思考问题的时间将近20年。他们两人的成就,可以说代表了中国社会学家关于当时中国经济建设道路探索的最高水准。

如费孝通所说,他们两人在中国工业化的长远目标上是一致的,分歧的主要原因是针对当时"劫后灾黎"遍布、人口众多、资源短缺的社会现实,他因"心肠软"而提出了一套过渡性的办法,期望达到黎民不饥不寒的小康经济标准,而吴景超则因"心肠硬"更看重根本解决中国工业化的问题。如此看来,费、吴的争辩,尽管给当时中国发展道路开出的药方不同,但其区分也仅仅具有阶段性的意义,即费更着眼于现实的可行性,而吴更侧重方案本身的系统性和全面性。对于已然发生的都市化趋势,和自己"并不回乡"的事实,费孝通在随后发表的一篇文章中表示:"我是完全承认的。"他所反对的,只是当时城乡隔离和城市单方面从乡村"吸血"的现实,他认为这不是一个健全的趋势。[1] 可惜的是,以我们的后见之明来看,在那个内战硝烟正浓的年代,讨论这种与时局无关的缓不济急的问题,本身便是相当奢侈的。如果从论争当时的社会环境移开,从一个更加长久的眼光来看,吴景超所描述的近代以来的城市化趋势以及城市文明的优越之处,似乎更能激起当下中国人的共鸣。

---

[1] 参见费孝通:《漫谈桑梓情谊》,《中国建设》第5卷第4期,1948年1月。

"乡土中国"的现代出路：
费孝通与吴景超的分殊与汇合

王小章[*]

应该说，社会学这门学科与生俱来地具有一种"都市意识"，特别是在它的诞生地欧美。这是因为，从根本上讲，社会学是对现代性问题的知识反应[1]，而都市，无疑是现代性表现得最集中最显著最充分的所在。不过，社会学在中国的情形却有所不同。尽管"乡土中国"是费孝通先生的用语，但是，从社会学引入中国一直到20世纪末，中国社会学者的本土性研究关注的重心一直是乡土社会，关注都市社会和都市生活的虽不是没有，但总体上显得凤毛麟角，只是到了最近二十年，都市才开始吸引越来越多的中国社会学者的目光。中国社会学的这种"乡土意识"自然与中国社会长期以来一直还是一个农业社会（至少到改革开放前）、农村人口占据了绝大多数（至少到20世纪90年代）这一国情有关，就像现在越来越多的学者关注城市与这一国情的开始改变有关一样。当然，说中国社会学具有一种浓厚的"乡土意识"只是就其研究对象而言，并不意味着中国社会学就不是对现代性问题的知识回应，

---

[*] 王小章，杭州师范大学公共管理学院教授。
[1] 王小章：《经典社会理论与现代性》，社会科学文献出版社，2006年，第11页。

更不意味着中国社会学者缺乏现代意识。这种现代意识体现在以现代性为透镜对"乡土中国"所做的诊断上，更体现在以现代化为目标而对"乡土中国"之现代出路的寻求上，换言之，中国社会学——当然不是所有的中国社会学家——有一种立足于中国特殊国情的普遍历史意识。

2020年是费孝通诞辰110周年，2021年则是吴景超诞辰120周年。本文是对这两位杰出的中国社会学前辈关于中国现代化之路的思想的比较考察，意欲通过这一比较考察，分析说明这两位杰出的中国社会学前辈对"乡土中国"之大体相同的诊断以及对"乡土中国"之现代出路的既有分殊又有汇合之探索；在此基础上，进而揭示出他们的研究和思想的共同意趣，即如何从"乡土中国"的特殊国情出发进入有普遍方向的现代化进程，而这，显然又联系着如何从普遍的人类历史进程来看待特殊国情的问题。

一、国情诊断和路径选择

在晚年回顾总结自己一生为学的经历和志向时，费孝通说得最多的一句话，就是"志在富民"。从早年的《江村经济》、"云南三村"，到晚年获得"第二次学术生命"后在"行行重行行"中写下的一系列文字，关于如何使生息于"乡土中国"的老百姓——首先是中国农民——富裕起来这一主题贯穿了费孝通一生的思考。以下试将费孝通所思考阐发的富民之路做一较为简括的梳理。[1]

由于人多地少的矛盾，中国农民单靠农业生产不足以维持最低生活水平，更不可能养得起整个地主阶级并支撑繁荣的城市消费经济。因此，虽然农村是传统中国的生产基地，农村经济是整个社会经济的基础，但农村经济并不是单纯的农业经济，相反，农工结合的混合经济才是中国农村经济的特征：

---

[1] 参见王小章：《人类情怀，中国道路：费孝通的"中国研究"》，《中国研究》2020年第2期；《"乡土中国"及其终结：费孝通"乡土中国"理论再认识》，《山东社会科学》2015年第2期。

只有农工混合的乡土经济才能维持原有的土地分配形态,"同时也使传统的地主们可以收取正产量一半的地租,并不引起农民们的反抗。"[1] 不仅如此,农工并重的乡村经济在维系了传统的土地分配形态和租佃制度的同时,还型塑了传统城乡经济关系的基本形态:传统的城市(镇)不是生产基地,但需要消费,其消费则来源于农村,也就是说,在近代西方资本主义势力进入之前,城市(镇)的消费品是在自己区域内生产的土货,这使得那些生产土货的农村工业有了活路,农民有了贴补家用的收入来源,从而得以维持那种"不饥不寒"的生活。但是,近代以来,中国传统的乡土工业由于无法与扩张侵入中国的西方工业竞争而走向崩溃。乡土工业崩溃了,农民失去了重要财路,但地主却并不因此减收或不收地租,相反,由于洋货奢侈品的进入刺激了其消费的欲望,提高了其享受的水平,因而变得更加不能放松对地租的攫取。佃户和地主于是发生了严重的冲突。与此同时,自西方资本主义势力进入以后,中国都市一方面依旧没有成为自立的生产基地,但另一方面却沦为"洋货的经纪站"。"洋货"的市场固然主要是都市里的居民,而没有大量地流入乡村,但用来换取"洋货"的资源却几乎全靠乡村的供奉。于是,都市对于乡村来说成了彻头彻尾的异己物。如何应对这乡村破产、民生凋敝的局面?费孝通的思路是:第一,变革土地制度,解决农村土地问题,实现"耕者有其田",而原先不事生产的地主,如果不想为传统的土地制度陪葬,则只能放弃地租而"在土地之外另谋出路"。但问题是,即使实现"耕者有其田",土地上的出产也至多只能勉强维持农民"不饥不寒"的生活,从根本上讲,这依旧是一种生活程度低、且"没有发展的机会"的自给自足的"匮乏经济"。因此,要真正实现"富民",还必须有进一步的举措。第二,即现代工业(包括现代科技)下乡,以乡村工业化带动小城镇发展,同时在城市成为生产基地的基础上,实现城乡良性互动。费孝通这样评价20世纪80年代我国兴起的乡镇企业:这是"植根于农工相辅的历史传统的",它开创了"我国工业

---

[1] 费孝通:《乡土重建》,《费孝通全集》第5卷,内蒙古人民出版社,2009年,第68页。

化的新道路",这一道路的前景,是农工互补,城乡互惠,人民富裕。[1]而此后对于诸如"苏南模式""温州模式"等各种经济发展模式的探讨总结以及关于"中国龙"如何实现经济腾飞的构想,则是这一"富民"思想的延伸拓展。

从上面这简短的概括可以看出,在费孝通对于乡土中国之富民之路的思考探索中,乡村工业的发展是非常关键的环节。他复出获得第二次学术生命后所抓的第一个课题,即所谓小城镇研究,实际关注的乃是乡土工业的发展,而小城镇的复兴与发展,则不过是乡土工业发展的自然结果。在中国工业化、城市化、现代化的道路上,费孝通给乡村工业、小城镇派了一个非常重要的角色,进而认为,从中国的国情、特别是农工相辅的历史传统出发,中国应该走一条有别于西方的工业化、城市化、现代化的新路,这条"新路"的核心内容,笔者曾简单概括为:"工业下乡——农村工业化——小城镇发展——农村城市化——城乡协调发展——社会现代化"。[2]

所谓"无工不富",要想让中国老百姓过上富足的生活,必须发展工业,走工业化、城市化的道路。在这一点上,作为费孝通在清华研究院时期的老师和后来探索中国社会之现代出路的同道,吴景超与费孝通并没有什么不同,而与当时那些坚持认为中国应该以农业、农村为先为本的人(如梁漱溟)区别开来。吴景超与费孝通所不同者,在于对实现工业化、城市化之路径的认识。如上所述,费孝通给乡村工业、小城镇派了一个非常重要的角色,认为从中国的国情、特别是农工相辅的历史传统出发,中国应该走一条有别于西方的工业化、城市化、现代化的新路:"我们得从土地里长出乡土工业,在乡土工业〔中〕长出民族工业。"[3]而吴景超在探求中国社会的现代出路时,则在立足于当下中国国情的同时,更多地着眼于现代世界各国、特别是先进国家现代化的历史经验和普遍趋势,揭示要提升中国百姓的生活程度、实现中国

---

1 参见王小章、冯婷:《积极公民身份与社会建设》,社会科学文献出版社,2017年,第77—88页。
2 王小章:《费孝通小城镇研究之"辩证"——兼谈当下中心镇建设要注意的几个问题》,《探索与争鸣》2012年第9期。
3 费孝通:《乡土重建》,《费孝通全集》第5卷,第139页。

社会的现代化所必走的、绕不过去的关隘,即通向现代化之路的普遍的一面,用他自己的话来说,就是"我们没有歧路"[1]——而费孝通则恰恰认为,在现代化、都市化方面,"说中国不能例外"是"值得考虑",即值得商榷的。[2]

实际上,在对作为中国现代化之出发点的中国最基础性的国情(所谓"最基础性的国情",在此指的是那些主要得之于"天"的客观外在条件,如"人多地少",其"可变性"与其他诸如文化、制度等"国情"是不同的,见第三节详述)的诊断上,吴景超和费孝通并没有什么根本性的不同。当然,吴景超没有使用"乡土中国"这个概念,而是将世界上的国家划分为四种类型,即:第一类:人口密度高,在农业中谋生的人占比低;第二类,人口密度低,在农业中谋生的人占比低;第三类,人口密度低,在农业中谋生的人占比高;第四类,人口密度高,在农业中谋生的人占比高。[3]第一类国家以欧洲的英德为代表,第二类国家以美国为代表,它们虽然分属两类国家,但都是先进的现代化国家。俄国是第三类国家的代表,不过,吴景超认为,自苏俄开始实施五年计划以后,已隐约显示出了向第二类国家转变的端倪。从提高人民的生活程度的角度看,困难最大的无疑是第四类国家:在经济形态上,它们尚属生产技术水平低下的传统农业国,但同时,其人口密度又很高,由此必然导致投入单位面积农地的劳动力的大量增加,而每个劳动力的平均产出则非常有限(这也就是黄宗智后来所说的"内卷"或"过密化"),从而制约"生活程度"的提高。不幸的是,中国正是这"第四种国家"的典型。显然,吴景超对中国基本国情的这一诊断,与费孝通认为农村经济是整个中国经济的基础,而人多地少是制约中国农村经济的基本矛盾的认识在本质上是一致的。不仅如此,吴景超同样认为,传统上,中国农民并不是单纯地以农业为生,也即中国农村经济并不是单纯的农业经济。虽然他没有从正面来阐释农工相辅的传统,但是,在分析近代以来中国农民生计困难的原因时,他

---

[1] 吴景超:《第四种国家的出路——吴景超文集》,商务印书馆,2008年,第77页。
[2] 费孝通:《乡土重建》,《费孝通全集》第5卷,第60页。
[3] 吴景超:《第四种国家的出路——吴景超文集》,第5页。

指出，"副业"的衰落是其中一个重要的因素："以前这些副业，是农民收入的一个重要来源，现在因为许多副业的出产品，与外国工厂中的出产品或外国农场上的出产品相竞争，受优胜劣汰原理的支配而被淘汰，以致农民丧失了一笔重要的收入。"[1]

在对中国要走向现代社会所必须面对的最基础国情的诊断上，吴景超与费孝通并没有实质性的不同。但是，相同的诊断，并不一定开出相同的处方，后者既与诊断有关，也与对社会历史发展之机理走向的认识把握方式有关。在1988年纪念吴景超的学术思想讨论会上，费孝通这样比较自己与吴景超的不同："他（吴景超）的研究是宏观的，用全世界各国的材料来做比较，去找中国社会的出路，去理解中国社会。……我走的路子，表面上讲是一条相反的路子。我是微观的，从中国内部实际情况去理解中国社会。"[2] 费孝通的"从中国内部实际情况去理解中国社会"的微观视角（到了晚年，费孝通的这种倾向更加强化了，认为不能停留于从"农村里边看农民生活的现实"，还要进一步"多读读中国的书，熟悉我们自己的历史，知道我们是怎么走过来的，中国文化的形成过程究竟是个什么样子"，要"尊重历史"[3]）使他更容易看到并强调特定社会历史发展中的路径依赖，比如农工相辅对于中国农村工业化的影响；而吴景超对于现代世界各国发展之宏观大趋势的把握则使他更多地关注到通向现代社会的道路上具有普遍性的、难以例外的一面。换言之，费孝通总是倾向于从中国历史以及从这一历史中形成的当下现实出发谋划中国的发展路径，这使他的思路具有实际性的同时，有时也不免显得迁就现实（针对有些批评者认为其关于乡土工业的想法是"幻想"，费孝通自己认为：与其说幻想，"倒不如说我这种想法太迁就了事实"[4]），而吴景超则更多地从现

---

[1] 吴景超：《第四种国家的出路——吴景超文集》，第15页。
[2] 费孝通：《在纪念著名社会学家吴景超教授学术思想讨论会上的讲话》，吴景超：《第四种国家的出路——吴景超文集》之"代序一"第2页。
[3] 张冠生记录整理：《费孝通晚年谈话录》，生活·读书·新知三联书店，2019年，第285—287页。
[4] 费孝通：《乡土重建》，《费孝通全集》第5卷，第140页。

代世界发展的基本而普遍的、中国也终将不可避免地汇入其中的潮流出发来反观中国当下该务之事，这使他的见解具有前瞻性的同时，有时也显得颇有理想色彩。

吴景超与费孝通的这种区别，表现在许多具体的方面。比如，对于手工业，特别是农村手工业的态度。费孝通认为，机器工业固然是高效率的——在这一点上和吴景超并无不同——因而并不反对发展机器工业，但在发展机器工业的过程中，不可放弃、甚至要着力保护手工业。而吴景超则非常明确地指出："机器生产，是效率高的生产，手工生产无法与之竞争，因之在中国工业化的过程中，手工业一定是逐渐衰微，而终于消灭。"[1] 再如对于外国资本（包括商品）的进入，费孝通客观地指出它导致中国传统农村工业的破产，但笔者没有看到他进一步的分析和评论，而吴景超则在与费孝通一样看到它对中国传统农村工业的影响的同时，又进一步针对种种反对外国商品进入和外国人在华设厂的言论，而从现代市场和企业经营与运行的一般情形出发，指出，"国货"在"外货"面前未必尽是劣势，"外货竞争"并不一定导致民族工业的衰败，反而还能锤炼民族工业，而在不平等条约取消，中国的法律管得到境内每一个人及每一个法人的时候，外人在华设厂，是利多而害少，"利用外资"是解决中国工业化过程中资本缺乏的重要途径。又如，关于教育，针对当时有人基于中国是"以农立国"的，因而主张乡村教育，反对都市教育的观点，吴景超指出，这种观点所反对的所谓"都市教育"并不是真正的都市教育，而是"游民教育"，因为"现在的学校，特别是中学，只制造出来一批一批的游民。"[2] 应该说，就认为当时的学校教育制造了"游民"而言，这实际上和费孝通在《回不了家的乡村子弟》中所表达的看法是基本相似的。但立足于传统上与西洋不同的城乡关系，着眼于城乡之间的"社会有机循环"，费孝通当时（20世纪40年代）在关于教育的观念上显然对吴景超所批

---

[1] 吴景超：《中国手工业的前途》，吴景超著，吕文浩编：《都市意识与国家前途》，商务印书馆，2020年，第131页。

[2] 吴景超：《第四种国家的出路——吴景超文集》，第77页。

评的那种观点有着更多的同情[1]；而吴景超则着眼于社会现代化的一般趋势而明确指出："在创造新中国的过程中，我们要发展农业，同时也要发展其他的实业"，因此，"都市教育在中国应当提倡，正如乡村教育应当提倡一样。"[2]

吴景超与费孝通在这些具体方面之观点取向上的差别，最终体现为对于"乡土中国"或者说作为"第四种国家"的中国之现代出路，特别是中国的工业化、城市化道路之认识上的分殊。上面指出，费孝通侧重于"从中国内部实际情况去理解中国社会"，从而从中国的特殊国情、特别是农工相辅的历史传统出发，为乡村工业、小城镇在中国工业化、城市化、现代化的进程中派了一个非常重要的角色。吴景超虽然并不一概反对乡村工业，但更强调世界各国现代化进程中所表现出来的一般的、普遍的机理，并且将乡村工业、小城镇在这个进程中的命运也纳入这一一般的、普遍的机理中来分析考察。在《近代都市化的背景》一文中，吴景超根据欧美一些发达国家近代以来工业化、城市化的资料，分析指出，农业革命、工业革命，以及商业的发展，是近代都市化的主要原因。农业革命大大提高了农业生产效率，使大量农业人口转移到其他产业。工业革命一方面使传统手工业和家庭工业式微，另一方面则由于新式工业自身在规模、劳动力、消费市场等方面需求的特点，而不能不集中于都市。[3]而与交通技术的发展紧密相连的现代商业的发展同样导致商业在都市的集中，同时降低了传统市镇在工商业中的地位。在该文的结尾，吴景超总结认为："一个国家里面，乡村与都市的人口分配，一定要有一个适当的比例，然后国家可以富强，人民的生活程度可以提高。……中国的穷，中国人的贫与弱，这种不合适的人口分配，要负一大部分责任。中国今日，

1　费孝通：《乡土重建》，《费孝通全集》第5卷，第53—62页。
2　吴景超：《第四种国家的出路——吴景超文集》，第77页。
3　当然，吴景超也指出，并非所有的工业都一定要集中于都市。有一些工业不宜在都市建设，如原材料的重量和产品的重量相差极大的，原材料极易败坏的等；还有一些则宜从都市外移，如需占用大块土地的，在生产过程中需要大量燃料和水的，废物处理起来困难的，环境污染严重的等（吴景超：《第四种国家的出路——吴景超文集》，第58—59页）。但是，无论如何，吴景超认为，现代工业向都市集中是根本大势。

需要更深的都市化……如欲达到此点，并无别条新奇的路，只有步先进国的后尘，改良我国的农业，提倡新式的工业，发展机械的运输，供给贸易的便利，行之数十年，中国自然也有像德国或美国那样都市化的一日。"[1]而都市发展了，反过来可以救济或者说反哺农村，从而使城乡人民的生活程度共同得到提高。在吴景超看来，这是一条各国社会走向现代的基本共同的、"自然"的道路，此外"并无别条新奇的路"，当然也是中国要发展所绕不过去的路。针对当时种种不愿走这条路的反对意见，吴景超旗帜鲜明地提出，"我们没有歧路"可走："中国人现在应当积极的努力，用机械的生产方法，去代替筋肉的生产方法。朝这一条路走下去，自然是工业化，自然是商业发达，自然是农业方面的人口减少，而别种实业方面的人口加增。"——当然还可以再顺着说，"自然是都市化"——"假如在这些成绩之外，还采用一种公平的分配制度，使贫富的距离不致相差过甚，那么，工业化的结果一定是大家的生活程度都能平均地加增。这是我们所看得清楚而且愿其早日在中国实现的"[2]。简言之，如果只着眼于经济形态的变革，那么，在吴景超看来，"第四种国家"的现代出路，或者说前景，就是转变发展成为"第一种国家"。

二、分殊中的汇合

对社会历史发展之机理走向的不同认识把握方式，使费孝通和吴景超在对中国要走向现代社会所必须要面对的基本国情做出大体相似的诊断的基础上，为中国的工业化、城市化路径开出了不同的处方。吴景超于"文革"正酣的1968年去世，没有看到自己设想的工业化、城市化在中国的实现。相对而言，费孝通要比他幸运得多，迎来了第二次学术生命，并且在20世纪80年代异军突起的乡镇企业以及与之紧密相连的小城镇复兴和发展中似乎看到

---

[1] 吴景超：《第四种国家的出路——吴景超文集》，第65页。
[2] 同上书，第78页。

了自己所设想的道路变成了现实：这种"离土不离乡"的工业化不正说明了"我们得从土地里长出乡土工业，在乡土工业［中］长出民族工业"吗？当然，我们也不妨猜想，假如吴景超还在世，他会如何看待这一现象？也许他会说，"离土不离乡"的乡镇企业的异军突起，并非像费孝通说的那样主要植根于农工相辅的历史传统，而是与我国当时的制度格局，特别是以绝对刚性的方式控制人口迁移的户籍制度联系在一起的，是在这种刚性控制下农村剩余劳动力无法正常地实现异地转移，从而不得不就地转移的产物，因而它并不是一种"自然"的进程；一旦户籍制度对于人口迁移的控制松动，而劳动力市场的作用占据主导地位，那么，人口随产业向城市集中就是一个更自然的趋势，而20世纪90年代中期以来，诸如京津冀、长三角、珠三角等大都市区的飞速发展不正说明了这一点吗？

我们还是将吴景超与费孝通在工业化、城市化路径上的分殊暂且放下，而进一步来问一下，在分殊之外，他们之间存在不存在相通或汇合的地方？答案是，存在。前面已经指出，吴景超与费孝通所不同者，只在于对实现工业化、城市化之具体路径上的认识，而在要想让中国老百姓过上富足的生活就必须要实现工业化、城市化这一点上，则并没有什么不同，而与当时那些坚持认为中国应该以农业、农村为先为本的人（如梁漱溟）区别了开来。不过，必须指出的是，他们的相通汇合之处，远不止在这一点上。实际上，关于费孝通和吴景超对于"乡土中国"或者说"第四种国家"之现代出路的思想，说到工业化、城市化还只是说了一半。笔者曾经分析指出，对于费孝通"乡土中国"这一概念的一个常见的误解，就是把它理解为只是一个关于中国传统乡村社会的概念，而实际上，费孝通用这个概念所描绘的是与历史序列上的"现代社会"（而不是空间序列上的"城市社会"）相对应的整个传统中国社会的特征，它包括经济形态、社会关系形态、政治-社会治理形态以及文化心理形态等多个方面。[1] 因此，"乡土中国"的现代出路必然也包括除了主要属于经济形态转变的工业化、城市化之外的其他方面的现代转型。而当涉

---

1 王小章：《"乡土中国"及其终结：费孝通"乡土中国"理论再认识》，《山东社会科学》2015年第2期。

及其他方面的现代转型时，费孝通与吴景超的相通汇合之处，就远远超出了他们之间的分殊。如若撇开枝节性的方面不算，则其突出的相通汇合之处有：

第一，他们都认为国家（state）必须比传统上承担更多的责任。在讨论传统中国的"双轨政治"时，费孝通指出，传统中国防止权力滥用所采用的是一种消极的方式，即"皇权无为，衙门无讼"的"无为主义"。这种"无为"，既是源于"无力"，即国家权力由于财力、组织、技术等等原因而无力有效地进入社会基层；也是由于"无需"，即在自然经济、社会的相互依赖性极低的传统社会，人们的生活无需国家更多的介入。但是，今天这种"无为主义"已经不可行了，因为"现代生活中我们必须动用政治权力才能完成许多有关人民福利之事"，无论是经济建设、民生保障，还是社会治理、文化发展、教育科技、国家安全等等，都有赖于国家的有效参与，因此，"今后无论哪一党所组成的政府必然得做比以往的政府更多的事，传统的无为主义已经失其意义"。[1]实际上，费孝通的许多文字，特别是晚年在获得第二次学术生命后于"行行重行行"中写下的那些篇章，有许多是提给国家或者说各级政府的建议，所谓"老来不慕归田乐，随众奔波为国谋"[2]，如果他不认为国家应该在这一系列相关的事务上承担责任，他也就没必要写下这些文字。与费孝通一样，吴景超认为："以前的地方政治，是'消极'的，是'无为'的，而现在的新政，却是'积极'的，是'有为'的。"针对当时各地的农村运动（乡建运动），他还指出，中国农民的生计问题，不是这种运动所能解决的，"只能靠政治的力量"，才能与中国各界的生计问题，一起得到根本的解决。[3]他批评中国的领袖缺乏"都市意识"，批评有些人短视地反对工业化，而主张，国家（政府）必须积极地推动工业化、都市化，应该听取"工业界"对政府的意见和期待，制定采取适当的法规、政策和措施扶助"工业界"，激励工业的发展。他认为，国家应该采取新税制（开征所得税、遗产税）来调节收入

---

[1] 费孝通：《乡土重建》，《费孝通全集》第5卷，第37、52页。
[2] 费孝通：《和友人诗》，《费孝通全集》第20卷，内蒙古人民出版社，2009年，第220页。
[3] 吴景超：《第四种国家的出路——吴景超文集》，第37、16—17页。

分配，缩小贫富差序，积极举办各种社会福利事业。他还认为，国家还应该在控制人口方面发挥积极作用。总之，他认为，"富源""生产技术""分配方式""人口数量"是影响人民生计的四个主要因素[1]，而现代国家应该在所有这些方面发挥积极作用。

第二，他们都强调国家权力必须受到更加有效的限制和约束。国家（政府）所承担的责任越多，越趋于"有为"，则如果其权力得不到有效的规范和约束，所可能产生的危害也就越大。实际上，如上所述，费孝通在说"无为主义"时，就是把它作为传统上对于皇权的一种与"绅权缓冲"并行的约束方式来看待的。但在国家（政府）日趋"有为"和乡绅式微的现时代，这种限制约束方式已经不可行了，因此，必须更弦易辙："政府权能的增加必须在人民控制得住的范围之内。……集权的中央必须是向人民负责，而且要直接负责。那是说行使政权的职位必须由直接代表人民的组织决定它们的存废去就。简单地说，我所希望的是：皇权变质而成向人民负责的中央政权，绅权变质而成民选的立法代表，官僚变质而成有效率的文官制度中的公务员，帮权变质而成工商业的公会和职业团体，而把整个政治机构安定在底层的同意权力的基础上。"[2] 类似的，吴景超在主张国家（政府）责任扩张的同时，同样强调必须对国家（政府）权力加以约束。他偶尔寄望于为政者的道德自律，但终究还是把希望安放在民主政治上。在《中国的政制问题》一文中，吴景超明确表示，在独裁政治和民主政治之间，赞成民主政治，并且指出，为了民主政治能够早日在中国生根发芽，应该努力去培植民主政治的基本条件，包括一个以上的政党组织、对国家大事自由讨论的氛围、普选的权利、多数党执政、定期的选举等。吴景超还特别强调"经济自由"，并且在肯定和推崇社会主义之于铲除贫困、实现（经济）平等的价值和意义的同时，认为"社会主义和计划经济是可以分开的"。这种对于经济自由的坚持，同样包含着防

1　吴景超：《第四种国家的出路——吴景超文集》，第 11—14 页。
2　费孝通：《乡土重建》，《费孝通全集》第 5 卷，第 135 页。

止和约束国家权力的滥用，以免损伤人民的自由和福利的考量。

第三，他们都反对"全盘西化"。无可否认，英美等西方国家是现代化的先行者，是国人探索传统中国之现代出路的参照和学习的"榜样"，也正因此，在20世纪上半叶，"全盘西化"是一种虽曰激进并时受批评却一直不乏市场的声音。如果说，上述的第一、第二两点表明，费孝通和吴景超都认为在现代社会"国家能力"必须强化而"国家权力"必须限制的话，那么，在中国现代化进程之不可避免的中西接触、交流、碰撞中，在文化上反对"全盘西化"则构成了他们第三个主要的汇通方面。晚年的费孝通倡导"文化自觉"。他一方面指出，"文化自觉"只是指人们对自己的文化要有"自知之明"，而"不带任何'文化回归'的意思，不是要'复旧'"，同时则申明，不主张"全盘西化"或"全盘他化"。[1] 他并不怀疑在现代化的进程中各国有可能会形成某种与各自的特殊性并存的普遍共享的文化，但那只能是不同文化交流、互动、融合的产物，而不是西方文化的一统天下。实际上，费孝通的这种观念并不是到了晚年才有的，早在40年代的《初访美国》中，他即表示："我自然很希望世界上有一天所有的人类会真的成为一家人，一家人的意思是指文化上大家相同"，但这需要一个相当长的过程，在这个过程中，美国人（西方人）要向我们靠近，我们也要向美国人靠近。而当下要做的，则是相互了解、相互容忍。[2] 同样，在《答陈序经先生的全盘西化论》一文中，吴景超明确反对陈序经的全盘西化主张，并从学理逻辑和价值取向两个层面论证自己的观点。在学理上，他批驳了认为文化是一个各部分紧密联系的、"分不开"的整体，因而向西方学习只能是要么全盘地接受要么全盘地反对的观点，认为在西化的过程中，我们有"选择"的余地；在价值取向上，他认为西方文化中，既有值得我们赞赏的，也有不值得恭维的，因此，不应该照单全收。由此，吴景超主张，对于西方文化的不同部分，我们应该采取四种不

---

[1] 参见费孝通：《对文化的历史性和社会性的思考》，《费孝通全集》第17卷，内蒙古人民出版社，2009年，第525—526页。

[2] 费孝通：《初访美国》，《费孝通全集》第3卷，内蒙古人民出版社，2009年，第474页。

同的态度：第一，对于某些西方文化，可以整个地接受，并用以替代中国文化中相对应的部分，如自然科学、医学等；第二，对于某些西方文化，也可以整个地接受，但只是用以补充中国文化中相对应的部分，如哲学、文学等；第三，对于某些西方文化，可以用作参考而不抄袭，如资本主义等；第四，对于某些西方文化，应该不客气地加以摒弃，如迷信的宗教、儿戏的婚姻等。[1]

三、现代化的目标、路径与国情

对于最基础性的国情，费孝通和吴景超作出了基本一致的诊断，这是中国现代化的出发点；对于社会历史发展之机理走向的不同认识把握方式，则使他们在中国工业化、城市化的路径选择上呈现出彼此的分殊；而当"乡土中国"或"第四种国家"的现代出路问题涉及政治的、文化的层面时，他们的观点又呈现出明显的趋同汇合。费孝通与吴景超这两位杰出的社会学前辈的这种同与不同、分殊与汇合，使笔者进一步联想到如何认识现代化的方向目标、路径选择和特定国情之关系的问题，以及相应的特殊与普遍的问题，这当然也是一个多年来聚讼不已的问题。

第一，现代化有没有一个共同的、普遍的价值目标，"乡土中国"的现代出路有没有一个基本一致的方向？对此，费孝通和吴景超显然是肯定的。这倒不是因为他们都主张工业化、城市化，都认为现代国家应该承担更多的责任，都强调国家权力必须受到有效的限制和约束，实际上，所有这些归根结底都属于手段，而非目的。说费孝通和吴景超都肯定"乡土中国"的现代出路有一个基本一致的共同方向，是因为他们都不言而喻地认为，现代化的根本宗旨，是要提升人民的福祉，或者说，是为了人民更美好的生活。而这种美好生活，离不开富裕、安全、自由、自主等基本要素，也就是费孝通说的

---

[1] 吴景超：《第四种国家的出路——吴景超文集》，第141—143页。

"富民"、变革四种权力以保障人民的权利、安全,吴景超说的提升人民的生活程度、保障人民的自由与福利。实际上,费孝通曾经明确说过:"如果原子能征服了月球,吴景超先生和我一同去设计一个建设月球的方案,我相信我们不会有什么不同的意见的。每个人所想象的天堂离不了树上长满葡萄,河里淌着牛乳那一套。"[1] "天堂"云云,当然只是一种修辞,费孝通晚年对此有更加明确的表达:"如果用比较方法去具体分析人类各群体所向往的美好社会,基本上总是离不开安全和繁荣这两项基本愿望。"[2] 事实上,关于现代化有没有一个共同的、普遍的价值目标的问题,说到底就是不同的个体、人群作为"人"有没有共同的价值追求的问题。而只要肯定作为马克思所说的"类存在物",人类这个物种有这个物种的共通的普遍的基本需求,那么,就必然进而肯定,由此必然衍生出一些共同的、普遍地存在于不同社会、不同文化中的价值追求,包括物质性的、社会性的、精神性的追求。一般都能理解的对于富裕、生命、健康、安全等等追求的普遍性自可不论,实际上,一些相对更为抽象的价值,比如自由,同样也是一种普遍性的追求,否则,为什么自古以来所有的社会都以限制自由作为惩罚罪犯的方式呢?[3] 而现代化的进程,从根本上讲,就是努力趋近和实现这些基本价值的过程,当然,这也是"乡土中国"之现代出路的基本方向。需要指出的是,肯定现代化之共同的、普遍的价值目标,并不意味着在现代化的进程中必须放弃各个国家、民族在各自的历史中形成的独特文化价值或者说偏好,只要与人类基本共同价值不冲突,民族文化在现代化的进程中自有其生命力。这也就是费孝通、吴景超都一致反对"全盘西化"论的根本所在。

第二,假如肯定现代化有一个人类共同的价值目标,"乡土中国"的现代出路有一个基本一致的方向,接下来的问题就是如何使中国走向现代化,走

---

1 费孝通:《乡土重建》,《费孝通全集》第5卷,第140页。
2 费孝通:《对"美好社会"的思考》,《费孝通全集》第14卷,内蒙古人民出版社,2009年,第213—214页。
3 资中筠:《老生常谈》,广西师范大学出版社,2014年,第7页。

向现代物质、制度和精神文明？也就是发展路径的问题。这个问题同样牵涉到普遍与特殊两个方面，或者说，可以从普遍和特殊两个角度来认识。从特殊的方面或角度，每一个具体国家的现代化都是从它自己具体而特定的国情出发并受这种国情的约束的，因此它联系着各个国家各自特殊的国情。像任何在具体的自然和历史环境中形成发展的特定社会一样，中国社会无疑也有其特殊的性格特征，是一个"具有独特的特征的社会"[1]。这种"独特的特征"必然给中国社会的现代化路径带来特殊性，带来自身的特征，这也应该是"中国道路"的基本理据。相比而言，侧重于"从中国内部实际情况去理解中国社会"的费孝通更突出从特殊性一面去认识和探索中国的现代化之路。不过，除了特殊的一面，还有普遍共通的一面，因为"路径"不仅仅联系着特殊国情，而且还与它要通向的共同价值方向有关，而且，不能完全否定先发现代化国家的经验对于包括中国在内的后发现代化国家的示范作用。相比而言，更加关注现代世界发展之宏观大趋势并从这种趋势反视中国社会之境遇的吴景超则更重视这普遍的一面。笔者在此想指出的是，如果说，价值目标关乎现代化的"可欲性"，那么，路径则关乎现代化的"可行性"。着眼于可行，现代化当然必须从我们国家的实际出发，由此必然形成有中国特色的"中国道路"；但同样着眼于可行，则"特色"本身并不是目的，"可行有效"才是目的，因此，也就没有必要为了"特色"而排斥那些真正普遍有效的经验。尤其值得注意的是，随着社会本身的发展，人类的行动对于环境、对于特定条件的依赖性日益降低，或者说，外界环境对于人类的威胁、制约日益降低。由此导致的一个结果是，随着外界环境对于人类行为之制约的降低，人们越有可能比较自由地借鉴、采择其他社会、文化中那些更有效地满足人们需求、解决人类问题的方式，也即越容易发生新进化论所说的"一般进化"[2]，从而在人类不同社会的发展上愈益呈现趋同的情形。这在今天这个全

---

1 马克思：《雇佣劳动与资本》，《马克思恩格斯文集》第1卷，人民出版社，2009年，第724页。
2 [美]托马斯·哈定、大卫·卡普兰、马歇尔·D.塞林斯、艾尔门·R.塞维斯：《文化与进化》，韩建军、商戈令译，浙江人民出版社，1987年，第22—31页。

球化的时代已经表现得非常明显了。

第二，从上面所说的发展路径由于受特殊国情的制约而产生的特殊性，以及这种制约随着社会本身的发展而日益降低，笔者又进一步想到如何认识、理解"国情"的问题，不妨也在此说说。一般认为，即使承认上面所说的普遍性，特殊"国情"也必然导致发展路径的特殊性。应该说，这种思维方式并没有太大的问题。但是，必须看到，这种视"国情"为原因的思维方式也可能成为一个陷阱，那就是笼而统之地把"国情"当作一个既定的、稳定不变的前提。而事实上，只要承认任何一个国家都是处在历史发展进程之中，那么，也就必须承认，所谓"国情"，也是在不断地变化之中的，现代化本身就是一个改变国情的过程。而从"可变性"的角度，笔者以为，常常被有意无意笼而统之地看待的"国情"，至少可以区分出三个层面：第一个层面基本上是自然条件的层面，包括地理环境、领土疆域、气候特征、自然资源以及人口规模等，也就是前面所说的"最基础性的国情"，这是任何一个国家、社会的发展所必须面对的初始约束条件。第二个层面是社会文化传统的层面，包括在长期的历史发展进程中逐步形成和沉淀下来的相对稳定的社会结构、文化性格、心理习性等；托克维尔在考察"美国的民主"时所特别强调的"民情"就属于这个层面，而大多数文化人类学者则几乎把对这一层面的考察作为其最基本的工作。第三个层面是当下运行的体制制度层面，包括经济体制、政治制度，乃至文化的、教育的、社会的等更为具体的现行制度安排。"国情"的这三个层面在"可变性"上是不一样的。第一个层面的国情就其本身而言是很难改变的。你不可能把中国的国土搬到西半球去，你不可能将西伯利亚的气候变为热带气候，你也不可能在没有金矿、油矿的地下变出金矿、油矿来。当然，自然条件本身虽然几乎不可改变，但它对于生活于它面前的人所具有的意义则是在社会历史发展进程中变化的：其一，上面指出，随着科学技术的发展进步，自然条件对人的活动的限制日益缩小；其二，同样随着科学技术的发展进步，原先没有发现或不能利用的资源现在则成了可以服务人自身的资源。不过，从总体上说，这个层面的"国情"，在"可变性"上是最低的，也正因此，它对于特定国家之发展路径的约束也是最明显的，这从前述费孝通的思想中即可见一斑。在"可变性"上处于其次的是社会文化传统层面的"国情"。作为在漫长的历史发展进程中逐步形成、沉积下来的"传统"，这个层面的"国情"无疑具有相当高的稳定性或者说强大的韧性，要改变殊非易事，这从自"五四"新文化运动时鲁迅们就呼吁改造国民性到今天我们依旧在重复鲁迅的主题，就可以看出。但是，相比于前一个层面，这个层面的稳定性就不再那么绝对了。"士农工商"这一曾经持续了上千年的既是分工也是分层的结构如今早已成明日黄花；"三从四德""君君臣臣父父子子"等等曾经的天经地义如今也成了被唾弃的"糟粕"，而这种变化的发生，也不过经过了百来年的时间。不过，在"国情"的上述三个层面中，最具"可变性"的无疑是第三个现行体制制度的层面。这一点，只要看一下自邓小平推动改革开放以来我国经济社会、文化教育等各项制度上所发生的举世瞩目的变革就一目了然。就此而言，笔者认为，如果把现行的体制制度笼而统之地放在"国情"之中而当作既定不易的前提，那么，"国情"就很容易成为现行体制制度的代表者拒绝变革的遁词，因此，但凡真切地希望变革发展的人士都不会赞同。这也可以帮助我们理解，为什么在涉及政治、文化的层面时，同样了解中国的文化传统、同样生活在当时的中国既有政制下、当然也同样接触感受了现代政治文明的费孝通和吴景超，在观点上会呈现出明显的趋同汇合。

　　实际上，对于"国情"的可变与不变，也可以说存在着两种不同的观察、思考角度。为了便于理解，一种不妨称为"商人的角度"，另一种则不妨称为"改革者的角度"。商人倾向于在给定的约束条件下来思考谋划。从商人的角度出发，着眼于特殊的经商牟利的需要，他会把包括现行体制制度在内的所谓"国情"看作是既定的前提和约束条件，从而据此做出适应性的投资经商决策。但改革者的观察思考角度应该与此不同，他应该更多地思虑改变这些约束条件本身，即他应该立足于人的应然本性，立足于普遍的人类基本价值，立足于社会普遍的发展方向，来审视所谓的"国情"，发现并进而努力去改变那些不符合这种应然本性、这种基本价值、这种普遍方向的方面。

何兆武先生曾经举例说，19世纪末年的时候，到中国来的西方人印象最深刻的是，中国的男人都梳"猪尾巴"——一个长辫子，中国女人都缠足，还有就是很多男人女人都吸鸦片烟。这些是不是中国的国情呢？当然也是。但是，何兆武先生说："要不要适合中国的这个国情，我看可以不需要适合中国的这个国情。这个国情可以改变嘛！……真理不在乎它是不是符合国情。假如它不适合中国国情的话，那么要加以改变的是国情，而不是要改变真理。"[1] 何兆武先生的视角就是改革者应秉持的从普遍真理审视特殊"国情"的视角。而如果从商人的角度来看，他就不会去想要不要改变这个"国情"，而更可能会把这种特定的"国情"当作特殊的商机，比如，去贩卖鸦片，制造烟枪，定制小鞋等等。但这绝不是改革者应有的思考角度。

从一个真正有远见的改革者的角度，一方面，特殊的"国情"当然是必须正视的，因而发展进程的"例外""特色"自然也是不容回避的；另一方面，"国情"本身，特别是上述第二、第三层面上的"国情"，在"从特殊性走向普遍性"[2]的发展进程中是可以并且也确实在改变的，现代化本身就是一个从特定的国情出发同时又着眼于人类共同、普遍的价值追求而改变既定国情的有方向的进程，因而，种种"例外""特色"只能是历史性的现象，而不是永恒的法则。而无论是费孝通，还是吴景超，所持的无疑都是改革者的视角和立场。

综上三点，则所谓"乡土中国"的现代出路，归根结底就是，在肯定人类作为"类存在物"所具有的普遍价值目标和追求，肯定现代化是一个有着基本的普遍方向的历史进程的前提下，立足于"乡土中国"的基本国情，着眼于人类的普遍发展方向，充分地调动和利用本土一切积极的资源，充分地

---

[1] 何兆武：《谈中学与西学——和清华大学中西文化综合班的谈话》，《杂草集：西方思想史散论》，北京大学出版社，2019年，第240—241页。

[2] 李培林：《中国社会学的产生》，李培林、李强、马戎主编：《社会学与中国社会》，社会科学文献出版社，2008年，第54页。

借鉴、采择在世界现代化过程中形成的各种物质的、精神的，以及制度的适用手段，推动"乡土中国"以自己的方式进入普遍的现代化历史进程，推动中国的"国情"向更加合乎人类本性的方向改进。

把评论作为方法

——论吴景超如何通过"都市评论"建言"都市中国"

高明勇*

中国古人所谓"文以载道"的传统,"文须有益于天下"的主张,对中国近代以来的评论史的影响极为深远。就评论史的演进而言,有两个显著的传统,一个是"文人论政",一个是"学人问政"。"文人论政"的本质特点是铁肩道义,激浊扬清,凸显责任与担当;"学人问政"的重要特点则是依托专业知识与素养参与公共事务的表达和介入。"文人论政"的传统,经常被津津乐道,主要突出一种基于问题意识的公共参与,而"学人问政"往往容易被忽视,或者与"文人论政"混为一谈。在公共参与的层面,"学人问政"更多了一些基于学理素养的理性思索,以及更为长远的考量。对于秉持"学人问政"传统的评论家来说,在写作形式上,体现为短评与长论之间的平衡;在写作主题上,体现为政治与学术之间的平衡;在精神史层面,又体现为传世与觉世之间的平衡。

在现代中国的语境下,种种平衡,最终体现为"把评论作为方法",从而实现评论家在情感层面的爱国情怀,在学问层面的专业精进,在理想层面的

---

* 高明勇,政邦智库理事长。

价值追求。从评论史的视角看,"把评论作为方法",无疑是"学人问政"的最大特色之一。评论作为方法,那么,"目的"则是以学问为内核,以媒体为渠道,着力探讨和解决"中国问题"。

著名社会学家、经济学家吴景超,就是"把评论作为方法"的典型学者和评论家。他作为20世纪中国都市社会学研究最主要的代表人物,著作甚丰,同时还主编过《新经济》《新路》等知名刊物,撰写了大量的评论。他以鲜明特色的"都市评论"系列作为方法,主张"发展都市以救济农村"。

就评论史的百年历程来说,"乡村"一直是非常重要的一个书写主题与解读标签。道理很简单,对中国这样一个农业大国来说,解决好乡村问题,解决好农村经济发展问题,也是在很大程度上为破题"中国问题"提供一个坚实的现实基础。20世纪20年代末30年代初,"乡村建设运动"如火如荼,背景就是当时的农村经济出现严重衰落。在这种语境下,更多的社会学者投身农村的研究与实践,如梁漱溟、晏阳初、陶行知等。吴景超先生的学生、同为著名社会学家的费孝通先生以"杂话"的形式撰文论述乡村,最后成稿《乡土中国》,一纸风行。

而吴景超的"都市评论",就是在这种大时代土壤中产生的,成为比肩"杂话乡村"的另一种公共表达。作为著名社会学家,吴景超在当时的主流公共媒体上发表了大量政论,以评论的方式参与了20世纪三四十年代中国思想界的重要论争,如关于中国经济发展道路的论争、民主与独裁的论争等。其中,又以系列的"都市评论"独具特色。

《都市之研究》《都市中的生与死》《发展都市以救济农村》《再论发展都市以救济农村》《近代都市的研究法》《怎样划定一个都市的内地》《都市研究与市政》《大家来做南京的研究》……通过这些评论的篇名可以看到,他的方法是"发展都市",目的又在于"救济农村"。他的这些评论,又与自己的都市研究密不可分。

据不完全统计,吴景超先后在《独立评论》(1933—1937年)发文46篇,

《新经济》（1938—1945年）发文44篇，《世纪评论》（1947年）发文14篇，《新路》和《观察》等（1948—1949年）发文30篇，《大公报》发文16篇（其中"星期论文"发文10篇）等。

专注于吴景超研究的学者吕文浩分析指出，吴景超"时评因学术而厚重，学术因时评而灵动"，"要讨论吴景超的学术成就和思想主张，不能只有专业学术论著一个尺度，撇开那些发表在非专业刊物上的文章，我们的理解和把握是片面的、单薄的"。"没有现实针对性的社会学是没有生命力的，没有社会学根基的社会问题讨论也必将流于浅浮。"[1]

吴景超的"都市评论"，源自他所说的"都市意识"，当然，前提应该是"社会学意识"。

从社会学的角度来谈社会问题，吴景超认为有三个"与众不同之处"：

第一，对于所谈论的问题，不加道德的批评。它只问事实的有无、因果的关系，并不判断它的好坏。社会学的目的，在求真理。真理的最大仇敌，便是成见。我们研究一问题时，如对于所研究的对象，已经下了善恶的判断，那便是成见了。

第二，他研究的第一步，不是空谈，不是臆说，而是搜集事实。应当采科学家的态度，用科学家的方法。科学家的态度，是不空谈、不瞎说，言必有据，立论者必有所本。科学家的方法，第一步是搜集事实。我们无论研究什么问题，先从搜集事实下手。

第三，以叙述始，以解释终。一个问题来了，他先搜集事实，然后叙述事实，然后解释事实。[2]

这三个理由，也是吴景超认为社会学是一种科学的投影。如果说"社会学意识"是基于知识结构的科学认知，那么，"都市意识"则是基于"转型中国"的社会认知。

---

[1] 吕文浩：《不该被遗忘的一位前瞻性的社会学家——〈都市意识与国家前途〉编后》，吴景超著，吕文浩编：《都市意识与国家前途》，商务印书馆，2020年，第363页。

[2] 吴景超：《社会学观点下之社会问题》，《金陵月刊》第1卷第2期，1929年1月10日。

如费孝通先生所评价的,"他(吴景超)的研究是宏观的,用全世界各国的材料来做比较,去找中国社会的出路,去理解中国社会。""在当时的历史条件下,他对中国的发展能提出这么多的主张,他是占风气之先。"[1]

确实,吴景超的都市研究,并非就都市来谈都市,而是立足国情,立足现实,从"中国出路"的层面去求解。"出全力去经营这些地方(都市的势力范围),使这些地方与他的都市,共存共荣,便是我所谓的都市意识。假如每个都市的领袖,都有这种都市意识,然后根据此种意识去努力,那么中国现在虽然经济萧条,农村破产,将来总有繁荣的一日。"[2]

此外,他特别提出一个概念"内地",其实就是一个都市的周边腹地。按照今天的界定,更侧重于城市群周边的区域一体化。就是说,发展都市不是孤零零地发展一个都市,"每一个都市,都有它的内地(hinterland),这是它的主要市场,也是它所需要的食物与原料的主要来源。一个都市的工商业,常为它的内地生产品所决定。……一个有都市意识的人,对于他的内地的生产,是极端注意的"[3]。

秉持"科学家的态度""科学家的方法","都市意识"显然更客观务实,更理性审慎。吴景超认为,发展都市的第一种事业,便是兴办工业;第二种事业,便是发展交通;第三种事业,便是扩充金融机关。尽管公开提出"发展都市以救济农村"的观点后,招致一些不同意见的反驳,但他认为:"都市与农村的关系,不是敌对的,而是互助的。"

如何界定都市问题?吴景超根据社会学研究的国际视野勾勒出一幅"都市画像"。

他认为"如欲解决都市问题,须先有都市研究。(市政问题研究会)应当做的工作,便是以研究所得,作实际行政的参考。这种根据事实,根据研究

---

[1] 费孝通:《在纪念著名社会学家吴景超教授学术思想讨论会上的讲话》,《第四种国家的出路——吴景超文集》,商务印书馆,2008年,"代序"第2页、第1页。
[2] 吴景超:《发展都市以救济农村》,(天津)《大公报》"星期论文",1934年9月9日,第2版。
[3] 吴景超:《怎样划定一个都市的内地》,《独立评论》第151号,1935年5月19日。

而推行出去的市政，一定有必须美满的结果，这是毫无疑义的"。[1]

该关注哪些都市问题？吴景超说："我对于都市的研究，是先由理论下手。根据这些理论，来研究中国都市。以研究中国都市的所得，再来修改理论。"他列举了自己搜集资料所用的13个纲目：1.都市的定义及其与乡村市镇的区别；2.都市的历史；3.近代都市发展的统计；4.近代都市发展的原因；5.产生都市的区域；6.都市的位置；7.都市与内地的关系；8.都市间的关系；9.都市的人口；10.都市的结构；11.都市生活的组织，如家庭、经济、政府、娱乐等；12.都市的人品；13.都市的将来。[2]

该采用哪些资料来关注都市？吴景超提出，譬如海关每年出版的华洋贸易报告统计册；以及大都市中的银行、工厂、公司每年所出的报告；市政府及其隶属机关所出的公报及其保存的档案；学术机关对于都市某一方面的调查报告；外人对于中国都市各种生活的描写；都应当有人去搜集起来，以作研究近代中国都市发展史的根据。

该运用什么方法来研究都市？吴景超介绍了海外的研究方法："他们到都市的旅馆里去，到跳舞场中去，到贫民的陋巷中去，到富家的大厦中去搜集材料。他们到工厂中去寻，到裁判所的文件中去寻，到移民的通信中去寻，寻他们所要的材料。他们写信去问，他们亲自跑到人家中去问，他们发出问题单去问，问他们所要知道的事实。一年或数年的殷勤探讨，才作出他们的报告来，那真是贡献，那真是创作。"[3]

涉及"人才"的问题，最能体现吴景超的学者本色和社会学家的责任感。他撰文谈"智识分子下乡难"。具体原因有四：第一，乡村中缺乏容纳智识分子的职业；第二，乡下缺乏研究学问的设备；第三，乡村中物质文化太低，不能满足智识分子生活程度上的需要；第四，智识分子最亲近的家庭宗族、

---

[1] 吴景超：《都市研究与市政——4月21日在北平市政问题研究会讲》，《独立评论》第148号，1935年4月28日。

[2] 吴景超：《近代都市的研究法》，《食货》第1卷第5期，1935年2月1日。

[3] 吴景超：《都市之研究》，《留美学生季报》第11卷第3号，1927年1月。

亲戚朋友都不希望他下乡。[1]吴景超的结论是，智识分子未必下乡才算真正关注农村，相反，在都市，依然能发挥很大的作用。

在具体方法上，吴景超提出建议："设法搜集关于北平的文献，成立一个北平文库。我们要使这个文库，成为世界上最完备的文库，凡是研究北平的人，都非来参考这个文库不可。"[2]

由此可见，吴景超可称得上是20世纪中国卓越的"都市研究"专家。

著名政治学者任剑涛注意到一个问题，自近代以来，中国留学生持续热衷前往的国家，就是美国。"对中国建构现代国家影响最为广泛的，非留美学生莫属。尤其是每当国家建构处在关键时刻，关乎整体选择的紧要时期，留美学生发出的国家建构声音，无疑受到中国社会最广泛的呼应，成为国家建构诸种主张中，社会反馈最为强烈的呼吁。"[3]

作为留美的社会学专家，吴景超是研究与表达，是贴近这种"国家建构"的思维方式的。当然，留学精英与现代政治之间关系，是更深层的文化结构性问题，要么默契，要么误解，都不是学者所能左右。

吴景超一生的思想和学术受胡适影响颇大，而胡适对他也很欣赏。在当时著名的"民主与独裁"争论中，胡适评价说："吴景超先生把这个问题分成三个方面：（一）中国现在行的是什么政制？这是一个事实问题。（二）我们愿意要有一种什么政制？这是一个价值问题。（三）怎样可以做到我们愿望的政制？这是一个技术问题。他的结论是：在事实上，'中国现在的政治是一党独裁的政治，而在这一党独裁的政治中，少数的领袖占有很大的政治势力'。在价值问题上，'中国的知识阶级多数是偏向民主政治的，就是国民党在理论上，也是赞成民主政治的'。在技术问题上，他以为实行民主政治的条件还未完备，但'大部分是可以教育的方式完成的'。"[4]

---

1 《智识分子下乡难》，《独立评论》第62号，1933年8月6日。
2 吴景超：《都市研究与市政——4月21日在北平市政问题研究会讲》，《独立评论》第148号，1935年4月28日。
3 任剑涛：《建国之惑：留学精英与现代政治的误解》，中国政法大学出版社，2012年，第157页。
4 胡颂平编：《胡适之先生年谱长编初稿》第4册，联经出版公司，1984年，第1344页。

这段表述，可以说很准确地点出了吴景超学术思想的底层逻辑。他认为都市经济是中国发展的未来："我们如欲使中国富庶，如欲使中国的人民，生活程度加高，便不可不设法，使中国人民，离开市镇经济……而达于都市经济一阶级。""只有在都市经济之下，国家和人民才可富庶。"[1] 吴景超指出，工商业是都市繁荣的基础，而交通线是都市与其贸易领域打成一片的工具，我们如想了解一个都市的经济，是决不可忽视这两点的。

在《发展都市以救济农村》一文发表后，在学术界和社会上反响很大，包括一些反对的声音。如李炳寰的《评吴景超之〈发展都市以救济农村〉》（《众志》月刊2卷1期），刘子华的《评吴景超的发展都市以救济农村》（《锄声》月刊1卷第4、5期合刊），万钟庆的《发展都市必先救助农村》（《民间》半月刊1卷17期）等。对此，吴景超专门撰文《再论发展都市以救济农村》，逐一回应，逐一反驳。[2]

要之，吴景超通过一系列的都市评论，紧扣都市意识，聚焦都市问题，探索都市道路，把评论作为方法，时评与研究互动，通过发展都市来救济农村，通过发展都市来振兴中国，从国家前途的维度来打量都市的现实价值与历史定位。

---

1 吴景超：《都市之研究》，《留美学生季报》第11卷第3号，1927年1月。
2 吴景超：《再论发展都市以救济农村》，《独立评论》第136号，1935年1月20日。

《新经济》时期吴景超的编辑思想与评论特点

周忱[*]

21世纪的头一个十年,国内新闻界曾出现一波经济报刊出版热。当时,经济学家吴敬琏曾撰文指出:中国的经济媒体并不是这些年才出现的新生事物,中国经济学的成长与中国经济媒体的成长几乎是同步的。他特别列举了20世纪二三十年代刘大钧的《中外经济周刊》、吴景超的《新经济》、陈翰笙与薛暮桥的《中国农村》等报刊,并由此期望理论界与新闻界合力推动经济发展和社会进步。[1] 经济报刊,是提供并传播经济信息、知识和观念的专业媒体种类。梳理数量不小的经济报刊在中国近现代的演进脉络,是推进报刊史研究的一个重要课题,吴敬琏前述言论给予了追本溯源的宝贵指引。

近几年,学术界以一个个民国年间的经济报刊为对象的研究已有不少,但多侧重于经济思想方面。本文拟以集学者教授、政府官员、编辑家与评论作家于一身的吴景超为例,从他主编抗日战争期间大后方影响甚大的《新经济》半月刊入手,描述分析其刊物编辑之思想与方法,评论撰述之取向与特

---

[*] 周忱,《新民晚报·社区版》社长、主编。
[1] 吴敬琏:《对新兴媒体的期望》,《新闻前哨》2009年第7期。

点，并透过经济舆论、经济政策及经济变迁的互动，对此一人一刊作再阐释。

作为一份高质量的经济刊物，《新经济》在艰困的历史条件下，始终保持了"优良的风格，和超越的水准"[1]；而吴景超经济评论写作的追求，依然值得今天的评论作者借镜。

一、战时经济刊物的"幕僚"角色

吴景超的编辑生涯起步较早，一生所编刊物类型也较为多样。1916年他15岁就读清华留美预备学校中等科二年级时，便开始参与学生刊物《清华周刊》的编辑。1928年留美回国担任金陵大学、清华大学社会学系教授期间，先后参与或负责学术刊物《社会学刊》（季刊）、《清华学报》（季刊）、《社会科学》（季刊）的主要编辑工作，曾被称为《社会学刊》"编辑部的柱石"[2]。1933年起吴景超又加入以胡适为首的政论刊物《独立评论》（周刊）编辑部，他代理胡适编辑的多期刊物受到胡适激赏，称其为"顶好的编辑"[3]。《清华周刊》时期（1916—1923）和《独立评论》时期（1933—1937），吴景超编辑思想逐步成形，评论文章锋芒毕露。1922年吴景超当上《清华周刊》总编辑，在组织上实施了由集稿部改为编辑部，责任集中——编辑概由总编辑推荐，学生们把"周刊当作一种有兴味的事业而合作"，"想出各种方法去求新颖的材料"[4]。《清华周刊》革新成功取得的标志性成绩，是刊载胡适和梁启超开列的"最低限度的国学书目"，及首发张君劢"人生观"演讲稿引发大规模"科玄论战"。这都是"五四"后思想文化运动的精彩一节。吴景超在《独立评论》上亲身投入的"民主/独裁""以农立国/以工立国""本位文化/全盘西

---

[1] 编者：《编辑后记》，《新经济》第9卷第3期，1943年6月1日。
[2] 佚名：《编辑赘言》，《社会学刊》第1卷第2期，1929年10月。
[3] 适之：《编辑后记》，《独立评论》第170号，1935年9月29日。
[4] 吴景超：《一个周刊编辑的回忆》，《清华周刊》第41卷第6期，1934年4月28日。

化"的笔战,其文分析明锐,饶有新意。

《新经济》创刊于 1938 年 11 月 16 日,距抗日战争全面爆发过去一年多,国民政府采取种种措施推动全国进入战时轨道。中日军事的相持,使得经济在战争中的重要性凸显,经济话题迅速上升为舆论中心。全面抗战前,一般报刊上经济新闻不过是陪衬,现在"经济抗战""抗战经济"已然是热词,一批经济刊物应运而生。

与《新经济》同时期创刊的代表性刊物,分布在不同地点,性质有机关刊物、同仁杂志之别。这些刊物虽皆属经济范围,但专业程度不一,偏向也有差异。新经济半月刊社编辑出版的《新经济》,国民经济研究所编辑发行的《经济动员》(半月刊),中央银行经济研究处编印的《经济汇报》(半月刊),均在政府部门集中的陪都重庆;中国农村经济研究会编辑出版的《中国农村·战时特刊》(半月刊)在华南政治经济文化中心桂林,财政评论社编辑发行的《财政评论》(月刊)在地理位置特殊的香港。

《新经济》由吴景超与一班原独立评论社社员,时任行政院政务处处长的蒋廷黻、经济部长翁文灏、行政院参事陈之迈、经济部农本局总经理何廉等共同创办。吴景超称,他们办这个刊物的目的,在创刊号上的《新经济的使命》一文清楚地说出来了——这是"讨论经济问题的刊物","欢迎大家利用这个刊物,来考虑与促进经济政策,以及一切建国的方案","所谓经济是广义的",不但实业、交通、金融都包括在内,而且其他许多"与建国有关的原则与方法",都应在这刊物上商讨。[1]

其他刊物的办刊宗旨各有表述,如刘大钧主持的《经济动员》说:"本刊之使命在促进经济动员","主要目标在使国人明了动员之需要,积极开发后方之产业,以增加我国之经济力量。"[2] 受薛暮桥委托主编《中国农村·战时特刊》的千家驹写道,本刊"特殊的使命与任务",是研讨经济持久战中最重要

---

[1] 佚名:《新经济的使命》,《新经济》第 1 卷第 1 期,1938 年 11 月 16 日。
[2] 佚名:《发刊词》,《经济动员》创刊号,1938 年 6 月 15 日。

的一部门，即"农村经济"：如何使农业生产适应抗战时代要求，如何在抗战时期中进行农村建设，以及怎样发动组织广大的农民成为抗战主力军。[1]许性初指《财政评论》"以学术为鹄的，作综合之研究"，凡财政原理、制度、设施、书报之探讨，法令、史料之汇集，都为"本刊应有之内容"。[2]陈炳章言《经济汇报》"论著栏"负责的"使命"："对于国家财政金融政策，理宜有所阐述，以利推行；对于经济舆论，理宜从旁辅导，以期纳诸正轨；而对于政府财政金融上之建设大计，更宜本其研究所得贡献意见，以期有所建白。"[3]

显然，比较而言，《新经济》同仁赋予自己的刊物使命更为重大。它强调："经济建设固是重要，其他有关大计的内政外交文化等事的检讨，亦一律欢迎。实行各种方针的方法，都需要详细商研，许多新意见新材料，都应该绍介、质证。"[4]在创刊号另载《〈新经济〉发刊的志趣》，公布了五个信条作为中心意义，也是编辑工作的准绳。概括而言，①须把中国充分近代化；②中国思想与精神，须向新的实的方面前进，充分实行公正与诚挚的方针；③经济建设是复兴国家唯一的途径；④建设国家一方面要参考各国崭新的方法，另一方面亦要适合实际的国情与最迫切的需要；⑤民生主义的经济制度必须尊重实行。

吴景超是从社会学研究转到经济问题研究的，他最初的兴趣和关怀，是探究工业化与提高人民生活程度的关系，以谋求中国的出路。1935年底吴景超随独立评论社的若干朋友一起从政，赴任国民政府行政院秘书，主要从事国民经济设计工作。1938年初行政院机构调整后成立经济部，该部为制定和执行全国战时经济政策的中枢机构，吴景超先在秘书厅任主任秘书，因不擅等因奉此的官样文章，改任简任秘书。《新经济》出刊前一个月，吴景超给远在美国的胡适写信，特别说明："我们的刊物，虽以'新经济'为名，但'经

---

[1] 千家驹：《今后的本刊》，《中国农村·战时特刊》第5卷第1期，1938年11月1日。
[2] 许性初：《发刊词》，《财政评论》第1卷第1号，1939年1月1日。
[3] 陈炳章：《发刊词》，《经济汇报》第1卷第1期，1939年11月1日。
[4] 《新经济的使命》，《新经济》第1卷第1期，1938年11月16日。

济'一字,不取狭义,采用古意,所谓'经济南阳一卧龙'之'经济'是也。"[1]"经济"的古意乃经世济民、治国安邦。所引晚清重臣左宗棠诗句,表明吴景超运筹帷幄像诸葛亮,有以国事为己任的个人抱负和总体构想。

据对全面抗战时期国民政府最高领导人蒋介石经济权力的运用研究,蒋介石的经济决策大量来源于各经济行政部门和各级幕僚的建议,其中经济部等的地位与作用十分突出。[2]蒋廷黻、翁文灏、吴景超这一批一心报国的学者获授国民政府文官第一、二级官阶。[3]因此,他们的办刊立场不能不由衔命而为的官方要求所预设,吴景超辅助决策的角色又会影响到刊物的定位。实际上,在舆论意见和政策过程——政策制定、执行、监督等的关系中,带官方背景的刊物在某种程度上扮演替当道出主意或集思广益的"幕僚"角色,是一种杂志的类型。吴景超在《新经济》上专门就使幕僚制发生美满的效果,提出了当幕僚的意见发表原则。他认为智囊团就是幕僚,现代的政治比以前更为复杂,决没有少数的人对于一切问题都有透彻的了解。"即使诸葛亮复生于今日,他决不能既懂外交,又懂内政,既明财政,又擅交通。"所以当幕僚的人,"应该只说内行话","他是代表对于某一个问题的真知灼见,因而可以作决策的参考","幕僚不必假充内行,他却可介绍内行。以他所知道的专家,介绍给他的长官,使他的长官,对于国内的人才能多认识,多咨询,应该是做幕僚的一个重要责任。"[4]像《新经济》这样部分地把幕僚制方式运用于刊物的编辑过程,或可称幕僚式刊物。

《新经济》只有少数同人纯粹义务地从事编务。吴景超经常是在日寇对重庆的大轰炸中进行刊物的编辑,不时脱期,但一直坚持出版。惨淡经营是这一批战时经济刊物的普遍状况,知识精英们为国命的生存,与政府团结御侮,

---

1 吴景超:《致胡适信》(1938年10月7日),北京大学图书馆编:《北京大学图书馆藏胡适未刊书信日记》,清华大学出版社,2003年,第118页。
2 参见方勇:《蒋介石与战时经济研究(1931—1945)》,浙江大学出版社,2013年,第129—133页。
3 根据民国选官制度,国民政府文官官阶分特任、简任、荐任、委任四级。
4 似彭(即吴景超):《论幕僚制》,《新经济》第7卷第2期,1942年4月16日。

呕心沥血。夏炎德在《中国近百年经济思想》一书中,称"战事发生以后,经济杂志非但不减少,反有增加之势,此为始料所不及者",《新经济》"以提倡中国经济建设为宗旨,作者与作品尚能维持相当水平"[1];伍启元著文指出,由于创办人兼主编吴景超的努力,"在所有经济刊物中,以《新经济》为最受人重视"。[2]

二、"务使《新经济》言之有物"

《新经济》在抗战时期刊行近7年,至1945年10月1日共出版12卷138期。吴景超主编至1943年3月1日第8卷第9期离渝赴美,由社友、经济部秘书齐植璐接编。吴景超到美后仍不断有文章寄回发表。该刊每期栏目较简单,有"论文""书评""现代经济档"和"编辑后记"。"现代经济档"登载战时经济法规,第1卷第5期后取消。"编辑后记"是编者对刊发文章的点评、作者的介绍,有时涉及对读者阅读、投稿的提示,从中可一窥吴景超编辑工作的方法和用心之处。

新经济半月刊社成立伊始,便有一种举行谈话会、聚餐会的机制,邀请热心社员社友讨论国内政治经济状况,以及刊物兴革事项。吴景超把众人提出的题目公布出来,请专家、读者写来文章。吴景超还利用与各研究机构专家的通信,策划与刊物宗旨相合的选题。借评价创刊号上发表的钱端升《建设期内的行政改善》,吴景超对来稿作了示范性指导:"没有空洞名词的摆弄,只是切切实实的讨论了五个极其重要的行政问题。这种文章当可廓清时下一般空谈而不注重实际问题的空气。"[3]

危急存亡之秋,学者的眼光逐渐转到与国计民生有关的问题,吴景超鼓

---

[1] 夏炎德:《中国近百年经济思想》,商务印书馆,1948年,第200页。
[2] 伍启元:《评陈伯庄、刘大钧、吴景超最近三著》,《新商业》第1卷第5、6合期,1945年4月。
[3] 编者:《编辑后记》,《新经济》第一卷第一期,1938年11月16日。

励这一种现象。他欢迎有实地观察、实地调查、实际经验的人的文章。在最初1、2卷刊物上，接连刊载了罗志如等人经三个月调查的《四川西南区工业化之现在及将来》，顾谦吉在足迹踏遍西北西南各省后写出的《畜牧与西北西南的生产建设》，郭垣云南调查一年之结晶《云南省几个经济问题》，等等。开发内地、建设西南，是当时议论热点，《新经济》主张应以认识内地、研究西南为先决条件。

《新经济》很快成了大后方知识分子对战争情势下国家政经各领域建言献策的园地。有好些文章，吴景超在"编辑后记"里一一点明了建言对象，如陈岱孙《计划后方经济建设方针拟议》（第1卷第1期），"希望可以引起主持国策者的注意"；陈之迈《裁并骈枝机关的建议》（第1卷第2期）、《论国民参政会的工作方式》（第1卷第4期），是"希望可以引起行政院行政效率促进委员会的注意"，和"博得参政会诸公的同情"；再如吴承洛《资敌问题的探讨》（第1卷第3期），是"希望党政军各机关及社会各界人士都要注意"；殷宏章《改良油桐树之管见》（第2卷第3期），"主持农业行政及国际贸易的人应参考"；方显廷等《今日西南各省之衣的问题》（第2卷第6期），"很可为负责解决衣荒问题的当局作参考"，等等。

《新经济》稿源一开始来自社员，短短半年，就大部分是读者的投稿了。1939年底第2卷出完，刊物迎来迟到的"满岁"，吴景超表示："我们以后还要继续努力，务使《新经济》言之有物，供给一般读者以丰富的精神食粮"，他继而表露了超越刊物本身的企图："想借这个刊物的力量，养成一种自己运用思想，肯作客观研究，不尚空谈，不做八股的风气。"[1] 这番话，道出了吴景超受其舆论观支配的编辑思想。

1930年代参与《独立评论》时期，吴景超曾与《国闻周报》创办人胡政之有过一次舆论问题的对话。吴景超分析舆论过程将之分作四步，第一步是一部分人批评；第二步是有些人建议；第三步是许多人讨论，长期讨论后大

---

[1] 编者：《编辑后记》，《新经济》第3卷第1期，1940年1月1日。

众心血的出产物形成舆论；舆论过程的第四步是法律化。中国舆论不发达，是在舆论发展过程中遇到制度、人才、心理等等的障碍。拿实施经济统制为例，中国人民的经济生活应当如何统制，就很少有人能以中国事实为根据，参以外国的经验及理论作积极的建议。中国人缺乏讨论的态度，也阻碍舆论走向成熟。最后舆论缺乏发挥权威的工具，使在政治舞台上的人不必对舆论负责，舆论在中国终不致发达。[1] 吴景超的舆论观是把理智作基础，排斥感情的发泄。他竭力推进舆论的知识化，期可造成健全合理的舆论。据吴景超的学生、时任经济部秘书，也是《新经济》作者的李树青后来回忆，吴景超编《新经济》，是有"为着指导舆论"这一层考虑的。[2]

概言之，改变不健全的舆论风气，落实在刊物层面就是倡导"切切实实""言之有物"的写作风气，这是吴景超编辑思想的核心。这个思想体现在《新经济》文本上，是"内容的充实与齐整"[3]，给人带来的阅读感受不同于同时期一般宣传抗战文化刊物的舆情激昂。即便暴露日本的野心，撕破侵略者的嘴脸，也是以统计数字、档案材料冷静说话。

吴景超编辑思想的另一重点是以读者为念。编辑部经常收到一些过于专门的文章，有的文章里面还用了化学符号、代数公式。吴景超提醒投稿者："要以一般读者为对象，因为本刊并非一个专门的刊物。"[4] 吴景超极注重读者的兴味，他自我批评：刊物有一个短处，便是表现形式上很少集中于一个问题，"以致不能引起读者的兴味"[5]。为此，刊物推出专号，讨论一系列问题，吸引读者参加论辩，有"战时经济问题专号""物价专号""粮食专号""财政专号""交通专号""金融专号""人事专号"等。吴景超还特别重视读者的获得感。因纸张、印刷价格突飞猛涨，《新经济》不得不增加定价。吴景超吁请投

---

[1] 吴景超：《舆论在中国何以不发达》，《独立评论》第87号，1934年1月28日。
[2] 李树青：《纪念杰出的社会学家吴景超先生》，《传记文学》第46卷第1期，1985年1月1日。
[3] 佚名：《〈新经济〉发刊的志趣》，《新经济》第1卷第1期，1938年11月16日。
[4] 编者：《编辑后记》，《新经济》第2卷第10期，1939年11月16日。
[5] 编者：《编辑后记》，《新经济》第4卷第8期，1941年1月1日。

稿者"多费一点力气，多用一点心思，俾能在很短的篇幅内，容纳丰富的材料，精辟的思想"，"俾本刊质的改进，可与物价上涨成正比例"。[1]他又掏心地告读者，《新经济》上的文章无论是讲理论的、谈实际的，都出自专家手笔，"他们对于所讨论的题目，因为职务的关系，不知用了多少心思，搜集了多少材料，现在他们根据多年的经验，写他们成熟的思想，对于读者，真是一稀有的贡献"[2]。《新经济》的读者变为作者有不少，可以看出其读者群的优质。

吴景超善于为题目找到最合适的作者，也能够启发某一研究领域最有成绩者或为国际学术界所称颂者，撰写相关问题的权威解答、集大成作品，以使刊物所发文章具备"必读性"。越到后来，经吴景超发现的第一次与读者见面的作者越多。《新经济》作者遍布国民政府系统各机构以及各高校、科研单位。作者队伍各有专长，结构合理，都是吴景超围绕内容布局组织起来的。以各国经济课题为例，执笔者有在美国研究经济十几年的冀朝鼎，专攻德国经济的梁子范，娴通日本外交、经济的杨云竹，研究意大利经济实况的薛光前，在驻苏大使馆服务多年的袁道丰等。

吴景超在"编辑后记"里经常提示读者：甲的文章可与乙的文章参观；丙所讨论的问题，丁亦有讨论，读者可比较观之。他也经常提示投稿者：对于A问题，希望有更细密的讨论；对于B问题已开其端，希望别人加入来研究。世界战局中的石油问题这个题目，《新经济》在第5卷就有好些文章分析，有论各国石油的生产情形，有论日本的石油供求状况；第6卷中吴景超参考《石油与战争》一书，介绍英国与德国的石油需要与供给；还感不足，他再约来叙述苏联石油分布的稿子，搜罗之勤，叹为观止。一篇篇文章，一卷卷刊物，相互关联、相互补充，深入周到，构成《新经济》的整体。

《新经济》出满10卷120期时，齐植璐对百多位作者已刊574篇文章作了总分析，其内容涵盖了经济政策、经济建设、经济动员、区域经济、经济

---

[1] 编者:《编辑后记》,《新经济》第5卷第4期，1941年5月16日。

[2] 编者:《编辑后记》,《新经济》第4卷第11期，1941年3月1日。

史论、国际经济、政治、外交、社会、教育文化等广阔的范围。贯穿于《新经济》的特色风格是什么呢？齐植璐认为是"学术性的自由论坛"[1]。推究起来，吴景超的编辑风格的种子在《清华周刊》时期就已埋下，他对该刊言论栏的设计，即为"自由论坛"。1944年10月，《新经济》编辑部为清算办刊成绩，发函征求社友意见。多位社友在回答"本刊过去在内容和形式上有何应保持之优点？"时，都表示："切实，即言之有物""'自由论坛'之精神"，应该保持。[2]

三、"有建设的批评，才于阅者有益"

《新经济》内容的演变，是随着抗战的形势而发生变化的。不过，这并不意味着它仅注意那些短期的实际问题。据研究，《新经济》在抗战时期对有关工业化理念，经济体制问题的统制经济、计划经济与自由经济，国营经济与民营经济，经济发展道路问题的利用外资和对外贸易等理论问题，进行了长期讨论。吴景超设置这些议题的同时，均亲自撰文，参与表达观点。[3]吴景超在《新经济》上共发表评论69篇。整个《新经济》时期，他还在《大公报》《星期评论》《西南实业通讯》《社会建设》《民主与科学》《民主政治》等报刊发文数十篇。复杂的经济问题深奥抽象，吴景超的文章取譬引喻，明白晓畅。他的评论显著的特点是富于建设性。早年在编辑《清华周刊》时，吴景超认为言论批评有两种，第一种是指出完美和善良的地方，加以鼓励；第二种是指出欠缺或不对的地方，加以匡正。第一种是容易的；第二种有三件事要注

---

[1] 齐植璐：《国民党政府经济部十年旧闻述略》，天津市政协文史资料委员会编：《天津文史资料选辑》第7辑，天津人民出版社，1980年，第196页。

[2] 佚名：《新经济半月刊集评》，《新经济》第10卷第12期，1944年10月1日。

[3] 阎书钦：《国家与经济：抗战时期知识界关于中国经济发展道路的论争——以〈新经济〉半月刊为中心》，中国社会科学出版社，2010年。

意：一注意事实，二注意理由，三注意补救方法，"就是应该用什么法子消灭那种不对"。他认为"这种批评才算是有建设的批评，才于阅者有益"[1]。持论平允、不走极端、建设性，后来吴景超遵循的就是这个路子。

抗战发生后，吴景超一直以来反对的以农立国论，不攻自破了。由于沿江沿海城市沦陷，中国过去数十年辛辛苦苦建立的幼稚工业，遭受严重打击。抗战过程中，中国的工业以一种新的方式发展，国营偏重于重工业和国防，民营开展合作运动，以轻工业和民生工业为主。1941年9月，吴景超在沱江与岷江流域，看了二十几个抗战以后才建起来的工厂，写了《战时内地工业建设的问题》。他鉴于抗战急迫的需要，内地开发建设须收效要快，并主张机械工业应与其他各种工业配合协调。他呼吁各界领袖自觉改变其组织、调整其活动，来迎合新兴工业，"如此通力合作，工业化在中国一定可以提早若干年"[2]。

1940年7月，吴景超开始在《新经济》上预筹处理战后经济问题的方策。《战后我国国际收支平衡的问题》《国民经济建设运动的体系》《经济建设与人才训练》《中国资源与经济建设》《中国经济建设之路》《中国应当建设的工业区与工业》等，都是展望之作。吴景超系统地分析了战后经济建设的人才、资源、资本、工业区位、对外贸易种种根本性、全局性问题。在这些分析中，吴景超贡献了许多极有价值的意见，如促进工业"是国民经济建设中心工作"，要"开辟国际市场""发展国外贸易""打破国际投资障碍""吸引外国资本到中国来"等。中国是一个入超的国家，吴景超提出战后的10年或20年，一定要设法使外资大量流入。他说："只要我们把这些新的投资，尽量用在生产事业之上，那么投资的本身，便已孕育着我们还本付息的能力。这种能力，将于10年或20年之后，以贸易出超的方式表示。"[3] 关于解决资本问题的方法，吴景超还提议设立投资银行。现有银行都是商业银行，只能做短期

---

[1] 景（吴景超）：《清华周刊之新生命》，《清华周刊》第268期，1923年2月9日。
[2] 吴景超：《战时内地工业建设的问题》，《新经济》第5卷第12期，1941年9月16日。
[3] 吴景超：《战后我国国际收支平衡的问题》，《新经济》第6卷第8期，1942年1月16日。

的放贷。企业家创业需要长期创业资本的筹集，应当由投资银行来供给。有了投资银行，民营事业一定更为活跃。如今隔了三个世代，看吴景超这些建设性评论，不能不钦佩他深谙现代经济学经济增长的基本原则。

吴景超评论文字的另一个特点是深具历史意识。在《新经济》这一份以"新"为名的刊物上，吴景超常做"温故"的专论，那是对于晚近数十年中国经济建设史实的追溯与分析。吴景超从经济部机关的档案中爬梳材料，写了《汉冶萍公司的覆辙》《龙烟铁矿的故事》《安徽售砂公司的始末》《国营钢铁厂的前奏》《记湖北象鼻山铁矿》《六十年来中国经济》等（均收入1943年出版的《中国经济建设之路》一书中）。研究这些官办或官督商办企业、著名重工业的失败案例，是"发现我们过去的错误，以为将来改进的参考"[1]。吴景超综合经济学、历史学的眼光，讨论粮食统制政策"田赋征实"，是富有远见的一例。1941年，粮食危机愈演愈烈，国民政府决定将按货币征收的田赋改征实物。吴景超于当年9月到成都、重庆等地调查，随后发表《四川田赋征实的办法及其问题》。他指出，征收实物是废止了数百年的古制，恢复实行在技术上有许多的困难，如各县负担轻重不同，收成丰歉不同，如何弥补？稻谷鉴定验收、运输保管，都是问题。还有如四川内江的田地主要种甘蔗，内江人平时吃的米是从他县运入，现在田赋改用稻谷交纳，内江人还要卖出甘蔗买来稻谷纳赋。吴景超想到二千多年前汉武帝也遇到类似财政困难，后来大臣桑弘羊把田赋征收实物的办法修改，因地制宜，改收特产，以适应各地特殊环境，譬如内江出糖就以糖为赋。特产运到别的地方去，在其本身原有的效用外又产生了"空间效用"，政府因而增加收入。[2] 粮政当局果然扩大实施了棉糖征收。

吴景超的文章有一类是书评形式，以评介西文书籍占多。这些书吴景超是把中国的问题放在心里来读，抱着学习的心理去读的，所以他的文章有着

---

[1] 吴景超：《中国经济建设之路》，商务印书馆，1943年，"自序"第1页。
[2] 参见吴景超：《四川田赋征实的办法及其问题》，《新经济》第6卷第1期，1941年10月1日。

取别人之长、补自己之短的取向。在评英国经济学家庇古《战时经济学》一书时，吴景超反省："我国的战时经济学，素无基础，所以这一次抗战发生，学术界对于经济、财政及金融等政策，很少贡献"，国内经济学者应利用这次经验，"从事实中找寻原理，将来抗战胜利后，安不忘危，对于这一门学问，继续研究，万一再遇国难，我们应付的方法，因为有学理作根据，一定比现在要高明万倍了"。[1]吴景超熟稔中外经济数据，对中国经济的判断采科学的态度，称国人应"憬然于四强之一之徒有虚名，而去埋头苦干于迎头赶上的工作之中"。[2]1942年立法院院长孙科出版演讲集《中国的前途》。孙科信心满满讲到：制订两个五年计划，能使中国经济建设弄成一个规模。吴景超不同意这种主观愿望多于客观分析的论调，以中国工业基础的薄弱，人民科学知识的缺乏，"如想赶上欧美的列强"，"至少要好好的努力三十年，要设计并执行六个五年计划，才能把中国建设起来"。[3]把经济建设看得太容易，将来一定会失望的。

　　吴景超一些"及时""及地"的述评，有着强烈的关注民众疾苦的倾向。他对经济建设目标的考量，在抗战前后发生过变化。之前目标重在致富，之后变为先图强再致富——所谓"国防第一"，即把国防工业看得比民生工业更重要。不过，民众的吃苦，吴景超向来是关切的，这在《抗战与人民生活》《中国农民生活程度的前瞻》等篇章中有充分流露。抗战时期，与民众有关的最为重要的经济变迁，便是物价的剧烈变动。物价飞涨导致各阶层民众日常生活逸出常轨，尤其是公务员、教职员生活水平急遽下降。社会的升降动荡，败坏了风气，动摇了民心。吴景超写了多篇战时物价的文章，从治本和治标两方面来说明解释。《新经济》对物价问题自始关注，详尽讨论。国民政府推出严厉的管制物价方案，都未能奏效。物价暴涨的罪魁祸首是日军的侵略。敌人的封锁造成物资短缺，加上通货膨胀，当时经济舆论讨论后方物价一般

---

[1] 吴景超：《英国的战时经济》（书评），《新经济》第5卷第6期，1941年6月16日。
[2] 似彭：《英国近百年经济发展史》（书评），《新经济》第7卷第10期，1942年8月16日。
[3] 似彭：《中国的前途》（书评），《新经济》第8卷第5期，1942年12月1日。

都归因于此。以后见之明审视,在战时经济政策的表达与实践之间,存在巨大的差距。李树青检讨,政府的禁运资敌、查禁敌货,其实反而推波助澜,使后方物资奇缺,以致物价跳涨,民不聊生。李树青认为,正是目睹政府内部的官僚主义、贪赃枉法,吴景超在1947年结束了从政生活,重回清华园。

结语

抗战后期,经济舆论"自居旁观",流行"说风凉话",[1]跟《新经济》的严正态度,恰成对比;作为幕僚式智库刊物,《新经济》一贯地保持了某种独立性。在污浊的体制里,吴景超做到了胡适所寄望的"出山要比在山清"。

退出政府后,吴景超又主编了《新路》周刊(1948年)。在《新路》时期,吴景超以自由主义的立场,对现政府有犀利的批判,后被国民党政府勒令停刊。

从战后国民政府经济崩溃的角度看,《新经济》是否纸上谈兵?吴景超"指导舆论"是否完全失效?这些问题非本文所能简单回答。吴景超在战时环境下,推动学界与政府的交流、组织经济政策的讨论,通过媒体议程与政策议程的互动,促成了广大内地开发、国营重工业的确立等经济变迁,其影响是深远的。[2]《新经济》带头鼓吹的把工业化当作建设国家之关键,在抗战当中被决策者定为"国策",显示吴景超设立的编辑目标:使《新经济》"成为讨论建设问题的标准刊物",也是完全做到了。[3]

从经济报刊发展史的角度,英国经济学家阿列克·凯恩克劳斯发现,当

---

1 胡苏南:《"认真"——对经济舆论作常识的贡献》,(重庆)《益世报》(重庆版),1943年6月20日,第2版。
2 据萧冬连研究,关于工业化的起步问题,中共最初的想法是先发展轻工业积累资金再发展重工业。然而到1951年,中共高层对优先建设重工业和国防工业有了共识。参见其论文《计划经济时代影响中共经济决策的主要因素》,《中共党史研究》,2021年第3期。
3 编者:《编辑后记》,《新经济》第7卷第1期,1942年4月1日。

经济政策受经济学支配、由经济学者所设计，公众对经济评论和分析的需求会有"传播式的扩大"。[1]学者、决策者有效地把他们的意图传播出去，并提高公众对可能采取的政策的理解水平，换句话说，运用好经济舆论、信心和观念，这是值得研究的另外课题。抗战时期经济报刊的勃兴和经济舆论的嬗变，有待于我们进一步细致考察。

---

[1] ［英］阿列克·凯恩克劳斯：《经济学与经济政策》，李琮译，商务印书馆，2015年，第36—50页。

1949年以前吴景超的经济思想及其方法论特点

钟祥财[*]

吴景超（1901—1968），字北海，安徽歙县人。1915年考入清华学校。1923年毕业后赴美国留学，就读于明尼苏达大学、芝加哥大学，先后获学士、硕士、博士学位。1928年回国，在金陵大学、中央大学、清华大学等校任教。1936年初起到国民政府行政院、工矿调整委员会、经济部、战时生产局等部门工作，抗战胜利后返回清华大学任教。1949年后任清华大学、中央财经学院、中国人民大学教授。吴景超的专业研究领域是社会学，他对经济问题的见解不是纯理论的，而以紧密联系中国社会实际为特点。关于吴景超经济思想的研究，学术界已有的成果不多，黄岭峻和孙大权的专著有所论及[1]，论文有孙智君的《吴景超的产业经济思想述评》[2]，笔者在相关论文中也作过介绍[3]。

---

[*] 钟祥财，上海社会科学院经济研究所研究员。
[1] 黄岭峻：《激情与迷思——中国现代自由派民主思想的三个误区》，华中科技大学出版社，2001年；孙大权：《中国经济学的成长——中国经济学社研究（1923—1953）》，上海三联书店，2006年。
[2] 《经济思想史评论》第四辑，经济科学出版社，2009年。
[3] 拙作：《另一种自负：对政府干预体制的文化思考》，《贵州财经学院学报》2007年第1期；《20世纪三四十年代中国的统制经济思潮》，《史林》2008年第2期。

由于1949年前后中国经济研究的学术规范发生重大变化，全面梳理吴景超的经济思想需要一种新的理论框架，所以本文仅对其1949年以前的经济思想进行考察。全文共有三个部分，首先概述吴景超的产业发展思想，其次探讨他的经济体制主张，最后重点分析这些经济思想的方法论特点。

一、从参与"立国之争"到系统阐述中国工业化主张

20世纪20年代前后，中国的工商业经济利用第一次世界大战的空隙获得了较快的发展，但农村凋敝和农业衰退加剧了，与此同时，西方社会矛盾激化，经济危机在工业化国家已呈山雨欲来之势。在这种情况下，有人提出中国应"以农立国"，有人主张中国必须"以工立国"。在这场持续多年的争论中，吴景超明确站在"以工立国"这一边。1936年，他将数年来在各种刊物上发表的16篇论文编成《第四种国家的出路》一书，比较完整地阐述了他对解决中国农业经济问题的意见。

吴景超批评了当时社会上反对工业化的论调，他指出：这些论调"有的提倡农本政治，有的主张以农立国，还有人来告诉我们，'除农民外无所谓民'。这些见解，我们可以给他一个名称，便是'经济上的复古论'。我们对于一切的复古运动，都不能表示同情，对于这种经济上的复古论，尤其反对。"[1]吴景超分析并驳斥了以农立国论的四种理由。第一种是从文化的角度夸大农业国的优点和工业国的缺点，对此吴景超通过各国人均收入、教育水平、人口寿命等具体数据的比较，揭示出："利用筋肉的生产方法的国家，人民一定集中于农业（也有还不如农业的，如畜牧及渔猎），一定没有大量的剩余财富，因而人民大多数过穷苦的日子"，"中国素来是以农立国的，所以比较的穷，比较的愚，比较的人民多短命。穷、愚及短命，决不是可以夸大的

---

[1]《第四种国家的出路——吴景超文集》，商务印书馆，2008年，第77页。

事,……要知道以农立国,是一件可怜的事,没有什么可以自夸的。"[1]第二种是认为农业生产虽然无法使物质产品满足人们的需求,但这一矛盾可以用节制欲望的方法来解决,对此吴景超说:"人类对于物质享受的欲望,要量多,要质好,要花样新鲜,乃是使人类上进的主要动力","而且在这个时候来提倡禁欲,来反对发展工商,未免太忽视了大众的福利","中国的劳苦大众,在衣食住行四方面的欲望,要求满足,乃是做人应有的权利"。[2]第三种是因噎废食,想以不搞工业化来避免欧美国家的矛盾和危机,对此吴景超认为:"农业社会中有一个问题,其性质的严重,比之工业社会中失业问题,有过之无不及的,便是灾荒问题。世界上还没有一个以农立国的国家,已经解决了他的灾荒问题",西方工业国家有社会保险和公家救济,"有了这些解决的方法,所以在工业社会中的工人,遇到失业,决不像农业社会中的农民,遇到灾荒,便有生命的危险一样"。[3]第四种是畏难退缩,以为在帝国主义的垄断下,民族工业没有发展的空间,对此吴景超写道:"这一派人所指出的困难,自然也要承认。但是遇到困难,便逃避下乡,等于坐以待毙。假如我们努力去征服困难,也许有出头之一日","我们还要认识清楚,新兴的工业,没有不受老工业国的压迫的。这不单是我们今日才遇到的问题,在别国也会遇到同类的事","别人在帝国主义的压迫之下,依然是要工业化,'有为者亦若是',我们为什么要自己丧气?"[4]

依据人口密度和职业分工,吴景超把世界上的国家分为四种:①人口密度颇高,但以农业谋生的人口比例较低(如英国、德国);②人口密度颇低,以农业谋生的人口比例也较低(如加拿大、美国);③人口密度颇低,但以农业谋生的人口比例较高(如俄国);④人口密度颇高,以农业谋生的人口比例也较高(如中国)。他认为:"第一类的国家,人口密度需要改良。第二类的

---

[1]《第四种国家的出路——吴景超文集》,第79—80页。
[2] 同上书,第80页。
[3] 同上书,第81页。
[4] 同上书,第82页。

国家，人口密度与职业分派皆颇合式，可为模范。第三类的国家，职业分派，需要改良。第四类的国家，人口密度与职业分派，都有改良的余地。中国既然属于第四类的国家，所以中国人的问题最为艰难"。[1]吴景超把决定一国人民生活程度的元素也归纳为四种：①富源；②生产的技术；③分配的方式；④人口的数量。他说："提高中国人民的生活，第一要充分利用国内的富源，第二要改良生产的技术，第三要实行公平的分配，第四要节制人口的数量。"[2]基于以上这些判断和归纳，吴景超认为当时各地出现的农村运动并不能解决中国农民的生计问题，"理由是很简单的，中国的农民，占全人口80%左右，农村运动的力量所能达到的农民，在全体农民中，不过九牛之一毛，即使这些农民得救，对于大局还是无补"，"最重要的，就是这个问题的性质，太于复杂，牵涉的方面太多，不是几个私人的团体所能解决"。[3]在他看来，"我们只有靠政治的力量，集中全国的人才，集中全国的力量，定下一个经济建设的远大计划来，然后大家都朝这个方面去努力，中国各界的生计问题，才可得到一个根本的解决，到那个时候，农民的生计问题，自然也联带地解决了"。[4]

另一方面，吴景超对解决当时的农业问题也提出了具体建议。例如，他认为扩大中国的农场规模是解决农民生活问题的中心点，为此，第一个办法是开垦荒地；第二个办法是发展农业以外的实业，吸收农场上的过剩人口，"以上这两点，假如都做到了，中国农民的生活程度，比现在要提高许多"[5]。再如，"佃户是乡村中一个被压迫的阶级，我们如要为他们谋福利，当设法使他们成为自耕农"，为此，可以效法丹麦的做法，"以政府的力量，帮助农民购地"，这些帮助包括实行减租，使地主肯出售土地；规定土地价格，使地主不致居奇；农民买地之款，由政府以低息借给等等。[6]又如，他主张发展都市

---

1 《第四种国家的出路——吴景超文集》，第10页。
2 同上书，第13—14页。
3 同上书，第16页。
4 同上书，第17页。
5 同上书，第23页。
6 同上书，第34页。

以救济农村,因为"中国农村中人口太多,嗷嗷待哺者众,是农村中最难解决的一个问题。农业中已经无路可走了。我们只有希望全国的都市,从发展工业上努力,那么一部分的农民,迁入都市,固然可以有立足之地,就是那些留在乡下的农民,因争食者减少,生活也可略为舒适一点了"[1],此外,发展都市还可以为农产品增加市场,进而提高农民的购买力,等等。

全面抗战期间和胜利以后,吴景超继续就农业问题提出建议。他在1938年发表文章指出,中国农业建设存在一个缺点,"就是现在我国的农民缺乏组织,政府与农民,还没有连结起来,而成为一有机的个体","在现在这种农民无组织的状态之下,政府的生产计划,很少有实行的可能"。[2]他相信,"有了农会的组织,我们就有可靠的耕地统计,农作物面积统计,农作物产量统计","有了农会的组织,我们不但可以得到农业生产的统计,而且可以看到生产计划的实施"。[3]1947年,他著文强调:"中国一家,繁荣不可分。自给自足的时代,早已过去。无论是哪一类的农村,其繁荣与否,不全系于当地的收成,还要看当地过剩的劳力,过剩的物资,是否有出路。"[4]

在关注中国农村问题的同时,吴景超在30年代中期就开始研究中国的工业化问题。1937年,他著文就工业化过程中的资本、利用外资、企业管理、外货竞争、政府与工业的关系等问题提出自己的看法,主张改善民族工业的自身素质,提高市场开放度,呼吁政府的规范管理和服务。抗战以后,吴景超的工业化理论有了新的变化。他高度重视国防在经济建设中的地位,如说:"我们以后的经济建设,应当先图强而后言致富,我们应当把国防工业,看得比民生工业更为重要。我们的财力人力,应当大部分放在国防工业上。"[5]"我们假如朝图强的途径上迈进,人民的享受,自然不能希望过奢","国防与民

---

[1]《第四种国家的出路——吴景超文集》,第66页。

[2] 同上书,第185页。

[3] 同上书,第185、186页。

[4] 同上书,第183页。

[5] 吴景超:《中国经济建设之路》,商务印书馆,1943年,第140页。

生两个目标,在经济建设之初期,自然是有点冲突。我们的人力与物力,多用一分在国防上面,人民的享受,便要减少一分。大炮与牛油,不可得兼,我们应当承认。不过大炮的制造,也有限度。等到我们的国防基础稳固之后,我们自然可以用全力于致富。而且也惟有制造了大炮之后,手中的牛油,才不致为他人所掠夺","所以先图强而后致富,实为经济建设最合理的途径,我们不可任意将其变更。"[1]

在工业的经营方式问题上,他倾向于政府统制:"中国的经济建设,应由政府通盘筹划。在计划中的事业,国营固可,民营亦无妨。计划中所不列的事业,国营固不可,民营亦不许。"[2]"在经济建设的各种事业中,何者应当先办,何者应当缓办,或何者应办,何者不应办,乃是最重要的问题。假如事业兴办的决定权在政府,指导权在政府,监督权在政府,那么国营与民营,是无关重要的。"[3]他认为民间资本和民营企业的人才对国家计划的实现是有益的,但在经济建设过程中,民营企业的作用已发生变化,如"在实施所得税、遗产税、财产税的情形之下,民营事业的收入,已不能为资本家所独享","在这许多节制资本的法律之下,民营事业的收入,有一大部分将由私囊而流入国库。政府即可利用此种收入,作建设国防或促进社会福利之用,正如政府以国营事业之收入,作此种设施一样"。[4]为此,需要实施三条原则:"一为改良国营事业的组织,使与民营事业相似。二为实行节制资本,使民营所得,不为少数人所独享,而为大家谋福利。三为实行管制经济,使国营与民营事业,同受政府的指挥监督。"[5]他所说的政府管制包括生产、投资、分配、价格等各方面。

吴景超认为国民经济是一个整体,因此工业化的进程离不开其他部门的

---

1 吴景超:《中国经济建设之路》,第143页。

2 同上书,第146页。

3 同上书,第144页。

4 同上书,第144—145页。

5 同上书,第147页。

协调发展，因此，"从促进工业的立场看去，振兴农业、鼓励垦牧、与开发矿业，有两种共同的任务。第一种共同的任务，是供给原料"，"第二种共同的任务，便是增加出口"。[1]此外，"原料由农场、牧场、矿场到工厂，才能变为制造品，制造品运到市场，才能消费。由此可见生产的过程，就是货物流动的过程。我们如要货畅其流，就非发展交通不可。"[2]他还提出加快发展中国的金融业，以解决工业建设的资金短缺问题，"现在的银行，大多数为商业银行，只能供给企业家以短期的营运资金，至于长期的创业资金，应当由投资银行来供给，而此种银行，国内尚未树立，现在亟应添设，以解决新事业的创业资金问题。"[3]

吴景超同时注意到工业内部的体系和区域分布问题。他主张优先发展机器工业，但认为"电力工业、矿冶工业、化学工业、交通器材工业，也都是非常重要的。这些工业，应当是我们以后经济建设的主要目标"[4]。在另一篇文章中，他提出了整套的工业概念："（1）冶金工业，（2）机械工业，（3）动力工业，（4）化学工业，（5）兵工工业，（6）食品工业，（7）衣着工业，（8）建筑工业，（9）交通器材工业，（10）印刷工业。"[5]综合考虑中国已有的工业基础、资源分布和国防需要等因素，吴景超设想在全国建成东北、华北、西北、华东、华中、华南、西南等七个重要工业区域，并相信："我们如利用这些区域中的人力，加上新式的生产工具，来开发这些区域中的资源，我们是不难成为世界上头等富强康乐之国的。"[6]

从参与"立国之争"到系统阐述中国工业化主张，吴景超的经济思想体现了抗战前后中国产业经济理论的发展水平，在技术论证达到较高水平的同时，这种理论发展也面临着价值思考的严肃命题。

---

1 吴景超：《中国经济建设之路》，第89页。

2 同上书，第91页。

3 同上书，第96页。

4 同上书，第89页。

5 同上书，第135页。

6 同上书，第134页。

二、吴景超经济思想的重要转折和独特之处

如果说吴景超在全面抗战前主要关注农业问题，在战时重点思考工业化问题，那么他在抗战胜利后的经济研究出现了明显的转向。从1948年5月起，他主编《新路》，在这个刊物和其他刊物上发表了多篇经济方面的文章，其中有农业问题、人口问题、分配问题的讨论，但集中阐述的是他对体制和自由等基础性问题的看法。

吴景超通过对美国和苏联两种经济体制的比较，揭示了自由选择在经济发展中的重要作用。他指出："经济自由这个名词，在传统的经济学中，包括两个概念，一为消费的自由，一为择业的自由。"[1] 他认为在取消消费品配给制度以后，美国和苏联两国人民拥有的消费自由是不同的，"造成这种不同的消费自由的主要原因，乃是因为苏联是实行计划经济，而美国则否"，"计划经济限制人民消费自由"，"在计划经济之下，生产元素的分配，操在政府的手中，人民没有方法，以其有效的需求（即有购买力做后盾的需求），来指挥生产元素的分配"。[2] 战后，苏联仍然延续计划经济，而美国则停止了消费品的定量分配，"在美国，消费者的要求，假如得不到充分的满足，自然会行使他的购买力，压迫物价上涨。在物价上涨的状况之下，自然有一些企业家，眼见有利［可］图，便会配合一些生产元素，来从事于此种物品的生产。最后，大量的产品问世，尽可使消费者的要求得到满足。所以实际上美国生产元素的配合及其移动，无形的，间接的，是受消费者指挥的。只有消费者能够指挥生产元素的配合的时候，消费者的自由，才可以说是得到真正的满足"。[3]

在就业方面，"计划经济是无法容许择业完全自由的"，"苏联的实际就业情形，是在政府控制之下的"；[4] 而美国不仅有择业的自由，更有创业的自由，

---

1 《第四种国家的出路——吴景超文集》，第143页。
2 同上书，第144页。
3 同上书，第145页。
4 同上。

关于后者，吴景超指出："在美国，大事业的开创，非有大资本不可。所以创业的自由，似乎只有资本家能够享受。这种看法，只有局部的真理。在某种情形之下，美国没有资本的人，或者资本很少的人，也可以创业，这是因为美国的资本是私有的，在契约的条件之下，可以移转他人使用"，"这种创业的自由，是独立生活，脱人篱下的必须条件。他的存在，表示经济权的不集中，是维持人民福利所不可少的"。[1]

据此，吴景超得出结论说："经济自由的享受，美国人民大于苏联。这种情形，与财产的私有或公有的关系很少，而与计划经济的关系却很大。我很相信，社会主义与经济自由，根本上是不冲突的。假如社会主义放弃了计划经济，经济自由便可恢复，正如资本主义或任何主义，一旦采用了计划经济，经济自由必然丧失"，由于自由和计划不能并存，只能选择，"苏联和美国，对于这个问题，显然有了两个不同的答案"。[2]这也就是说，自由只是与计划相矛盾，自由不是资本主义的专用品，计划与社会主义也没有必然联系。

在一篇回答不同观点的文章中，吴景超阐述了他对社会主义和计划经济之间关系的理解："我所谓的社会主义，最要的是生产工具公有，并不包括计划经济。"[3]因为一方面，社会主义的某些目标，并非依靠计划经济才能达到，如保证全民得到最低生活的必需数量和保障就业，"这两个理想，在社会主义的国家中，都可以不必靠计划经济来达到。最低生活程度的保障，只须制定最低工资律及社会保险律。全民就业的目的，只要政府负起责任，在失业发生的时候，创造就业来吸收失业者便行。这一切，不但社会主义的国家中，是以此为鹄的，就是资本主义的国家，不靠计划经济，也可以达到"。[4]另一方面，计划经济的实施，往往与经济发展和自由选择相背离，例如，"苏联的计划，并不是研究了消费者的偏好而定的。假如生产元素的分配，已在计划中

---

[1] 《第四种国家的出路——吴景超文集》，第147—148页。
[2] 同上书，第148页。
[3] 同上书，第190页。
[4] 同上书，第191页。

规定，苏联政府，并不因人民的需要增加，便牺牲其原计划，而拨出一部分资源，一部分人力，来加增毛织品之生产，以供给人民的需要。人民的愿望，与计划者的意志相冲突时，在计划经济之下，我看不出人民的愿望，如何可以获得胜利"。[1] 所以他表示："社会主义，是人类的一个很高的理想，经济自由，也是人类文化史上一个辉煌的成绩。如何兼而有之，乃是第一次世界大战以后，欧洲大陆以及英美的社会主义者所常辩论推敲的一个问题。我们关怀人类的福利，对于这个根本问题，实在愿意更多的人，来绞他们的脑汁。"[2]

既要实现社会主义的经济理想，又要保留经济自由，吴景超的设想是在社会主义中经济权仍然是分散的，在这种经济体制中，经济单位的"董事会依然根据价格机构，来定生产方针，可是生产的目的，不为谋利"，"董事会的人选，只有一小部分是政府所派的，其余的大部分，由不同的社团举出。每一生产单位中工作的人，与该单位的董事会或董事会所指派的经理，发生契约关系，不与政府任何机关，发生契约关系，因而生产单位中的工作者，既非政府所雇用，也不为政府所解雇。这是保证私人就业，不受政府干涉的办法，也就是分裂政治权与经济权的方法。全国生产机关，都向政府交租、交利息。如有红利，也交国库，此项财产收入，以前属于个人的，现在属于国家，由国家转存银行。凡是要创业的，可以商请银行投资，正如在资本主义的社会中，私人创业，也要与银行接洽一样"。[3] 他认为："假如政府规定了资本的累积速率，同时又规定了新资本的用途，那就走上了全面计划经济之路。假如政府以新资本交给银行，而让人民或公司出相当的利息（此项利率，必须使新投资等于新储蓄的数量）来利用这些资本，那么人民的消费主权，还可充分的行使，便非计划经济了。"[4]

在随后发表的另一篇文章中，吴景超明确提出把计划经济与社会主义分

---

[1] 《第四种国家的出路——吴景超文集》，第189—190页。
[2] 同上书，第192页。
[3] 同上书，第191页。
[4] 同上书，第192页。

开来。他写道:"计划经济并非社会主义带来的。埃及在金字塔时代曾实行过计划经济,秘鲁的英格斯民族曾实行过计划经济,法西斯主义的德国曾实行过计划经济,资本主义的英、美,也实行过计划经济","现在推行社会主义的苏联,是采取计划经济的,但我们不能由此推论,将来所有实行社会主义的国家,也必须采取计划经济"。[1] 他进一步指出:"计划经济是达到某种目标的最好手段","但是这些目标,并非就是社会主义的目标","社会主义的目标,除取消私有财产之外,据我的了解,还有'提高人民的生活程度'。'社会主义并不是要大家贫穷困苦,而是要铲除贫穷困苦,要给社会全体成员造成丰裕和文明的生活'。"[2] 在吴景超看来,这些目标是通过生产资料的公有制实现的:"在财产公有的状况之下,社会上便没有不劳而获的人,大家都只有劳务的收入,大家都靠自己的本事吃饭,而不是去剥削别人来吃饭,这是社会主义在道德上超过其他主义的地方,但这是无须计划经济便可达到的,苏联达到这个目标的时候,还没有用计划经济。在社会主义之下,地租归公,利息归公,利润归公。这些收入,都可以用于增加人民福利的事业上去,而不能为少数特权阶级所浪费。国家有了这些收入之后,除开预算上的支出以外,余下来的都可以移交国家银行,应付旧有生产事业及新兴事业的需要。"[3]

但是,这只是解决了产品的公正分配问题,至于产品的生产问题,还必须依靠市场机制。对此,吴景超说:"在社会主义之下,利润不是一件可怕的东西,因为他是归公的","社会主义下的生产者,虽不追求利润,但如利润还是自己来了,那便是对于生产者一个重要的指示,要他扩充生产","如果因为市场上的需要减少因而亏本了,那又是消费者对于生产者的指示,要他紧缩生产。这种陆续的扩充与紧缩,以适应市场上的需要,处处有待于价格机构的指示。只要我们维持价格机构,需求自有其平衡之道,而且这种平衡的动力,来自整个社会中的消费者,不必设立机构,信赖少数人去从事平衡

---

[1] 《第四种国家的出路——吴景超文集》,第158页。
[2] 同上书,第159页。
[3] 同上书,第159页。

的工作"。[1]

正是在这种分析基础上,吴景超提出:"我个人假如有一种偏见,那就是在价值系统中,我同样地重视'经济平等'与'经济自由'。我一向的看法,深信社会主义可以使我们经济平等,而计划经济则剥夺了消费者的自由。只有社会主义与价格机构一同运用,我们才可以兼平等与自由而有之。计划经济限制人民的自由,并非一种猜想,而是客观的事实,凡是实行计划经济的国家,不管他奉行什么主义,都难免侵犯人民的自由,因此损伤了他的福利。实行计划经济的国家,必然要集中控制,必须要把生产因素的支配权,托付于少数人之手。这少数人假如是大公无私的,假如都如蓝道尔(O.Landauer)所说,在其决定生产品的数量之先,要先解决几十万个方程式,其结果也不见得胜过价格机构下所表现的成绩。万一此少数人别有用心,滥用其权利,逞其私意来支配生产因素,则其对于人民大众所产生的祸害,真是不可胜言。人类不要轻易放弃其自由。到今天为止,我们还没有看到一个制度,其保护人民消费自由的能力,胜过价格机构。所以我不愿意看到社会主义与计划经济联姻,而愿意他与价格机构百年偕老。"[2]

这是吴景超经济思想的重要转折和独特之处,也是 20 世纪中国经济思想发展史上最早出现的社会主义与市场机制相结合的论述。

三、吴景超经济方法论中的工具理性和价值理性

对吴景超经济思想的史料整理,孙智君和谢泳做了很好的工作,他们的研究结论使笔者受到启发。孙智君的《吴景超的经济思想述评》[3] 侧重于产业

---

[1] 《第四种国家的出路——吴景超文集》,第 159—160 页。
[2] 同上书,第 160 页。
[3] 孙智君:《吴景超的经济思想述评》,顾海良、颜鹏飞主编:《经济思想史评论》第四辑,经济科学出版社,2009 年,第 257—268 页。

经济方面的分析，认为吴景超的主要贡献有三点：①涉及工业、农业及区域等诸多方面，是一个相对完善的体系，包含许多丰富的时代内容；②洞察到农业、农村问题是左右中国现代化成败的关键；③其都市及其附庸关系论、"众建工业区"和"整套工业"论均具理论创新特色，是民国时期具有一定代表性的城市经济空间结构理论、经济区划理论和产业布局理论。

谢泳的《学者吴景超》虽然不是一篇严格意义上的学术论文，但叙述范围广，研究时限长（延续到1949年以后），而且能结合其他资料展开分析，视野开阔。关于1949年以前吴景超的经济思想及其特点，作者认为："因为吴景超受过严格的学术训练，所以他的文章在学理上都有非常扎实的基础，决不信口开河"，"他凡论述某一问题，视野都很开阔，他总是要把眼光放在全世界范围内来观察，他引述的理论和数据都是当时最新的，他涉猎之广泛，学术格局之宏阔，在同时代的学者当中，是不多见的"。"吴景超在当年的社会学学者当中，是比较独特的，他有多年从政的经历，而在他的从政经历中，他所受到的影响，可能较多来自于翁文灏和当年资源委员会的情况"，"资源委员会那些成员后来多数成了40年代著名的《新路》杂志的参预者。因为这些人不同于一般的自由主义知识分子，他们多数人是经济学家和工程师，是做实际工作的。他们的重要性，不体现在政治思想上，而体现在经济思想上。资源委员的主要成员是以留英的学生为主的，他们多数出于伦敦政治经济学院，很多人就是40年代对中国自由主义知识分子以重大影响的拉斯基的学生。他们经济思想的一个主要的特点，就是对于计划经济都有好感"。"《新路》时期，吴景超的学术，从整体上评价，他对中国社会问题的观察和分析是准确的，由此所提出的对策，也是有价值的。中国近20年来在经济上所选择的道路，基本上没有超出当年吴景超的认识，他的社会发展理论和经济观点，对于当代中国经济的发展，仍有重要的作用。"[1]

以上见解有助于发掘和认知吴景超经济思想的价值。出于同样的目的，

---

1 谢泳：《清华三才子》，新华出版社，2005年，第195、195、190、190、212页。

本文再从方法论的角度展开分析,提出几点新的看法。

如前所述,吴景超对中国经济问题的研究贴近现实,注重资料,逻辑缜密,不尚空谈,这是当时留学归国的经济学者共同的特点,体现了中国经济学界的风气之新。这种强调分析技术的科学与精确的治学风格,既有国际学术思潮的演变背景,也是国内知识分子救国图强的理性反映。

关于前者,英国政治学家欧克肖特认为:"今天几乎所有政治都成了理性主义或近理性主义的。"[1] "所有当代政治都深深感染了理性主义……不仅我们的政治罪恶是理性主义的,而且我们的政治美德也是如此。我们的种种计划在目的与特征上大体是理性主义的;但更重要的是,在政治上,我们整个的精神态度都类似地被决定了。"[2] "理性主义者专注于确定性。技术和确定性在他看来是不可分隔地连在一起的,因为确定的知识,在他看来,是不需要在它自身之外寻找确定性的;知识,就是不仅以确定性终,而且也从确定性始,确定性贯彻始终的知识。技术知识似乎正好是这样……技术知识似乎是唯一满足理性主义者选择的确定性标准的那种知识。"[3]

关于后者,戴逸曾归纳20世纪的中国学术文化的四个特点:即"以进化学说和唯物史观为指导思想","20世纪的中国学人全都信从进化原理";"形成了新的知识分类体系";"理性方法的运用";"高扬爱国主义精神"。[4] 其中的理性方法运用,是指"20世纪的中国学术引进西方的研究方法,运用归纳和演绎,重视证据,'无征不信'、'孤证不立',摒弃主观成见,抱着冷静、客观的态度,以理性的方法对确定的对象进行具体、准确的认知活动。在自然科学中运用显微镜、望远镜以及其他科学仪器和实验手段,在社会科学中则着重调查研究的方法,获取第一手的实际材料。20世纪的学术文化追求的是

---

1 [英]迈克尔·欧克肖特:《政治中的理性主义》,张汝伦译,上海译文出版社,2003年,第1页。
2 同上书,第20页。
3 同上书,第11—12页。
4 戴逸:《二十世纪中国学术概论(代序言)》,左玉河:《张东荪学术思想评传》,北京图书馆出版社,1999年,第4—5页。

精确而具体地把握现实世界的丰富多样性，进而认识其本质和规律。近现代学术崇尚的是理性精神而非感悟、信仰或权威"。[1]

在方法论上，工具理性往往与整体主义相联系。在吴景超的农业救济设想和工业化主张中，对整体性、计划性和强制性的推崇是很明显的。在谈到改善国民生活水平问题时，他说："我现在要讨论的，不是任何个人的生活，如何可以提高。我的对象，乃是社会上的大众，我们要问这许多人的生活，有何法子可以提高。"[2] 在他看来，"所谓农民的生计问题，应当是经济建设这个大问题的一部分。他不能单独的解决，他只能与工业、矿业、运输业、商业等问题一同解决。因为如此，所以我们应当把农村问题，放在经济建设的大问题之下，同时再把经济建设这个大问题，看作最近的将来，中国政治活动的一个主要目标。我们只有靠政治的力量，集中全国的人才，集中全国的力量，定下一个经济建设的远大计划来，然后大家都朝这个方面去努力，中国各界的生计问题，才可得到一个根本的解决，到那个时候，农民的生计问题，自然也联带地解决了"。[3] 为了促进农业生产，他主张成立不同于合作社的农会："农会为推行政府生产政策的基本单位，政府应强迫人民去组织，而且组织成功以后，某区的农民，都要加入，并无选择的自由。这种组织的性质，既与合作社不同，所以合作社不能代替农会。"[4]

但是，吴景超后来从主张政府计划转为强调经济自由，说明他的方法论出现了变化。在吴景超的论著中，笔者发现有两条资料可以解释这种转变之所以发生：其一，他在政治上一向具有民主的倾向，说过："我个人赞成民主政治的理由是很简单的。第一，民主政治是理智的政治，谁能够说服大众，谁就可以当权。第二，民主政治是自由的政治，我们的主张，无论是赞成政府，或反对政府，都有充分发表的机会。第三，民主政治是和平的政治，假

---

1 戴逸：《二十世纪中国学术概论（代序言）》，第5页。
2 《第四种国家的出路——吴景超文集》，第11页。
3 同上书，第17页。
4 同上书，第186页。

如我们对于政府不满意，可以提出我们的主张来，以求民众的拥护，假如民众赞成我们，我们便可上台，不必流血，不必革命。第四，民主政治是大众的政治，凡是公民，都有参政的权利与义务，民众与政治，可以打成一片，没有统治者与被统治者的分别。因为民主政治有这四种特点，所以我个人如在各种政治中可以自由选择，我是一定选择民主政治的。不过我在前面已经提到，这是一个价值问题，好像罗素曾说过，凡是价值问题，都没有绝对标准的。我们只能提出我们以为是好的，希望别人都能与我们同意，但别人如不同意时，我们也没有办法，可以证明我们的价值，是至高无上的。"[1] 其二，他通过对苏联和美国经济体制的比较，认识到以取消自由为特征的政府计划只是在特殊情况下才可以实施并具有效果的体制："也许有人觉得世间还有别的价值，在经济自由之上，为实现此种价值，牺牲经济自由，亦所不惜。在战争的时候，我们大家都有这种感觉。为着祖国的独立与安全，经济自由应当牺牲。但在太平的时候，经济自由是否应当牺牲呢？"[2]

崇尚经济自由，这是吴景超主张把社会主义和价格机制融合起来的关键所在，这一清晰的认知既显示出他从整体主义（政府计划）向个人主义（分散决策和自由选择）的方法论转变，也表明在他的经济思想中价值理性的成分在增加。就提倡经济自由而言，顾翊群、唐庆增早在20世纪30年代就发表了明确的意见，如顾翊群曾批评苏联模式，认为计划经济是建立在人民失去政治自由和消费自由的基础上的，这种体制在增加资本、调节景气和分配财富等方面都不如自由经济，应该通过市场配置资源，"无市场，则经济的评价，无从实现"；唐庆增强调中国的现代经济应该采用个人主义的方法。他们的见解提出于抗战以前，在当时算是"不合时宜"之论。[3] 谷春帆则属于另一种情况，他在全面抗战胜利前夕指出："以计划求经济之发展，只是一种过渡

---

[1] 《第四种国家的出路——吴景超文集》，第139页。

[2] 同上书，第148页。

[3] 有关顾翊群和唐庆增的史料和分析详见孙大权：《中国经济学的成长——中国经济学社研究（1923—1953）》，上海三联书店，2006年，第262—272页。

型态，一种必不得已的措置。一个国家，用计划方式以提高人民各方面的水准为目标，在理论上，根本不能成立"，"以国家来计划经济，来提高人民生活水准，实际上即系以少数人的道德标准，价值观点，来干涉多数人的生活。尽管这种干涉，在干涉者是真诚的道德信仰，在被干涉者亦未尝不认为有益。而在理论上，这种政治，不免是父道政治，是教道政治，是以少数人统治多数人的政治"。[1] "计划经济，是从干涉人民的经济活动中，谋经济力量之增长。但这是过渡办法。到经济力量增加之时，计划统制的程度，应当一天一天减轻。让渡与自由放任之经济。到最后，则差不多全部经济，全放任人民自由。而国家只经营一些公共的经济事业，国防公共工程之类。国家仍要有计划来办理这些事业。但其办理是代替人民处理公共事物，而不是干涉人民的经济活动。"[2] 这些阐述与吴景超的看法异曲同工，只是后者在方法论上的转变更具有典型意义。

相比之下，吴景超对计划经济的反思在时间上迟了一些，在理论上则别具特色，这种特色可以通过与张东荪和胡适的相关比较得到显现。同样是政治上的自由主义者，张东荪认为计划经济和自由民主是可以结合的，他说："须知计划经济是一个中性的名词，资本主义亦可有计划经济，法西斯亦有计划经济，可见不是所有的计划经济都是进步的。对于经济加以计划要看用甚么原则去计划。资本主义的后期亦在那里讲计划，但却依然用着资本主义的原则。所以必须用社会主义为原则以作计划方能为进步的计划经济。用计划经济以增加生产遂使社会主义站得住，这乃是苏联对于人类的一个无上之贡献。苏联的成功即在于使增产为目的的计划经济与社会主义结合。已往社会主义种种试验都没有成功，就是因为只注意平等而忘了生产的重要。"[3] 在这里，社会主义计划经济的优越性不仅体现在增产上，而且被赋予了价值含义，

---

[1] 谷春帆：《中国工业化计划论》，商务印书馆，1945年，第21页。

[2] 同上书，第22页。

[3] 张东荪：《政治的自由主义与文化的自由主义》，克柔编：《张东荪学术文化随笔》，中国青年出版社，2000年，第251页。

即较之资本主义所具有的进步性，因为，"就人类言，最理想的是一个民族经过充分个人主义的陶冶以后，再走上社会主义或共产主义之路"。¹

胡适的判断正相反。在20世纪20年代，胡适曾拥护社会主义，断言："18世纪的新宗教信条是自由，平等，博爱。19世纪中叶以后的新宗教信条是社会主义。这是西洋近代的精神文明，这是东方民族不曾有过的精神文明。"[2]但到了40年代，他认识到计划经济具有极权的性质，其特点是"根本不容许差异的存在或个人的自由发展。它永远在设法使全体人民，适合于一个划一的轨范之内"[3]，"在经济方面，政府将一个划一的制度，强加给整个社会上，以期适应其所规定的经济政策。不论是共产主义，或国家社会主义，或农业集体主义，都是政府不容分说，不择手段，强迫推行一个划一的制度"[4]。在胡适看来，极权与民主尖锐冲突，而社会主义计划经济是极权政治的重要组成部分，二者密不可分，这也意味着自由民主的社会体制与政府计划的经济体制无法并存。

吴景超既不像张东荪那样乐观，也不像胡适那样悲观，他希望社会主义的平等理想和市场经济的自由活力能在一种社会制度中有机结合，相得益彰。这种思想差异在他们各自的经济学方法论上可见端倪。张东荪对计划经济的推崇，是因为他把经济看作社会发展的首要目的，自由等价值却等而下之，他说："计划是以增加生产，使全体人民生活水准提高为目的的，则凡自由之足以妨害生产的提高，凡平等之足以使生产降低，则都应该在限制之列"[5]；"人类有一个统贯全历史的路线，就是不断的把生活提高。尤其是生产落后的民族，这样的要求更为迫切，乃超过其他一切要求（如自由、平等、公正等等）以上。其他一切的要求（如自由与平等）乃完全由这个要求的达到的程

1　张东荪：《政治的自由主义与文化的自由主义》，第252页。
2　《我们对于近代西洋文明的态度》，《胡适学术文集·哲学与文化》，中华书局，2001年，第197页。
3　《民主与极权的冲突》，《胡适学术文集·哲学与文化》，中华书局，2001年，第681页。
4　同上书，第682页。
5　张东荪：《政治的自由主义与文化的自由主义》，第252页。

度来决定其分量与高度。如果不相配合，则自由与平等完全变为虚浮的"[1]。而胡适则高度重视自由的价值，他指出："民主主义的生活方式，根本上是个人主义的。由历史观点看来，它肇始于'不从国教'，这初步的宗教个人主义，引起了最初的自由观点。"[2]"民主文明，也就是由一般爱好自由的个人主义者所手创的。这些人重视自由，胜过他们的日用饮食，酷爱真理，宁愿牺牲他们的性命。我们称之为'民主'的政治制度，也不过就是这般具有'不从国教'的自由精神的人们，为了保卫自由，所建立的一种政治的防御物而已。"[3]如前所述，吴景超的经济主张在早期有工具理性的色彩，但民主等价值观已经具备，虽然在战争时期他的政府干预倾向有所加强（可能与他这一时期的任职经历有关），一旦进入常态经济发展，他鉴于国际比较，还是自发地提出了经济自由的呼吁。只是他的诉求不如胡适那样强烈，对自由民主等价值理性的理解也与胡适存在差异，于是形成了把社会主义与计划经济相分离的折中方案。

笔者认为经济思想本质上是人类在社会发展中形成的经济理性。经济理性分为两种：一是工具理性；一是价值理性。工具理性是指人类在追求功利的动机驱使下，借助科学、技术、知识等工具以达到预期的效果最大化目的的本能和意识。价值理性则不同，它是指人类行为中与功利目的相关性不那么紧密的观念崇尚和价值标准，强调动机的纯正和手段的恰当，难以完全用现有的知识系统加以实证的、有逻辑性的表述。如果说工具理性是对人类求利本性的承认和证明，那么价值理性在一定程度上是对人类本性的精神引导和制约。人们观察社会经济问题的角度以及得出的结论之所以不同，很大程度上是由于他们经济思想中两种理性的匹配方式存在差异，而这种差异可能对他们选择经济学方法论产生影响。就经济资源的配置方式而言，政府主导

---

1 张东荪：《增产与革命——写在〈民主主义与社会主义〉以后》，克柔编：《张东荪学术文化随笔》，第266页。
2 《民主与极权的冲突》，《胡适学术文集·哲学与文化》，中华书局，2001年，第682页。
3 同上书，第683页。

或干预的计划体制虽然也有价值方面的追求(如传统社会主义理论所崇尚的生产资料全民公有、生活资料平等分配等),但它的起源却是一种经济学的技术设计[1]。而市场体制所赖以运行的自由选择和分散决策,却有着内在的价值依据,面对现代社会各种各样的不确定性,专业分工所带来的知识爆炸,人类经济行为的复杂动因,市场机制显示出优越性。约翰·密尔非常强调自由的重要性,指出:个人和时代都容易犯错误,但"人的错误是能够改正的",这是"有智慧的或有道德的存在的人类中一切可贵事物的根源","借着讨论和经验人能够纠正他的错误。不是单靠经验。还必须有讨论","人类判断的全部力量和价值就靠着一个性质,即当它错了时能够被纠正过来;而它之可得信赖,也只在纠正手段经常被掌握在手中的时候"。[2] 这意味着,自由主义和自由竞争的市场经济实际上是一种人类生存风险的抵御和化解机制。我们不能说吴景超在当时已经完全理解了市场机制的这种价值,但其方法论转变显示出他正在朝这个方向靠拢。

还应看到,吴景超产业经济思想注重经验归纳、实证分析和技术设计,应该说是对此前偏好意识形态和规范分析的学术范式的丰富和进步。但政府干预的依据是整体主义方法论,它的运用往往使工具理性得到膨胀,价值理性受到挤压,或被忽略。市场体制的价值并非技术分析和工具设计所能够完整、准确表述,人们只能经历过失误,产生了敬畏,才会日益深切地体会到。吴景超在40年代后期开始思考社会经济中的价值问题,显示出难得的敏感性和预见性。新中国成立后,顾准在50年代中期提出,社会主义的经济计划应"减少它对于企业经济活动的具体规定","使价格成为调节生产的主要工

---

1 "最先对社会主义关于在公有制基础上实行计划经济设想的可行性作出经济学论证的,不是马克思主义经济学家,而是新古典经济学家。帕累托(Vilfredo Pareto, 1848—1923)在《社会主义制度》(1902—1903)和《政治经济学手册》(1906)中首次提出,由一个'社会主义的生产部'来制定和实施经济科学计算的计划,可以实现资源的优化配置。"(吴敬琏:《当代中国经济改革》,上海远东出版社,2004年,第18页。)

2 [英]约翰·密尔:《论自由》,程崇华译,商务印书馆,1982年,第20—21页。

具"。[1]他因而被誉为"中国改革理论发展史中提出市场取向改革的第一人"[2]。不难看出,吴景超关于社会主义和计划经济可以分开的论断与此是相通的。虽然在当前深化经济改革的过程中,社会主义和市场经济能否结合、怎样结合等诸多理论问题还需要进一步探索,但吴景超经济思想的发展个案表明,方法论的改进对一种价值理性和工具理性相匹配的经济理论的提出具有重要意义。

---

1 《试论社会主义制度下的商品生产和价值规律》,《顾准文集》,贵州人民出版社,1994年,第33页。
2 吴敬琏:《当代中国经济改革》,第40页。

经济与社会之间：
吴景超学术思想的过渡性特征初探

马陵合 *

一、关于社会学家的经济思想问题

吴景超（1901—1968），是近代学术造诣高、研究视野开阔的皖籍社会学家。他早期以《唐人街》和《都市社会学》确立了其在民国时期社会学界的地位，但他的研究领域却远远超出了城市社会学的范围，目前学术界对其学术思想的关注还远无法与吴景超极为丰富的留存于世的著述相匹配[1]。关于吴景超学术思想和个人经历，目前尚无专门的研究著作。在杨雅彬《近代中国社会学》（中国社会科学出版社，2001年）、阎明的《一门学科与一个时代：社会学在中国》（清华大学出版社，2004年）、谢泳的《清华三才子》（新华出

---

* 马陵合，安徽师范大学历史学院教授。
1 "吕文浩应社会科学文献出版社之邀，出版一套吴景超的文集。但最终不得不作罢，原因主要是没有太多颇具学术价值的遗稿。在吕文浩的印象中，吴景超安心做学问的时间过于短暂，'满打满算'只有从芝加哥到清华教书的10年。而这位知识分子有关社会学本土化、中国实现工业化和解决农民问题的梦想，似乎今天也还没有实现。"《吴景超：被浪费的才情》，《中国青年报》2008年5月7日，第7版。现在出版的"吴景超文集"仅收录《第四种国家的出路》和另外十余篇论文。

版社，2005年）有专门的章节对吴景超的社会思想进行介绍。此外，还有庞绍堂先生的《吴景超先生的学术思想与学术风格》（《南京大学学报》2004年第5期）一文对其学术思想及风格作了较全面的总结与梳理。在很多研究者看来，吴景超与同一时期的社会学者比较，其研究的经济学色彩更为浓烈一些，甚至有的学者将吴景超归入经济学家的群体之中。吴景超的经济著作确实颇多，如《中国工业化的途径》《战时经济鳞爪》《中国经济建设之路》等。若仅着眼于经济领域，显然是以偏概全地总结其理论贡献，也没有真正领悟吴景超研究经济问题的动机。

实际上，作为社会学家，吴景超在其庞杂的学术成果之中，构建"新社会"或"公平的社会"是归宿点和学术目标。这其间既体现民国时代社会学家群体经世性追求的共性，也展现了其由城市社会学研究，进而转向城乡关系研究，并鲜明提出发展都市救济农村的观点，同时通过制度变革解决农村危机与发展工业化，其中核心目标是提高农民与工人的生活程度。抗日战争全面爆发后，则通过对经济现象的关注，达到以宏观经济体制为着力点，从根本上解决中国社会发展问题的目标，同时通过比较欧美与苏联经济制度和社会发展，提出走一条中间道路，主张以"新经济"达到中国发展的"新路"（《新经济》和《新路》是吴景超在抗战时期和战后创办的二份刊物）。

本文力图通过将全面抗战时期吴景超的经济思想与抗战前后进行纵向的比较分析，以期考察一个社会学家如何在一个特殊的历史阶段，对经济发展问题进行的思考。应该强调的是，他的思考和主张，并非基于本身系统的经济学专业知识和理论素养，而是以一个社会学家的视野，暂时离开社会学研究的主体，对现实经济进行工具性的考量。其归宿点依然是作为社会学家所关注的人的生存状况和社会组织形态问题，社会的结构仍然是其理论阐述的基础，社会调控在其思想演进中则是一种根本性、终极性的研究主题。但是，由于过度在社会学主题之外游离，并且其学者从政的历程并没有产生显见性的社会影响，可能只停留普通公务员的层面，因而，从一定意义上，被后人称为才子的吴景超[1]，在全面抗战时期的理论建树是有限的，明显地体现应景性特点和过渡性的特征。这一时期学术研究的滑坡，并不只是在吴景超一人身上存在，而是战时理论学界普遍存在的现象。从吴景超的学术思想在民国时期的发展脉络，这一阶段看似零碎，甚至是低层次的，却是他思想转变的前奏，这种前奏决定了其战后数年乃至新中国成立后，学术地位的再度提升。费孝通曾这样评价吴景超的学术思想，"他的研究是宏观的，用全世界各国的材料来做比较，去找中国社会的出路，去理解中国社会"。[2]民国时期学者的学术理路转换，既是学者良知的体现，是经世性情怀在学术探研中的放大，同时也使得学科的理论构建步伐放慢，尤其是对于完全是从西方引进的社会学而言，情况或许更为突出一些。

二、战前基于提高生活程度的经济思想

吴景超在20世纪30年代，通过《第四种国家的出路》等著述，阐述其对中国社会性质的理解和分析。他基于对城市社会学的理论积累，大力倡导发展工业化、都市救济农村，并成为所谓重工学派的代表性人物。但是，在全面抗战前，对于如何实现工业化，但并没有设计出完整方案，只是强调了工业应优先发展的原则。同时，现实状况不得不使他对农村问题高度关注，以迎合现代需求的学术转向，试图为工业化寻找现实根据和前进基础。

由于农村危机受到学术界的高度关注，吴景超放弃自己最擅长的工业化和城市化研究，回到一个更广大学术空间，即从国家性质的定位出发，强调中国是第四种国家，即人口密度高，农业人口比例也高。在他看来，一个国

---

[1] 谢泳在《清华三才子》（新华出版社，2005年）中将罗隆基、闻一多和吴景超视为民国时期清华大学学术和思想上的代表性人物。

[2] 费孝通：《在纪念著名社会学家吴景超教授学术思想讨论会上的讲话》，《第四种国家的出路——吴景超文集》，商务印书馆，2008年，"代序"第2页。

家的社会发展有两大根本问题：一是财富的积累，要使之达到充裕，二是财富的分配，要使之公平合理。归结点则是提高人民的生活程度。提高生活程度即要利用资源、改良技术、公平分配、节制人口。他并没有提出平均分配，而是公平分配。公平分配是承认收入可以有差异，但不能差异太大。应当运用政府的力量，实行各种税则，如所得税、遗产税等，把富人的一部分财富转移到政府手中，政府再用之兴办教育、卫生、娱乐等各种社会事业。这样，大众的生活程度可以共同提高，因贫富差别过大而产生的社会动荡也可无形消失。[1]

这一时期，吴景超费了大量精力研究中国农村问题，并提出一系列富有创见的新观念，如他提出农村进步的重要目标在于将佃农提升为自耕农，实现耕者有其田。但是，吴景超的《我们没有歧路》似乎昭示我们，他对农村问题的关注只是服务于他的工业化理论。发展实业，控制人口，并以国家的力量帮助农民购得土地等办法，为的是积累财富。只有工业发展，可以利用农村的原料，吸收农村过剩的人口，进而稳定整个国民经济的基础；若只发展农业，恢复农村而不建设工业，结果只能是为帝国主义的商品制造提供新的经济侵略机会和地盘。[2]尽管吴景超体现出他对经济发展的理解具有全面性，提出不少发展农村经济的思路，但似乎与化解当时农村日益严重危机的目标相去甚远。中国农村危机不完全源于农村经济制度本身，而是置于一种极为不利的国际经济环境和国内不安定的政治环境。这也是抗战前重工学派居于劣势的重要原因。

不过，从吴景超学术探讨的归宿而言，重工或是重农，更多只是路径问题，他的目标在于社会建设，试图从整个社会的发展方向上进行理论思考。这种社会发展方向的支撑点应是他长期以来关注的社会安全问题，而这正是西方社会学界高度关注的新型社会建设理论。吴景超这一时期注重中国社会安全问题，这主要是基于社会改良思想，基于以发展工业化推动社会进步的

---

1 吴景超：《提高生活程度的途径》，《第四种国家的出路》，商务印书馆，2017年，第15页。
2 吴景超：《我们没有歧路》，《第四种国家的出路》，第115页。

理念，并形成以生活程度、阶级、公平为核心的社会安全理论。

吴景超认为，就社会公平而言，关键是在不消灭阶级的前提下，减弱阶级间的敌视与差距，最终实现一种新社会或公平的社会，人人生活有保障，人人上升机会均等，提高整个社会的生产程度，贫富差距缩小，阶级矛盾缓和。由于吴景超受西方社会的影响和西方学术的浸润，并不否认资本主义是合理的社会制度，它不是造成社会动荡、危及社会安全的根源，他认为关键问题是通过工业化积累财富，通过合理公平的分配制度解决下层民众上升机会问题和生活保障问题。解决第四种国家的出路在发展都市救济农村，这是吴景超的基本理念，至少在民国时期是一以贯之的。在这一过程中所要解决的问题又是多层次的，但归结点则是生活程度的提高。在这一理论思考过程中，他利用自己的学术背景和专业知识，通过中西比较来寻求提高生活程度、推进城市化的制度设计路径。

从以上评述可以看出，全面抗战前，吴景超对城市化、农村问题关注的出发点是人民生活程度的提高，同时作为社会学家，他试图在经济发展的同时，学习西方国家的社会安全制度，构建一个合理的社会利益分配体制。应该说，吴景超的社会安全思想是非常系统的，社会安全与否关键在于社会财富是否丰富，社会是否公平。但是，在中国工业化没有充分发展的前提下，他的思想虽然有前瞻性，却无法在短期内无法付诸实践。20世纪30年代的农村危机，农民生活程度急剧下降，导致吴景超的以城市救济农村这一理论基石存在着认同的危机，农村自救的观念在中国这样一个典型的农业社会中更有话语空间，这也是吴景超的重工主张得不到更多认同的原因。

三、基于经世理念的战时工业化主张

全面抗战时期的特殊环境，使吴景超的重工理念有了充分施展空间。"抗战以来，社会上有一种错误的理论，是不攻自破了，那便是以农立国。……

所谓建国,其要旨便是发展工业,这是大多数的人所承认的。以农立国之说,现在已没有人再提倡了。"[1] 其基本理论是发展基础工业和重工业,"我们以前的错误,是在没有重工业之前,便谈轻工业,没有国防工业之前,便发展消费工业。换句话说,我们没有打稳强的基础,便想要富,没有看到富是要在强的基础上建筑起来的。""先建设重工业,军备工业,然后再顾到别的工业,乃是建国所必经的过程。"而这方面的范例便是苏俄和德国。即基于民族主义的目标,利用全国的财力和人力,来发展军备工业和重工业,"那么一二十年之后,我们也可由一个弱国变成强国。到那时,再没有人敢来欺侮我们了"。[2]

吴景超战时的工业化主张在1938年出版的《中国工业化的途径》一书中已比较完整体现,又在以后发表的一些论文中得到补充和发展,这部分论文于1943年被收入《中国经济建设之路》一书中。抗战时期,吴景超作为《新经济》半月刊的主编,使其思想的展现有了更加完整的舞台,同时也因为《新经济》半月刊的经济类刊物的定位,更使人联想吴景超作为经济学家的身份,以至于现今不少学者研究民国时期经济思想,尤其是产业思想时,总是将吴景超作为一个代表性人物。

《新经济》半月刊自1938年11月16日出版第1卷第1期,至1945年10月1日出版第12卷第6期为止,共办了7年零11个月,凡138期。吴景超因为时任经济部秘书,成为该杂志的主编。因为该刊物属于当时经济部主管。虽然该刊创办人包括蒋廷黻、翁文灏、吴景超、陈之迈、何廉、陶希圣诸人,但日常编辑基本由吴景超一人负责,一直到他1943年三四月间赴美考察,才由经济部秘书齐植璐代他编辑,而且,编辑场所一直在吴景超任职的经济部。[3]

《新经济》半月刊确是一份偏重经济问题的社会科学刊物。但是,更多是表达了当时知识分子对现实的关怀,对建国之期望,"抗战时代我们求国命

---

[1] 吴景超:《建国所需要的工业》,《中国社会》第5卷第1期,1938年10月15日。
[2] 同上。
[3] 李树青:《纪念杰出的社会学家吴景超先生》,《传记文学》第46卷第1期,1985年1月1日。

的生存，建设时代我们定国基的稳固，与国力的进展"。1938年11月创刊的《新经济》半月刊，乃是抗战时期"从政学人"网络的一个重要枢纽，在该刊后面，隐藏着一个分布于国民政府各部门的"学者从政派"群体。[1] 由于当时条件有限，其上的文章注重实用，短小精悍，文风朴实。所发表的论文都是围绕如何为增强国家的经济实力出谋划策，内容涉及经济理论、政策、战时经济、物价、战后建设、政治体制等方面。

从创刊伊始，吴景超并没有将其定位为纯粹的经济类刊物。吴景超于1938年10月给胡适写信说："我们的刊物，虽以'新经济'为名，但'经济'一字，不取狭义，采用中国古意，所谓'经济南阳一卧龙'之'经济'是也。"[2] "经济"一词，在古代乃指"经国济民"之义。这里的"经济"这个名词则是指将"所有一切与国计民生有关的问题都在讨论范围之内"。显然，这并非是一份完全研究经济问题的刊物。在《新经济》第2期中，卢郁文即著文指出对新经济的解读。首先对经济的理解是广义的角度，或从传统"经世济邦"的角度去理解。其次，应对"新"字作为多重的认知。其一是革新经济，革新经济应成为"中国极重要的方略"，"用这个方略，我们要使中国产业发达，生计优裕，也要使社会组织、工作精神、生产能力，都因而而充分改善与提高。我们应尽最大的力量来筹划与执行，使文化悠久的古国，同时更成为气象焕然的新邦"。其二是试图"从自由经济与计划经济中找出一条融合的道路"。[3]《新经济》作者群体虽有观点的对立，但该杂志承接《独立评论》的风格，试图在建国的道路选择上，在各种各样的思潮和主张中，寻求"一种共同的趋向"[4]。

吴景超不仅是刊物的主编，更是产量颇高的撰稿人。吴景超除在《新经

---

[1] 阎书钦：《抗战时期国统区的学者从政潮流与〈新经济〉半月刊的创办》，《清华大学学报》2007年第4期。

[2] 北京大学图书馆编：《北京大学图书馆藏胡适未刊书信日记》，清华大学出版社，2002年，第118页。

[3] 《新经济的使命》，《新经济》第1卷第1期，1938年11月16日。

[4] 卢郁文：《新经济的三个原则》，《新经济》第1卷第2期，1938年12月1日。

济》上发表论文外,也有文章在大后方的其他刊物上刊出,只是相对来说,不及在《新经济》发表的数量多。

一些从经济思想史角度研读吴景超思想的著作认为,抗战前包括吴景超在内的重工派学者,普遍将工业化的归宿放在提高人民生活水平上,但抗战后以国防工业为工业化的核心,成为普遍的共识。[1]关注国防工业,在战时是一个必然的选择,但是,国防工业并不能作狭义地理解。的确,在战时,吴景超发表的论文中很少提及他最为熟悉的城市化问题以及抗战前非常关心的农村问题,但是,也可以发现,他对工业化的关注主要是集中在采矿业和钢铁业这样的基础工业。

吴景超在1937年曾随翁文灏到欧洲游历,他对苏联和德国工业留下深刻的印象,"发现他们想由工业化所达到的目标,并非人民生活程度的提高,而为国防力量的增进"。因此,吴景超在抗战期间形成了新的工业化理念,即始终树立国防第一、民生第二的思想。但是,吴景超在战时强调国防工业的重要性是自然的选择,而其对苏德的认识实际上并非单纯羡慕其国防力量,而是认识国防工业在一定程度代表着其有结构完善的基础性重工业。"现在的强国,国防工业的基础,已很巩固。这些工业,将来不一定制造军需品,但是如果他们一旦决定改造军需品时之后,这种更改,可以迅速的完成。"所以,吴景超对于国防工业的强调,实质上强调了基础工业的重要性。

他提出,所谓国防工业加强,并非为了国家强大,免于被侵略,更重要的是,"有了国防之后,再来提高人民的生活程度,那种提高的生活程度,才能够维持下去"[2]。

但是,他的思想却是工具性的,很少具有很强的学理性,与同时期的强调工业化的学者比较起来,其经济学理论是不足的。从《新经济》上发表的书评来看,基本上仍是以社会学著作介绍为多。他的社会安全思想随着其地

---

[1] 李向民:《大梦初觉——中国的经济发展学说》。江苏人民出版社,1994年,第202—203页;孙智君:《民国产业经济思想研究》,武汉大学出版社,2007年,第312—313页。

[2] 吴景超:《中国经济建设之路》,《经济建设季刊》创刊号,1942年7月。

位和社会影响的变化，主要是透过其大量的对经济问题关注的著作和文章而向世人展现出来。但是，其精髓却是一脉相承的。重工思想虽占据上风，但目标在于回到其学术关注的基点，即如何达致以工业化促进生活程度提高。

吴景超赞同李普曼（Walter Lippman）的观点：中产阶级是自由社会的基础，"这个阶级最好能够扩大，把两个极端的人都吸收进来，这样的社会便成为一个中庸、安定的社会，也是自由可以生根的地方。"[1] 选择国营民营，主要还是从社会福利角度和生活程度提高着眼的。吴景超认为，政府在工业化过程无疑应担任领导者的角色，这应符合基本的现代化理论，他对当时十分流行的统制经济思想并不反感，他也公开主张一些基础性的建设项目由政府直接举办，甚至认为全面抗战时期"管理经济"或"统制经济"进行得并不充分，中国若要"尽全力于建国，而且是在国防第一的政策下建国，为应付这种需要计，管制经济，不但不能取消，还要设法加强"。[2]

在全面抗战期间他曾经是"统制经济"的一名鼓吹者，说过："在建国的时期内，自由经济已不适用。"[3] 而在抗战之后，吴却认识到"实行计划经济的国家，必然要集中控制，必然要把生产因素的支配权，付托于少数人之手。……万一此少数人别有用心，滥用其权利，逞其私意来支配生产因素，则其对于人民大众所产生的祸害，真是不可胜言"，因此，尽管他仍然认同社会主义，但他不主张"社会主义与计划经济联姻，而愿意他与价格机构百年偕老"，[4] 颇有点后来者所说的"社会主义市场经济"的味道。在经济体制的主张方面，全面抗战之初，他特别强调苏俄德国的经济体制对中国经济建设的借鉴意义，认为二国由弱变强的途径有值得中国"仿效之处"。[5]

对于战后经济体制，他始终主张，"现在中国的经济建设，是国营与民营

---

[1] 阎明：《一门学科和一个时代：社会学在中国》，清华大学出版社，2004年，第139页。
[2] 吴景超：《中国经济建设之路》，《经济建设季刊》创刊号，1942年7月。
[3] 同上，1942年7月。
[4] 吴景超：《社会主义与计划经济是可以分开的》，《新路》第2卷第5期，1948年12月11日。
[5] 吴景超：《实用经济》（书评），《新经济》第1卷第1期，1938年11月16日。

双管齐下的"。[1]对于国营民营取向问题上,却与自由经济与统制经济无关,而与国家的政策倾向有关。"假如事业兴办的决定权在政府,指导权在政府,监督权在政府,那么国营与民营,是无关重要的。"前提是政府只有实行节制资本的政策,"在这许多节制资本的法律之下,民营事业的收入,有一大部分将由私囊而流入国库。政府即可利用此种收入,作为建设国防,或促进社会福利之用,正如政府以国营事业之收入,作此种设施一样。所以从利用生产的盈余,以谋大众福利的观点看去,只要节制资本的政策实行之后,国营民营是无关重要的"。他甚至认为实行节制资本,是实现社会主义最和平的途径。[2]

1943年以后,吴景超思想发生了明显转变,再度回到自己的自由主义本位价值观的立场上。1943年3月至1944年底,他通过近两年的观察,对美国经济的高速增长印象深刻。但是,他并非一味表示对英美经济自由主义的无条件认可。他认为要兼采自由经济和计划经济之长,而这种融合则更多地出于一个社会学者对社会建设的关怀。

从总体而言,吴景超实际上丧失重工学派旗手的作用,他在抗战时期有关工业化的论述是比较零碎的,缺乏系统化的主张,他的著作也仅是一种论文的汇集;而且,他的一些观点并不鲜明,并没有像同时代一些学者,如方显廷、刘大钧、谷春帆等经济学家在论述工业化问题时,有比较开阔的视野,他们跳出了将工业化简单地理解为机械化的窠臼,将工业化的内涵界定为整个经济近代化的变革,并且以工业社会为标尺将工业化的目标上升到一种新型文明的高度,强调了工业化整体性的社会影响。但是,即便如此,也不像一些学者所认为,吴景超仍停留在将机械化等同于工业化的低层次的认知水平上。[3]事实上,在抗战初期发表的《中国工业化的途径》一书,表达了他一贯以来对工业化的理解,他对于工业化的理解二个基本层面:一是生产方法

---

[1] 吴景超:《中国经济建设之路》,《经济建设季刊》创刊号,1942年7月。
[2] 同上。
[3] 阎书钦:《从机械化到工业社会——20世纪三四十年代中国知识界对工业化内涵的解释》,《河北学刊》2008年第1期。

的机械化；二是人口的职业分布由农业向工业、商业、交通业等行业的转移，即城市化。这恰恰是工业化的根本指向，前者是工业化的前提，后者是工业化内涵和外延拓展的路径；没有城市化，所谓整体经济变革和工业社会的发育成熟，则会没有根基和土壤。

吴景超之所以在全面抗战时期更多地从微观的层面去思考和设计工业化问题，主要原因在于，他的目标不在于工业化本身，也不包括基于某种价值判断和社会判断的所谓工业社会，他出于社会学家的思维定式和理论素养，会更注重工业化程度的提高与人民生活程度提高之间的良性互动关系。对于采取计划经济还是自由经济，还是采取所谓"有计划的干涉主义"，对于何项事业采取国营方针，何项事业采取民营方针，他并非有明确的倾向性，相反，他强调政府政策和企业制度的选择，效率至上是第一原则。他曾呼吁在国营企业中实行制度改革。目前的国营企业"尚多采取衙门的组织，其缺点为管理政治化，权责不分明，行动欠灵敏。结果是减低了国营事业的效率"。若采取公司制度，上述缺点即可消除。"国营与民营事业，既采取同样的组织，便可有同等的效率，英美等国的国营公司，其效率不减于民营，即其明证。"[1]他从美国考察归来后，曾发表多篇文章，对美国经济的迅速发展表达强烈的羡慕之意。[2]同时，他还主张扩大工业区的分布范围，合理设计工业区位和产业布局。只有社会财富积聚并丰富的前提下，才可以通过平均地权、节制资本、改善劳工阶级的生活，保障全体国民的生存权利，使财富分布能够符合社会正义的原则，这是人类生活的归宿。

在社会学研究领域，吴景超显得更加滞后，尽量他多次以社会学者自称，但学术上已无建树。但是，他仍然以其专业的眼光评价当时社会学者的工作，如对费孝通、孙本文的社会学经验或理论研究给予高度关注，并发表了不同的意见。这可以从他对三本有代表性的著作的书评中看出，一是对费孝通

---

[1] 吴景超：《中国经济建设之路》，《经济建设季刊》创刊号，1942年7月。
[2] 吴景超：《美国工业的突飞猛进》，《新经济》第11卷第5期，1945年1月1日。

《江村经济》，二是对《禄田农村》，三是对孙本文《现代社会问题》。此问题拟专文论述。

四、吴景超战时经济思想过渡性的印证

一直到抗战中后期，人们对计划经济、统制经济的理解，依然有苏联式计划经济、德国式统制经济与战时经济统制三种不同形式。在1942年7月《经济建设季刊》创刊号上，霍宝树、吴景超、罗敦伟就表达出各不相同的理解。吴景超将中国战时经济体制称为"管制经济"，认为已经实行的"管制经济"包括四个方面：生产管制、投资管制、分配管制和物价管制，并认为这种"管制经济"与国民政府实施的"战时经济统制"有更多连续性。[1]

20世纪40年代末，许多自由主义知识分子对苏联的计划经济和社会公正产生好感，开始从诸多方面对苏联和欧美国家进行比较。吴景超曾自学俄文，关注苏联的经济制度与社会制度，并发表一系列的论文。他曾计划撰写《苏联经济与美国经济》一书，尽管没有完成，但其中一些内容已陆续刊发出来，如《计划经济与价格机构》《从四种观点论美苏两国的经济平等》《论经济自由》等。吴景超在这一时期，一方面敏锐地感触西方社会安全制度的发展趋势，另一方面也开始用经济民主的概念评断苏联与欧美之间的高下优劣，并开始对资本主义制度的合理性提出了质疑。

自30年代起，尤其是第二次世界大战爆发后，出于对经济平等问题的关注，充分就业、社会安全和最低生活程度的保障，成为西方学术界讨论的焦点论题。由经济平等观念产生出的充分就业和社会安全政策，再到社会主义的计划经济主张，是贯穿三四十年代世界经济理论的一个重要思想主线。正如吴元黎所说："由'平等'观念产生的充分就业和社会安全两个目标，引导

---

[1] 吴景超：《中国经济建设之路》，《经济建设季刊》创刊号，1942年7月。

出自由式社会的改革问题。因为失业须要防范，于是中央设计制度乃发生极大之号召力。在这种情形之下，再加上社会主义的理论，自由式社会的存在价值，便发生了动摇，'平等'有取'自由'而代之的趋势。"[1] 吴景超是较早在中国介绍经济民主理论的学者。他曾于1941年11月写过一篇介绍英国著名学者陶纳（R.H.Tawney）出版于1941年的 Why Britain Fights 一书的书评，对陶纳关于"经济民主"与"政治民主"并重的观点极为赞同，认为"他的办法，也可作我们从事建国者的参考。"[2] 在该书评中，他认为"民主政治，在英国是已实现了，这是英国人可以自骄的，但是英国的经济组织，则离民主的理想还远。民主的原则，应当从政治的领域，施行到经济的领域……民主的经济，也不应当有游手好闲的人，与终年劳苦的人，同时并存。所谓民主的经济，便是用合作的力量，征服自然，以加增大众的福利，一切实业，是为社会而生存的"。其中一个原则，即是，"凡与大众的福利有关的事业，不应该由私人办理，而应当由公家经营……为使公营事业能够发挥效力起见，政府应有一设计的组织，与他平行的，还应有一投资的组织，管理新资本在各种事业间的合理分配"。[3]

40年代末，经济民主的概念的流行，也有着来自苏联的理论影响。当时苏联也在国际上极力宣传经济民主的主张。吴元黎论述说，"他们（指苏联）的看法是资本主义社会亦即自由式经济制度，虽然标榜自由，但是实际上经济极不平等，所谓自由乃少数人之自由。……惟一的挽救办法，亦只有废除这个自私的动机，而代以中央设计制度，以集体的力量来建树经济上的平等。后者即时下所称的'经济民主'（Economic Democracy）。"这就是以社会主义计划经济代替资本主义自由经济的主张。所以，当时部分中国自由主义知识分子往往以苏联的理论模式来理解经济民主。燕京大学教授、经济系主任郑林庄就论述说，经济不公和社会不安是资本主义的两大病症。1929年世界经

---

[1] 吴元黎：《现代经济思潮的趋势》，《观察》第2卷第9期，1947年4月26日。

[2] 吴景超：《陶纳教授论战后的社会（书评）》，《新经济》第6卷第3期，1941年11月1日。

[3] 同上。

济危机以后，资本主义国家经济普遍受到打击，生产停顿，民生益困。而只有社会主义的苏联未受影响，人民大体都能安居乐业，社会秩序也相当安定。于是，人们就开始思索问题的所在。他们发现资本主义和社会主义制度，有着基本精神的不同。资本主义社会，虽有经济的自由，却无经济的正义；而社会主义的国家，因为有了经济正义，才能让社会安定。所以，经济民主概念本身就具有一定反资本主义的内涵。从提倡经济平等，到对资本主义的否定认识，是当时中国自由主义知识分子的一个突出的思想倾向。在他们看来，要实现经济正义、经济民主或经济平等的目标，是有条件的，就是将资本主义经济制度改为社会主义经济制度。[1]

但是，抗战后期，学术界开始出现另一种倾向，即对苏联经济模式的质疑和否定。经济学者可能更多从经济效率的角度批评计划经济，它可以导致严重浪费、成本高昂，在实现经济绝对平等的同时，人们的许多自由也被剥夺了，"消费选择自由和就业选择自由的全被泯没，即是极显明的事实"[2]。人们没有选择工作岗位与消费对象的自由。在计划体制下，由于过于重视重工业，造成经济结构失调。苏联人的就业率虽然很高，但人民生活水平不但没有提高，反而有所下降。[3] 甚至有人认为苏联的理想已经破灭，要说苏联"人人已经平等，那真是天大的笑话"[4]。

1943年三四月至1944年底，吴景超通过近两年的考察，对美国经济的高速增长印象强烈。他不由得感叹，全面抗战初期他曾把苏联和德国视作经济高速增长的榜样，而现在看来，美国才是经济快速增长的榜样。美国工业生产从1899年到1937年几乎增加了四倍，而在1939年至1943年短短三年中，美国工业生产又增加了一倍以上。回国后，他又于1945年1月赞叹说，"美国

---

[1] 参见吴元黎：《现代经济思潮的趋势》，《观察》第2卷第9期，1947年4月26日；郑林庄：《经济正义与社会安全》，《观察》第2卷第3期，1947年3月15日。

[2] 霍宝树：《经济建设刍议》，《经济建设季刊》创刊号，1942年7月。

[3] 刘大钧：《我国工业建设之方针》，《经济建设季刊》创刊号，1942年7月。

[4] 杨桂和：《苏联工业的特征——介绍美国新社会研究所的研究成果》，《经济建设季刊》第3卷第1期，1944年7月。

的工业生产，在最近数年的进展，是古今中外所没有的"¹，他赴美前本以为战争期间美国人民的生活程度一定比不上他1923年至1928年在美国留学时的水平，但出乎意料，美国现在是空前繁荣，人民生活水平普遍提高，"假如世界上有一个国家愈战愈强，愈战愈富，那就是美国"²。

但是，吴景超并没有将简单将美国与苏联社会发展程度和人民生活程度的差距与经济体制联系在一起。他的观点表现得比较中庸，主张战后中国经济建设要"国防与民生并重、国营与民营共存，自由与管制兼施"³。抗战后期及抗战之后，他基于建立混合经济的理念，更多的关注经济平等和经济自由。

吴景超在《论经济自由》一文中就说过："经济自由的享受，美国人民大于苏联。这种情形，与财产的私有或公有的关系很少，而与计划经济的关系却很大。我很相信，社会主义与经济自由，根本上是不冲突的。假如社会主义放弃了计划经济，经济自由便可恢复，正如资本主义或任何主义，一旦采用了计划经济，经济自由必然丧失。"⁴在《苏联的生活程度》一文中，他进一步指出：以苏联资源的丰富，及其分配制度的比较公平，所以苏联人民的生活程度，应该有光明的前途。但是，"过去所表示的成绩，所以没有如一般人所预料的那样高，所以没有如苏联人民所希望的那样富裕"，主要是因为：一是通过强迫储蓄来积累资本；二是全力备战与作战。苏联行政管理重视投资重工业，而忽视直接关乎人民生活程度提高的消费品生产。因而，"战争及备战，是苏联人民生活程度的最大敌人"。⁵基于此，吴景超在《社会主义与计划经济是可以分开的》一文中认为社会主义制度与计划经济体制并不一定存在着必然关系。"现在推行社会主义的苏联，是采取计划经济的，但我们不能由此推论，将来所有实行社会主义的国家，也必须采取计划经济。"吴景超进一

---

1 吴景超：《美国工业的突飞猛进》，《新经济》第11卷第5期，1945年1月1日。
2 吴景超：《美国的战时经济——一月二十二日在四联总处及资源委员会纪念周讲》，（重庆）《大公报》1945年1月23日，第3版。
3 吴景超：《中国经济建设之路》，《经济建设季刊》创刊号，1942年7月。
4 吴景超：《论经济自由——美苏经济制度述评之一》，《新路》第1卷第21期，1948年10月2日。
5 吴景超：《苏联的生活程度》，《新路》第2卷第4期，1948年12月4日。

步阐述道:"在价值系统中,我同样的重视'经济平等'与'经济自由'。我一向的看法,深信社会主义可以使我们经济平等,而计划经济则剥夺了消费者的自由。只有社会主义与价格机构一同运用,我们才可以兼平等与自由而有之。"[1] 吴景超此时已明确表达了这样的理念,即社会主义只要放弃计划经济,完全可能在资本主义国家的社会安全制度的基础上进一步完善社会保障体制,真正地实现社会的公平。

综上所述,以吴景超为代表的自由主义知识分子所理解的社会公平要宽泛得多,因而,所谓的社会安全并非经济自由和资本主义体制所能保证的,同时他又充分看到西方社会安全机制的合理性。他对欧美的社会安全制度仍有浓烈的兴趣,他的基本认识是,欧美国家不再以救济为目标,而是以国家的力量解决社会安全问题。如英国,"以前每一个工人的工资,完全由价格机构来决定,现在则有最低工资律,不许工资跌到某种水平以下"。1946年美国国会通过的就业法,就是想达到这种目标。吴景超认为,美国政府关于社会安全的努力,因为受了个人主义传统的影响,所以现在还赶不上英国,"美国过去就是跟着英国跑的"[2]。

无论是充分就业还是强制实行最低工资制度,均是为了进一步从制度上缩短贫富距离。他强调:"现在研究英美工人的生活程度,如只从工资方面着手,是不够的。假如工人的生活只受工资的决定,那么研究工资的升降,来判断工人生活的优劣,是很适当的。可是他们的生活,特别在英国,颇受社会福利的各种设施的影响。""最低工资律及社会福利事业,是英美等国家消灭贫穷的主要方法,也可以说是他们缩短贫富距离的一种方法。"[3]

吴景超认为,近来英美人士所提的社会安全计划,以及罗斯福总统所主张的不虞匮乏的自由,就是想创造一种社会制度,不受这种危机的威胁,使大家都可以永远过舒适的生活,即使遇到了上面所述的任何一种危机,其生

---

[1] 吴景超:《社会主义与计划经济是可以分开的的》,《新路》第2卷第5期,1948年12月11日。
[2] 吴景超:《计划经济与价格机构》,《社会科学》(清华大学)第5卷第1期,1948年10月。
[3] 吴景超:《缩短贫富的距离》,《世纪评论》第2卷第3期,1947年7月19日。

活程度，还可以维护于贫穷线之上的水准。[1]

他曾撰专文介绍了英国的《贝弗里奇报告》，并寄予了殷切的希望。1941年，英国政府组成一个由贝弗里奇爵士领导的委员会，研究英国的各种社会保险及其附属问题。1942年11月，发表了影响深远的贝弗里奇计划。[2]1944年9月，英国政府发表白皮书，表示政府采纳贝弗里奇计划，于战争结束之后，便要把建议中的要点，付诸实施。吴景超认为，英国的社会安全计划，也可看作一种均贫富的方法，由富人那儿提取一部分的资金，加上工人所交纳的保险费，来办社会福利事业。社会安全计划，又是一种提高消费办法，其效果可以使全民就业的理想易于维持，高水准的国民收入易于达到。"我们希望英国这种计划成功，为人类社会辟一新天地。"[3]

英美在贝弗里奇计划公布之后，走上所谓福利国家的道路，福利国家采取的各种福利措施是建立在危险由社会分担的基本原则上，社会不是以个人为单位，而是以群体为依托来构成，个人所承受的危险并不应看作个人的危险，而是一种社会的危险。过去虽然也有许多济贫法案，但这些法律的出台和实施，都不可避免地存在一个缺陷，即将一个人沦落贫困视为个人的责任，而不检讨社会的过失，过分强调个人责任而忽视社会责任的结果，未能真正解决社会的贫困问题。20世纪以来，人们已充分意识到解决贫困问题的社会意义，即救济贫困不应视为是一种慈善行为，而是社会的共同责任，这一观念标志着社会意识的重大变革。福利国家的出现，使这一社会意识的转变得

---

[1] 吴景超：《英国的社会安全计划》，《世纪评论》第2卷第11期，1947年9月13日。

[2] 该计划名为《社会保险及有关服务》，认为社会保险应旨在维持生存的最低限度的收入，社会保障就是对收入达到最低标准的保障。该报告提出了社会保障的三个原则：一是普遍性原则，社会保障的实施范围不限于社会的贫困阶层，应包括所有公民，并且不论贫富都按统一的标准交纳保险金；二是政府统一管理原则，政府通过国民收入再分配组织实施各种社会保障措施；三是全面保障原则或公民需要原则。社会保障计划包括三种保障方法：社会保险、社会救济和自愿保险。贝弗里奇的社会保障理论为现代社会保障理论的发展奠定了基础，是社会保障理论发展史上的一个里程碑。

[3] 吴景超：《英国的社会安全计划》，《世纪评论》第2卷第11期，1947年9月13日。

以真正实现。

尽管如此,吴景超还是认为,这种制度并不能实现真正的经济自由和社会平等,因为这种机制只是解决了社会安全浅层次的矛盾和提供了一种解决问题的工具,只能达到免于匮乏和免于恐惧两种自由[1],而无法从根本上解决社会公平和人类自由问题,它仍是治标不治本。资本主义国家由于存在生产资料私有制,不同阶级间的收入存在着极大的差距,尽管政府通过社会安全对经济进行干预,如规定通过税收方式进行调节,并通过规定最低工资、推行就业法、失业保险法及老年津贴等来谋求全面的"经济平等"。对于中国而言,解决问题的关键,还是在于要融合苏联与欧美两种社会经济制度,在实行公有制的前提下,让价格机制发挥作用,避免自由经济下无法消除的贫富差距悬殊,以及计划经济体制下对"消费者的主权"的漠视[2],进而谋求一条"新路"。

1948年3月,吴景超与钱昌照、邵力子等同人成立了"中国社会经济研究会"。在《中国社会经济研究会的初步主张》中,对社会安全提出自己的理解:

> **经济方面** (十六)我们主张国家应筹划妥善方法,负责发展国家资源,实现全民就业,促进公平分配,提高生活水准。……(十八)全国土地,以全部收归国有为最终目标。第一步应即规定私人农地的最高限度,超过此限度者,应立即收归国有。对于原来地主,给以长期债券,以为补偿,收归国有的农地,或租与自耕农,或集体经营,视情形而定。市地应立即收归国有,并酌予补偿。(十九)农业之生产经营

---

[1] 吴景超:《论经济自由》,《新路》第1卷第21期,1948年10月2日。
[2] 吴景超:《从四种观点论美苏两国的经济平等》,《观察》第5卷第13期,1948年11月20日;吴景超:《私有财产与公有财产——美苏经济制度述评之一》,《新路》第1卷第15期,1948年8月21日;负生、春生:《社会主义的经济是否需要计划》(辩论),《新路》第1卷第16期,1948年8月28日。

及农民生活,应运用国家力量辅助其改进。……(二十三)国家赋税政策,应以平均私人财富,创造国家资本,促进资源开发,维持经济繁荣,及达成社会安全为目标。

……………

社会及其他方面 (二十九)国家应即制定现代化的攸关劳工福利之立法。参照我国经济情形,规定最低工资、最高工时,并对劳作环境的安全予以保障。(三十)推行社会安全各种制度,使人民在疾病、失业、老年、残废等状况下,不受贫困的威胁。[1]

从上述设计来看,他们关于社会安全的主张,是当时自由主义知识分子主张的第三条道路的构成部分,展现出对新型政治经济体制的追求。这种体制超越了单纯的经济计划和经济自由,而是强调二者的配合,要"拿苏联的经济民主来充实英美的民主政治"是一种当时自由主义知识分子的政治诉求。在吴景超看来,实现真正意义的社会安全,还是需要走一条新型的政治体制改革之路,资本主义体制的财产私有制和自由经济体系不足以从根本上维护社会安全。这种政治性诉求,虽然意在走一条介于社会主义与资本主义之间的社会发展道路,同时解决经济发展和社会安全稳定两个问题,但是,这种思想越系统,就越是脱离了政治体制和经济基础这些社会进步的根本性因素,其理论的前瞻性无法掩饰其虚无和空想。1947年吴景超曾在储安平主办的《观察》周刊中发表了《工业化过程中的资本与人口》一文。在文中他承认,中国工业化的根本障碍是资本缺乏和人口庞大。中国要赶上英美国家,可能需要几代人的努力,目前,只能逐步提高人民生活程度,但是,"上升的速度,不能期望其太快"[2]。但是他却无法准确地指出问题症结所在,强烈表现出其思想不成型,过渡性特征明显,而过渡性的思想特征自然伴随思想上的波

---

1 《新路》第1卷第1期,1948年5月15日。
2 吴景超:《工业化过程中的资本与人口》,《观察》第3卷第3期,1947年9月13日。

动以及心理的焦虑。这种焦虑的心理自然会以对现行体制不满表露出来。吴景超创办的《新路》周刊最终未能逃脱被停刊的厄运,与此不无关系。[1]同时,这种内在的学术诉求也促使他从心理上、理论上都迫切需要以一种新的社会制度来验证或建立所谓新社会的理论,这或许是他决定留在大陆的一个重要原因。

---

[1] 1948年11月2日,杂志社接到北平市政府社会局通知,说该刊第1卷第17期多文"言论反动,诋毁政府,同情匪军,袒护匪谍,破坏币制,煽惑人心"(《本刊对于严重警告的答复》,《新路》第2卷第1期,1948年11月13日)。

以历史主动精神探索中国致富图强的现代化之路
——读吴景超的《中国经济建设之路》

王昉[*]

吴景超先生被誉为"中国都市社会学第一人",是中国社会学研究的开拓者之一。他早年留美,先后在明尼苏达大学、芝加哥大学学习,获学士、硕士和博士学位,回国后先后在多所高校任教,曾任国民政府行政院秘书等职务。他一生致力于社会学的本土化,寻求中国实现国家富强的途径。商务印书馆2010年再版《第四种国家的出路》的导读文章中,吕文浩先生对吴景超先生在社会学领域中的杰出成就和主要学术观点进行了系统介绍。吴景超先生同时也是中国近代卓有建树的经济学家,他的研究充分体现了社会学和经济学交叉融合的特点,在产业经济、区域经济、人口经济等领域提出了一系列富有创见的观点。美国南伊利诺伊大学 Paul B.Trescott 教授在《经济学:西方经济思想引进史(1850—1950)》一书中写到,在芝加哥大学求学期间,吴景超接受了经济学的训练,他最初写的一篇论文是关于中国在国际经济中

---

[*] 王昉,上海财经大学经济学院教授。

的地位的，后来转向了社会学领域，并于 1928 年获得了社会学博士学位。[1]这部书中还提到，1944 年和 1946 年，在汉学家宓亨利（Harley Farnsworth MacNair）编写的两本关于中国的论文集中[2]，是将吴景超作为在西方受过学术训练的中国经济学家进行介绍和评论的。1946 年宓亨利编著的《中国》（*China*）一书出版，此书被列入"联合国"丛书（The United Nations Series）系列。全书分为六个部分，分别从文化、历史、宗教、哲学、经济等方面介绍中国，吴景超负责编写第五部分"经济和重建"当中"经济发展"的部分。由此可见，其在经济学领域的成就在海外学术界也享有盛誉。吴景超与刘大中、蒋硕杰、巫宝三、浦山等人一起被认为是民国时期跻身世界学术前沿的经济学家，他的经济思想不仅对民国时期的学术和政策有着重要的影响，至今也有其重要的理论价值和现实意义。

《中国经济建设之路》收录了吴景超在抗战前和抗战期间撰写的代表性论文，1943 年由商务印书馆出版。1944 年中周出版社再次出版的版本，分专题论述战后经济发展战略和政策问题，系选编 1943 年版的内容而成。商务印书馆拟于近期再版此书并将其纳入"中华现代学术名著"丛书，加上此前出版的《第四种国家的出路》，为系统、深入认识吴景超的学术思想和理论品格提供了重要的资料基础。中国自 19 世纪 70 年代以来的工业化，由于自然和社会特殊条件，历经坎坷，走出了人类工业发展史上的一条新路，取得了举世瞩目的建设成就。如今，在我们坚定不移推进中国式现代化道路的进程中，重读 80 年前出版的《中国经济建设之路》，如何准确把握其历史逻辑和时代价值，就笔者个人浅见，有以下几方面心得。

---

[1] Paul B.Trescott, *JingJiXue：The History of the Introduction of Western Economic Ideas into China 1850—1950*, p.281.

[2] 1943 年 8 月，费孝通等中国学者被芝加哥大学邀请，参加名为"自由中国"（Unoccupied China）的论坛，论坛上的发言和演说和讨论经宓亨利整理编辑而成《来自自由中国的声音》（*Voices From Unoccupied China*）一书，于 1944 年由芝加哥大学出版社。1946 年宓亨利编著的《中国》（*China*）由加州大学出版社出版。

一、从时代背景和学术环境了解该书的成书动因

近代以来,无数仁人志士为寻求国家救亡图存之道,前仆后继。面对"中国究竟应当向何处去"这一历史之问,民国时期的知识分子进行了深层次、多维度的思考,形成了丰富的研究成果。如方显廷的《中国经济研究》、何汉文的《中国国民经济概况》、马寅初的《中国经济改造》、王亚南的《中国经济原论》《中国社会经济改造问题研究》、刘大钧的《工业化与中国工业化建设》[1]、许涤新的《中国经济的道路》、朱伯康的《经济建设论》等等,都对当时中国的经济状况进行了分析和讨论,并围绕如何改变国家积贫积弱的情况,建成一个"富强而幸福的中国",提出了不同的设想和方案。

20世纪二三十年代,在世界经济危机的大背景下,中国出现了农业大萧条和严重的农村危机。学术界先后展开了关于中国发展道路的三次论争,代表性的观点有"以农立国"和"以工立国""农工兼重"等。以章士钊、梁漱溟等为代表的"以农立国"派主张复兴农村,振兴农业从而发展工业。吴景超是"以工立国"派的代表人物,他认为发展工业才能改变中国贫穷落后的面貌。在这场讨论中,吴景超先后撰写了《发展都市以救济农村》《世界上的四种国家》《我们没有歧路》《都市教育与乡村教育》等文章阐明了"以工立国"的立场。吴景超的一个重要的逻辑起点是,中国人口密度过高和农业人口过多,因此,既要减少人口的绝对数量,也要通过发展工业将过剩人口转移到城市工商业。事实上,到20世纪30年代,论战的双方都承认工业化的合理性,这一主题的讨论已聚焦于"如何实现工业化"上了。全面抗战爆发后,第二次世界大战和中国的抗日战争给中国"知识界提供了一次重新思考

---

[1] 刘大钧组织国民经济研究所出版了"论中国工业化"的系列著作,包括刘大钧的《工业化与中国工业建设》(1944)、韩稼夫的《工业化与中国农业建设》(1945)、褚葆一的《工业化与中国国际贸易》(1945)、韩稼夫的《工业化与中国交通建设》(1945)、刘鸿万的《工业化与中国人口问题》(1945)和《工业化与中国劳工问题》(1945)、曹立瀛的《工业化与中国矿业建设》(1946)。

中国工业化问题的机会，最终导致工业化理念在中国思想界完全确立"[1]。本书的内容，也正是基于这样的时代背景和学术立场而形成的。吴景超的《中国经济建设之路》出版前后，先后有何廉、方显廷的《中国工业化程度及其影响》（1938）、方显廷的《中国之工业化与乡村工业》（1938）、刘大钧的《工业化与中国工业建设》（1944），以及由翁文灏、胡庶华、简贯三编辑"中国工业化"丛书，包括谷春帆的《中国工业化计划论》（1945）、伍启元的《中国工业建设之资本与人材问题》（1946）和章友江的《中国工业建设与对外贸易政策》（1946）等相继出版，这些著作不仅深入地探讨了实现工业化的具体路径和方法，也反映了20世纪三四十年代中国经济结构演变的现实与趋势。

民国时期一批有海外留学背景的知识分子，怀着强烈的报国热情，以历史的主动精神不懈努力，无论是在学术研究还是在实务救国方面，都做出了重要贡献。[2] 吴景超也是留学生中的代表性人物。他1928年底学成回国，先后在金陵大学、清华大学任教，1936年起出任国民政府行政院秘书、国民政府经济部秘书，后历任国民政府工矿调整委员会秘书、经济部秘书、战时生产局主任秘书、行政院善后救济总署顾问等职务，直至1947年重返清华大学。1938年至1945年期间，他还担任《新经济》编辑工作，先后撰写了60多篇文章。《新经济》的办刊宗旨是探讨以经济建设为核心的"建国问题"，其实质就是中国的"现代化"问题。《中国经济建设之路》一书中的文章，大部分是吴景超在担任国民政府行政职务期间所撰写的。扎实的学术背景、理论积淀，对政策的近距离观察和亲身经历，使得他对于中国当时的局势认识清醒而深刻，能比较准确地把握中国经济建设中存在的问题和弊端。现代化的核心要义是从传统农业社会向现代工业社会变革，胡寄窗先生曾指出，"工业化是任何现代国家均必须经历的一个历史过程。这个过程随着一国的自然条件

---

[1] 阎书钦：《国家与经济：抗战时期知识界关于中国经济发展道路的论争——以〈新经济〉半月刊为中心》，中国社会科学出版社，2010年，第126页。

[2] 有兴趣的读者不妨读邹进文教授的《近代中国经济学的发展：以留学生博士论文为中心的考察》（中国人民大学出版社，2016年）一书。

和社会经济条件之不同,其发展模式和完成时期也有极大的差异……不论工业化进程的难度有多大,一个经济落后的国家如不能倾其全力以实现工业化任务,就不足以置身于现代化国家之林"[1]。可以说《中国经济建设之路》是中国经济现代化理论早期探索的重要成果之一。

二、从本书的体例结构来认识吴景超经济思想的基本逻辑

《中国经济建设之路》原书分自序、第一章"抗战前的经济建设"、第二章"几个失败的教训"、第三章"经济建设的展望"四部分,此次再版,增加了"相关研究补编",收录了作者另外七篇文章,最后还有吕文浩先生编写的吴景超先生学术年表。

在第一章"抗战前的经济建设"中,本书对1881至1940年期间中国经济的发展情况进行了总结和分析,开宗明义地提出为什么要总结60年来的中国经济,"这60年来经济的变动,是使中国由一个中古时代的经济,走向近代化的经济……我们现在检讨过去60年的经济变动,是要温习我们已经走过的路程,看看我们已经有了什么成绩,因而决定我们在哪些部门,还要继续的努力"[2]。本章以10年为一个历史时期,对中国经济各个部门:商业、工业、交通、矿业、农业等的发展概况进行了整理。1931至1940年这10年间,作者认为应该分为两个阶段进行认识,"抗战前的数年,是中国最进步的几年,经济各部门的发展,无一不可使人乐观"[3],同时书中引用了1936年海关报告,对当年经济情况进行了描述,1937年之后"中国经济的正常发展路线,

---

[1] 引自胡寄窗为赵晓雷著《中国工业化思想及发展战略研究》(上海社会科学院出版社,1995年)所写的"序"。

[2] 吴景超:《中国经济建设之路》,商务印书馆,2023年,第2页。

[3] 吴景超:《中国经济建设之路》,第13页。

完全毁坏了"[1]，但是吴景超也指出，抗战虽然造成了沿海沿江大都市的破坏，但是客观上促进了内地的建设和开发，使得中国的现代化更为深入。第二章"几个失败的教训"是本书比较特别的部分，作者通过查阅档案，搜集了汉冶萍公司、湖北象鼻山铁矿、安徽售砂公司、龙烟铁矿以及国民政府筹备国营钢铁厂的资料，对四家企业创办、经营管理方式、失败的原因以及钢铁计划的实施前奏等进行了梳理和分析。第二章的第六部分"整理生产事业的途径"从组织架构、人才选用、廉洁管理等方面详细论述了如何克服旧有企业的弊端，振兴企业的具体路径和方法。第三章"经济建设的展望"共包含十篇文章，这部分是本书的核心内容，从国民经济体系、人才训练、资源开发、国内资金筹集、工业区建设、国际收支平衡和利用外资等各个角度讨论了战后中国经济建设的发展战略问题。本书"相关研究补编"收录的文章，讨论的主题涉及工业化过程中的资本和人口、美国资金的出路和中国利用外资、社会主义和计划经济之间的关系、计划经济和价格机构、中国的自然资源和工业区划设置等，这几篇文章均完成于抗战之后，在内容上和第三章中收录的文章有着密切的联系，是对有关内容的进一步补充，反映了吴景超在工业化和经济体制问题上认识的递进和发展。

从全书的体例结构和布局安排来看，形成了回顾历史—厘清当下—展望未来三段式的逻辑体系，各篇文章在编排和内容上形成有机联系的整体。书中收集的文章，除了2篇是在抗战前一年所写，其余15篇都是在抗战期间写的，这反映了作者在不同历史时期对于中国经济建设问题的关注重点。吴景超在自序中做了说明，"是在两种不同的心情之下写的"，"抗战初期……我国虽然高谈经济建设已有多年，但是经济建设对于抗战，似乎没有很大贡献…….我怀着检讨过去的心情……想从这种研究中，发现我们过去的错误，以为将来改进的参考"，这是对本书第二章的定位进行的说明，也反映了作者对抗战之前中国工业化走过弯路的痛惜。关于另一种心情，作者写到，"……

---

1 吴景超：《中国经济建设之路》，第13页。

战后经济建设的各种问题，现在即应研究，以便战争结束之后，我们便可大规模的进行经济的建设"。虽然全书的文章写作时间历史跨度近十年，但都围绕着如何实现中国的现代化，构建一个"新社会"这一中心展开。

《中国经济建设之路》初版时间为1943年10月，正是抗日战争形势已趋明朗，即将迎来胜利曙光的时期，吴景超对如何建设一个更加欣欣向荣的中国满怀着期待，他在自序中写道："我愿以满怀的热忱，把这本小册子献给全国留心经济建设的同志。"

三、从系统性、整体性认识本书的学术观点和学术贡献

如果要全面认识吴景超先生的经济思想，应将《中国经济建设之路》和《第四种国家的出路》（1937）、《中国工业化的途径》（1938）等结合起来阅读。这几部著作的核心观点就是，中国富强的唯一出路是工业化，要实现国强民富"非急起直追，设法使中国于最短期内工业化不可"[1]。《第四种国家的出路》提出都市、市镇与乡村三者关系密不可分，中国应当走发展都市、救济农村的工业化道路。《中国经济建设之路》对中国走工业化之路的重要意义、工业化需要的条件、工业化的途径等进行了详细论述。在分析了中国工业化各项社会经济条件的基础上，提出了一系列实现工业化的设想方案以及经济发展方略。这两本书都共同收录了《中国工业化问题的检讨》一文。《中国工业化的途径》一书则强调了工业化的两个维度，一是机械化的生产；二是人口的职业分布由农业向工商业和交通业转移。基于此，吴景超认识到工业化是城市化的主要推动力。

吴景超对于中国经济建设之路的规划有其完整的逻辑链条和系统方案，提出了一系列超越当时主流思想的学术观点。首先，吴景超认为，从世界各

---

[1] 吴景超:《中国工业化的途径》，商务印书馆，1938年，第4页。

国发展的历史来看，工业化是一国致富图强的发展路径，工业化的特征包括生产机械化和农业生产人口占比的降低，"促进工业，是国民经济建设运动的中心工作，可无疑义"[1]。在工业国的建设标准方面，他依据苏联的标准，认为工业产量应占国民经济的70%左右。其次，在轻、重工业发展的优先顺序上，当时的学术界有不同的观点。以刘大钧为代表的部分学者认为，从中国的人口、资本、经济条件来看，宜优先发展轻工业。而吴景超、方显廷、顾毓琮等人认为应该优先发展重工业。吴景超在1937年曾随翁文灏到欧洲游历，苏联和德国工业给他留下了深刻的印象，抗战期间他的工业化理念有了新的发展，他认为，"经济建设有两个目标，一是致富，一是图强"[2]。国防工业是经济建设中最重要的。在《中国工业化途径》一书以及本书同名文章《中国经济建设之路》中，吴景超比较了英美和苏德经济建设目标的不同，提出"我国过去的经济建设，倾向于致富的目标，而忽略了图强的目标……我们应当把国防工业，看得比民生工业更为重要"[3]。在具体的实现方式上，他认为应该通过扩大本国农、矿产品等原材料出口，以换回可以促进本国国防工业的器材，发展以国防工业为主的重工业。"国防第一、民生第二"的思想并非单纯出于对苏、德国防力量的羡慕，而是认识到"国防工业在一定程度代表合理完善的工业结构的基础性重工业"[4]，"有了国防之后，再来提高人民的生活程度，那种提高的生活程度才能维持下去"[5]。再次，在传统农业国如何实现工业化的具体条件上，本书从人才、资源、资金等不同方面进行了详细阐释。发展经济学的奠基人张培刚先生认为，不同的国家，推动或阻碍工业化发展的因素主要包括"人口数量及其地理分布，资源种类、数量及分布，社会制度，技

---

1 吴景超：《中国经济建设之路》，第75页。
2 同上书，第119页。
3 同上书，第75页。
4 马陵合：《经济与社会之间：吴景超学术思想的过渡性特征》，《民国研究》2012年春季号，社会科学文献出版社，2012年。
5 吴景超：《中国经济建设之路》，第121页。

术,企业创新管理才能"[1]。同时农业国工业化的实现,还需要在与工业国的贸易工程中,谋取本国工业化的需要。吴景超关注的实现工业化的几个条件和张培刚的观点相一致,同时也提出了自己独到的见解,例如在工业化资本的筹措方面,他特别强调利用外资、筹集外汇的必要性,这实际上是对孙中山利用外资、发展实业来振兴中华经济思想的继承和具体化。此外,在工业化所需人才方面,他提出了高级别人才要引培结合,同时不同类型的人才,在培养、训练、引进所需的时间和方法上应有差别;在对外贸易方面,他突破了当时占主导的贸易保护主义的思想,在对国货和外货各自的优劣进行了仔细比较后,写道,"我们深信中国工业的前途,是光明抑或黑暗,大权是操在我们自己手中。外货的竞争,是不足畏的"[2]。工业区划的建设方面,吴景超提出工业区的布局,"第一要顾到经济的条件,第二要考虑国防的安全。……在中国境内,分建若干工业区,而非如过去集中于沿江沿海,也不是如少数人所提倡的集中于内地"[3]。20世纪30年代,中国的工业制造区主要集中在长三角以及辽宁、河北、山东和广东等地,当时的一些学者如方显廷、龚骏等,从实证的角度对中国工业的空间分布进行了研究。吴景超认识到了中国的国家安全、资源禀赋与工业化空间进程之间的关系,提出应着眼于全国范围来改善产业布局和提升产业体系建设。

在阅读本书的过程中,对吴景超学术理路发展演变的节奏也要有准确把握。吴景超先生一生的学术研究可以大致分为三个时期:抗战前他主要关注农业与工业之间的关系,在战时重点思考如何实现工业化的问题,抗战胜利后更多关注经济体制问题。20世纪30年代,世界经济危机暴露了自由放任经济的弊端,苏联的计划经济体制取得了重大成就,在此背景下,中国兴起了计划经济的思潮。当时中国学术界的主流思想是采用政府干预的办法,将

---

1 张培刚:《农业国工业化问题再论》,《农业与工业化》(中下合卷),华中科技大学出版社,2009年,第100—101页。
2 吴景超:《中国经济建设之路》,第145页。
3 同上书,第110页。

"计划经济"视作人类社会的必由之路。在本书同名文章《中国经济建设之路》中,吴景超在"国防与民生"之后随即讨论了"国营和民营"以及"自由与管制"。在国营和民营关系的认识上,吴景超认为政府对于生产事业参加的范围要扩充,直接主办的事业要增加,"中国的经济建设,应由政府通盘筹划"[1]。只要掌握经济监督权和指导权,"假如事业的兴办权在政府,指导权在政府,监督权在政府,至于国营还是民营都是无关重要的"[2],"抗战胜利之后,我们尽全力于建国,而且是在国防第一的政策下建国。为应付这种需要计,管制经济,不但不能取消,还要设法加强"[3]。叶世昌先生认为,这种思想和早期发展经济学认为计划化是发展中国家启动经济的重要手段是一致的。[4]

1943年以后吴景超的经济思想发生了明显的变化,有学者认为,这是由于吴景超在对美国进行考察后,对其经济高速增长印象深刻,对统制经济认识产生了动摇,因此再度回到自由主义本位价值观的立场上。[5]本书"相关研究补编"中收录的《计划经济与价格机构》《社会主义与计划经济是可以分开的》发表于抗战胜利后。在这两篇文章中,我们可以看出,吴景超从自由选择在经济发展中的作用以及经济制度的目标应该是"提高人民的生活程度"出发,在对比研究以美国为代表的自由经济主义和苏联的计划经济体制后,提出走一条中间道路,经济上"后起的国家"在实行计划经济时,不能考虑借鉴其他类型经济制度。社会主义与计划经济可以分开,"计划经济并非社会主义带来的"[6]是吴景超在抗战之后提出的最为重要的观点。他认为应吸取计划经济与市场经济的优点,使之相互补充。"在价值系统中,我同样的重视'经济平等'与'经济自由'。我一向的看法,深信社会主义可以使我们经济平等,而计划经济则剥夺了消费者的自由。只有社会主义与价格机构一同运

---

[1] 吴景超:《中国经济建设之路》,第124页。
[2] 同上书,第122页。
[3] 同上书,第125页。
[4] 叶世昌:《中国发展经济学的形成》,《复旦学报》2000年第4期。
[5] 马陵合:《经济与社会之间:吴景超学术思想的过渡性特征》,《民国研究》2012年春季号。
[6] 吴景超:《中国经济建设之路》,第221页。

用，我们才可以兼平等与自由而有之。"[1]社会主义国家可以采用市场经济，同样资本主义国家也可以采用计划经济；政府的作用是补充市场，而不是代替市场。这一观点的提出不仅反映了吴景超"经济思想的重要转折和独特之处，也是 20 世纪中国经济思想发展史上最早出现的社会主义与市场机制相结合的论述"[2]。

四、从历史意识和实践自觉来认识吴景超的治学风格和研究方法

作为"建设型知识分子"的代表，吴景超立足于中国特殊国情，将历史意识与实践自觉相结合，在探索中国现代化发展的理论和实践道路中形成了自己的治学特色和研究方法。谢泳曾评价吴景超"凡论述某一问题，视野都很开阔，他总是要把眼光放在全世界范围内考察，他引述的理论和数据都是当时最新的，他涉猎之广泛、学术格局之宏阔，在同时代学者中，是不多见的"[3]。首先，吴景超的研究从实际出发，并不拘泥于学科或者问题本身，他具有多学科的学术背景，在研究中综合运用社会学、经济学、历史学的融合与交叉的方法，注重理论与实践的结合。读者们可能不太熟悉的是，吴景超先生对汉代历史也有深入的研究，他试图从汉代的个案历史材料中发现社会科学上一般规律性的问题，这一特点也反映在本书的研究中，即从具体的事实分析出其中蕴含的理论。其次，吴景超的研究具有宏观的视野，善于从历史与现实、中国与世界的纵横交错中认识中国的问题，寻找符合中国基本国情和文化传统的发展路径。在讨论中国工业化所需要的资金、就业人口的结构、国民收入及储蓄、工业区划的布局时，都对英、美、德、日等工业化先行国家的情况进行了分析，在和中国进行比较的基础上提出自己的判断。他所主

---

[1] 吴景超：《中国经济建设之路》，第 223 页。
[2] 钟祥财：《1949 年以前吴景超的经济思想及其方法论特点》，《社会科学》2012 年第 1 期。
[3] 谢泳：《清华三才子》，东方出版社，2009 年，第 180 页。

张的方案不是对西方的简单模仿,而是要走中国自己的道路。在《答陈序经先生的全盘西化论》一文中,吴景超从学理逻辑和价值取向两个层面进行论证,主张在西化的过程中要有"选择"的余地。费孝通先生也曾评价,"他的研究是宏观的,用全世界各国的材料来做比较,去找中国社会的出路,去理解中国社会"[1]。再次,吴景超在研究中重视调查,大量采用统计数据进行定量和比较分析。民国时期,各种数据统计受到重视,统计被认为可以起到"验国情盈强、国势强弱,参互比较,以实施政之方"的作用,吴景超的研究中,充分使用了当时统计调查的成果,以数据来呈现、诠释与说理。

吴景超的实践自觉不仅仅体现在实践的本体论上,更是一种价值理念,他的研究不只是为了用不同的方式解释世界,还在于"为认识世界、改变世界提供强大的理论支撑,并在理论付诸实践中不断丰富和发展它"[2]。他的很多观点,从今天来看是非常具有前瞻性和深刻性的。如外资的利用、社会主义和计划经济之间的关系等,"虽然其研究在当时代并未全然转化为现实,但是当今其部分已经成为了国策,部分成了现实,部分正在被社会验证"[3]。其对于工业化的强调,正是牢牢把握住了中国近现代社会经济发展最核心的要义。透过《中国经济建设之路》,我们能深刻感受到以吴景超为代表的一代知识分子所具有的责任感和使命感,他们追求"为天地立心,为生民立命,为往圣继绝学,为万世开太平"的理想抱负,以历史主动精神去探求更好的中国,正如吴景超先生自己所言,其毕生所追求的是"使我所居的社会,因为有我,可以向真美善的仙乡再进一步"[4]。

---

1 费孝通:《在纪念著名社会学家吴景超教授学术思想讨论会上的讲话》,载《吴景超文集》"代序一",商务印书馆,2008年。
2 洪大用:《实践自觉与中国式现代化的社会学研究》,《中国社会科学》2021年第12期。
3 庞绍堂:《吴景超先生的学术思想与学术风格》,《南京大学学报》2004年第5期。
4 吴景超:《暑假期内我们对于家乡的贡献》,《清华周刊》第7次增刊,1921年6月。

试论1940年代后期吴景超的社会主义市场经济思想

卫春回[*]

  吴景超（1901—1968），字北海，安徽徽州（歙县）人，20世纪中国著名的社会学家、经济学家。吴景超早年赴美留学，主修社会学，获博士学位。1928年回国，历任金陵大学、清华大学教授，全面抗日战争前后在政府部门工作11年之久。20世纪30年代吴景超便应胡适之邀兼职于《独立评论》，发表了一系列论文；抗战期间在重庆主办了颇有影响的《新经济》半月刊，发文量居该刊作者第一位；40年代后期再主办《新路》周刊，同时在《世纪评论》、《观察》等著名期刊发表论文几十篇，成为一位活跃的公共知识分子。吴景超学术造诣高超，视野极为开阔，其论说和建议具有很高的科学性和前瞻性，是20世纪三四十年代中国学术界和公共领域中非常醒目的一位学者。

  由于多方面的原因，学术界对吴景超的研究还是很有限的，相关的论文主要集中在吴景超的都市社会学和中国工业化道路、农业现代化等方面，对

---

[*] 卫春回，华东理工大学马克思主义学院教授。

他有关经济制度方面的一些基础性思考关注甚少。[1]事实上，1940年代后期吴景超对中国经济制度的选择问题发表过重要见解，系统地论述了"自由主义的社会主义经济"的主张，代表着20世纪40年代后期中国学术界对市场经济的看法，值得高度重视。本文拟从生产资料公有制、公有制与市场机制的结合、经济平等与经济自由、从国防第一到市场机制的思想转变、世界经济思潮的影响等五方面对吴景超的社会主义市场经济思想予以较全面的梳理，并特别注意分析其思想渊源与背景，以彰显其学说在战后中国制度选择以及中国经济思想发展历程中的价值与地位。

一、赞同生产资料公有制

在经济制度的选择中，所有制问题最为根本。正如吴景超所言："从财产的动态去观察，私有与公有的差异，实在是深刻的，影响到生产、分配、消费等过程及人与人之间的关系。"[2]从目前掌握的材料看，吴景超和其他的自由主义者几乎均对生产资料公有制持赞同和认可的态度。在他们看来，一个合理的经济制度应该使社会总生产之分配尽可能趋于公平。这种"经济平等"的要求，只能建立在公有制的基础之上。

吴景超的分析从检讨私有制度的弊端开始。首先，他认为在自由主义的私有财产制下，贫富悬殊是无法避免的。自由经济下会产生两种不同的收入，

---

[1] 据本人查阅，有关吴景超的研究专著极少，研究论文主要集中在都市社会学、中国工业化道路、农业现代化、社会安全等方面。涉及战后经济制度选择的除本人论文外，主要有黄岭峻《中国现代"自由经济"思想钩沉》（《武汉大学学报》（哲学社会科学版）2005年第7期）、钟祥财《1949年以前吴景超的经济思想及其方法论特点》（《社会科学》2012年第1期）、贾少青《吴景超经济思想研究》（郑州大学硕士论文，2011年）、王东亮《吴景超经济思想研究》（南京大学硕士论文，2013年）等。

[2] 吴景超：《私有财产与公有财产——美苏经济制度述评之一》，《新路》第1卷第15期，1948年8月21日。

一为劳务收入，一为财产收入。吴景超以美国为例做了一个统计，美国劳务收入的两端相差二三十倍之间，假如仅此而言，算是很平等的。但是另一源于财产收入的差别就极大了，一般的民众与财阀之间的悬殊难以数计，这是造成贫富不均的主要原因。而实现了财产公有以后，人民收入中最重要的只有劳务收入，这便消除了不劳而获的财产收入，虽然个人的劳务收入是不同的，在苏联一般的差距有 18 倍，加不同职务的奖金其两端差距有 130 余倍，但比起美国的财产悬殊毕竟减少了许多。"由此可见两种财产制度，产生两种不同的贫富距离。私有财产制度下所产生的贫富距离，其宽度远非公有财产制度下所产生的所可比。"[1]

其次，在自由企业制度下，储蓄与投资不平衡而导致的失业是私有制度造成的。也就是说，由于财产私有，储蓄与投资成为一种个人行为，如果富人储蓄的款项不用于投资，而是用于消费或其他的用途，其结果必然产生整个社会的收入与支出的不平衡，因而出现失业的结果："这种失业现象的产生，假如没有政府于事先设法预防，乃是私有财产制度下的必然结果。正如凯因斯所指出的，在私有财产制度的国家，负责储蓄的是一种人，负责投资的又是另一种人。两种人各不相谋，而想他们的活动，自然的产生互相抵消或恰好相等的结果，乃是不可能的。如欲储蓄与投资互相抵消，非有政府出而做一种补救的工作不可。"[2] 相反，在公有制的情形下，大规模的失业现象能够预防和避免。因为公有财产制的确立，使一切的储蓄都集中在政府手中，这笔政府控制的收入，可以有计划地进行支出，并与这笔收入相抵消，从而保持储蓄与投资的平衡状态，这样就能够基本上实现全民就业的目标。

再次，独占资本的出现，是自由企业制度难以为继的致命根源。吴景超分析说，随着现代技术的发展，理想中的完全竞争状态愈加无法成立。因为完全竞争需要每一产业中都有多数的互相竞争的生产单位，但在有些产业中，

---

[1] 吴景超：《私有财产与公有财产——美苏经济制度述评之一》，《新路》第 1 卷第 15 期，1948 年 8 月 21 日。
[2] 同上。

现代技术的发展促使了大规模的集中生产:"在美国的经济组织中,有许多企业范围,采用了大规模的生产方法,少数生产单位,其生产的成品,常占此项企业中生产总值一个很大的百分数;又有许多企业,是天然只能允许一个或极少数的单位来经营的(如各种公用企业)。"[1]这种情形不仅妨碍了社会中各种生产因素的充分利用,也使生产因素无法合理配置于各产业部门,以生产符合人民需求的商品。同时独占利润的存在更加强了分配不平均的倾向,使社会愈加分裂为固定的阶级,造成阶级间的斗争。由此可见,独占资本的日趋强大,已经破坏了自由竞争条件下的一系列经济法则,而在公有制的条件下,根本不可能出现个人的独占资本。

吴景超运用西方自由主义经济学原理,尤其是福利经济学的原则和凯恩斯的经济理论得出了和马克思的政治经济学基本相同的结论,即在合理的经济制度中生产资料的公有制是必不可少的。当然,作为自由主义的信仰者,在如何实现公有制的问题上仍和社会主义者有明显区别。他主张以理性与和平的方式实现生产资料的公有化,英国工党政府采取的给予相应补偿的社会化政策深受其推崇和欣赏。总之,生产资料的公有制是20世纪40年代中国学界普遍认可和接受的所有制形式,不论何种倾向的学者在这一问题上基本没有分歧。

二、社会主义公有制与市场机制的结合

战后中国学术界讨论更多、分歧较大的是与公有制相匹配的究竟应该是计划经济体制还是市场价格体系。相当多的学者主张公有制下必须实行计划经济,这一点论者多有阐述,此处不予展开。而吴景超则代表了另一部分少数派学者的看法,他们认为与公有制匹配的应该是市场价格机制。吴景超开

---

[1] 吴景超:《私有财产与公有财产——美苏经济制度述评之一》,《新路》第1卷第15期,1948年8月21日。

宗明义地指出：一个合理的经济制度，其目标不仅是要取消私有财产，"还有'提高人民的生活程度'，'社会主义并不是要大家贫穷困苦，而是要铲除贫穷困苦，要给社会全体组成员造成丰裕和文明的生活'"[1]。达到这一目的的理想经济制度应该是公有制与价格机制的结合，而不是与计划经济的联姻。因为与价格机制相比，计划经济的弊端是明显的，吴景超将其归结为四个方面：

首先，计划经济妨害人民的消费自由。所谓消费自由是指消费者有能力影响商品的生产。在价格体系下，生产元素的配合与移动无形的、间接的受消费者的指挥，因而消费者是产品生产的决定者。而计划经济的特征是由国家设计机关的少数人来决定产品生产，其结果有两种：或计口配给制，或在生产的产品中做有限的选择。这显然不是真正意义的消费自由。

其次，计划经济限制了择业自由。在自由经济的条件下，人民有选择职业的自由，政府没有任何规定阻止其转行。而在计划经济中，每种重要物资的生产，已由计划决定，其物资和劳力也必配之计划："我们因此可以想象，计划经济是无法容许择业完全自由的，因为在完全择业自由的状态之下，每一实业，或某一工厂，所能得到的劳工，其数量决不能与计划所必需的数目相吻合。"[2]

再次，计划经济无法达到生产因素的合理分配。按照自由主义经济学的原理分析，最合理的生产因素分配，只有在价格机制存在的完全竞争状态下才可以实现。计划经济的情形却与此相悖："他对于生产因素的利用，可能发生两种结果，一为利用不足，……一为浪费。"[3]

最后，计划经济必然会产生计划的浪费。比之自由经济，计划经济增加了一套从中央到地方的计划机构，为促使各生产单位完成计划还必须配有一套从中央到地方的考核机构。这两套机构中配备的人员数目相当可观。"假如没有这一些人的存在，生产工作依旧可以进行，那么国家雇佣这一些人，完

---

1 吴景超：《社会主义与计划经济是可以分开的》，《新路》第2卷第5期，1948年12月11日。
2 吴景超：《论经济自由——美苏经济制度述评之一》，《新路》第1卷第21期，1948年10月2日。
3 同上。

全是一种浪费,对于人民,一种不必要的负担。"[1]

由上他得出结论:计划经济是一种既无自由又无效率的经济体制。尽管这种具有"预先纠错"功能的经济模式,从理论形态上看似乎很理想,但它最大的问题是将消费者主权或更广意义的效用主权排除在外。如果一种经济制度完全忽略个人的喜好和特点,给你什么你就接受什么,这显然是没有消费自由的,就这个意义讲它同时也是没有效率的。有鉴于此,摒弃计划经济,使社会主义与价格机制相结合便成为自然的结论。这种认识的基本前提是两种经济形式可以与不同的所有制组合搭配,也就是说,公有制与计划经济是可以分开的,两者并没有必然的联系:"在社会主义之下,可以不必有计划经济,而在其他主义之下,也可以有计划经济。"[2] 为了证明计划经济与社会主义的区别,他还特别强调,计划经济只是苏联一国独有的经济政策:"即以马克斯的《资本论》而说,在那二千余页的巨著里,只有很少几处,谈到生产要遵照计划,但言而不详,不知其命意何在。"[3]

究竟如何使公有制与价格机制结合起来,吴景超对此做过若干设想。最重要的是在将私有财产转变为公有财产的过程中,大的生产单位依旧维持公司的形式。公司的董事会人选,只有小部分为政府所派,其余的大部分由不同社团举出。"每一生产单位中工作的人,与该单位的董事会或董事会所指派的经理,发生契约关系,不与政府任何机关,发生契约关系,因而生产单位中的工作者,既非政府所雇佣,也不为政府所解雇。这是保证私人就业,不受政府干涉的办法,也就是分裂政治权与经济权的方法。"[4] 公司的生产方针,虽不以赢利为目的,但要依照政府所指示的完全竞争下的生产原则进行。至于在新投资方面,政府收到的利息、红利及地租仍不够需要,在人民的同意

---

[1] 春生(吴景超笔名):《社会主义的经济不需计划》,《新路》第1卷第16期,1948年8月28日。
[2] 同上。
[3] 同上。
[4] 吴景超:《论经济自由——美苏经济制度述评之一·总答复》,《新路》第1卷第21期,1948年10月2日。

（通过国会的立法）下，可以利用强迫储蓄的方法，来增加资本的蓄积。政府可以规定一个资本的积累率，但不应规定新资本的用途。"假如政府以新资本交给银行，而让人民或公司出相当的利息（此项利率，必须使新投资等于新储蓄的数量）来利用这些资本，那么人民的消费主权，还可充分的行使，便非计划经济了。"[1] 这些具体的办法和措施，完全是他对公有制下市场经济运作的一种理想化设想。

需要特别强调的是，吴景超充分认识到经济制度的选择绝不是单纯的经济问题，它与政治制度的关系极为密切。他分析指出，在社会主义国家，政府全面控制着生产事业及商品分配，全国的就业人员，除极少数自由职业者外，均属政府公务员和雇员，政府的权力可谓空前庞大。因此，实行市场经济与价格机制，不仅是经济体制的自由问题，更是建立民主政治的必要基础和条件，否则"也不敢保险实行计划经济的国家，不出一个拿破仑或希特勒。他可以巩固城防为名，或以保卫某种主义为名，把一国的资源，用在穷兵黩武方面。这种不幸的可能，是任何社会所不能不预防的"[2]。所以在追求经济平等时，万万不可放弃民主政治的制度建设，这是经济制度选择时最重要的出发点之一。

总之，在吴景超看来，计划经济与价格机制乃是一种手段和方法，它可以与不同的所有制搭配，最为理想的组合是公有制与价格机制的结合。以春生为笔名的一段总结很具代表性："生产事业私有而有计划，是极权主义的资本主义的经济；生产事业公有而有计划，是极权主义的社会主义的经济；生产事业公有而无计划，是自由主义的社会主义的经济。我是赞成自由主义的社会主义经济的，因为在这种经济之下，阶级的现象取消了，贫富不均的情形改善了，奢侈与失业的对立不存在了，同时还维持着消费者选择的自由，与劳动者就业的自由。我们应当择善而从，所以我们要社会主义，但不要计

---

[1] 吴景超：《论经济自由——美苏经济制度述评之一·总答复》，《新路》第1卷第21期，1948年10月2日。

[2] 春生：《社会主义的经济不需计划》，《新路》第1卷第16期，1948年8月28日。

划经济。"[1]将公有制与价格机制融为一体的制度设计,在理论上和实践中均没有前例可循,因而具有更强烈的探索价值。尽管这种绕开私有产权的思考充满了理想色彩,但其意义依然不容低估:即吴景超深刻认识到市场经济不仅可以保障人们的经济自由,同时也是建立民主政治的前提与条件。在20世纪40年代对计划经济的一片叫好声中,此种清醒尤显难能可贵。

三、经济平等与经济自由

任何一种经济制度都需要解决生产与分配两方面的问题。生产问题的核心是效率,而分配的核心在于公平。自由企业制度在数百年的发展进程中,取得了有目共睹的效率成果,然而其分配方面的弊端也暴露无遗。早在19世纪末叶,人们已经开始批评放任的自由经济体制,20世纪以来,尤其是二战以后,追求分配领域的平等更成为经济思潮的主流。在这种背景下,社会主义作为一种强调平等的经济体制,受到广泛的重视和推崇。而自由企业制度同时做出相应的修正,平等价值也成为不可或缺的内容。20世纪40年代中国学界对公平与效率的讨论,不仅与世界经济思潮同步,并赋予了对中国社会现实的深切关注。

首先需要明确"经济平等"的含义。多数学者比较笼统地使用这一概念,大家普遍认同的经济平等就是在经济领域废除经济特权,消除贫富不均,实现民众生活质量的普遍提高。大致来说,主张计划经济的学者对平等的强调更加突出,他们认为,经济平等不应只停留在法律所赋有的权利上,实际生活中的财富平等也很必要,剥夺有产者的资产是实现经济平等的重要手段。政治学教授吴恩裕的说法具有代表性,他认为中国需要的是真正意义的全民平等与自由:"西方民主政治的经验已经昭示给我们:没有平等的基础,真正

---

[1] 春生:《社会主义的经济不需计划》,《新路》第1卷第16期,1948年8月28日。

全民的自由是不能实现的。平等和自由是不冲突的，因此我们一方面固然要争取自由，另方面也要促成平等，以为自由的基础。"[1] 实际上，平等在上面的分析中成为甚于自由的最重要价值。至于平等是否都属公正，已经显得无足轻重，在论者眼里，平等本身就代表着公平与正义。

以吴景超为代表的主张价格机制的学者，则表现出另外一种倾向，他们对经济平等的思索更具自由主义的思想特征。吴景超认为判断"经济平等"应该有几层标准：第一是个人所得的来源是否一样。在理想的社会主义国家，私有财产制被取消，人民的收入来源只有劳务收入。第二个标准是个人收入的数量是否有很大悬殊，这体现着不平等的程度。第三要特别注意经济权力不平等的问题。他说英国学者希克斯（J. R. Hicks）提出的经济权力不平等很有价值："收入的不平等，只是外面的表现。社会上还有更深刻、更基本的一种不平等现象，就是权力的不平等。这种不平等弥漫于各种社会之中，我们很难想象一种有组织的社会，权力的分派，是平等的。"[2] 相较而言，收入的不平等较之权力的不平等容易控制的多。因此吴景超的结论是："在现代的社会里，为乞求某一种的平等，很容易陷入另一种的不平等。我们为要求收入的比较平等，很容易引进经济权力的更不平等。在经济平等的这个名词的含义之中，我们不要放弃经济权力平等这一概念。"[3] 具体说，经济权力的意义不仅包括财产的所有权，也包括财产的使用权。在资本主义社会，谁把握财产谁就拥有经济权力；在公有制的社会主义，财产的使用权集中在少数人手中，这种经济权力的不平等需要引起高度警惕。

处于对"经济平等"的上述界定，吴景超在强调平等时，并不忽略效率和消费者的自由权利，并认为后两者有不可替代的重要性。也就是说，在"自由竞争的社会主义"经济制度下，平等的原则并不意味着绝对的分配平均，能力不等的生产因素，其报酬也应有所不同。同样，平等的获得也不能

---

[1] 吴恩裕：《自由乎？平等乎？》，《观察》第3卷第12期，1947年11月5日。

[2] 吴景超：《从四种观点论美苏两国的经济平等》，《观察》第5卷第13期，1948年11月20日。

[3] 同上。

以牺牲自由为代价。比之以平等为特征的计划经济,价格机制的优势不仅在其效率,还在于它对人民自由权利的保障。吴景超的一段表白很好地说明了问题:"我个人假如有一种偏见,那就是在价值系统中,我同样的重视'经济平等'与'经济自由'………计划经济限制人民的自由,并非一种猜想,而是客观的事实,凡是实行计划经济的国家,不管他奉行什么主义,都难免侵犯人民的自由,因此损伤了他的福利。实行计划经济的国家,必然要集中控制,必须要把生产因素的支配权,付托于少数人之手。这少数人假如是大公无私的,假如都如蓝道尔(O. Landauer)所说,在其决定生产品的数量之先,要先解决几十万个方程式,其结果也不见得胜过价格机构下所表现的成绩。万一此少数人别有用心,滥用其权利,逞其私意来支配生产因素,则其对于人民大众所产生的祸害,真是不可胜言。人类不要轻易放弃其自由。到今天为止,我们还没有看到一个制度,其保护人民消费自由的能力,胜过价格机构。所以我不愿意看到社会主义与计划经济联姻,而愿意他与价格机构百年偕老。"[1] 从本质上说,自由与效率具有根本的一致性,没有自由的经济制度其实也是没有效率的经济制度。很明显,吴景超追求的是以效率和自由为前提的平等,这是他心目中比较理想的公平状态。

从 20 世纪中国经济思想发展的角度言,以吴景超为代表的主张价格机制的学者最早探讨了社会主义与市场机制的结合,充分体现出他们对社会公正的高度关注。自由主义向社会领域的扩展乃是 20 世纪 40 年代自由主义的一个重要发展,其极具理性的辨析具有深刻的启示意义。

四、从国防第一到市场机制的思想转变

国内 40 年代主张市场机制的几位学者中,吴景超是核心人物,其学术背景和个人经历值得特别关注。吴景超 1923 年赴美求学于明尼苏达大学,学习

---

[1] 吴景超:《社会主义与计划经济是可以分开的》,《新路》第 2 卷第 5 期,1948 年 12 月 11 日。

社会学，1925年获学士学位。同年入芝加哥大学继续深造，随派克（Robert. E. Park）等学者从事都市社会学研究，先后获硕士（1926年）及博士（1928年）学位。回国后吴景超的经历主要是两方面：第一是在大学任教，可分为三个阶段：1928至1931年吴景超任金陵大学社会系教授兼系主任；1931至1935年任清华大学教授（曾短期兼任教务长）；在经过十余年的政府工作后1947年重返清华任教授，并成为《新路》周刊主要创办者之一。第二是参与政府工作。1935年底吴景超随翁文灏赴南京，任国民政府行政秘书、参事等职；全面抗战爆发后，他先后出任行政院经济部秘书，战时生产局主任秘书，以自己的学术专长贡献于抗战；1946年任中国善后救济总署顾问。可以看出，吴景超回国后至新中国成立前21年的时间中，一半在学校教书，一半在政府任职，是一位有颇多实际工作经验的大学教授。

吴景超的学术研究密切联系中国的现实。在美国求学期间，从研究都市问题出发，他便开始思考中国的现代化问题。回国后，中国的现代化始终是其学术研究的中心课题之一。1937年吴景超将数年来发表的16篇论文集结出版《第四种国家的出路》[1]，主要探讨中国现代化进程中的农村、农业、农民、土地、工业化、都市化等问题。1938年的新作《中国工业化的途径》，则详细研究了中国工业化的目标、资本、人才、政府组织、同业组织等。这一时期吴景超对苏联的社会主义建设及其计划经济模式极为关注，并认为值得落后国家借鉴。他在该书序言中表示："去年得到一个机会，在欧洲游历了半年，走了许多国家，其中德国与苏联，给我的印象最深。我研究这两个国家的工业化的工作，发现他们想由工业化所达到的目标，并非人民生活程度的提高，而为国防力量的增进。……卢沟桥事变的发生，使我觉得这种态度，有提倡的必要。中国现在需要工业化，这是不易的真理，但我们目前所急待建设的工业，应为国防工业及与国防工业有直接关系之重工业。民生工业的

---

[1] 《第四种国家的出路》，商务印书馆1937年2月初版，收集了吴景超数年内在《新月》《清华学报》《社会科学》《大公报》《独立评论》报章杂志发表的16篇文章。

建设，应居于次要地位。"[1]1943年出版的《中国经济建设之路》，收入吴景超抗战期间写成的十余篇文章，依然强调在国防第一的国策下，建设事业需要管制和计划："我们可以看出，在建国的时期内，自由经济已不适用。我们为迅速地达到我们的目标起见，以后对于建设事业的生产、投资、分配、及产品的价格，均应加以管制，使伟大的建设工作，均在一个统筹的计划下进行。"[2]可以说20世纪30年代乃至抗战即将结束时，吴景超都是主张国民经济需要国家管制和计划的。

战后吴景超的思想有了比较大的转变，如前所述，吴景超俨然成为力主公有制与价格机制结合的最重要的代表人物，他在《新路》《世纪评论》《观察》等杂志发表一系列文章，倡导市场经济。转变的缘由似有两方面的因素：第一，从学术背景看，吴景超此时接触并接受了哈耶克的学说。可以肯定，1944年哈耶克的新著《通往奴役之路》对吴景超有不小影响，虽然我们没有直接看到吴景超专门的评论，但其以自由为依据的论述视角，无不体现哈耶克式的思考，在以春生为笔名的论说中更直接援引哈耶克的说法："海耶克（F.A.von Hayek）曾说过：我们可以有很少的计划，与很多的社会主义，也可以有很多的计划，与很少的社会主义。由此可见这两个范畴，社会主义与计划经济，是不必拉在一起的。"[3]与哈耶克观点相同的希克斯的学说也很受吴景超青睐，是其论述的另一重要依据。第二，抗战胜利后中国面临民主建国新的历史机遇，制度选择成为中国知识界最为关心的问题。社会主义与资本主义自然是重要的参照体系，吴景超对美苏社会制度的系列比较正反映了这一趋向[4]，其重点在于指出两种经济制度在目的上有很大不同：苏联经济制度的基本目标是提高国防能力，达此目标的最好手段就是采取计划经济。而在

---

1 吴景超：《中国工业化的途径》，商务印书馆，1938年，"自序"第1页。
2 吴景超：《中国经济建设之路》，商务印书馆，1943年，第150页。
3 春生：《社会主义的经济不需计划》，《新路》第1卷第16期，1948年8月28日。
4 笔者统计，吴景超1947—1948年在《新路》《世纪评论》《观察》《知识与生活》《社会科学》等杂志发表美苏制度系列比较的文章多达13篇。

自由主义经济学看来,经济制度作为一种工具,它的目标只有提高人民的生活程度。实际上,两种经济制度的背后,隐含着大不相同的价值观念。[1] "也许有人觉得世间还有别的价值,在经济自由之上,为实现此种价值,牺牲经济自由,亦所不惜。在战争的时候,我们大家都有这种感觉。为着祖国的独立与安全,经济自由应当牺牲。但在太平的时候,经济自由是否应当牺牲呢?"[2] 显然,由于民族危机的解除,此时的吴景超已经将提高人民的生活程度作为经济制度的重要目标加以考虑:"现在,各国信奉社会主义的人,有许多不主张计划经济,而且以为社会主义如想'以提高全民生活水准'为目标,必须放弃计划经济。我的看法,是与这一些人相同的。"[3] 这和他战争时期主张国防第一有很大区别。此外,1943年3月到1944年底,吴景超与其他五位教授访问考察美国近两年,对美国快速发展的经济现状和人民生活的实际水平有了更多的了解,[4] 这也是他战后转而与市场经济为伍的因素之一。

还应该注意的是,与吴景超思想接近的几位同仁的相互影响。直接受业于哈耶克的蒋硕杰(1918—1993),[5] 在《新路》发表有关经济制度选择的重要论文,提出"自由竞争的社会主义"概念,其核心是在自由主义与集体式社会主义之间走中间道路:"社会主义的经济,尽可采用一种分权的经济制

---

[1] 参见吴景超:《计划经济与价格机构》,《社会科学》(清华大学)第5卷第1期,1948年10月。
[2] 吴景超《论经济自由——美苏经济制度述评之一》《新路》第1卷第21期,1948年10月2日。
[3] 春生:《社会主义的经济不需计划·答负生》,《新路》第1卷第16期,1948年8月28日。
[4] 1943年3月到1944年底,吴景超与晏阳初、吴贻芳、桂质廷、李卓敏、陈源组成"六人教授团"前往美国考察。吴景超去了很多城市和大学,一方面介绍中国抗战情况,一方面考察美国经济,研究战后经济走向。
[5] 蒋硕杰(1918—1993),湖北应城人,出生于上海。16岁到日本庆应大学读过三年预科和一年本科,1938年20岁时考入英国伦敦政治经济学院,1941年大学本科毕业,获得伦敦政治经济学院经济学学士。之后在哈耶克的介绍下,到剑桥研究院继续深造,深受哈耶克和希克斯(Hicks)的青睐。1945年,27岁的蒋硕杰在哈耶克和希克斯共同口试后,顺利获取博士学位。其博士论文获得象征最佳论文的"赫其森银牌奖"(Hutchinson Silver Medal)。同年8月,蒋硕杰应张公权之邀回国,任职东北行辕经济委员会调查研究处处长。1946—1948年在北大经济系任教。这期间在《新路》周刊发表《经济制度之选择》(《新路》1卷3期,1948年5月29日)等重要论文,是战后力主市场经济的重要代表人物之一。

度，而使之兼有完全竞争的自由主义之长处。"[1]可以看出，他反对政府过度干预经济事务，十分注重经济自由以及经济自由与民主政治的关系。刘大中（1914—1975）和吴元黎（1920—2008）[2]也是两位力主价格机制的学者，他们两人参与的讨论以及发表的若干文章，均体现出对价格机制以及自由价值的坚守和捍卫[3]。几位学者私交甚好，蒋硕杰曾回忆说："这杂志（指《新路》，作者注）成为北平教授们讨论经济问题的论坛，大中和我都是它的基本投稿者，过从也因此更密。"[4]而时值盛年的吴景超既是几位青年才俊的兄长，又是《新路》重要的创办人和撰稿人，彼此多有沟通和交流。共同的留学背景和知识背景使他们的思想倾向相当一致，并成为同仁群体中最能相互认可的少数派。

五、吴景超与20世纪40年代的经济思潮

通过以上的分析，我们基本了解了吴景超等学者向往的经济制度：认可生产资料公有制，主张公有制与价格机制相结合；重视经济平等，但却不放弃经济自由，并认为分散经济权力是必需的。实际上，吴景超与主张计划经

---

1 蒋硕杰：《经济制度之选择》，《新路》第1卷第3期，1948年5月29日。
2 刘大中（1914—1975），江苏武进人。1936年毕业于交通大学唐山学院机械系，即赴美国康奈尔大学学习土木工程，获硕士学位。之后改读经济学，1939年获康奈尔大学经济学博士学位。1940年担任华盛顿布鲁金斯研究所研究员，次年任职于中华民国驻美大使馆商务参赞处。1946—1948年回国任清华大学教授，是《新路》周刊负责经济内容的主编。吴元黎（1920—2008），上海人。上海圣约翰大学毕业后赴英深造，进入伦敦政治经济学院研习经济学，1942年获经济学第一等荣誉学位，1946年再获经济学博士学位。回国后，受张公权之邀任职于中央银行经济研究处，与学术界关系甚密。
3 这一时期刘大中发表的主要论文有：《社会主义下的生产效率》（《新路》第1卷第11期，1948年7月12日）、《政治民主与经济民主》（《新路》1卷第13期，1948年8月7日）、《经济自由、社会主义、和新投资计划》，（《新路》1卷第21期，1948年10月2日）；吴元黎的主要论文有：《现代经济思潮的趋势》（《观察》第2卷第9期，1947年4月26日）。
4 蒋硕杰：《我与刘大中三十年的友情》，（台北）《传记文学》第63卷第6期，第60页。

济的学者一样,都将实现社会主义理想作为一种前提予以确认,不过他所理解的社会主义是有更多自由的社会主义,吴景超将其概括为"自由主义的社会主义的经济"。显然,吴景超试图在自由主义与集权式社会主义之间寻求一条中间路线。解读这种特有的思想倾向,除了其个人的学术背景外,也需要从其所处的历史语境和世界经济思潮中做若干考察。

20世纪40年代自由主义学人对社会主义的普遍偏好,与当时的国际背景密切相关。20世纪前半期,社会主义在世界范围内凯歌高奏,不仅诞生了以马克思主义为指导的社会主义国家苏联,同时以费边主义为代表的民主社会主义也在西欧国家得到了迅速发展,他们否定马克思主义阶级斗争学说,把传统自由主义中的自由、民主意识纳入社会主义理论,或者说是在自由主义的基本框架下,加入了社会主义经济平等的若干价值观。尤其是"二战"后,西欧各国积极推行"福利国家"政策,并形成了现实的国家福利制度。具体而言,就是通过加强国家对社会经济活动的管理和监督,扩大社会福利,以高额累进所得税限制私人资本,实现国民收入的公平分配,消灭资本主义社会的贫富悬殊现象;同时提供更多的社会服务和充分的社会就业,建立有效的社会保障系统,使国民可以享受一套从摇篮到坟墓的社会福利制度。这就是所谓的"经济民主",即社会经济生活的民主化。

战后中国自由主义的报刊中,对西欧的经济实践,尤其是1945年英国工党执政后的若干政策和举措,给予了大量的报道和评论。清华大学教授伍启元的看法很具代表性,他从东西欧比较的角度指出,西欧国家的侧重点主要在国有政策和社会安全:"在英国,目前国有政策除原有的邮政、广播等外,只包括中央银行、煤、电、交通等最基本的事业。法国等大陆国家的情形也相同。大约西欧社会主义最重要的特点,就是'社会安全制度',即使人人自出生至死亡,均能享有免除贫乏的权利。"[1]而英法两国的计划特点是"保持

---

[1] 伍启元:《从世界潮流论中国出路》,《观察》第2卷第7期,1947年4月12日。

个人经济活动以相当大的自由，而政府只在最基本处对经济计划与限制"[1]。在大多数自由主义者眼里，西欧各国政府推行的福利国家政策和民主社会主义，很值得中国效仿："中国应依照西欧英法两国的模型，在政治方面采行民主政治，而在经济方面采行温和社会主义。"[2]

与此同时，大洋彼岸美国罗斯福的新政成为中国学界又一瞩目的焦点。20世纪30年代经济危机后上任的罗斯福政府，主张创建一种有控制的资本主义制度。为此，国家要限制过分的自由竞争，控制垄断，消除特权，更公平地分配国民收入，稳定物价和工资；还要提供就业机会，振兴公共事业，创建社会福利。罗斯福的新自由主义及各项经济措施深得中国学界人士的认同，他们反复提到罗斯福总统1941年提出的"四大自由"中"免于匮乏的自由"，认为这是对经济平等的充分肯定。著名学者傅斯年撰文说："百多年来，自由主义虽为人们造成了法律的平等，却帮助资本主义更形成了经济的不平等，这是极可恨的。没有经济的平等，其他的平等是假的，自由也每每不是真的。"[3]可见，平等不再是自由的外在条件，而获得了与自由等同的地位，人民权利范围的扩大，无疑是中国自由主义者非常向往的。

可以看出，20世纪40年代整个西方社会都在对传统自由主义做出重大修正，加入若干社会主义因素不仅是民主社会主义的追求，也是新自由主义的旨趣所在。这种国际性潮流极大地影响着中国学人的思想状态和制度选择，不论是主张计划经济还是市场经济，他们都以社会主义为最佳皈依。同样重要的是当时中国学界活跃人士的留学经历。这批人大多出生于19世纪末或20世纪初，二三十年代留学英美，其思想与志向基本形成于此时，可以说留学经历是他们最主要的思想来源之一。而此时的西方各种形式的修正主义已蔚然成风，尤其是英国的民主社会主义思潮非常盛行，英国颇有影响的工党著

1　伍启元：《从世界潮流论中国出路》，《观察》第2卷第7期，1947年4月12日。
2　同上。
3　傅斯年：《罗斯福与新自由主义》（1945年4月29日），欧阳哲生编：《傅斯年全集》第4卷，湖南教育出版社，2003年，第294页。

名理论家、费边社成员哈罗德·拉斯基（Harold J. Laski）成为中国学人仰慕的大师，当时留美留英的许多中国学生慕名拜师其门下。[1]他们基本上是计划经济的主张者，其思想状态与拉斯基的影响有直接的渊源关系，本人对此已有另文详论，此处不赘。[2]

主张社会主义与市场机制结合的数位学者，他们的选择显然受到了当时并不走红的自由保守主义或奥地利学派的影响。20世纪二三十年代西方经济学界围绕社会主义计划经济展开了一场理论论战。论战的前一阶段主要是在奥地利学派的代表人物米塞斯（Ludwigvon Mises）和美国经济学家泰勒（Frederick M. Taylor）之间爆发，论争的核心是，米塞斯认为没有市场机制的社会主义无法合理配置资源，而泰勒则认为通过影子价格同样可以实现合理配置。第二阶段论战的领衔者是米塞斯的学生英国经济学家哈耶克（F. A. Hayek）以及英国经济学家罗宾斯（Lionel Robbins），与之对应的是波兰经济学家兰格（Oskar Ryszard Lange）和美国经济学家勒纳（Abba Lerner）。论战的焦点有二：第一，中央计划委员是否可能收集到决策所需的大量数据资料？第二，是否可能对家庭需要的、国家供给的大量商品建立一个数学方程组，作为确立一系列价格的基础，这些价格将同时作为这个方程组的解？哈耶克和罗宾斯认为这是不可能的，因为社会主义计划者不可能收集到大量必需的资料，而且这不仅仅是一个纯粹的计算问题。哈耶克指出："任何一种以人的知识与特定情势中的客观事实相一致的假设作为实际出发点的认识进路，诸如许多采用联立方程式的数理经济学家所持的那种认识进路，都会把我们

---

[1] 20世纪20年代在伦敦政治经济学院受拉斯基指导的中国学生有钱昌照、陈源、徐志摩、杭立武、罗隆基、王造时等。30年代进入伦敦政治经济学院学习的有程沧波、储安平、龚祥瑞、吴恩裕、楼邦彦、伍启元、邹文海、王铁崖、樊得芬、费孝通、萧乾、藤茂桐、胡寄窗、蒋硕杰等。其中程沧波、龚祥瑞、邹文海和吴恩裕直接师从拉斯基，特别是龚祥瑞和吴恩裕的毕业论文都得到过拉斯基的亲自指点。参见孙宏云：《拉斯基与中国：关于拉斯基和他的中国学生的初步研究》，《中山大学学报》2000年第5期。

[2] 参见拙文：《20世纪40年代后期自由主义学人思想源流与历史语境探究》，《山东大学学报》2007年第4期；《抗战胜利后自由主义者向往的"经济民主"》，《文史哲》2009年第3期。

的主要任务所旨在解释的那种问题排斥在考虑之外。"[1]而兰格则认为，合理配置资源只需要存在价格就行了，无论这种价格是由竞争确定的市场价格，还是由计划者确定的影子价格。与泰勒一样，兰格认为通过试错过程，计划者完全能够将价格确定在市场出清（market clearing）的水平上。换言之，如果社会主义制度通过国家的计划和指导，实现了与完全竞争的资本主义同样的均衡条件，那么它就完全可以最有效地配置资源。到了20世纪40年代经济学界已经普遍认为米塞斯和哈耶克是错误的，同意社会主义也能有效配置资源的看法。

不容忽视的是，哈耶克在二战后进一步讨论了社会主义与自由的兼容性问题。1944年哈耶克发表了著名的《通往奴役之路》，影响甚大。他认为社会主义与自由是不相容的，理由是计划经济不能简单地存在，它需要一个特别的过程："在人们使用的所有手段都是社会财产，并且是根据一个单一计划以社会名义加以使用的地方，一切关于人们应该干什么的'社会的'观点必定要指导一切决定。在这样一个世界中，我们随即就会发现，我们的道德准则充满缺陷。"[2]哈耶克强烈抨击了国家对市场机制自由运转的一切限制，认为这些束缚对经济自由同时也对政治自由构成了致命的威胁。其矛头直指英国工党所号召的民主社会主义，在他看来，英国温和的民主社会主义尽管出自善意，但其政策势必导致与德国纳粹相同的灾难：现代奴役制。显然，哈耶克的研究从单纯的经济学的资源配置延伸到经济与政治自由、社会主义与资本主义的关系问题。由上可知，20世纪40年的世界经济思潮尤其是奥地利学派的领军人物哈耶克的学说对吴景超等人的思想状态有重要影响。

可以肯定，以吴景超为代表的几位学者，开启了20世纪中国经济思想发展史上社会主义与市场经济兼容性讨论的先河，他们的探索在计划经济几乎一统天下的时期具有重要的思想意义和价值。以今天的眼光看，试图绕过私

---

[1] [英]哈耶克：《个人主义与经济秩序》，邓正来译，生活·读书·新知三联书店，2003年，第135页。
[2] [英]哈耶克：《通往奴役之路》，王明毅、冯兴元等译，中国社会科学出版社，1997年，第60页。

有产权问题，只是将市场经济理解为一种可以与公有制嫁接的手段和方法，已被历史证明是行不通的。但这种思考依然颇具价值：首先，他们关注经济自由，认为只有在市场经济的条件下，人们的消费自由、择业自由以及生产要素的合理配置才得以实现，人民的生活程度方能真正提高，从而实现摆脱贫困和社会富足的理想，事实表明这些主张是极具见地的。其次，他们深刻认识到经济自由与民主政治密不可分，市场机制是防止经济权力同时也是政治权力集中的有效手段，此种清醒和认知在20世纪40年代的特定环境下的确令人钦佩。应该说，主张价格机制的学者高度尊重个人的价值与尊严，他们坚持了自由的不可让渡，坚持了民主政治体制，这些极具启发意义的思考，实在是弥足珍惜的一份历史遗产！

一份自我辩难的"蓝图初稿"
——1948年《新路》群体的建国思考

姜涛[*]

一、1948年《新路》的创刊

《新路》周刊1948年5月15日创刊于北平,由中国社会经济研究会主办,集合了当时清华、北大的一批学院知识分子,与政界、实业界也有颇深的关联。原国民党政府资源委员会委员长钱昌照,则是主要的幕后推手:1947年4月,宋子文辞行政院长后,国民党政府内阁改组,钱昌照连带去职,与"蒋政府"也渐行渐远,开始谋求一条个人的"新路","社经会"与《新路》都出自他的策划,全部经费也是由他筹措。[1]当时,内战形势逐渐明朗,"历史的路"显现为"只有一条",《新路》似乎代表了一批自由主义教授"最后的挣扎",[2]它"一面骂蒋介石和国民党,一面对共产主义抱怀疑态度",因而

---

[*] 姜涛,北京大学中文系教授。

[1] 中国社会经济研究会组建于1948年2月,最初的理事为王崇植、吴景超、周炳琳、孙越崎、陶孟和、楼邦彦、刘大中、潘光旦、钱昌照、钱端升、萧乾等,成员则多达50人。关于"社经会"与《新路》创办的经过,参见钱昌照:《钱昌照回忆录》,中国文史出版社,1998年,第100—102页。

[2] 钱理群:《1948:天地玄黄》,山东教育出版社,1998年,第77—78页。

不免给人以"第三条道路"的印象。因不断激烈地抨击"蒋政府",1948年底《新路》被勒令停刊,而中共方面也组织力量进行了专门批判。周刊出版之前,香港的左翼人士已将"社经会"定位为"新第三方面"的代表、"和平阴谋"的一部分:这"阴谋"是由"美国国务院'设计',司徒雷登、魏德迈等'导演',宋子文、邵力子、钱昌照等'帮助导演',而'演员'则是胡适到《大公报》的一般大大小小的'自由主义者'"。[1]

事实上,与过去所谓"第三方面""中间道路"有所不同的是,《新路》群体言论的重点,并不在国共两大之间的平衡、斡旋,以及相关的"和平、自由、民主"的呼吁,他们更多是基于自身的专业背景,以"研究"的方式,尝试在冷战即将形成的全球背景中,在"社会主义"已成历史必然的判断下,甚至超越具体的内战情境,探讨一条"新路"。[2] 钱昌照在"社经会"成立会上的致辞中这样说道:

> 中国距现代化的阶段还很远很远,若干现代化的先决问题还得彻底研讨。谁能准确的说出中国有多少人口,多少土地,多少矿藏,多少森林?谁曾精细的计算过中国的国民所得?然而这些事实都是有朝一日建设真正开始时必须知道的基本资料。此类研究工作迟早必做,而且是早应该做。
>
> ……
>
> 这新路不拘于国内已经有人走过的途径,也绝不随着国际局势的演变而轻易转移。我们必须集中力量并与外界合作,根据全民需要,试画

---

[1] 参见裴仁:《"新第三方面"——中国社会经济研究会》,《时与文》第2卷第23期,1948年3月19日;胡光:《自由主义运动的批判在香港》(香港通讯),《国讯》第456期,1948年4月2日。两文后收入《批判中国资产阶级中间路线参考资料》第四辑,中国人民大学中国革命史教研室编,1958年。

[2] 一位读者曾致信《新路》,认为所谓"第三方面"和"中间路线"口号的提出,"只是意味笼统目的的暧昧的名词,它好像是两个正在斗争集团之外的另一个准备参加斗争的集团,又像是仅仅想和缓两斗争集团的一种主张";但《新路》提出了一个具体的"适合时代的中心思想,一种符合人民要求的坚决的共同主张"。参见《一个青年的共鸣》,《新路》第1卷第2期1948年5月22日。

一幅建设新中国的蓝图。此后本会的刊物、丛书、研究报告等等,都可算做那幅蓝图的初稿。[1]

看得出,这段话出于一个"资源"专家的立场,相较于国共之间的政治构想,他更为关注的是国家的"现代化"前途,"有朝一日""迟早必做""蓝图""初稿"等提法,则与一种超越性、前瞻性的视角相关。在钱昌照看来,虽然内战尚未结束,但如何勾画一幅"建设新中国的蓝图"已是十分迫切的问题,"社经会"及《新路》周刊的工作,应该以此为中心展开。

作为这份蓝图的"初稿","社经会"成立之初也曾提出三十二条《中国社会经济研究会的初步主张》,在《新路》创刊号上公布,囊括了政治、外交、经济、社会等诸方面问题,核心要点包括建立民主宪政制度,实现军队国家化;采取国家计划的经济政策,防止独占性企业,限制私人土地,推进现代化与工业化;保证公平分配,教育机会均等,注重劳工福利和社会保险等。大体上看,这三十二条"初步主张"不乏"费边社会主义"色彩,类似一个独立提出的"建国"草案。但,既然是"初稿",《新路》同仁也申明这"三十二条"的暂时性、权宜性,发行刊物的目的,恰恰是为了容纳不同的"探索的方法、角度","并且可以不同到一个程度,可以和我们三十二条的初步主张抵触;我们自己中间也一样的可以彼此质难,互相辩驳"。[2]

简言之,自觉置身历史剧变之中,《新路》在申论主张的同时,又主动采取一种灵活、开放乃至自我辩难的态度。这直接反映在栏目设置上,除了"短评""时事报道""专论"等一般性栏目,"辩论"与"论坛"是《新路》上两个最重要的阵地,特别是"辩论"一栏,以正反驳论的方式,"把一个问题的正反两面,一齐都排列出来,让读者可以根据两方面的意见,下他自己的结论"。有意味的是,"作者所发表的意见,不一定代表他个人的意

---

[1] 转引自裴仁:《"新第三方面"——中国社会经济研究会》,《批判中国资产阶级中间路线参考资料》第四辑,第54页。
[2] 《发刊词》,《新路》第1卷第1期,1948年5月15日。

见",故均使用笔名,甚至正反双方有时以抽签方式决定。[1] 这种"角色"扮演的方式,目的在于刻意将不同的观点对立化、极端化,并在往返辩驳中,不断撑开"正反"之间的问题空间,卷入更多的层次和环节。同样,"论坛"一栏的方式,也是先由一人撰写正文,然后请多人参与讨论,反驳、补充、深化,由此取得"辩论"的效果。在这样一个被不断撑开的论辩空间中,具体立场的选择变得相对次要了,对不同方案之条件、限度、可能、路径之辨析反而成了重点,这或许构成了《新路》杂志的一种特别"方法","蓝图的初稿"是以自我辩难的形式来呈现的。

从中共方面看,对《新路》的批判主要着眼于"新第三方面"的政治效果以及与国民党内部派系的潜在关系,对于这份"蓝图的初稿"或许并未认真对待,对于其中的若干主张也未必全然反对。钱昌照1949年与周恩来会面时,周恩来甚至表示:"那时《新路》这个刊物的论调冲淡了共产党的宣传,所以要组织力量去批判。如果是早三年办这样一个刊物,应该算是进步的,到现在办也还可以,就是那个时候办不适宜。"[2] 尽管如此,参与《新路》的经历,后来还是成为相关作者非常严重的历史污点,在一系列"运动"中作为旧案被不断翻出,萧乾就曾感叹:"足足30年(1949—1979),我一直背着《新路》的黑锅,也仅止1956年解下过几个月。"[3] 与此相关的是,对于这个北方自由主义教授群体,近年来的知识分子研究也多有论及,但受制于某种"平反式"的言说惯性,论者多关注该群体成员在建国前夕的进退、选择,乃至"最后的挣扎",以及在随后"知识分子改造""反右"运动中的遭遇。而且,类似讨论多少会隐含对所谓自由立场之挖掘、褒扬,但也恰好因此,如

---

[1] 《辩论栏目》,《新路》第1卷第1期,1948年5月15日。《新路》上刊发的"论辩"话题,包括《苏联是否是真正的民主国家》(第1卷第3期)、《用和平方法能否实现社会主义》(第1卷第6期)、《目前国际局面美苏应负的责任》(第1卷第14期)、《社会主义的经济是否需要计划》(第1卷第16期)、《美苏和平共处是否可能》(第1卷第18期)、《中国、交通、农民三行的商股是否应行收归国有》(第1卷第19期)、《美国前途之展望》(第2卷第2期)等。

[2] 《钱昌照回忆录》,第101—102页。

[3] 萧乾:《未带地图的旅人》,中国文联出版公司,1991年,第219页。

当年中共或左翼人士的批判一样，往往忽略他们围绕"蓝图的初稿"所展开的问题面向、思考路径，以及背后的历史脉络、参照视野。

依照钱理群的说法，1948年是"天地玄黄"的时刻：一方面，面对历史的"巨变与转折"，每一个阶级、党派、集团，每一个家庭、个人，都要做出自己的选择；另一方面，这又是一个开放的时刻，无论个体还是群体，除了被动的顺应、拒绝，还有可能以主动的姿态，带着不同的方案，遵循各自的逻辑，投入到这个玄黄巨变、敞开向未来的进程当中。因而，在"转折与选择"之外，"开放与参与"也是把握这一时刻不可不获取的认识框架。如何在"历史的路只有一条"的状况下，看待这些"新路"或"歧路"、"岔路"乃至个人的"小路"？如何把握其内在的问题意识和历史脉络？在即将开展的"建国大业"中，它们或被淹没，或被重构，或以不断复现的方式构成持续的张力，如何在建国的进程中理解"蓝图的初稿"内部不断撑开的论辩结构，这些似乎都是可以进一步考察的问题。

二、"专家治国"的理念

《新路》的基本作者，主要来自清华、北大两校，尤以社会学、经济学、法学三个系科的教师为主体，如清华社会学系的吴景超、潘光旦、陈达、袁方，经济学系的戴世光、徐毓枬、刘大中；北大政治学系的周炳琳、钱端升、王铁崖，经济学系的蒋硕杰等，其中周炳琳、吴景超等还有入阁参政的经历。[1] 与一般自由主义知识群体不尽相同，《新路》的主力是一批社会与政经领域的专家，甚至具有某种"技术官僚"的色彩，当他们各自的专业立场出发，着手进行时政的评论或制度的筹划，相对于经典的自由主义议题，如政权开放、民主选举、个体言论自由等，他们更关注的是社会经济制度的选择、工

---

[1] 曾被认为是《新路》主编的萧乾，主要负责"文艺"部分，在实际的讨论中参与并不很多；"文艺"栏中偶一露面的冯至、沈从文、杨振声、袁可嘉、汪曾祺等，则更只是"敲下边鼓"而已。

业化进程的推进、金融政策的实施、土地与人口及资源的关系等更为具体的经济与行政问题。在"统一"、建国的前提下,他们更希望在未来的政治结构中,发挥某种"专家治国"的作用,即如《新路》发刊词所言:"并不附属于任何政党,那一个政党的办法,采纳了他们的意见,他们就表同情于那一个政党。"而这一姿态的选择也并非偶然,自有渊源。

1927年"大革命"失败之后,文化界知识分子普遍左转,另一部分选择独立的自由立场,对推行"训政"的南京政府也多持不信任的、批评的态度。值得注意的是,1930年代初,在外敌入侵、国内冲突不断、世界范围内民主政治衰微以及苏联与法西斯政权崛起的大背景中,有相当一批专家型知识分子,逐渐放弃对"蒋政权"的批评,转而选择与其合作,希望能打造某种"社会重心",以结束内乱,在统一"建国"后强力推进"现代化"的进程,应对不断加剧的"国难"危机,"革命""建国"与"现代化"的关系也成为当时知识界最热衷讨论的话题之一。[1] 1933年11月,"福建事变"爆发之后,蒋廷黻在《独立评论》上发表《革命与专制》一文,认为中国只有"内乱"而没有"革命",要建立一个民族国家,当务之急是要补上"专制"这一课。一场围绕"民主与独裁""专制与建国"的著名论战,由此发生于胡适、蒋廷黻、吴景超、钱端升等人之间。吴景超在后续的回应中,通过对"内乱"的历史考察,将"革命"分为"打倒旧政权""创立新政权"以及"建国"三个时期,认为当时中国正处于"群雄割据的时期",首先要完成第二期的"政权统一"。[2] 法学家钱端升则在分析国内外政经局势的基础上,提出"一盘散

---

[1] 1930年,成为知识界讨论热点的"现代化"与"建国"这两个命题,具有高度的相关性。1933年7月,《申报月刊》集中发表20多篇文章讨论中国"现代化"的问题,在罗荣渠看来,这是"现代化"作为一个社会科学词汇在报刊上被广泛使用的开端。参见:罗荣渠:《从"西化"到现代化——五四以来有关中国的文化趋向和发展道路论争文选》,北京大学出版社,1990年,第14页。胡适在《建国问题引论》(《独立评论》第77号,1933年11月19日)中回应了这场讨论,指出:"今日当前的大问题依旧是建立国家的问题:国家有了生存的能力,政府有了捍卫国家的能力,其他的社会经济问题也许有渐渐救济解决的办法。""所以我们提议:大家应该用全副心思才力来想想我们当前的根本问题,就是怎样建立起一个可以生存于世间的国家的问题。"

[2] 蒋廷黻:《革命与专制》,《独立评论》第80号,1933年12月10日;吴景超《革命与建国》,《独立评论》第84号,1934年1月7日。

沙,民智落后"的中国急需"一个有能力、有理想的独裁",在"最短时期内成一具有相当实力的国家",在一二十年内造成沿海各省"高度的工业化",这样才能于下次世界大战时"给敌人以相当的抵抗力"。[1]

面对"内乱"与"外敌",以武力统一建国、借"专制"推进现代化,这些主张产生于特定的历史危机感之中,在严酷的国际环境中维护国家的独立,这是一个基本的大前提。在这个前提之下,无论"独裁"与"专制",还是"革命"与"建国",都具有很强的策略性、目的性,其多层次的政治内涵也可能被大大简化。作为论战的另一方,胡适反对"武力统一",反对"独裁",但在"建国"这一大前提上,他与蒋、吴、钱等并无分歧。在论战的总结性回顾中,胡适还依照自己的理解,将近十年中出现的"新式独裁政治"描述为"一种研究院的政治":

> 这种政治的特色不仅仅在于政权的集中与弘大,而在于充分集中专家人才,把政府造成一个完全技术的机关,把政治变成一种最复杂纷繁的专门技术事业,用计日程功的方法来经营国家人民的福利。这种政治是人类历史上的新鲜局面……[2]

所谓"研究院的政治",即是一种"专家政治",区别于民主政治这一"幼稚园的政治制度",胡适认为这种新型的政治需要大量人才,中国今日还做不到。但事实上,在政权稳定后,"蒋政府"也积极延揽各方面专业人才,尤其在30年代中期曾有一股"学人从政"的浪潮,《独立评论》群体中的历史学家蒋廷黻、地质学家翁文灏、社会学家吴景超都曾入阁参政。[3]在这一过

---

[1] 钱端升:《民主政治乎?极权国家乎?》,《东方杂志》第31卷第1号,1934年1月1日。

[2] 胡适:《一年来关于民治与独裁的讨论》,《东方杂志》第32卷第1号,1935年1月1日。

[3] 1935年蒋介石接替汪精卫担任行政院长后,邀翁文灏由北平地质调查所南下任行政院秘书长,蒋廷黻从清华大学历史系调任行政院政务处长,清华大学社会学系教授吴景超任行政院秘书。胡适在1936年1月26日致信三人,表达欣喜之情,希望他们能成为"'面折廷争'的诤友诤臣","以宾师自处",将行政院变成一个"幕府"。(《胡适全集》第24卷,安徽教育出版社,2003年,第289页。)

程中，作为蒋介石的心腹幕僚，钱昌照的作用不容小觑。"九一八"事变之后，他向蒋介石提出创办国防设计机构的构想（即"资源委员会"的前身），而延揽国内"各界知名人士、社会贤达及各方面专家学者参加到政府里来"，是其中极其重要的一项。[1]

1948年聚合的《新路》群体，不仅得到了"资源委员会"的支持，与1930年代的《独立评论》群体也有相当的延续性，像出入政学两界的周炳琳、吴景超，在《新路》创办及言论的展开中，都是核心性的人物，甚至胡适的影响，也若隐若现地存在。[2] 更为重要的是，在"统一建国"的框架下，实行"专家治国"的精英理念，似乎仍被延续。虽然曾被寄予希望的"蒋政权"已岌岌可危，"行宪"之后翁文灏主持的"内阁"更无力回天，但"两个中国"的决战，并没有外在于"革命与建国"的逻辑。在未来的"新政权"之下，专家知识分子仍可以"诤友""客卿""幕僚"自处，即"那一个政党的办法，采纳了他们的意见，他们就表同情于那一个政党"，暂时"无枝可依"的状态，恰好便于探索一条新路。[3]

---

[1] 钱昌照还列出了一个长长的名单，包括军事、外交、教育文化、财政经济、原料及制造、交通运输、土地及粮食各方面的专家，最后又安排王世杰、周览、徐淑希、胡适、张其昀、吴鼎昌、徐新六、杨端六、丁文江、翁文灏等人与蒋介石会面。参见《钱昌照回忆录》，第36—38页。

[2] 1948年1月24日，胡适在日记中写道："吴景超来谈。他说，钱昌照拿出钱来，请他们办一个刊物。要吴半农主编，景超任社会，刘大中任经济，钱端升任政治，萧乾任文艺。"（《胡适全集》第33卷，第680页。）

[3] 当然，并非所有《新路》成员，都对"蒋政府"采取彻底弃绝态度，一些"年轻人"还是跃跃欲试，希图在金融、经济领域有所作为。1948年8月，为了挽救财政危机，国民党政府启动"币制改革"，最终改革的失败，也彻底压垮了"蒋政府"。对于这项改革，《新路》保持了高度关注，前后发表了大量文章，批评币制政策的种种失误。其中，蒋硕杰的《金圆券的善后》一文，胡适读后很是赞许，并将蒋硕杰、刘大中两位"青年经济学家"引荐给翁文灏和蒋介石，帮助应对经济崩溃、物价飞涨的乱局。在蒋介石的首肯下，吴景超、蒋硕杰、刘大中三人差一点随翁文灏南下，但因翁文灏态度的消极，最终不了了之。参见蒋硕杰：《刘大中戢亚昭伉俪逝世周年之追忆》，《刘大中先生伉俪追思录》，文海出版社（台北），1983年，第84—86页。

三、"蓝图逻辑"上的讨论

或许可以说，只要"建国"的使命能够完成，具体由哪一种政权形式来完成，其实是另外一个问题，即便"现在国际风云谲诡，谁也不能作很远的透视"，[1]但"顺乎天而应乎人"，《新路》群体大体持一种现实主义态度，似乎意识到在天地玄黄的1948年，一次新的"建国"机遇，有可能即将来临。与此相关的是，钱昌照提到的"蓝图"一词，也反复出现《新路》作者的笔下。谈及研究中国经济的问题，谷春帆就称："我们要想研究中国问题，要想草拟一幅建设新中国的蓝图"，需要系统的整体眼光与各个专家之间的合作等。[2]在讨论"计划"与"混合"两种经济制度的选择时，陈振汉则坦言"本文只是一种可以说是蓝图逻辑（blueprint logic）上讨论，作者仅是根据这两种制度（在与事实相距不远的假定环境下）在达到上述目的的效率差别上考虑取舍。因此文中的结论，只是根据目标与蓝图的一种推论"。[3]在这里，所谓"蓝图逻辑"（blueprint logic）指向了一种假定性的推论，在某种意义上，上文提及的《新路》的特别"方法"，也可以在这个向度上理解。

一方面，《新路》上的"短评""辩论""专论"紧扣内政外交方面的现实问题，"现政府是否有改善的希望""用和平方法能否实现社会主义""经济危机已不是经济措施所能解除的了"等标题，也强化了焦灼与紧迫之感；另一方面，更多的篇幅还是集中于"蓝图逻辑"的探讨，现实问题每每被置换为原理性的问题，被纳入学院化的知识框架之下，或世界政治经济走向的宏观参照之中。以吴景超为例，他是《新路》上最为活跃的作者之一，撰写的重头文章也最多，这些文章大多在美苏比较、述评的基础上，提出经济制度的种种构想。1940年代后期，"冷战"态势逐渐形成，对于美、苏及欧洲各国政经社会状况的关注，是当时知识界的普遍潮流。在抗战爆发前，吴景超和翁

---

[1] 《经济危机已不是经济措施所能解除的了》（短评），《新路》第2卷第5期，1948年12月11日。
[2] 谷春帆：《如何研究中国经济问题》，《新路》第1卷第2期，1948年5月22日。
[3] 陈振汉：《混合制度与计划制度中间的选择》，《新路》第2卷第5期，1948年12月11日。

文灏就曾赴欧洲长途旅行，考察各国经济制度，他们对于英国的体制兴趣不大，认为太过偏重"经常经济之标准"，不注意"紧急进行之方法"，但随后在考察德国、苏联期间大为兴奋，意识到在关注工业化与人民生活程度的关系之外，国防力量的增进更为重要，有关工业化目标的认识发生了极大转变。1943 至 1944 年间在美国考察之后，吴景超的思路又有所变化，从计划或统制经济转向关注美国式的自由经济。[1] 不同经济制度的宏观比较，尤其以美苏为参照的思考，也反映在他在《新路》上发表的一系列文章中，如《私有制与公有制：美苏经济述评》（1 卷 15 期）、《资本形成的途径——美苏述评之一》（2 卷 2 期）、《美苏的对外经济》（2 卷 6 期）等。在吴景超周边，经常加入相关讨论的还有刘大中、蒋硕杰、徐毓枬、陈振汉、楼邦彦等，这批"较年轻的人"毕业于英美名校，更擅长在西方经济学的视野中，提出自身的理论假设，借助复杂的概念、公式，甚至以形式逻辑的方式，来提出社会经济制度的种种分析，"边际效应""价格指数"等经济学概念以及复杂的计量公式，也经常出现在他们的论文中，形成一种相当繁复、艰涩的专业风格。

从某个角度看，无论立足于宏观的比较视野，还是受制于学院式的专业分析，《新路》上诸般"蓝图"设计，似乎多为纸面上的概念推演，[2] 甚至严重地缺乏在地感和现实性。像吴景超在美苏比较中提出的某些区分性判断，就

---

[1] 参见阎书钦：《国家与经济：抗战时期知识界关于中国经济发展道路的论争——以〈新经济〉半月刊为中心》，中国社会科学出版社，2010 年，第 209—211 页。晚年的费孝通比较过自己与吴景超治学路径的差异："他的研究是宏观的，用全世界各国的材料来做比较，去找中国社会的出路"；"我走的路子，表面上讲是一条相反的路子。我是微观的，从中国内部实际情况去理解中国社会"。参见《在纪念著名社会学家吴景超教授学术思想讨论会上的讲话》，《第四种国家的出路——吴景超文集》，商务印书馆，2008 年，第 2 页。

[2] 比如《新路》第 1 卷第 4 期（1948 年 6 月 5 日）"经济学常识浅谈"栏目发表刘大中《社会主义下的生产政策》一文。虽名为常识，该文的专业色彩相当浓郁，首先采用某种"理想型"的研究方法，构造了一个"有二十亩田。另外有五十个国民"的社会主义国家的"小模型"。以这个"小模型"为个案，文章借用各类数学公式，分析了各种社会主义生产、分配原则的实施。

往往在二元之间失之抽象，¹有些提法又因过于武断、笼统而缺少了有效性²。在战事频仍、经济崩溃的现实面前，这种"不在地"的论说方式，总体上让人感觉陈义过高，或书生气太重。相比之下，反倒是负责文艺的萧乾，偶尔作为一个"外行"介入讨论，发言之中表现出的现实感，构成了"蓝图逻辑"的某种矫正以至解构。第1卷13期上刘大中的《政治民主与经济民主》是一篇非常重要的文章，政治与经济方面的"双重民主"近似于《新路》群体的一种理想。在文中，刘大中完全甩脱具体的政治现实，仅从概念入手，列出两种民主互相依存的基本条件，经细致地排除、归纳，列出"双重民主"的十三条设计。萧乾在回应中坦言："我认为这两种'民主'不只是纸上的两个象征符号，也不能藉方程式把它们发掘或联系起来。它们不会从天掉下来的。"在两种民主不可兼得的今日，对于中国人民来说，"一碗饭"比"一张选票"实惠多了，从"旧路"到"新路"人们不是"走"上去的，而是因逼迫而"冲"上去的。有意味的是，对于类似基于现实直感的反拨，这批学院专家们好像并不以为意。刘大中在回应萧乾时称："萧乾先生的文字，充满了热情，不失文艺作家的本色，但是从他这篇短短的讨论中，我们看不出他对于他自己所提出的几个问题，和对我们所提出的问题，有什么具体的意见。"³当萧乾指出一个独立的公务员阶层，在中国不可能存在时，在欧陆法学脉络中高谈超然的公务员阶层之权利与义务的楼邦彦，则认为这种质疑"显然已超越了我所预先划定的仅仅关于行政原则的讨论范围"⁴。该怎样理解

---

1 在《新路》第1卷第21期（1948年10月2日）"论坛"《论经济自由》中，徐毓枬的《论美苏制度下经济自由》就指出吴景超关于"计划经济"与"消费自由"的区分过于抽象，美苏比较应考虑两国实际的经济条件。

2 吴景超在《中国工业化的资本问题》（《新路》第1卷第7期，1948年6月26日）讨论中，提出可以每年需从农业转入工业的人口数来计算每年工业化所需资本，而对于"每一转业的人所需的资本"做出两种假定："一为四千六百美元，一为四十七美元"，前者是美国资源委员会1935年计算每个就业人口所能利用资本的平均数，后者为汪馥荪估计中国目前就业人口平均资本数，两者相差近百倍，变动的范围如此宽阔，也使得这种估算最终失去了意义。

3 刘大中等：《政治民主与经济民主》，《新路》第1卷第13期，1948年8月7日。

4 楼邦彦等：《论公务员的法律地位与政治权利》，《新路》第1卷第17期，1948年9月4日。

这种"回避现实"的发言姿态?《新路》同仁是否没有意识到"蓝图"的抽象性?

事实上,专家们并非缺少基本的现实感,深知"一条'新路'在蓝图上是不难设计的,问题在如何能挣脱现存旧路的桎梏,走到新路上去"(刘大中),那种宏观比较的方法和观念演绎的作风,一定程度上可能源于各项统计资料的匮乏,以及面对现实状况的无力感。但不能忽略的是,发生于纸面上的蓝图设计,脱节于内战时期激烈的现实冲突,这种"不在地"特征,又带来一种特殊的开放性:即使这份"蓝图"超脱当下现实,而一旦内战结束,"建国"进程启动,"蓝图"所涉及的经济、工业、土地、人口等方面的问题,就需要提上议事日程。对此,《新路》编者也明确的觉悟:"假如有一天我国真能走上民主的大路,人民对于经济问题认识的深浅和正确与否,将是我们民主政体能否成功的一个大关键。"[1]另外,在更宏阔的视野中,"新路"的摸索不仅是一国一地的问题,在"热战"与"冷战"的交替中,更是人类社会共同面对的课题。换言之,在天地玄黄的时刻,"新路"也是对整个世界而言的。在"政治民主"与"经济民主"讨论中,刘大中开篇就对当时美苏比较的流行方法提出质疑(近来讨论制度问题"都是由资本主义和社会主义的比较和选择入手,并且大半以美国和苏俄来代表资本主义和社会主义"),他认为"政治民主"与"经济民主"并不能与美国资本主义或苏俄共产主义混为一谈(二者都不理想),"其实,我们要研讨'双重民主'的制度,本无须借重现有的主义或公式"。[2]完全从"民主"的概念和条件入手,而甩脱已有社会模板的限制,这一极端的"蓝图"设计,显然就是萧乾所批评的纸面上的"方程式"演绎,但又是出于一种方法和意图上的自觉。

如果联系"辩论""论坛"栏目之中角色扮演一类策略,不难看出,《新路》作者们与其说忽视了"蓝图"的抽象性,不如说正是利用了"蓝图"的

---

[1] "经济学识浅谈"栏目说明,《新路》第1卷第4期,1948年6月5日。
[2] 刘大中:《政治民主与经济民主》,《新路》第1卷第13期,1948年8月7日。

抽象，所以才暂且放开现实，以宏观比较、概念推演的方式，加以正反驳论、侧面补充、细部勾画，不仅提出经济、社会、政治的种种构想，先在"蓝图逻辑"的层面，撑开各种问题层次。其中，与"建国"关联最为紧密的，或许是未来经济制度的选择问题，有关这个话题的讨论在《新路》上所占篇幅最多，正反观点的展开也最为系统。

四、未来经济制度的选择

1930年代经济大危机之后，世界各国都加强了对经济的干预和统制，苏联两个五年计划取得的成就也令人瞩目，"统制经济"乃至"社会主义"成为世界经济总体的趋势。"九一八"之后，国民政府为了国防的需要，也着手发展重工业，试图对国民经济实施全面统制。国防设计委员会及资源委员会，就是一个从调查、统计到总体设计、实施的专门机构，功能在于"国家资本"的集中运作。[1]"二战"之后，英国工党在选举中获胜，推行企业国有化与社会福利化政策，其他各国也积极跟进，加上苏联的强大影响，给人的感觉似乎是：社会主义已成为人类共同的必然"新路"。1948年3月6日，钱昌照在北京大学经济学会发表演讲，回顾自己15年来在"重工业建设"方面的工作，曾不无感慨地说：

> 谈起这15年的感想来，我认为首先要建立思想基础。前途只有社会主义的路。纽约时报调查22个国家，只有两个国家仍走资本主义的路，一个是美国，一个是加拿大。[2]

---

[1] 郭红娟：《资源委员会经济管理研究：以抗战时期为核心的考察》，中国社会科学出版社，2009年。
[2] 钱昌照：《一个黄金时代的错过——在北京大学经济学会讲演》，《纪念钱昌照专辑》，中国文史出版社，1999年，第309页。

钱昌照所谓"思想基础"，大致为不少《新路》同仁所分享。在有关经济制度选择的讨论中，姓"社"还是姓"资"早已不是重点，将"社会主义之路"看成是一种历史必然，这已构成了某种讨论的出发点。[1] 1954 年 3 月 5 日胡适在台北《自由中国》杂志社欢迎茶会上的发表演说，提及他的一位"公务员朋友"对于知识界左倾潮流的评价：

> 中国士大夫阶级中，很有人认为社会主义是今日世界大势所趋；其中许多人受了费边社会主义的影响，还有一部分人是拉斯基的学生。但是最重要的还是在政府任职的许多官吏，他们认为中国经济的发展只有依赖政府，靠政府直接经营的工业、矿业以及其他的企业。从前持这种主张最力的，莫过于翁文灏和钱昌照；他们所办的资源委员会，在过去二十年之中，把持了中国的工业、矿业，对于私有企业（大都是民国初年所创办的私有企业）蚕食鲸吞，或则被其窒息而死。他们两位（翁文灏、钱昌照）终于靠拢，反美而美慕苏俄，也许与他们的思想是有关系的。[2]

借这位朋友的话，胡适梳理了钱昌照等人转向社会主义的思想线索，而他的感慨是由《自由中国》连载殷海光所译海耶克（哈耶克）《到奴役之路》引起的，无意中也点破了"中国士大夫阶级"思想争议的国际背景。20 世纪上半叶，当社会主义成为一股潮流，包括以投资刺激就业的凯恩斯主义在内的国家干预或统制政策被普遍采纳，理论界的反拨也自然出现，以米塞斯、哈耶克为代表的奥地利学派就对计划与统制经济展开持续批评，构成了后来"新自由主义"的历史先声。最著名的当然是哈耶克 1944 年出版的《通往奴役之路》，这本书就是"为了对英国的社会主义文人提出忠告而逐渐形成

---

[1] 第 1 卷第 6 期的"辩论"的标题"用和平方法能否实现社会主义"就说明了这一点，双方观点的差异只是在实现的"方法"上，而"对于社会主义这个名词的基本假定，总算没有歧义"。参见炳章：《答负生》，《用和平方法能否实现社会主义》（辩论），《新路》第 1 卷第 6 期，1948 年 6 月 19 日。
[2] 胡适：《从〈到奴役之路〉说起》，《胡适文集》第 12 卷，北京大学出版社，1998 年，第 833 页。

的",其矛头指向了一场"旨在让国家拥有主要生产资料,并对经济生活进行严格管制的有组织的运动"。[1]《新路》上有关经济制度的讨论,与西方经济学内部的异动直接相关,凯恩斯、哈耶克、米塞斯、兰格、米德也是被不断引述的资源,吴景超、刘大中、蒋硕杰、陈振汉、徐毓枬、赵守愚等,在讨论中表现得最为积极,他们的问题意识,可以由第1卷第16期"辩论"的标题来概括:"社会主义的经济是否需要计划"?在"社会主义之路"已成必然的"思想基础"上,《新路》同仁讨论的重点,落在了是否选择计划经济以及计划的范围、"计划"与"自由"的关系等方面。辩论中持反方立场的"春生"就明确表态:社会主义的公有制与计划经济并无必然联系,"所以海耶克(F. A. Von Hayek)曾说过:我们可以有很少的计划,与很多的社会主义;也可以有很多的计划,与很少的社会主义"[2]。

将社会主义公有制与计划经济相剥离,检讨"计划"带来的负面影响,并希望保留自由经济的因素,以达成所谓"自由主义的社会主义",是讨论中多数论者的主张。[3]具体而言,这一主张又集中显现于两个方面。其一,强调"价格机构"在合理分配"生产原素"方面不可替代的优越性;[4]其二,在计划体制之下,个体的经济自由(消费自由、择业自由)势必受到侵害。如果第一方面涉及生产原素、价格、工资、劳动力等一系列因素的复杂联动,属于纯粹市场经济的问题,第二方面则在经济学的原理之外,同时涉及政治立场和价值判断,吴景超在论坛《论经济自由》中,在比较美苏经济自由状况之

---

[1] [英]哈耶克著,冯克利译:《〈通往奴役之路〉——十二年之后》,《哈耶克文选》,江苏人民出版社,2007年,第273—285页。

[2] 《社会主义的经济是否需要计划》,《新路》第1卷第16期,1948年8月28日。

[3] 蒋硕杰在《社会主义与价格机构》(《新路》第2卷第5期,1948年12月11日)称他提出的所谓"自由主义的社会主义",出自弥德教授(J. E. Meade)最近问世之《计划经济与价格机构》,而"本刊上卷中吴景超,刘大中,'春生'及笔者亦先后执同样见解"。

[4] 吴景超在《私有制与公有制——美苏经济述评》(《新路》第1卷第15期,1948年8月21日)中提出:"我个人的私见,以为苏联的经济制度中,最大的问题,是生产原素的合理分配","我们相信在社会主义之下,假如每一个生产原素,都有一个根据需求状况而产生的价格,对于社会主义的经济,将为一种极重要的贡献"。

后，也提出了这样的问题：

> 也许有人觉得世间还有别的价值，在经济自由之上，为实现此种价值，牺牲经济自由，亦所不惜。在战争的时候，我们大家都有这种感觉。为着祖国的独立与安全，经济自由应当牺牲。但在太平的时候，经济自由是否应当牺牲呢？苏联与美国，对于这个问题，显然有了两个不同的答案。[1]

在经济自由与民主政治之间建立联系，对于"计划"内部可能的极权倾向保持警惕，上述言论暗含了哈耶克式的逻辑。可以留意的是，当价值问题侵入经济原理的讨论，讨论本身也就不可能再封闭于"原理"之中了，"自由"不再是一个抽象的标准，与不同的现实压力和政治选择相关，这也为特定时刻的立场"权变"留下了机会。

当然，依照《新路》特别的方法论，计划与价格、自由之间的矛盾，只是展开讨论的框架，由看似简单的二元对立出发，上述讨论其实深入到更为细腻的层次和具体的问题当中。譬如在计划体制与经济自由之间，多数论者持辩证的态度，明了在社会主义公有制之下，不可能做到完全的经济自由，自由的程度也要受资源储备、生产力水平等多种因素的制约，而计划经济之中，"价格机构"仍能发挥一种合理配置的作用。陈振汉就提出"在理论上计划当局仍能够根据所谓价格的变数作用（parametric function）把生产资源派分到各种生产事业里去，而且也能达到与理想的价格制度媲美的效率"。针对这一说法，蒋硕杰明确点出"价格的变数作用"出自奥斯卡·兰格（Oskar Lange），并交代了具体内涵："中央计划当局应该应一切收归国有的各种生产因素订出一假定的价格来，使各国营生产单位遵守'使边际成本等于价格'的原则来争购"，然后再根据供需关系来调整价格。[2] 兰格的理论模式，产生

---

[1] 吴景超：《论经济自由》，《新路》第1卷第21期，1948年10月2日。
[2] 陈振汉：《混合制度与价格制度中间的选择》，蒋硕杰：《社会主义与价格机构》，《新路》第2卷第5期，1948年12月11日。

于西方经济学中有关计划经济能否合理配置资源的论战中,直接回应了米塞斯提出的社会主义经济计算问题,他提出中央计划当局可以通过不断的"试错法",以建立一个人为的"准市场",来调整供需关系,确定理想的价格体系。[1] 对于这种计划经济内的"准市场"机制,蒋硕杰的提问是:"这和保留自由价格机构有什么差别呢?"

另外,有关消费自由、择业自由的维护上,这是自由主义者强调的重点所在,但"自由"也并未被笼统当作一个神话。吴景超比较美苏两国经济自由的有无,在赵守愚看来,这种比较并不合适,因为美国制度稳定,具有得天独厚的条件,而苏联的制度一直在变动中,而且面临内忧外患的严峻挑战。对于美国体制下消费与择业是否真有自由,他也表示疑问,以消费而论,"有计划的推销技术如广告播音等"恰恰能强力操控需要,"待消费人自行入瓮"而已,可口可乐的推销策略就是一个实例。[2] 再有,在现代化大生产中,"分工"无疑会越来越细密,在机械化的流水线上工人难免会丧失完整的劳动感受,造成生产率降低,如何解决"分部制度"与工人的主体性与生产率的矛盾,是资本主义和社会主义制度都要面对的问题。谈及这个问题,也有论者注意到相对于资本主义"计件工资"的激励,社会主义工人心理上无比的满足感更为重要——"他们明白工作的意义,是在为连自己也包括在内的全体人民谋福利",苏联的"史塔诺夫运动"在提供生产率方面的成功,就是可以参考的经验。[3]

总之,社会主义公有制与"非计划"的经济模式是否兼容?在中央计划制度之下,可否保持某种程度价格机制的作用和消费自由,以此形成内在的民主可能性?如何在自上而下的"计划"中也能形成自下而上的群众参与,也杜绝官僚化、低效率的弊病?在分工细密的大生产中如何发挥主人翁意识、

---

[1] 对于米塞斯与兰格之间有关经济计算问题的争论,参见黄雄:《经济学中的自由骑士:米塞斯及奥地利学派的思想》,上海人民出版社,2010年,第110—116页。
[2] 赵守愚:《经济自由的名与实》,《新路》第1卷第21期,1948年10月2日。
[3] 马逢华:《社会主义下的生产效率》,《新路》第1卷第11期1948年7月24日。

发挥主体性和创造性？如何在生存平等之外，通过义务教育制度的实施来实现机会的平等？如何解决高速的资本积累与工业化建设与社会公平分配之间的矛盾？《新路》上的相关讨论，已不同程度地触及这些社会主义实践中的多层次问题。在探讨社会主义与经济自由的关系时，刘大中坦言生产工具的公有是达到平等的必要条件，但这势必限制经济上的自由，而经济自由是政治自由的条件之一，"也是我们所不能放弃的""政治和经济学者的主要使命之一，是在这些矛盾之中，求得一个最好的折中办法"。[1] 在诸多矛盾之中寻求"折中"，这其实暗示"蓝图逻辑"只能以层层展开的矛盾的方式呈现，这些矛盾不能在经济理论的内部得到圆满化解，只能看作是一个开放性的问题空间，在历史的展开之中不断被遭逢、不断被回应，而当具体的情势与关系发生扭转、重塑，"折中"的要求也往往会让位于价值的"决断"。

五、"多管齐下"：吴景超的思考

在经济制度选择的问题上，《新路》第 2 卷第 5 期上的"论坛"《混合制度与计划制度中间的选择》具有某种总结性的意味。作为论坛的"主讲人"，陈振汉的态度与蒋硕杰、刘大中、吴景超等"自由主义的社会主义者"不同，他坚持"计划"对于"建国"进程的必要性，认为"我们今日的问题，只是维持混合的现状，还是增加混合的程度以至于接近计划经济"。在讨论中，他反复提出一旦"建国"就要面对的两项紧迫工作——"高速度的真实资本建设"与"社会主义公平理想的实现"，二者应"双管齐下"，务必同时实现。但事实上，在国力衰微、资本匮乏，在战争的阴云下又不得不进行国防建设的年代，这两个目标之间的矛盾，恰恰是"蓝图逻辑"之诸多矛盾之中最为紧迫、最难以化解的一个（徐毓枬就认为"恐怕我们终究必在两个目标之中，

---

[1] 刘大中：《经济自由、社会主义和新投资的计划》，《新路》第 1 卷第 21 期，1948 年 10 月 2 日。

侧重一项"），而且牵涉土地、人口、资本、消费、城乡关系等诸多环节。《新路》作者也试图在"蓝图的逻辑"的层面，将这一矛盾及连带的问题充分推演，而《新路》主笔之一吴景超的思考，最值得重视。[1]

毋庸赘言，对于后发现代国家而言，"工业化"进程的推进与土地、人口、城乡关系等问题，具有高度的相关性，如果解决不好其中的矛盾，即便工业化能够展开，也难免落入"发展陷阱"之中。自1930年代开始，吴景超对此就有持续的关注，在1937年出版的《第四种国家的出路》中，他提出中国是一个地少人多、农业人口比重很高的"第四种国家"，由于人均土地面积太少，加上技术、交通的落后，以及土地分配不均、苛捐杂税等原因，造成中国农村普遍破产。这个问题并非各地"已经成为一种时髦"的农村运动可以解决，必须有一种全局的眼光：首先完成统一"建国"，然后将农民的生计问题，"放在经济建设的大问题之下，同时再把经济建设这个大问题，看作最近的将来，中国政治活动的一个主要目标"[2]。在1930年代，中国知识界曾发生"以农立国"和"以工立国"的争论，但由于土地资源稀少、人口稠密造成的"糊口"经济以及所谓乡村"内卷化"的问题，在一定程度上成为"共识"，吴景超"第四种国家"理论的提出，也就针对了这种土地与人口的困局。在书中，吴景超设计了一个相当完备的改良方案，包括以减少地租、土地赎买

---

[1] 在1930年代《独立评论》上，吴景超就是一个极为活跃的作者，作为"工业化派"的代表人物，他后来不仅入阁，曾任经济部部长秘书，参与政府的经济决策，在抗战之后还创办并主编《新经济》半月刊，集中探讨工业化的具体方案。他在《新路》上发表的多篇文章，延续此前一系列思路的同时，也结合40年代后期的现实状况进行了相应的调整。有关吴景超经济思想的述评，参见阎明：《中国社会学史：一门学科与一个时代》第六章"出山作得许多声"，清华大学出版社，2010年。

[2] 在此书中，吴景超区分了四类国家：第一类人口密度高，农业人口百分数低，以英、德两国为代表；第二类人口密度低，农业人口百分数也低，可以加拿大、美国、澳大利亚等国为例；第三类人口密度低，农业人口百分数高，以俄国最为典型；第四类人口稠密，农业的比重又占到70%以上，辛苦劳作也只能挣扎于温饱和饥馑之间，"人口密度和职业分派两点都需改良"，这类国家以印度、保加利亚、罗马尼亚为例，中国当然更是属于这个类型。参见吴景超：《第四种国家的出路——吴景超文集》，商务印书馆，2008年，第16—17页。

的方式，平均地权，使佃农变为自耕农；效仿英国的"圈地"运动和苏俄的集体化农场，将小农场合成大农场，推广农业机械化，并将剩余人口转移至新兴工业，以发展工业、发展都市的方式救济农村。

《新路》时期，吴景超的这些思路得到进一步的整合，在第1卷第2期的论坛《论耕者有其田》中，"第四种国家"的道路构想，得到了更为具体、细致的展开，比如在生产关系的改变外（地权）又强调生产力的变动（使用大型农业机械）。鉴于形势的紧迫，他调整了以前设想的需33年完成的"从佃户到自耕农"的方案，规划了一张以七年为限的时间表：将地价定为年租金的七倍，在七年之内，政府贷款给农民，赎买土地，消灭地主和佃农；然后兴办合作农场，一部分人口转移至新兴工业，同样在七年之内，又使自耕农交地权于国家。这一完整的土地改革与工业化方案，明确是以苏联"五年计划"期间的实践为参照的。虽然参加讨论的陈振汉等人，基于苏中两国地理条件等方面的差异以及中国较高的人口增长率，对于这套方案的可行性表示怀疑，吴景超在"总答复"中还是兴奋地写道：

> 我在没有写这篇文章以前，脑海中原来另有一个题目，名为《三管齐下的经济建设》，说明农业机械化、工业化、及节制人口，应当同时办理，才可以收到提高生活程度之效。后来觉得人口问题牵涉太广，有另外写文章说明之必要，所以在这篇文章中，便没有提。[1]

在吴景超的总体构想中，农业改造（地权与机械化）、工业化的推挤，和节制人口政策的实施，必须同步进行、"三管齐下"。

这篇文章虽未写出，但这"三管齐下"的说法，显然比刘大中提到的"双管齐下"更进了一步，通过土地改革，获取"工业化"的劳动力和资源支

---

[1] 吴景超：《论耕者有其田》（论坛），《新路》第1卷第2期，1948年5月22日；参加讨论的有徐毓枬、戴世光、陈振汉、韩德章。

持，又通过工业反哺乡村、节制人口来化解乡村困局，这一较为完整的方案，又与"已经成为一种时髦"的乡村建设、乡土重建的思路处于论辩之中。在后者看来，现代中国不应走城市领导乡村、将人口向城市输送的道路，而恰恰要恢复城乡之间的有机循环，从而达到"乡土复员"的目的，相较于发展大规模的重工业，一种合作性的乡土工业（手工业）的可能性更值得重视。但在基本的分歧之外，双方的思路也不乏相近之处，比如所谓"第四种国家"的现实——地少人多导致的"匮乏经济"，在农场不能扩大和地权分配不均的情况下，农业生产不足以维持"不饥不寒"的生活水准——同样也是"乡土重建"的思路起点。为了消灭寄生的地主阶级，双方也都倾向于和平的赎买方式，希望给这个没落的阶级一条出路，这自然迥异于中共发动的暴风骤雨般的"土改"运动。但换个角度看，在吴景超等"三管齐下"的方案中，以苏联工业化、合作化的历史为参照，通过土地改革、农业机械化来提高土地生产率，从乡村不断汲取资源、人力以支持现代工业（尤其是重工业）的构想，又和"建国"后不久实施的"总路线"高度吻合（包括地权平均后又收归国有的两步走政策）。这种同中有异、异中有同的状态，恰恰说明了建国"蓝图"背后不同历史脉络的相互碰撞、交错。

实际上，以"三管齐下"来概括吴景超的"工业化"方案，或许并不完整，说成"四管齐下"或"多管齐下"会更为准确。因为在土地制度、人口政策之外，吴景超还非常关注"工业化"一个不可或缺的条件——资本问题。在1930年代，他就提出缺少资本是中国工业化面临的一大困难，而可能的资本来源包括：现有工业积累资金的再投入；政府取缔投机事业、引导游资投入生产事业；鼓励华侨投资；利用外资。1940年代末，在"和平统一"即将到来的预估下，如果要抓住机遇，在不长的时间内快速推进"工业化"，所需资本的数量以及来源的问题，也不得不首先面对。《新路》第1卷第7期"论坛"《中国工业化的资本问题》，就是一场相当重要的讨论。讨论的正文由吴景超撰写，他参照美国及战前中国的经济数据，以及一些学者的估算，筛选各种方法，大致估算了中国工业化每年所需的资本数量，以及在改良税制、改进生产、增加储蓄的前提下，中国每年可以供应的资本总量。[1]

上文已提及，由于缺乏必要的统计资料和具体"工业化"目标的确认，这种资本需求与供应的估计，只能是一种纸面上的假定。参与讨论的刘大中就指出"估计我国过去每年的资本形成数值，几乎是一件不可能的事"，而且这个数值必定很小，甚至"可以假定人民可能自动供给的资本数值是零"。那么，怎样获得工业化所需资本呢？他给出了两个方法：其一，"我们就不能不用强迫的法子"，其二，"或是利用外资"。所谓"强迫的法子"，是指"除去采用极高的累进所得税以外，我们恐怕还必须直接限制消费（如定量分配等）"，而通货膨胀的方法必要时也可采用。

刘大中给出的两个方法中，"利用外资"显然是最为直接、有效的方式。毛泽东在中共"七大"上所作《论联合政府》的报告中也曾谈及这个问题：

> 为着发展工业，需要大批资本。从什么地方来呢？不外两方面：主要地依靠中国人民自己积累资本，同时借助外援。在服从中国法令，有益中国经济的条件之下，外国投资是我们所欢迎的。对于中国人民与外国人民都有利的事业，是中国在得到一个巩固的国内和平与国际和平，得到一个彻底的政治改革与土地改革之后，能够蓬蓬勃勃地发展大规模的轻重工业与近代化的农业。在这个基础上，外国投资的容纳量将是非常广大的。[2]

---

[1] 在资本需求方面，吴景超选取的估算方法为：先估计每年"拟在农业中，抽出多少人来，使其转业。同时再看每一个转业的人，社会应该替他安排多少工作所需的资本。有了这两个数目以后，每年所需要的资金，便容易算得出来了"。这种计算方法的前提，还是将农业人口转移至新兴工业的构想（当时75%集中于农业，应降至25%），而转业人数两个假定：一为每年60万人，一为每年125万人，对于每人所需资本，分别参照美国与中国的经济数据，也做两个假定，一为4600美元，一为47美元。由此他得出了相差极为悬殊的四种参考数据。

[2] 《论联合政府》编入《毛泽东选集》第三卷时，这段文字被删去了，"删去这段话，与建国初期我们国家所处的国际环境以及毛主席对这个问题认识的变化有关"。参见胡乔木：《胡乔木回忆毛泽东》，人民出版社，1994年，第376—377页。

可以参照的是，在钱昌照主持的资源委员会所推进的重工业计划中，利用外资也是关键一项内容。1948年，钱昌照还将"抗战结束后的两三个月"视为一个"黄金时代"，因为中国在美苏之间暂时求得了一个和睦局面，美国、加拿大、英国也先后答应借款，可惜这个"黄金时代"被错过了，对此钱昌照痛惜不已。[1]这意味着，能否利用外资，要取决于中国及世界的政治格局，取决于能否"得到一个巩固的国内和平与国际和平"。[2]后来新中国在苏联援助中断后不得不自力更生的历史，更是说明了这一点。

至于刘大中提到的第一个方法"强迫的法子"，吴景超并未忽略，他也以苏联的经验为例，谈及穷国在"强迫储蓄的压力下"，也可达到较高的储蓄率，但同时又认为"假如一定要做到这一点，则已在饥饿线上徘徊的中国民众，非要再降低生活程度不可，这不是讲人道主义的人所愿意提出的主张"。[3]这多少反映了态度的犹疑：一方面，在比较美苏经济制度、特别讨论苏联工业化建设的成就时，《新路》作者对于苏联在"五年计划"期间不依靠外资，通过配给制度，来强迫储蓄、压低消费，从而集中资本进行工业建设的方式给予了充分的重视，认为对于落后国家而言，是一条行之有效的路径；[4]另一

---

[1] 钱昌照这样感慨："假定东北机器不被拆走，假定国内没有战事，假定22亿美元都借到，假定币值稳定，经济繁荣，那是怎样一个情形呀，无奈国内打起来，因此一切都完了。"参见《一个黄金时代的错过——在北京大学经济学会讲演》，张家港市政协学习和文史委员会编：《纪念钱昌照专辑》，第306—307页。

[2] 1949年7月，钱昌照曾与毛泽东有过一次谈话，毛泽东询问了欧洲各国对新中国的看法以及马歇尔计划的执行情况，同时也谈到1945年钱昌照与宋子文的苏美之行以及借款未果的经过，"主席说：建设国家不能依靠外援，方向不对头。中国完全可以用自己力量进行建设，这是我们建设国家的唯一途径"。参见《钱昌照回忆录》，第104—105页。

[3] 吴景超：《中国工业化的资本问题》，《新路》第1卷第7期，1948年6月26日。

[4] 如陈振汉所言："在一个工业落后需要急速工业化的国家，能够比较有效的动员人力物力，到了充分就业以后，还能压低人民的生活水准，争取人民的储蓄或转移这些储蓄的投资方向，这种作用，在一个社会主义的国家，尤其需要"，而对于推进工业建设，最大的功用还在"尽量转移农民收入与节约农民的消费以为工业建设的资本，或是以农业来培植工业"。陈振汉：《苏联的工业建设与计划制度》，《新路》第2卷第4期"苏联经济特辑"，1948年12月4日。另外，可参见吴景超：《私有制与公有制——美苏经济述评》，《新路》第1卷第15期，1948年8月21日；徐毓枬：《论美苏制度下经济自由》，《新路》第1卷第21期，1948年10月2日；吴景超：《资本形成的途径——美苏经济制度述评之一》，《新路》第2卷第2期，1948年11月20日。

方面,又对这一路径的曲折、困难以及付出的极高的社会成本,有充分的估计。如陈振汉就指出苏联工业化的成功与资源丰富、可开垦土地的广大,原有经济水平低下有关,但类似"红利"会逐渐流失,"五年计划"的高速增长不一定能持续。对于中国而言,采用同样的方式,面临的挑战会更大,因为"除了计划以外,还没有同样肥沃广袤的大地,我们只有更繁密的人口与更低的生活水准"[1]。要进行大规模的资本建设,采用"压低人民的生活程度"的方式,他的担忧也与吴景超类似:"中国大多数人民原来的生活程度,不必用数字证明,大家都晓得已濒于饥饿线上,如我们还希望增加剩余物力人力,只有逼迫全国人民枵腹以事生产。"[2]

与上述忧惧相关的是,在资本短缺的情况下,"工业化"的路径该朝何种方向展开?是发展消费性的轻工业,以提高人民生活水准,还是为了巩固国防的需要,大力发展重工业?是努力成为一个"强国",还是先休养生息、解决温饱,并向"富国"迈进?类似的选项也包含在资本问题的讨论中,徐毓枬就认为中国要成为一个"现代国家"还需四五十年,他提出的又是一个"不可兼得"的问题:"如此说来,在最近四五十年内,即使没有内部纠纷,中国处境也是很艰难的。我们在军事设备以及生产设备方面都不如人家,都得要赶,而二者又不可得兼,我们将怎么办呢?"[3]

无论"双管""三管""四管"还是"多管齐下",以"工业化"为核心主脉,土地与人口、资本与分配、城市与乡村等,则是一系列围绕主脉展开的问题面向,《新路》作者强调上述问题必须在连带中思考,但不同目标、路径之间的冲突,也造成了所谓"不可兼得"的问题一再被提出,这无疑也是"蓝图逻辑"之内在论辩结构的显现。吴景超等深知原理性的探讨即使再周密,但紧迫现实问题的回应,往往需要一种更宏观的视野、一种"超经济"的政治决断,在评述苏联计划经济的得失时,吴景超的表示意味深长:苏联

---

1 陈振汉:《苏联的工业建设与计划制度》,《新路》第2卷第4期"苏联经济特辑",1948年12月4日。
2 陈振汉:《混合制度与计划制度中间的选择》,《新路》第2卷第5期,1948年12月11日。
3 徐毓枬:《强国与富国》,《新路》第1卷第7期,1948年6月26日。

计划经济具有一个超经济的目标——"便是不以提高人民生活程度为其主要工作的目标,是否可取,那是属于政治的或道德的范围,不是我们现在所要讨论的了"[1]。类似暧昧又开放的表态,不止一次出现在《新路》上,暗示无论经济自由的保全,还是社会人道的考虑,在这批专家的心中,都并非抽象自明的立场,他们承认在特定的历史状况中,这些价值可以让渡于更紧迫的现实要求。"蓝图逻辑"可以充分考虑各种可能以及相应的矛盾,但正因是纸上的"蓝图",它又保持了内在开放性,可因政治选择、内外形势的变动而调整方向和重心。

六、不断复现的问题结构

1948年4月,针对自由主义者的"第三条道路"论述,郭沫若发表《历史的路只有一条》一文,指出"照着进化的箭头所指示,整个历史只有一条路线",而所谓"左中右"不过是"前中后""急中缓"的别名,"它们是在带有箭头的一条直线上,而不是在一个发足点的横线上的三个带箭头的平行线"。[2]在这样的历史理解中,"新路"肯定是一条不合时宜的路,更不能构成一个独立的方向,注定要淹没于沿"一条直线"向前的总体进程中。[3]然而,正如本文开头所提到的,"天地玄黄"的时刻,也是一个开放的时刻,那需要由"理性"强力辨认、把握的"只有一条"的路,本身也不是固化的,正是在多种路径碰撞、汇合中才得以显现的。如果将"建国"理解为一个持续不断的思想与实践进程,那么这个开放的时刻,又可以理解为一个收拢的时刻,

---

[1] 吴景超:《私有制与公有制——美苏经济述评》,《新路》第1卷第15期,1948年8月21日。

[2] 郭沫若:《历史的路只有一条》,《国讯》第456期,1948年4月20日。

[3] 这种"不合时宜"性,不仅表现在"新第三条路",还应注意的是,《新路》同仁基于"蓝图逻辑"的讨论,较多集中于政治经济制度和工业化进程的方面,对于"革命与建国"所包含政治结构、社会关系及伦理生活的整体改造内涵,当时还缺乏全面的了解与体认。

会将此前不同的思路和经验卷入其中。事实上，《新路》同仁等有关经济制度和现代化道路的探讨，有关土地、人口与工业化关系的分析，早在1930年代已经展开，《新路》的创办也为这些思想资源提供了一个整合、辩难的平台。在某种意义上，这也说明"新中国"的建立既是全新社会政治经济结构的打造，同时奠基于20世纪中国一些基本的问题脉络之中，其中所包含的紧张、矛盾的不断反折、复现，同样可能需要审慎的对待。

当然，《新路》同仁在经济制度和工业化建设方面，用心较多，但对"建国"所包含的社会全面"改造"的意涵，还缺乏内在的体知，他们草拟的"蓝图的初稿"后来并没有发生预想的作用。但1949年之后，这批专家大多选择留在国内，积极投身于"新中国"的建设，对"蓝图"之主脉问题的思考也并未中断，而中共提出的由农业国转变为工业国的总体战略，在相当程度上也吻合于他们对"建国"路径的期待。钱昌照在第一届政协全体会议上，就代表资源委员会表示"此次二十余万职工比较完整的投入新民主主义国家的怀抱，其愉快难以言语形容"，并对中国重工业建设提出了若干建议。[1]后来，他曾出任中央财政经济委员会委员兼中央财经计划局副局长，并参与了第一个五年计划的制定工作。吴景超在建国初期仍持续关注工业化、土地、人口及资本的联动关系，比如1950年初，他就撰文强调"工农联盟"的经济意义，认为该联盟"最重要的收获"是"农民帮助工人发展重工业，创立国家工业的基础"，方式包括增加粮食生产、为工业发展提供原料，向后者不断输送人口等；然后，"工人又转过来帮助农民来改良生产工具，奠定农业机械化的基础"。[2]1950年2月，中苏签订了《中苏友好同盟互助条约》等一系列协定，其中"中苏贷款协定"承诺，苏联五年之内向中国提供3亿美元的低息贷款。得知这一消息，一直忧心工业化资本来源的他十分兴奋，比照苏联开国时期内外交困的处境，在文章中感叹："在开国的时期，在恢复国民经济工

---

[1] 《特邀代表钱昌照在一届政协全体会议上的发言》，《五星红旗从这里升起——中国人民政治协商会议诞生纪事暨资料选编》，文史资料出版社，1984年，第473—475页。

[2] 吴景超：《工农联盟与经济建设》，《新建设》第1卷第10期，1950年1月15日。

作的时期，我们就得到这样大的协助，这是我们的幸运。"[1] 应当说，在当时的高级知识分子之中，吴景超是思想转变较快的一个，他在1950年代一系列著述，无不配合社会主义工业化及"第一个五年计划"的推进，且多以苏联为样板，给人处处紧跟形势的感觉，但一以贯之的还是"重工业"优先的思路。大概是新中国成立初期百事待兴的局面，让他感到过去"多管齐下"的工业化构想，有了落实的可能。稍有不同的是，原有思考中不断反顾犹疑的内在张力，或许由于政治选择的明确，而看似被取消了。

有关《新路》群体在1949年后的走向、思考及多舛的命运，需要更进一步的研究，但不能忽略的是，在过去与未来的衔接时刻，《新路》之"蓝图逻辑"内部包含的一系列"问题结构"，都与从新民主主义到社会主义改造的进程高度相关，而且在随后的半个多世纪中不断复现。仅就1950年代而言，1953年确立的过渡时期"总路线"中，为了增进国防力量，优先发展重工业，成为社会主义工业化的中心环节。但"重工业需要的资金多，盈利较少较迟，产品不能直接满足人民的消费需要"，轻工业与重工业、积累与消费之间所谓"不可兼得"的矛盾也由此产生。[2] 按照毛泽东的说法，这其中"小仁政"与"大仁政"之别，一个考虑"人民的当前利益"，另一个考虑"人民的长远利益"，"所以在工业化时期不能不节衣缩食，艰苦奋斗。但这些困难是必须克服，也是可以克服的"。[3] 然而，政治的决断不能消除矛盾性的"问题结构"的存在，随着国际国内形势的变动，"大仁政"与"小仁政"的关系也要随之变

---

1 吴景超：《中苏贷款协定加强了我们经济建设的信心》，《新建设》第2卷第1期，1950年2月26日。

2 在1951年春的"春藕斋讲话"中，刘少奇曾提出国民经济恢复之后，应以主要力量优先发展农业、轻工业，"才好安排生活，积累资金"，然后在集中资金和力量建设重工业。但依照薄一波的说法，"他的这个主张并不完全符合中国当时的实际情况。因为，没有一定的重工业作基础，没有工业原料和机器、能源等重工业的发展，农业、轻工业就很难发展起来"。参见薄一波：《若干重大决策与事件的回顾》上卷，中共中央党校出版社，1991年，第59页。

3 《为动员一切力量把我国建设为一个伟大的社会主义国家而斗争——关于党在过渡时期总路线的学习和宣传提纲》，《建国以来重要文献选编》第四册，中央文献出版社，1993年，第711—712页。

化,比如重新调整重工业、轻工业、农业的比例,避免苏联及东欧发展中不平衡的问题,就成为毛泽东1956年所论"十大关系"之首。[1]其他如社会主义前提之下"计划"与"自由"的关系、社会主义体制中价值规律(价格机制)的作用,以及控制人口增长等问题,也曾在1956至1957年间曾集中引发了讨论和争议。[2]

再有,上文提及,在"中国工业化的资本问题"讨论中,刘大中曾提出中国获取资本的途径不外"用强迫的法子"与"利用外资"两种。如果说"新中国"最初在苏联的支持下,获得了工业化起步的资本,但在外资旋即中辍之后,之所以没有陷入多数发展中国家难以逃脱的"发展陷阱",恰恰又是因为采用"强迫的法子",以"大规模劳动投入替代零资本"和"内向型积累"来维持工业的进程,从而走出了独特的道路,"打破了第三世界国家中普遍存在的对宗主国/投资国的经济和政治依附";而危机得以平稳渡过,也源于危机的成本可以依托城乡二元体制向农村转嫁。[3]这样的危机化解方式以及巨大的社会成本,吴景超、刘大中、陈振汉、徐毓枬等在《新路》上的讨论已经有所触及。从这个角度看,1948年那份以自我辩难方式展开的"蓝图逻辑",似乎已将上述"不可兼得"的矛盾,进行了某种纸上的"推演"。如何在外来的模式之外成功解决这些层层展开的矛盾和关系,"把国内外一切积极因素调动起来",则意味了一条"新路"能否被创造性地走出,也预示了它可能的前途。[4]

---

1 毛泽东:《论十大关系》,《毛泽东选集》第五卷,人民出版社,1977年,第268—269页。
2 薄一波:《若干重大决策与事件的回顾》上卷,第496—497页。后来被称为"倡导社会主义市场经济第一人"的顾准,也是在1957年发表了《试论社会主义制度下的商品生产和价值规律》一文。
3 对于新中国成立后因引入"外资"导致的经济周期性波动,参见温铁军:《八次危机:中国的真实经验1949—2009》,东方出版社,2013年。
4 苏共"二十大"之后,以毛泽东的《论十大关系》为代表,中国共产党自觉以苏为鉴,总结经验,开始探索一条适合中国的建设路线,应对在产业结构、生产力布局、国防工业建设的规模和速度,以及经济与其他事业的管理体制方面的问题。在某种意义,"十大关系"也类似于由一系列矛盾关系组合而成的总体"问题结构"。

第二编

吴景超自述性文章选编

暑假期内我们对于家乡的贡献

李学博整理

一

人生最完满最快乐的生活，
只是诚心悦意地加入社会去活动，
使我所居的社会，因为有我，
可以向真美善的仙乡，再进一步。

——5月12日对一多说

时光过得真快，暑假又到了。以前每逢暑假，我不是住西山，就是回家乡。在西山或家乡住了两个月，又回学校。西山还是西山，家乡依然如旧，没有因为我住了两个月的缘故，生了什么变动。这是很令我懊丧的地方：同我有相似感想的，一定也不少。

今年暑假，我们又回家了。过去的已经辜负，未来的一定要想法补救。

所以我们最好下一个决心，今年在家乡里，至少要做一两件小工作——有益于人的工作。我们的工作，要从小处着手不要作大事，怕的是自己才干不足；不要事情做得太大，怕的是难乎为继。

以上不过是个引子，以下就申说我对于本题的意见，以供同志的参考。

二

暑假期内，我们在家乡中第一件可做的事，就是组织一个本地少年的学会。

我们中国人，有种最坏的毛病，就是无共同生活，无编制能力。他的害处，杜威先生在《社会哲学与政治哲学》里已经发挥得很透彻，不用我说。要矫正这两层缺点，只有努力的输入组织会社的精神。

农会、工会、商会以及其他各种的会，都是社会中不可少的组织。但是叫我们学生回家乡去亲手组织这种会，是一定不可能的，因为我们的智识、经验同地位，都配不上办这件事。我们回家乡去，所能组织的会社，是一种学生会，是本市、本乡或本区少年合力组成的一种少年学会。

这个会社如何组织？他的宗旨怎样？他的会务，是那几种？诸如此类的问题，我们可在下面一一的详细的讨论。

（一）宗旨

这种少年学会的宗旨，我以为应当取下列三条：（1）研究学术。（2）修养品行。（3）改良社会。

怎样就可以达到那三条宗旨，看会务就可知道。

（二）会务

会务可以暂定下列数项：

（甲）组织读书会

这种读书会，可以每两星期开会一次，与下面所说的讨论会交互而行。开会的时候，会员把他两星期以内所读的书，作读书录交入，俾会员互相传览。有什么不明的地方，可以质问；有什么意见不同的地方，可以辩难。他对于会员的益处，有下列二端：（1）因有读书录之要求，会员至少每两星期要看一本书，作文一篇。（2）读书录互相传观，会员可以在最短时间内，知道许多书籍的内容，很合于以最少精力收最大效果的原理。

有这一项会务，研究学术的宗旨可以达到了。

（乙）组织讨论会

讨论会中所讨论的题目，总要具下列两种性质之一：

（1）关于会员本身的　如人们应当抽烟吗？读书的方法；子女对于父母应取的态度。诸如此类的问题，都可以在会里讨论。大家取正直公开态度，对于一件事情，还他一个真是非、真利害。讨论出来的结果，大家都遵照行去。行时若有妨碍若有弊病，还可以拿到会里再讨论修正，以便于实行。

这种讨论，益处有二：①使会员对于一件事情，认清他的利害是非，行事上可以有个标准。②使会员养成一种研究的态度，对于事事物物，都要自己去定一个新价值，不肯随习惯、成说，为进退或转移。

（2）关于社会方面的　如禁赌的方法，筹备县立图书馆的步骤，如何可以使学校中儿童增加，等等问题，都可以讨论。此种题目，所应注意的，就是不要空描，不要唱高调；要注意具体的、严密的、建设的实行方法。譬如筹备县立图书馆问题，我们不要讨论将来这个图书馆，要如何设备，如何建筑；我们要注意的，就是如何可以筹得此种款项，如何可以求得各地绅商的同情，如何可以令县长容纳此种意见。这种讨论，对于会员的益处，是养成他们的智慧，叫他们随时随地找出具体的方法，应付具体的问题；对于社会益处，是一点一滴的改进，由千疮百孔的状态中，渐渐的、稳稳的、走入康强光明的大道。

讨论会的效用，不单是养品行；他还可以做到改良社会那条宗旨。

（丙）组织图书室

图书室置备各种书报，让会员或非会员自由阅览。这种设备，将来可以为设立乡立或市立的图书馆的基础。

（丁）组织通俗演讲

会内会员，在一月或两月内，全体出发，到附近各村、乡、市，作通俗演讲。

通俗演讲，在通都大邑，虽然是很普遍，但在内地，还是创举。此种通俗演讲，对于平民，是很有益的事情。但是行之不得其法，不一定能见效果。海甸的通俗演讲所，我常去参观，每次听讲的人，数起来不上十人。这种演讲，办上一二十年，也是一点用处没有。我想这种通俗演讲所以失败的缘故，就是因为他没有趣味。一两位老先生，跑上讲台，伸开嗓子直喊，喊的又是些不关平民痛痒的东西，谁愿意去听呢？所以我们要想从通俗演讲中收效，除非在含教育性的通俗演讲中，加入一点娱乐性不可。

我们全体出发，虽然以通俗演讲为目的，然而每到一村、一镇、一山庄，不要先就演讲。在演讲之先，我们先唱点音乐，做点戏法，来点游戏，然后再演讲。演讲的题目，要普通，要浅显，要与听的人有关系的。如赌、勤俭、爱邻，等等都是好题目。平常我们在学堂里所唱的高调，内地人民还领略不到，最好不谈。演讲之后，我们最好又唱几首歌。好在我们学生，拿起《一〇一好歌》来，都可以对付几句，对于这种事情，一定没有什么困难。而且我们在唱歌游戏的时候，也可以给大众好多教训。如唱国歌时，大家都要脱帽站起来，这种道理，都可以此时贯入。

像这样的通俗演讲，我敢说在改良社会上，可以收很大的效果。

（三）会员

这种学会所持的使命，从上面所语宗旨同会务看去，可以知道是很大的，所以对于会员的选择上，要特别用意。我以为少年虽多，然而这种学会，对于有下列事情之一的，都不可取。

（1）不同区的不取　在我们歙县里，共分东西南北四乡，一乡又分数区，每区宽袤约三四十里。

在地方制度未统一的中国，这一定不是普遍的情形。但是我们可以立一个标准，就是我们以最小地方自治区域为单位：最小的是都，就以都为单位；最小的是乡，就以乡为单位。凡在这区域以外的少年，我们都不请他加入（我们可以把这种组织的精神，介绍给他们，叫他们也设立同样的组织）。因为他们假使加入，开会时因路途遥远的缘故，也不能到会，非但于会的精神上无补，反而有害。所以在我们歙县，设立这种学会，我是主张会员资格，不同区的不取。

（2）迷信的不取

（3）不肯助人的不取

（4）不受人助的不取　不受人助的，如别人见他有过，去告诉他，他非但不感谢，反而埋怨告者，这是自居下流，无可救药，所以不取。

（5）不好学的不取

（6）品行不端的不取　所谓品行端正，就是消极的要无恶嗜好，积极的要有向上的热望。凡是犯嫖赌的，以及疏懒游荡的，都可以说是品行不端正。

（7）对于社会恶习惯、恶风俗、恶制度，不敢昌言改革的不取

（8）非全体通过的会员不取　凡是一个会，总有若干发起人。凡入会的会友，最好要经发起人全体通过。以后再加入的，也要由已有全体会员通过。有一人不赞成，就不能请他入会。因为一个会，贵用团结力，团结力何以发生？因为会员彼此都有敬仰，有爱，有充分的了解。这样的人，聚在一起，才能收互助及共同生活的美果。假如这个会员讨那位会员不满意，那位会员讨这位会员不满意，其结果非至于解散不成。我［之］所以主张新会员要由全体通过，就是要免上述的危险。

这个也不取，那个也不取，一区的少年虽多，经过这种严格的选择，恐怕最多也不过一二十人。其实这不是可虑的事情，反而是可喜的。因为要求一会发达，不是多请会员所能奏效的，一千个懦夫，敌不上一个乌获，人多

并无丝毫用处。我们不妨从严的选择，选几个志同道合的人，办起事来，只有比人多的会好，清华的会社发达史，是很可以做我的话的左证。

组织一个会，最重要的几条——宗旨，会务，会员——上面都讨论过了。其余的如会名、职员及职务、集会、会费、会址等问题，都是小事，个人酌着情形办好了，不必细说。这种会社，在社会上好像是电机，由他发出来的光明，将普照社会。他的结构美满，内部完善，所以可以不断的发光，不断的引导社会向前走。

三

暑假期内，我们在家乡中第二件可做的事，就是在县内旅行。

这个题目，可以分开来讨论：

（一）旅行的时期

旅行的时期，我以为最好是在开学前半个月，就是八月底九月初的时候。那时已经在立秋后，金风送爽，玉露涵秋，正是旅行的好天气。

我们选择这个时候，还有一层原因，就是旅行贵有适宜的预备，我们把旅行的时间，放在开学前，不怕没有充足的预备了。

（二）旅行前的预备

作这种全县旅行，若无预备，一定是白走一趟，毫无效果。我们在旅行前，至少要有下述的预备：

（甲）细看县志

中国各县，都有县志，他同外国那种旅行指南，有同样的价值。我们先把县志研究一下，于一县的山川、历史、风土、古迹、交通状况、救济制度、教育情形等等，大略都有一点影响在脑经里。旅行的时候，不致如生客入境，毫无头绪。

（乙）决定路线

一县很大，要想处处都到：定几个地方要到的，画出路线来今天到某处，明天到某处，都要先一定，免得临时张皇，不知所措；我们今年没有到的地方，还可以留待来年，来日方长，不必着急。

（丙）选择同伴

一个人旅行，是件最苦的事，也是一件不便当的事，我们大家都知道。所以旅行中选择同伴，也是一件很重要的事情。我们选择同伴时，有几件事情要注意：（1）人数不可多，一二人就够了。人多时于调查上，食宿上，都不方便的。（2）同伴的人，要有趣，不是枯僻的；要看智识，不是愚陋的。假如那同伴的，对于一县的掌故，知道得很熟，什么事情，都能原原本本的说给人听，那是最好的了。

（丁）预备问词

发问是一件最难的事，我们旅行调查结果的好坏，就看我们调查时问话得法不得法。善问[的]用几句话可以把所要知道的事实都知道了；不善问的，同人家谈上半天，还是一无结果。为谋得好的结果起见，我们于旅行前，要预备几套问词。譬如要调查县中的教育状况：我们见着小学教员时，用些什么话问他；见着绅士时，用什么话问他；见着学生时，用什么话问他；——这三套话，定要早预备好，免得临时找话找不到，事后再来生悔。

（戊）整理行装

整理行装，就要出发。我们在县中旅行——半个月的旅行——行装也不必多，只要下列的东西齐备就行了：

长褂两件，马褂一件，长裤两条，短裤两条，汗衫两件，袜两双，靴一双，牙刷，牙粉，手巾，草帽，白帽，热水筒，饼干，伞，县志，地图，小说，药品，零钱，照相机，纸，笔，其他。

若在交通便利的地步[方]，这些东西可以放在一个手提箱里，自己带着，很方便的。若在交通不便利的地方，可以另外雇个小厮带着。

（三）旅行的目的

我们这种旅行，当然不是随随便便，游着好□的。那么，我［们］的目的何在？简单地说，我们这种旅行目的，就是

"调查社会，为改良的张本。"

但是社会的范围很广，他的方面很多。

我们调查的时候，不能面面都顾着，也不必面面都顾着。以我们普通学生的能力，所能调查的事项，有下列数种：

（1）教育情形；

（2）交通情形；

（3）慈善机关的情形；

（4）生活状况。

此外如农业、工业、商业、物产、人口、风俗，等等，各人对他若是有兴趣、有能力也未尝不可调查。无论我们调查那一方面，最要紧的，是：

（1）同时不要调查几件事　每次调查一件事，是最好的办法，因为精力集中，易得好结果。次之就是同时调查两件事，如调查教育状况的，也可以注意交通状况，但是两件以上的事，最好分作几个暑假调查。因为调查的事情若多，精力一定顾不到，结果那一方面也调查得不精细，不透彻。

（2）调查时自己要存一种批评的态度、谦虚的心理　调查时存一种批评的态度，对于所调查的事物，就容易看出他的好坏来。要存谦虚的心理，别人才肯同我周旋，肯告诉我实话。不然，别人看见你那副骄倨的面貌，早把诚心藏起来了，还肯帮你调查吗？

（四）旅行中的食宿问题

在我们本县旅行，食宿问［题］是很容易解决的。我们亲戚朋友的家里，就是我们的旅馆，就是我们的饭庄。大家听了，以为这个有点不好意思，其实在县中旅行，这是最适当、最方便的办法。在别县里我不知道怎样；在我们歙县，到一个亲戚或朋友的家里，住上两星期、一个月，是件很普通的事。

假如我到一个村里,那村里有我的亲戚或朋友,我不到他家里去食宿;就反去上饭店、投旅舍,他们就以为这是"见外"。这是很不恭敬的表示。在现下的中国,这种风气,恐怕各县都同罢?所以我说暑假期内,在县中旅行,食宿于亲戚朋友的家里,是最适当最方便的办法。

自然我们不能专靠这一条路来解决食宿问题,我们还得预备零钱,以备不虞。但是我个人的意见,这种不虞,能设法免去,总以免去为佳。现在中国内地,没有几个地方有好旅舍同饭店的,这种不合卫生的所在,我们如非不得已,又何必去光顾呢?

(五)旅行的报告

这种旅行的价值,全在旅行的报告上。所以我们如有作这种旅行的,旅行以后一定要作个报告。这个报告中,所要注意的,只是:

(1)调查的结果;

(2)优点的表明;

(3)缺点的指出;

(4)优点为何保存,缺点如何矫正。

这四条中,以第四条为最要紧,我们应当分外的注意。这个报告,可以用下列两种法子之一发表:

(1)如本县有报纸,可以交给报馆发表。

(2)如无报纸,可以油印起来寄给县长、各学校、各绅士、各机关。

这种真确而诚恳的报告,也许可以引起本邑人士的同情,出来作改良社会的活动。在我们所指出的缺点中,他们能照着那矫正的方法,改良一两件,我们的功夫,就算不枉费了。即使我们的报告,生不出一点好影响来,我们那种时力,也不是枉费的。

听啊!

小孩子走出村外,

看见大道上长了一棵树,

阻碍着来往行人的路，
他喊着说：
"这棵大树可恶，
谁来把他砍了？"
行路的人，没有一个听他的。
小孩子不久就长大了，
坚韧的手腕中，充满了如虎的精力。
他提起斧头来，
一斧头就把大树砍下了。

四

我们暑假中在家乡可以作的事情还多，但是上说的两件，若把他做得好，非用我们的全部精力出来对付不可，所以我也不再往下说了。各处的情形不同，所以需要也不同。我上面所说的，不希望为诸君的摹本，而希望为诸君的参考，这是我最后所要郑重声明的。

十年，5月29日，下午

原载《清华周刊》第7次增刊，1921年6月

留别赠言

葛飞坤整理

八年前由清华园车站下车,随着一大班同学,步行进清华园复试,这个印象,我永远不会忘却。当初不过一个小学生,想到八年后毕业的一天,好像遥遥无期似的,那知道光阴过得真快,转瞬就要到我们与母校长别的一天了!啊!到这个时候,谁能不感到惜别的情绪呢!我现在在回顾八年的清华生活,觉得最有趣味的,还是友谊的一幕。清华真给我了许多好朋友。这些朋友,有的早已离开清华了,有的还要在清华再留一二年乃至五六年。我觉得在将别的时候,对我这些留校的朋友,不可无一言以为赠,所以便把我这几年的经验和见解,择几件要紧的,本农夫献曝的诚心,呈给我的朋友。

一、读书

我希望我的朋友,个个都能发愤读课外书籍。清华的功课,并不十分紧迫,清华又有这样完美的图书馆,我们如不读些课外书籍,就难逃"懒惰"或"糊涂"的批评了。但是读课外书籍,应该怎样读法呢?我愿意贡献三个法子,这三个法子,可以同时并用的。

第一，以课本为中心，同时去念那与课本有关的参考书，使自己对于所探讨的学问智识格外丰富。课本中所讲的东西，是有限的，而且是一家之言，难免有偏执之处。我们应该在念课本的时候，便去参考一些同性质的书籍。譬如我们学校用的社会学课本是 E.C.Hayes 作的，善学的人，决不会以诵一家言自足，他于念 Hayes 的书以外，一定还要参考 Giddings, Ellwood, Ross, Small, Blackman……诸家的学说。因为只有这样念法，才可以看到一个问题的各方面，才不致为一家的学说所囿。

第二，以疑问为起点，以念课外书籍为解决疑问的方法。我们正在青年时代，求知的欲望极盛，所以无论何时，心中总藏着许多解决不了的问题。其实学生时代的问题，无论如何复杂，只要多看些书，多用点思想，没有解决不了的。譬如求学方法，在许多同学的心中，是一个很大的问题。这个问题，要永远存在一个人的心中，假如他不去看些讲求学方法的书籍。不过假如这个问题在他的意识中浮出之后，他就去看些讲求学方法的书籍，如 E.M.Memurry 的 *How to Study*，John Dewey 的 *How We Think*（此书有刘伯明译本，名为《思维术》）。Colvin 的 *Learning Process*（此书有黄公觉译本，名为《学习心理》）。W.B Pillsbury 的 *The Psychology of Reasoning*。再看一两部逻辑，一两部心理学讲记忆、注意，……各节，这个问题便算解决了。一个问题解决之后，便去解决第二个问题。只要我们时常留心，我们心中的问题，永远不会完的。这种以读书为解决疑问的办法是最好的。因为书若是这样念的，一定有统系，一定有实用。

第三，以求常识为目的，以读课外书籍为获得常识的途径。常识的范围很广，定义很杂，极难统一。但我们各个人的心目中，都有各个人所谓的常识。梁任公先生说："除先秦几部经书几部子书之外，最要紧的便是读'正史'、《通鉴》、宋元明'纪事本末'，和'九通'中之一部分，以及关系史学之笔记文集等，算是国学常识，凡是中国读书人都要读的。"梁先生所说的国学常识，我们如认为的确是常识，便可把他所举的那几部书，列入课外书籍的要目中，以便诵读。此外我们如以为各种科学的大纲，也是常识的一部分，凡是读书人都要晓得的，我们也无妨在各种科学入门的书籍中，选一两本读读。

诸位同学愿意念课外书籍的，如采取上述的方法，那么进图书馆后，一定不会东张西望，感到无所适从的困难。不过读课外书籍，贵能领解，贵有心得。食而不化是无用的。关于此点我又有两层意见。

第一，我以为读课外书籍欲得实益非做笔记不可。做笔记的好处，梁任公先生在《治国学杂话》中已经讲过许多了。我个人所受到的做笔记的益处，约有三端。（1）养成读书谨慎的习惯。笔记不是随随便便可以写得下来的，你若是对于书中所说的，没有充分的了解，你就写不出来。因为如此，所以我读书很谨慎，看完一段要懂得一段的意思。（2）养成鉴别的能力。一本书有好几百页，我们做笔记的，只能花几页的地方，去包括全书的内容。所以在做笔记的时候，我们就有一种选择，择那要紧的记下，而把那些不要紧的忽略过去。这种工夫，初做自然烦杂，但久而久之，便会走上了路。上路的人，翻开一本要念的书，看完一节，马上便可觉得，那几句话是重要的，那几句话是不重要的。（3）参考时的便利。我们念书的时候，每每想到，以前看过某书，书中也有同样的讨论。这时节，假如我有笔记，便可把笔记翻开，一阅即得。这种融会贯通的乐趣，真可说是其乐无穷。假如我没有笔记，那我非到图书馆去找原书不可。有时花了半天，还找不到；即找到了，时间上的损失，也就很多了。此外我们作文的时候，也常想征引学者的言论，如有笔记，便利得多。

做笔记的重要，已如上述。附带着我愿意谈谈做笔记所用的纸张。有人主张用一张一张的片子做笔记，做完之后，便分类放在一个大小适当的盒内。这是学者所用的方法，在我们做学生的时代，似乎可以不必这样精密。我最初是用坊间所售的练习簿作笔记，后来觉得这种簿子有两层缺点：（1）大小不一致，式子不一样，不易保存；（2）假如有写错的时候，不能把那张错的扯下，因为扯下便把簿子弄坏了。后来我便改用零散的纸张。这种纸张，日积月累，满了一学年，我便把他分类装订成本，前面做个目录，后面做个索引,既便保存,又易检阅,我自己觉得还算满意。

做笔记是自己用功的方法。但独学无友,则孤陋而寡闻;而且没有朋友在旁边鞭策,自己每每因循不知振作,所以(二)我们读课外书籍,应当邀些同志一起努力。换言之,我们应该邀集四五个敬爱的朋友,组织一个读书会,互相研究,互相勉励。在开会的时候,可由会员把已作成的读书录,对众报告。报告之后,可以互相质疑问难。我同几个朋友在民国九年组织的"二十",动机在此。我现在回忆从这个会社得到的最大益处有两点。(1)作文与谈话的练习。(2)读书的鞭策。因为开会要报告,所以非常念书不可,自己想偷懒也不行。我想同学中如有觉得自己意志不甚坚强的,非用这种方法逼迫自己读书不可。

读书对我实际生活上的影响也不少。我很相信,一般人的盲从或武断,都是由于念书太少的缘故。许多人以为清华恢复兵操,是一件值不得细心讨论的事,一件极容易解决的事。但这个问题,在我的脑中盘桓至数年之久,至今我还没有得到一个自己信得过的结论。我因此怀疑同学们,他们赞成或反对兵操的,虽然有的是经过细心考虑而来,但大半不是盲从,就是武断罢?我个人最反对盲从或武断。我很佩服《草儿》作者的两句话:"我要做就是对的;凡经我做过的都是对的。"我常常想约束自己不做理由不充分的事,不做说不出理由的事。这种态度就是中西学者暗示于我的。你看他们的书中,每发一言、建一议必有自己信得过的理由证实他。作文如此,做事也如此。我们把书中暗示我们的态度,应用到处己接物上面,便是实际生活的受用。

二、中文

这个问题,我在《周刊》上已经说过好几次了。我希望同学注意中文,最要紧的原因有三层。第一,我们的同学,无论将来学实科或是文科,一定都是国内的智识阶级。我们受了很大的利益,就不应逃脱我们的义务。我们的义务甚多，其中有介绍西方文化一项。试问，我们做留学生的，不负这个责任，谁还来负这个责任？我们既然负了介绍西方文化的责任，所以我们现在对于中文，就应当特别注意。否则学了满腹学问回来，只落得及身而绝，不能传给别人。我愿意在此特别提醒那些学实科的同学，请他们特别注意中文。因为据一般人的观察，学实科的人，最不注意中文了。他们如长此不注意，中国的国民，便长此得不到科学智识和应用科学的技艺。结果中国的自然科学、应用科学，将永远为欧美的附庸，不能自己成为大国。所以我极希望学实科的同学，有些立定著作的志愿，使西方的各种科学，也会与东方的一般民众，发生关系。第二，我们中国古籍中，不知藏着若干珍宝。这些珍宝，只是缺少开掘者，所以大家都不能看到他的丽质。开掘这些珍宝最要的工具，是科学的方法。科学的方法，只有我们受过西方文化洗礼的人，懂得最透澈。所以整理国故的责任，舍我们莫属。我们为将来整理国故起见，现在也应注重中文。第三，在现在这种东西交接的时代。我们不但有介绍西方文化于中国的责任，同时还有介绍东方文化于西方的责任。我们从中等科一年级起，到美国大学院毕业为止，天天看英文，写英文，所以用英文发表思想不是困难的事。我们既然能用英文发表思想，我们就应该把祖国的光辉，传播到外国去。现在的留学生，一大半不能做这种工作，不是英文不行，实在是中文太差。他们中国书看得太少，中国事懂得不多，怎能负介绍东方文化的重任呢。为救济这层缺点起见，为使我们将来介绍东方文化胜任而愉快起见，只有现在多看中文书籍。

上面所说的三种使命，我们不必全负，但我们应该不惧艰难，至少担任一种。第一种事业，只要中文通顺，便可做到；第二第三种事业，则于中文通顺之外，还要训练自己，督率自己，使自己看得懂中国古籍，多看中国历代书籍。中文通顺，并不是一件难事。我们懂英文的，更可由英文中悟到中文的文理及句法章法。我觉得中国的古文家，谈文章义法，无论如何高妙，总比不上外国的修辞家言。看完一本英美人做的 *English Composition* 抵得过看中国无数古文家所说的文章义法。我们先谈造句，次谈章法，次谈文章组织，次谈修辞要理，便可在极短的时间内，做成通顺无疵的中文了。再多看一些古文，多读一些诗词，便可由通顺进而为优美了。何难之有！

三、功课与分数

我们应该怎样对付功课？我们对于分数应取一个什么样的态度？这是个个学生心中都有的问题。我以为第二个问题是连着第一个问题而来的，第一个问题解决了，第二个问题便不成问题。让我大略说对于第一个问题的意见。

现在同学中对于功课的态度，有两种是不好的。第一种是到处敷衍，能够及格毕业，就算了事。第二种是死念功课，以得超等上等为目的。这两种态度的不对，就是他们都是为分数而念书：第一种人是怕不及格才去念书，第二种人想得好分数才去念书。这样念书，真是苦不可言，一点趣味也没有。念书原是一件有味的事，可惜这种人永远尝不到！

我从高一以后，对于功课的态度，可以说是一贯的，没有什么变更。我对于性之所近的功课，以及对于我益处较多的功课，便多花一点时间在上面；对于性不甚近，以及于我益处较少的功课，便少花一点时间在上面。社会学是我喜欢念的功课，所以我对于他，不但课本念得很熟，就是关于这门的课外书籍，教员没有教我们去念，我自己也要自动的去念。至如那些我不喜欢的功课，我就不大热心了。对于这种功课，我做到能够得到中等的样子，就算满足。

我既这样对付功课，所以分数对我不成问题。分数是你用功的成绩，你怎样用功自然会得怎样的分数。我自己的分数，在每学期的［开］始，自己便有点把握，说的痛快一点，在选科的时候，自己便有点把握，用不着朝朝夕夕，劳心思，勤耳目。这样，自己便不会作分数的奴隶，便不会陷溺为分数迷。这样，自己读书才能得到一点乐趣。

中等科的功课不必细谈了；高等科及大学的功课，有几十门之多，我们应该注重那几门呢？这个问题，各人有各人的答案，我愿意把我的意见，说出来作大家的参考。

英文与国文，为研究各种学问以及发表思想的工具，自然要特别注重。此外在高一的时候，应该注意第二外国语、几何、逻辑（中文的）等科，第二外国语，在初学那几个月，非得特别用功不可，否则越学越糊涂。逻辑教人训练思想，是个个学生应当做的工夫。在高一学逻辑的时候，如能参考几本外国学者的著作，自己切实研究一番，以后读书和研究问题，自然有秩序、有条理、不武断、不盲从。几何在数学中，我最喜欢了。他的好处，在能给我们一种思想上的训练。我们平日说话，最喜随便乱说。几何告诉我们说：你们说话要有证据，不要乱说。没有证据没有理由的话，只算是白说，没有价值。假如我们能把在几何课室中所得的训练，在实地上应用，受益一定不小。在高二的时候，可以在历史上用点功夫。历史是讲因果的学问。他指示我们，有什么原因，可以生什么结果。我们念历史如念得得法，至少可以得到一个因果的观念。历史又教我们一个方法，就是胡适之先生所谓"祖孙的方法"。我们学社会科学的人，得到这个方法，受用真是无穷。念历史应在这两点上注意，假如专记事实，没有多少用处。在高三的时候，我们至少要学一门自然科学。这门功课给我们最好的礼物，便是科学的方法。到了大一，便可在自己预备专门的学问上用功了。

上面所说，多从西文功课上立言。中文功课，下学期以阅书为主体。我们应该早早计划，把梁任公先生所定的最低书目，略加修改，预备于毕业前读完。我们以前因为没有人指导，所以现在后悔也来不及。诸君现在既然有明灯在前照路，还不努力奔驰吗？

四、运动

同班的许多同学，每每告诉我说："你的身体，比来清华的时候强得多了！"我现在想起清华给我身体的益处，心中的感激真是无穷。

我在中等科的时候，对于运动，并不十分注意。当时校中没有体育馆，运动的器械不完全，每星期又无体育课，所以像我们这种文弱的人，竟感不到运动的趣味。到高等科以后，我才渐渐知道运动，渐渐觉得运动有味，渐渐有点每天非运动不可了。这种经验于我是新的。我在十几岁以前，并没有像现在这样跑过跳过。小时我在家里，父兄总教我们规行矩步，学大人的模样。我在八九岁的时候，人家每每赞我有大人之风。小时没有练过的跑跳，现在却来补习，所以在运动一方面，我的确可以说是"返老还童"了。

我们都是活泼泼的青年，当然要天天运动。运动的趣味，和运动对于身体的益处，我的同学知道得也许比我还多，所以我也不必赘言，我只希望同学们，要常常保存这个好习惯，（天天运动的习惯）不要丧失。

我们读书固然不要忘记运动，但运动也不要忘记读书。读书忘记运动的危险，在清华这种环境里，大约以后可以不致发生。因为清华学生的运动，已经相习成风了，不运动的人，加入清华，没有不被同化的。而且运动本身的魔力就大，一上了瘾，没有人肯抛弃的。然而运动忘记读书的危险，现在可以看得到，将来也许还有。陷入这种危险的人，应该时自警励。本来运动是为强健身体，使自己现在和将来，可以担任我们的事业。运动的本身，不能成为一种目的。所以在学生的时代，假如运动忘记读书，实在可以说是轻重倒置了。

许多人有一种迷信，以为喜欢运动的人，脑经比别人活泼；又有许多人迷信，以为喜欢运动的人，脑经比别人迟钝。其实这都不对。喜欢运动的人，身体强健，用功起来，可以不致一下就觉得疲倦，那是真的。但脑经的活泼与迟钝，与运动并不发生直接的关系。若想脑经活泼，非多运用，多训练不可。运动家的脑经，并不特别比人活泼，也不特别比人迟钝。运动家如肯虚心念书和研究，脑经自然可以和别人一样好，或者比常人还要好一点；但是如在运动上用力太多，把应读书的时间都占去了，脑经自然会逐渐迟钝。所以结尾我愿意劝那些喜欢运动过甚的同学一句话，就是：运动不忘读书。

五、课外作业与团体精神

课外作业的范围是很广，自当评议员以至教西柳村的小孩儿，都包括在内。我的意见，以为我们应该择性之所近，担任一两种课外作业；作自了汉是最不对的。清华的自了派，实在太多了。而且我由朋友那儿听到的谈论，觉得这种自了的趋向，一天胜似一天。这种心理，实在是要不得。假如清华的学生，一个个都抱起头来念书，别事一概不管，那么清华岂不是要变成一所僧院么？还有什么生机可说？

许多人以为清华的团体精神太坏，我也作如是观。团体精神颓废最大的原因就是自了派加多的缘故。假如自了派都一扫以前的陋习，人人都挺身出来担任一两种课外作业，我敢说清华的团体精神，马上就会蓬蓬勃勃。原来团体精神是一个抽象的名词，它的具体表现，便是各种形形色色的活动。活动的方面增广，参入活动的人加多，便可说是有团体精神。譬如下半年一开学：《周刊》出版了；《学报》也出版了；白话报也有人办了；演说辩论也有人练习了；评议会也个个星期开会，开会时个个评议员都出席了；校役夜学的教员有人担任，天天晚上看见学生在课室中教书了；西柳村的小孩子有人教导了；三旗营的图书室重行开张了；……我们还能说清华没有团体的精神么？要达到这个地步，非大家都起来做点课外事业不可。反是，《周刊》无人投稿；《学报》欲办不成；评议部开会不足法定人数，一开会只听到这个人辞职，那个人不干；校役夜学无人担任，走过教室门口，只看见黑漆漆的；……满目凄凉，毫无生气。我们只有摇首长叹，说一声清华的团体精神衰落！

一方面我极提倡每人出来担任一两种课外作业，一方面我又极反对那些办事太多到处插足的人。一个人的精神力有限，假如身兼数职必定妨害学业。而且校中的职务有限，一人身兼数职，便把别人服务的机会都占去了。所以即使他们鞠躬尽瘁，勤于职务，结果只有使团体精神衰弱，不能使之兴盛。其故有二。第一，团体精神，要多数参加活动，才能表现出来。假如少数人参加，多数人袖手，结果只看得见少数人忙来忙去，看不出多数人活动的成绩来。第二，课外事务，既都在少数人的手中，这少数人一走，事业便立见停顿。有此两因，所以我很反对那些"一身兼数职，把一切总干事的名目都堆在一起"的人。

六、献文

我最敬爱的朋友及一切相知，别了，留赠你们这些，作我们数载同窗的记念。

原载《清华周刊》第285期（赠言号），1923年6月8日。本文着重号为原作者所加

回忆清华的学生生活

我于1916年,加入清华中等科的二年级,1923年在高等科毕业(那时候的高等科,等于大学二年级,所以到美国去,只能进大学三年级,不能入研究院),前后在清华当了七年的学生。

这七年的生活,在我的生命中,是很愉快的一段。过去我也常问自己,清华的七年,到底给了我一些什么?现在我就简单的把我的答案写在下面。

首先,我要说清华给我们的训练。

在智育方面,清华那时的训练,与别的学校不同的,就是英文的注重。那时清华的学生,毕业后可以到美国去读五年书,为使学生赴美后可以在语言上不感困难起见,清华的注重英文,自然有他的道理。我记得在清华中等科,除了英文读本、英文文法,是用英文外,就是地理与代数所用的课本,也都是用英文。这种训练,现在回忆起来,实在是很好的。中国的社会科学、自然科学,都很幼稚,一个想做学问的人,如不在中文以外,弄通一国的文字,用他来做研究学问的工具,那么他的成就,是颇有限制的。我现在还相信,清华大学假如在一二年级的课程中加增英文的分量,对于学生,是一件极为有益的[事情]了。

在德育方面,我们受的是一种循规蹈矩的训练。早上闻铃起床,把铺盖收拾如式，盖上白被单，乃是每一个人都要做的事，因为斋务员在吃了早饭之后，就要查宿舍的。早餐铃摇过之后，五分钟之内，就要在饭厅中自己的座位前坐下，斋务员拿一本簿子，把不到或迟到的记下来，不到的次数太多，是要记过的。那时的斋务长，等于现在的训导长，对于每一个学生的面貌都记得，每个学生的名字都记得，这还不是为奇。最奇的是，他记得每一个学生的学号，你如在早餐铃摇过五分钟之后走入饭厅，他便把你的学号记下来了，三个数目字，写起来是那样的方便。我离开清华后十余年，还遇到过这位斋务长，他不但记得我高等科的学号，还记得我中等科的学号，对于这种记忆力，我只有佩服。在中等科时，我们每星〔期〕要写一封家信，送到斋务长的办公室中去投邮，以便登记。每月要交一次零用账，以便审查有无浪费的情形。这种训练，是好是坏，各人的看法不同。从好的方面说，在这种方法下陶冶出来的人，在规定的路上走，不敢放肆，不敢苟且，守法律，重秩序，够一个好公民的资格。但在天下大乱，社会秩序需要重建的时候，这个典型的人物，总难望出人头地。

在体育方面，我对于清华的训练，至今有说不尽的感激。那时的规矩，下午四点钟下课铃摇过之后，图书馆的门锁起来了，宿舍的门也关上了，学生只能上操场，或进体育馆。不分冬季与夏季，一律如此。所以每日在四点钟之后，无论你是否喜欢运动，你也得脱下长衫，跑跑跳跳。久而久之，谁也都会对于运动，发生很大的兴趣。过去清华学生在运动会中与别的学校比赛，老是拿锦标的，但此点并非清华的特色。清华的特色，是普遍的训练，使每一个毕业于清华的人，都会跑百码，都能游泳，都可以打网球。这是清华过去体育训练成功之点。我希望这种精神，能够复活于今日。

课余的活动，当年的种类，也是很多的。学生可以就各人性之所好，从事于一种或数种。我从中等科三年级起，便与《清华周刊》结了缘。记得最初《周刊》的编辑，是学校派定的，其后由学生推举。编辑的制度，有一个时候采集稿制，各个编辑，轮流负责。最后还是采总编辑制。我做七年的学生，当了六年的编辑。这种写作的训练，对于我是很有益的。快毕业的一年，

《周刊》有"社论"一栏，我们几个写社论的，总是在发稿的前一晚，大家想好题目，奋笔疾书，不起稿子，不计文章的工拙，只求清楚明白，辞能达意，写完之后，就送到印刷所去付印。我们几个受过这种训练的人，都把这文章看作说话一样。话说出口之后，并不时加修改，我们对于作文，也养成这种习惯。这种办法，替我们节省了好多时间。

　　清华七年的学生生活，还有一种收获，就是结交了几个好朋友。人的生活中，需要几个好朋友，彼此有透彻的了解，什么事都可以商谈，什么话都可以倾吐。这种朋友，需要长时期的培植。只有在七年的长时期中，朝夕相处，同读书，同游戏，才可交得到这类的朋友。所可惜的是，就是清华当时，还未男女同学。所以我们当年所交的朋友，没有一个异性的。这也许是人生的一个损失罢？谁知！

　　　　原载《清华周刊》复刊第10期（1947年校庆纪念特刊），1947年4月27日

吴景超留美通信

何玉*整理

一、西雅图—麦城—明城（1923年9月20日）

我于9月1日抵西雅图（Seattle），7日抵麦城（Madison），13日回明城（Minneapolis），此次通信，便是把我记忆所及的见闻，写点下来，报告母校诸同学。

我们这次海上的旅行，听说李迪俊君已有详细的叙述了，此处不必赘叙。且说9月1日的上午，约克逊邮船离开了加拿大属地维多利亚，大家都知道西雅图便在目前了，于是把行李等等，都收拾起来。此时移民局的职员，海关上的职员，以及医生等等都上船了。我们先到移民局职员办事处去验护照，验者看见我们的相貌与照片一样，便问了我们几句话，加上验过的图章，签字后交还我们。继到海关职员办事处，交行李报数单。此单分上下二联，在未到西雅图以前，船上的办事员便分发给我们了。我们已经把我们行李的件数及价值写在上联，交给海关职员时，他看见我写着行李值洋200元的字样，便索费五角，我如数付给，他便把下联截下给我，此下联以后自有用处，暂

---

* 何玉，清华大学图书馆特藏部副研究馆员。

且不提。医生验身体的手续,极简单,我们走过他的前面,他把数目点一下,便完事了。听说美国医生,对头等舱客甚宽,对二三等舱客则否。有坐二等舱比我们先到一星期的中国学生,因为有某种病状经医生查出,便不准上岸,在我们离开西雅图之前,他们还未能身履美土呢。下午三点船便到埠,我们手上拿着护照,因由船上岸时,有人查看,查者见护照已验过,便准我们登陆。护照的功用,至此遂毕,以后便可在美国境内,随意旅行了。我们一上岸,便到海关上寻找我们的行李,数分钟之内,我便寻着了。原来行李由船上运至海关时,便分置20余处,悉按姓的第一字母排列。譬如我姓吴,吴字第一字母为W,所以凡是我的行李,都放在W的架边,到那儿一寻,不费吹灰之力,便寻着了。寻着我的行李之后,便去找一个海关的稽查,把行李报数单的下联给他,他拿着下联,对码觅得上联便来查我的行李。这种稽查,有宽有严,宽者略为看一下,便放过了;严者翻箱倒箧,无微不至。我遇着一个很宽的稽查,丝毫没有费事。稽查看过以后,我便把行李交给转运公司,请他运到青年会,我拿到收条,坐上汽车,便到了青年会了。

  初到美国,感想自然很多。但这种感想,未必有十分价值,所以我还是不必发空议论,只是报告一些事实,也许后来者可作参考。

  初二日上午,我们都聚在青年会礼堂,由监督处职员蔡君处,(一)领到9月份津贴80元;(二)在西雅图膳费4元;(三)车票一张,是由西雅图到麦城的,车票价82元余;(四)车中三日膳费洋7元半。在西雅图二日,各处欢迎的很多,印在我脑中最深的,便是三日下午的全城游览。我们学生100余人,分乘十余汽车,环绕全城一周。西雅图之美,不是我的笔墨所能形容的,我只好不说罢。我在车里,常常听见同学说:"西雅图真好,我不愿东行了!"读者从这种赞叹的声中,或可想见西雅图天然佳丽之一二。

  3日夜间12点,我们离开China Club的宴会之后,便奔赴火车站,预备东行。此时到南边各省及西南各省的同学,都来与我们握手作别。1923级的同学,此时才算分散了,惜别之感,自不必说。我们此次坐的火车,The Chicago, Milwakee[Milwaukee] & St.Paul Railway,走了三日三夜,初七早晨九点，才到麦城。1923级的同学，到麦城下车的有十数人，大半是预备在威斯康辛大学读书的，还有几个，是为赴留美中部中国学生年会而来的。年会于9月4日起开会，11日闭会，我们到时，会已经开了三天。会序不外名人演讲，讨论报告，演说辩论比赛，运动泅水比赛，俱乐，跳舞，宴会等等。此会的最大好处，便是能聚多数中国学生于一堂，即如此次到会的，不下170人，其中大半是清华的学生，所以到会去见老朋友，是一个最好的方法。此次年会主席，是赵君学海；年会讨论的主要题目，是学生对于改造中国所负的责任。结果通过议案40余条，详细情形，将来当见诸报端，此刻无容赘叙。

9月9日，清华中部学生，也开重聚会，下午讨论议案多端，晚间开俱乐会。此次会议通过的议案，有关于董事会的，有关于基金的，有关于同学会的，有关于母校学生的，有关于留美清华学生的，有关于自费生的，有关于监督处的。听说罗君隆基，已有详细的报告，寄给周刊了，今不赘述。《周刊》编辑，本年共有五个：东部二，中部二，西部一。中部两个，是在会中选举的，罗隆基与我被选。今年美国《周刊》编辑部的制度，略有更改：就是凡有清华学生的地方，都应该举一个通信员，报告该地清华学生消息于留美编辑，或直接寄至母校编辑部；又清华同学会的书记，以及清华同学会支会的书记，同时也是《清华周刊》通信员，他们的职务，是把会务报告母校。今年制度既略有变更，所以留美编辑部的职务，也应另定，此层当从主席举出时讨论，将来另有报告。

11日年会闭会，我们几个要到明城的，便于12日坐了董大酉君的汽车，向明城出发。自麦城至明城，约300英里，我们于12日上午8点动身，13日下午3点才到。本来一天可到的，只因机器在路上常出毛病，所以迟了大半天。此次长途汽车旅行，见闻也有可述的。（一）美国的路政，在我们新从中国来的眼中，实在可惊。我们在一天半中，经过了无数小市镇，他们的街道，尽有比上海大马路还讲究的。在没有村落的地方，康庄大道，夹以花木，风景亦颇宜人。（二）美国的省道县道，都有数目字的。我们自麦城出发时，便打听清楚，知道先走第 12 条省道至某镇，要换第 33 条省道，出某市，又换第 25 条省道，……我们走第 12 条省道时，看见路旁的电杆上，都有"12"的标记。走到歧路时，如须向右转，电杆上便有"12R"的字样；如须向左转，便有"12L"的字样。所以生人走路，决不会走错的。（三）美国人工之贵，是大家都知道的，因为这个缘故，所以店铺，旅馆，公司……里面，用人颇少。我们于 12 日，行经一个小镇，名为红翼。大家到了这个地方，肚子都饿了，便跑到一家饭馆里去吃饭。这家饭馆里面，只有一个人。他问我们要吃什么，便到厨房里去弄，弄好自己捧出来，我们吃完，也是同他算账；你们看他一个人，居然身兼侍者、厨师、账房数职呢！12〔日〕晚上，我们在一家旅馆中过夜，账房先生跑出来，登记我们的姓名，收了房钱，还带我们上楼，指示我们房间、浴所、盥洗室。以后我们便没有见到一个茶房！此与上海的旅馆，一呼数应的，相去真不可以道里计。（四）北京、上海，隔几步就可以看见一个警察，在美国则不然。警察少极了：在大城最闹热的十字街头，或可以看得见一两个警察，其他略为僻静的道路，以及小市镇中，是看不见警察的。说到这个地方，我想讲一段故事。我们此次旅行，虽然在城市中，没有遇见警察，但 12〔日〕的上午，我们的汽车正在一个旷野疾驰的时候，忽然看见前面有人招手，叫我们停驶。我们停下来，问他什么缘故，他说我们的汽车开得太快，要罚 12 块大洋。原来他是某县的警察，看见我们汽车的速度，与常人不同，便坐了双轮汽车，在后面追赶，赶到我们前面停住，便这样地硬敲一下。我们看他身穿制服，胸佩徽章，知道没有什么遁词可说，便交了 12 块大洋，才放走路。这是此次旅行的一点晦气，因为谈到警察才说起的。

本年到明城念书的清华学生，一共三人：王化成、孙清波和我。在此的老清华学生还有五人：黄大恒、宋国祥、董大酉、张祖荫与时昭沄。五个老清华学生，定于本月 23 日，请我们新来的到中国杂碎馆大吃一顿，听说吃完还要开俱乐会，这是后话，下回再说。

我的住址如下，母校同学及师长，有指教的或询问的，请照下列住址寄来，必无错误。

619 13th Ave. S. E. Minneapolis, Minn. U.S.A.

9月20日寄自美国明城

原载《清华周刊》第290期，1923年10月19日

二、我们的衣食住（1923年10月14日）

我在明城念书，见闻所及，也只限于明城，所以此处的"我们"只能代表明城的同学，不能代表美国全部的学生，此点请读者注意。

先说衣。

我们在此穿些什么衣服，同学们可以想见；关于治装等等，去年《周刊》上已经说了很多，所以以上两层，无容我再申述。以下我只说几点我们在中国时对于西装的误解，来美后始矫正的。

（1）我们在中国时，都有多制衣服的倾向。1923级的同学，有带八套衣服来美的，少者亦四五套。此在富家的子弟，并不觉得难办；家道稍寒的，就要借债了。

其实八套以至五套衣服，都是太多；我们治装，最多三套就够了。此地的衣服，并不十分昂贵，时君前几天买了一套洋装，价只22元5角，样子较中国制的好多了，材料并不差多少。所以为家道稍寒的同学着想，在华不必借款治装，在此积款再办不迟。

（2）我们多办洋装的观念，系根据一种不合事实的猜想。我们以为美国的学生衣服是常换的。实则不然。我看到同班的几位美国人，穿来穿去，还是那一套衣服。我又看见我们那几位社会心理学教授，也只穿一套洋装。我

自到明城后,只穿那套蓝哔叽,没有换过,因为俗皆如此,所以我也从众。

(3)去年同学中还有制礼服的,也有买丝衬衫、丝手巾很多的,这都是浪费了。我们又不天天去见大总统,要礼服何用?大学生全体聚会,校长到场演说,也没有穿礼服。所以用礼服的机会,真是少极了。丝衬衫,丝手巾,洗起来真贵。我们对于那些东西,备而不用则可;若是办一许多,预备到美国时穿用,那真是大上当了。

(4)领带最多只能买两条,一横一直。领带不必长换,冬夏只带一条亦可。硬领不必多买,或竟不买亦可。此地的学生,千人中找不出几个带硬领的,一因硬领带起来费事,而因洗起来多费钱。

(5)做皮鞋时,第一件事要注意的,就是要做的不响。我们今年在利大做的皮鞋,穿时似乎不响,但在此走到图书馆去时,脚下总吱吱作声。弄得别人都停书旁视,最不好了。

(6)中国衣服也不必做,因为无机会可穿。

次说食。

美国的菜馆可以分为两种。一种是有人服侍的,一切与中国相仿佛,其价较昂。一种是无人服侍的,名为 cafeteria,其价较廉。我们学生,都是第二种菜馆的主顾,因为经济上的关系。现在假设清华售品公社的食品部为第二种菜馆。我们一进菜馆时,就在柜台的西边,拿盘、刀叉、瓢,及大小如手巾的白纸:刀叉为食时用,白纸是吃完后拿来揩嘴的。柜台的上面摆了许多的食品,其排列的次序,先汤,次肉,次菜蔬,次面包牛油,次点心,次牛乳咖啡等饮料。

我们捡喜欢吃的东西,拿几样摆到盘里,走到柜台的那端——譬如食品部卖豆浆的地方罢——有一位算账的站着,我们把物值付给了,就可捧着盘子,拿到一个桌上去吃,吃完以后,有的菜馆还要顾客把刀叉盘杯之类,送到洗濯的地方去;有的菜馆叫伙计来收,不必自己动手。

我们明城的同学,差不多都是在校内的菜馆就食。我们吃些什么东西及其价值,也可大略说一下。早餐我们吃的东西,有燕麦面,有烤面包,有麦饼，有鸡子，有咖啡牛乳。这些东西不必样样都吃到，一两样就可果腹了。如吃燕麦面及牛乳，价不过九分；如吃麦饼及咖啡，或烤面包及咖啡，价不过一角一二。总之，一角左右的早餐准可吃饱。如另外还想吃水果，价钱自然要贵些，但二角左右也可办到。

午餐与晚餐相仿佛。我们在午餐或晚餐所花的钱，大约三角左右为常，四角几固略奢，二角几分又太俭了。三角左右的菜，已可一饱。譬如我昨晚吃的东西，有猪肉一盘，鸡子一盘（一个切为两块），面包两块，牛油一小方，苹果排（pie）一块，牛乳一饼，其价为三角七分。

此间肉类最常见的，有猪牛羊三种，星期五有鱼，星期日有鸡。鸡之值甚昂，星期日花上五角，还吃不到一只鸡腿，比起中国来，相差真远！但牛乳真便宜，像校中吃汽水那种玻璃杯，装上两杯，不过六分。

在此我想介绍一种美国的好制度，就是排列成行制（Lineup）。

每天12点20分，第四堂下课了，一拥而入食堂的，总有100多人。假如这100多人，都挤到柜台前面去，此推我夺，猪肉油不倒到面上者几希！但这种情形决不会有的，因为先到的站在前面，后到的便站在他的后头，排列成行，等先到的把菜拿完了，后到的才继上去拿，所以秩序井然，丝毫不乱。这种排列成行制，美国人不但吃饭时用之，买票时也用之。校中有时与人赛足球，市中来观的数千人。他们绝不挤到买票的门前，总是先排列成行的。所以有时此行竟延长一里余。这个办法，省却许多拥挤，我希望清华学生买电影票时，或进大礼堂开俱乐会时，也用此法，以维持秩序。

末言住。

明城大学不是寄宿的。学生大半住在学校附近的人家。在开学前的几天，各家的门口，都出了招租的广告，我们便可在那时间，找到合适的房屋。此地的房价，每月15元以为常。此间的清华同学，如黄大恒、宋国祥、董大酉、张祖荫、王化成、孙清波，都是住了15元一月的房子。邓式曾住的，是16元一月；我与时君，共居一室，是25元一月。

我们住的房子，大小与古月堂戴先生，或工字厅余先生等所住的房子差不多。陈设颇简单，床、桌椅、衣屉等物，差不多个个房里都有的。至如书橱、装饰等等，就因房东太太慈心的不同而各异了，汽灯也是有的，所以冬不畏冷。至如浴室、盥洗室那是美国家家都备的，自然一应俱全。

我写到这儿，忽然想到我曾这样地把房子的情形，告诉过麻省的徐君。徐君说我所讲的，犹如报纸上的广告。"一应俱全"尤其是广告上的调子。我愧无一多、实秋的笔，不能用文学的方法，来写我们住室的情形。现在我只好多述两事作结，以补我写广告的过失。

第一件事我要述的，就是美国的床。美国床上的东西，与我们不同的就是被。他们用的被，并不像我们的，把絮放在中间，然后将被面被裹缝起来。他们中间放着毯子，毯子之下，衬以白布。毯子之上，也是白布。他们并不把毯子缝在中间，所以洗濯起来非常便利。白布污了，换上一块，依然可以睡觉。不像我们同时要备好几条被；否则一条拿去洗了，晚上便没有东西可以盖。所以为清洁起见，为经济起见，美国的被，实在比中国的好。

第二件事我要说的，便是美国人洗面的法子。他们不像我们把手巾浸到水里去的。他们以双手捧水，把面上洗干净了，然后用干手巾揩〔它〕。我们到美后，改学他们的法子，觉得比较的舒服些。

十二年，10月14日

原载《清华周刊》第297期，1923年12月7日，署名"超"

三、西方大学生活的初尝（1923年11月17日）

来信收到。今年《周刊》驻美编辑部，在理论上组织可算完备。因为照麦城清华聚会通过的议案，编辑部除开五个编辑之外，还有许多通信员。假如这许多通信员,每人都做一篇报告,其中至少说两件事,(一)清华留美生各团体消息;(二)清华留美生各个人消息;此外几个编辑,间时写一两篇长信,我想"国外通信"一栏,一定不感缺稿之苦。但事实上此望竟难实现。西部的编辑,不知在那一年方能举出!各地的通信员,有的已举出来了,有的还未产出。现在我们几个编辑想做的事,就是设法催促各地清华同学会举通信员;设法使美国各地的清华学生消息,都在《周刊》上至少发表一次。此事的成否未可知,但我们总朝那方面做就是了。

清华留美的同学,对于《周刊》,因有供给稿件的责任;但希望于《周刊》的,也有二事:(一)发行一方面,应该勤快一点。今年此间只收到《周刊》两次,但我昨天接到一位清华同学的信,知道在他发信的时候,《周刊》已出五期,我不知那三期寄到什么地方去了?(二)去年寄来的《周刊》时常有[疑漏"未"字]封口的,结果是此间收《周刊》的,每次无辜被罚36分。今年发行先生们,对于此点,望略加注意,不要教这儿的同学,受那种负担。

前月寄上《我们的衣食住》一稿,想已寄到,现在再说一点衣食住以外的生活,供在校同学的观览。

先从上课讲起罢。

与在清华时一样,上课前十分钟,我们便带着书、笔、笔记簿,走到讲堂里去。讲堂中的布置,与清华的相仿佛,不过没有用方桌的,都是一排一排的安着一块琵琶形的木板的椅子。当你走进讲堂的时候,把大衣一脱,望椅子上一坐,闲着无事,就可观察同学们的行为了。我今年选了五门功课,除开德文以外,其余各课的同学,都是女多于男。有一门社会学,同学的有四五十人,但与我同性的,只有七八个。这些女同学,每人都有一个粉盒儿。在上课前十分钟,可以看见这些女子,拿出粉盒来擦粉。此时在我们初到时看去,无不以为希奇,所以朋友们的通信中,如梅贻宝,如翟桓,如吴文藻,无不谈到此事,但看惯了也就漠然置之,不以为异了。同班的人,程度高下不齐,浅的功课,大一大四的学生都有,深的功课,不只有大三大四的学生了,连得过学士和硕士的都有。我有一位教员,教我"近代社会运动"一课,同时又与我同班学"社会心理学"。这班学士硕士们那种"满不在乎"的神气，一望而知是气派很大的学生。

上课的铃声一响，教员便进来了。教员进教室的时候，学生从不起立致敬的，大约这也是"德谟克拉西"罢！教员在班上，总是讲演的时候多，学生有不懂的地方，马上可以举起手来问他。学生问的，有许多希奇古怪的问题，但教员可以毫不迟疑的回答出来。有时他告诉你去看这本书那本书，这篇文章那篇文章，如数家珍。有时他说——那种说法"最神气了"：——"你如想解决这个问题，我当年做的那本书不可不看！"因为教员有这些本事，所以学生对他没有不佩服的。有好些教员，你真捉摸他不到，你真不知他的学问深到什么地步。这种教员，最能引起学生的敬仰。

教员有时也要发问。当他的问题没有说完的时候，只看见堂下的男男女女，差不多都举起手来了。细听他们的回答，大约是错的时候多，有时简直牛头不对马嘴。然而他们都爱这样表现他们的学问！

10分钟或15分钟的考试，在此地等于家常便饭，一星期要举行几次的。美国的朋友们，固然也有答得很好，分数极高的。然而也有莫名其妙的答案，只得七八分或十几分的。这些人大约都是社交太多，无暇念书，所以才有这种成绩。

美国教员，会说笑话的很多。我们一天上四五课，大约总可大笑十数次。他们并不花五分十分钟，说一件故事来引人的哄笑。他们只在用字上，造句上，那样的改变一下，使你听了不由不笑。我看这是一个引起趣味的方法，中国式的教员最缺少的。

在清华肯用功的同学，到美国来并不吃苦。据我看去，清华的教授法，除一二点外，大体与美国的大学无异。所以在清华得到真正的训练的人，来此便如升级一样，无什么特别的困难。

我们几个学文科的，一出教室，便是进图书馆，一吃完饭，也是进图书馆。这儿的图书馆，可以说是清华图书馆的放大。所以在清华会用图书馆，会找参考书的人，在此亦无困难。我们在图书馆里，大部分的时间，是用在自修上面。因为教员捐念的书和杂志，都放在参考部里，不能借出，非到图书馆里去念不可。

说到参考书，我便联想到一个问题，就是此地的功课，到底比清华繁重否？我想这个问题，在校的同学，一定都想知道。据我自己的经验，及几位朋友的报告，我可以十分肯定的说，美国大学的功课，比清华繁重得多。我可以随便举这个例。此地的社会心理学教授，在两个月内教我们念的东西，除开杂志不算，单说两三百页的书，已经有十本左右。我记得在清华也读过这门功课，但念来念去，不过 Ross 与 McDougall 的两本书。又如德文，在清华第一年的德文课，只念两本书。此地一年三季，要念七本德文，不止三倍了！所以在清华觉得功课繁难的人，非赶紧想法不可。因为老实说来：清华的功课并不难，如以不难为难，将来真正遇着难关的时候，便无法可过了。（记者：按照此说，提高清华程度与加重功课实于我辈有益。）

此地的图书馆不算很大，然已有藏书三十几万卷，够初学的人涉猎了。我觉得在美国读书的好处，第一是有好教授指导，第二便是有丰富的图书馆可供参考。说到此处，我忽然想对清华图书馆贡献一点小小意见。我以前在清华，觉得要看杂志的材料，非常便利，因为有 *Reader's Guide* 一类的书，可为索引。不过要想知道关于一种学问的书籍，就无处可以问径了。到了此地，我才知道有一种 *Book Review Digest* 专门登载著名杂志中的书评，他可以告诉我们一月以内，关于某种学问，出了多少新书。我想清华图书馆绝不会没有订购这份杂志，不过没有拿出来就是了。戴先生何妨把那本杂志以及他的 Backnumber 放在 *Reader's Guide* 等书一起，让同学们参考呢？

图书馆里，人多的时候，可以一个座位都找不到，来者只得坐在阶沿上，男男女女，挤得走路都难于下足。到图书馆里去的，有些当然是念书，有些却志不在此。无论什么时候，你走到图书馆里去，总可看见一对一对的青年男女笑着低声说话。有人还告诉我，他曾看见一对青年，拿着一片糖，这个吃一口，那个吃一口。这种例外的事，我还没有见过。但约伴谈话，可就"司空见惯"了。有时话说得略响，便有老太婆——一个备人询问的图书馆员——前去干涉，所以还不妨害他人的读书。

除开教室、图书馆、饭厅之外，第四个地方我们常去的，便是体育馆了。体育馆还是19世纪造的，面积虽比清华的大，然而设备则远不如。中国学生对体育馆去的就不多。我们三四个常去的，照例是打三四局手球，洗一个雨浴而出。

我们现在一日的生活，不过如此。用一个公式写出来便是：除开三餐在饭厅，四点半至五点半在体育馆外，自早至晚，有课时进教室，无课时进图书馆。

关于中文方面，我现在是无暇过问。不但我的情形如此，别的朋友亦无不如此。前几天我接到裕坤君寄给我几张晨报附刊，载有吴稚晖、罗志希二君讨论带线装书出国的问题。我觉得罗君所说的话，大体很对。以后诸位来美，不必多带中国书，因为在美一定无暇及此。因此我更要劝诸位在校的同学，趁早把国学的根底打好，到美时再想法，已经迟了。胡、梁二先生的书目，本是为在校的同学预备的，同学正可利用。

夜深了，下次再谈。

11月17日，明城

原载《清华周刊》第299期，1923年12月21日，署名"超"

四、我们的娱乐（1924年3月31日）

前两次的通信中，我已经大略把此间的衣食住及教室生涯，讲了一点。现在让我说点我们的娱乐生活，俾在校同学，可以窥见我们生活的全相。

大概从星期一至星期六午间，大家在功课上拼命，（我有一个朋友，在校中不大注重功课的，来美后曾写了一封信告诉我："没有别的话说，埋头读书，分数第一要紧，而性命次之——这是我现在的主张。"）决计想不到娱乐。到了星期六晚间，或者星期日下午，大家把功课的担子歇下了，聚在一起闲谈——在这个时候，就有各种的提议了，大约最普通的是"看戏"。

所谓"看戏"，平常是指看电影而言，如看大腿戏，或莎士比亚的戏，就要在"戏"字上加以形容词，以示区别。此间电影馆，可谓林立，在热闹地方，一条街上有好几家，在不热闹的地方，隔几条街也有一家。离明省大学不远，便有一家中等电影馆，称他中等者，因他除电影之外，总算还有点别的玩意儿。音乐是天天晚上有的，礼拜二晚上，还要开彩，凡买票的人，都有得彩的希望。礼拜五晚上，有点杂艺，如唱歌、跳舞之类。这都是他们出奇制胜，吸引看客的地方。这个电影馆的入场券，须二角五分；比他稍次的，便如清华星期六晚大礼堂中一样，除电影外，一无所有。如此者，只取值一角。顶好的电影馆，在"市区"（Downtown）中，取值自五角至七角五不等，他们的好处，在设备华丽，"玩意儿"多，除电影外，凡唱歌、跳舞、阵舞、说笑话、短戏、变戏法……无不应有尽有。

其次我们所看的戏，便是上海人所谓"文明戏"了。在校中看这种戏的机会颇多，因为学生们组织的剧社，就有三四个。此外明城还有爱美的剧社几个，一年演三四［次］戏。其以此为业的戏园，在明城只有一个。我在此不到一年，这类"文明戏"倒看得不少，自莎士比亚以至易卜生、萧伯纳都见识过。莎士比亚的戏，不常演的，演时卖得真贵。我们那天晚上，坐在二层楼的后层，看《威匿司商》，要花两块七毛五金洋。但戏做得真好，而且戏本是我们在高三时念过的，所以格外觉得有味。我在此间看戏，次次都满意，从无不终局就跑，或看完后出来叹气的事。他们成功的原因，第一是有好剧本，第二是精于练习。这几年北京也常常演新戏，但在演前既不好好练习，而且演的乃是无聊文人东拉西凑的破烂货，安得不失败呢！

假如有人问我，此间的戏也有可以同"京戏"相比的么？我便要回答，此邦所谓歌剧，略似北京的京戏。我所谓略似者，因歌剧中有唱，有白，此点略与京戏相同。至如谈到艺术，谈到怡情悦性，从我这个外行人看去，京戏万万比不上这儿的歌剧了。我在这儿，看过一次歌剧，名 Robin Hood，便觉得在此间学戏剧的人，如余上沅先生等，真可带许多宝贝回中国去。京戏如照此间歌剧的办法改良，还有立足的日子（如改良戏本，取消锣鼓，加添细乐，独唱外加合唱等等），不然，恐怕终要淘汰的。

前面我曾提到"大腿戏"一次。所谓"大腿戏"者，西名为 Burlesque，此间的同学，因为演者自膝以下，大腿尽露，所以称为大腿戏。明城有此种戏园一家，里面最无秩序了。看客可以在戏场中吸烟，所以烟味甚大，不惯闻烟味的人，出场时每觉头痛。别的戏场中，非但不准吸烟而已，且不准闲食，而此戏园中，便如广德楼或文明茶园一样，有若干小贩，"瓜子、花生米"一气的乱叫，……因为如此，所以女子到这个戏园的独少，男子亦多劳工，颇少衣冠楚楚者流。

与看戏同占我们娱乐生活中之重要部分的，便是听音乐。校中每星期五午刻，有两个音乐会，都是不取费的。冬季修业之末日，还举行了一次大音乐会。单说女学生加入的，便有200多。这200多女子，同时合唱，那种娇柔婉转的歌声，听时真是令人神往！

明城有一乐队，在200人以外，每星期日总在公共礼堂奏乐，以娱市民。在秩序单上，每一乐名之下，总有一大段文章，说那篇音乐是谁作的，作者的身世如何，作品有多少，其特长何在。这种艺术教育，真令人佩服万分。

西人对于音乐，真可谓家传户晓。无论到什么地方，你都可以觉得到音乐的空气。我在明城到过的家庭虽不多，但所到的家庭中，总看得见钢丝琴，女孩子都会弹，男孩子都会唱。从这一点上立论，我们不能不自称为"东方老憨"了。

然而东方老憨，对于西乐，虽然不能充分的鉴赏，却没有一个人不爱听的。在"黄人公寓"（时、王、邓、采［宋］四人，租了一间房子，自己料理伙食，张祖荫上尊称为"黄人公寓"）中，新备了一副留声机器，乐片自雅调以至俗曲无不备。我们拿筷子（表明我们吃的是中国饭）吃饭的时候，旁边的留声机奏乐助餐，大有穆尔的《乌托邦》人民之风。

在异邦吃中国饭，另有一种风味。我们此地九个清华学生，每逢星期日午餐，总要在"黄人公寓"中大吃一顿。天天牛油面包，忽然一换而为肉丝青菜白米饭，所以桌上的空气，与高等科食堂中抢白菜的情景，可谓不相上下。现在"黄人公寓"中的掌柜，说吃亏太大，有不包客饭之说。其余五人，大起恐慌，现已派张祖荫（因为学外交的两位，尽是"黄人公寓"中的主人）与邓掌柜交涉，不知结果如何。

家乡的风味，除"黄人公寓"外，在中国学生会开会时，亦可尝到。明城共有中国学生约20人，每月开会约一次。开会的地点，在一个在明城开杂碎馆的一位中国小姐的家中。会序据我所见的只有三种：打牌，跳舞，吃点心。有许多人都想法要改良这个会社，但无从下手。因为中国学生中，有许多华侨，他们有许多不知道中国事，也懒得听人谈论中国事。所以这个会，便成为一个无味的（也许这是主观之见）社交机关！

比较有味的会，还是一些非正式俱乐会，此间每逢佳节总有一些人家，请我们学生去吃饭。去年圣诞节感恩节，我们都被请的。但我认为最有趣的，还是今年魁格雷先生的生日会。魁夫人在前几天，便请昭沄告诉大酉、化成和我去赴会，并限我们每人请一女友。此在老时、老董，并不费事，因为他们是"老明城"，请一两个女朋友，并不算事，但是苦了化成和我。后来总算请到一位。这位女同学，住所离大学很近，迎来送去，既不必如陈石孚、蔡公椿之花两块五，也不累人家跑腿，真算运气。

我们的娱乐，大体已尽于此，小节亦无容细述了。在校的同学，或者要说我们在此的生活，真是舒服，真是享福。那真错了。我在清华时，星期六的电影可以不看，因为别的乐趣正多，不必靠电影来激刺，图一时精神上之舒适。在此除读书可以满足智识的欲望外，过的真是炭色的人生。所以过一两个星期，要到戏园中去消磨两点钟，为的是想暂时逃脱这无聊空虚的人生罢了。要过充实的生活、欢愉的生活，只有在家乡，只有在清华，只有在中国！

3月31日自明城寄

原载《清华周刊》第315期，1924年5月23日，署名"超"

一个《周刊》编辑的回忆

大约是一个月以前的事罢,《周刊》的一位编辑,跑到我寓所来谈话,除了要我写点文章之外,还提到今年的计划,其中有一件,便是要出一个《周刊》20周年纪念号。当时我听到这个消息很兴奋,原来我们的老朋友——《清华周刊》——已经有20年的历史了。当时我便出了一个主意,要这位编辑去查一下旧的《周刊》,看看谁曾担任过《周刊》的总编辑,然后每位那儿去一封信,要他们把编辑《周刊》的经验,说一点出来,让大家看看,也可知道《周刊》过去是怎样演化的。这次谈话之后,好久听不到消息,昨晚忽然得到总编辑的一封信,要我写篇回忆式的文章,而且限期交卷,这真合乎古人所谓"作法自毙"的话了。假如以前与《周刊》发生过关系的人,都在那儿写他们的回忆,那么我来凑凑热闹,到也是有趣的。不过总编辑的来信所说,似乎要我唱独脚戏的样子,这真令我发生一点寂寞之感了。

我原来想写的文章,到不只是一点回忆,我预备在动笔之前,要去搜集一些材料。材料的主要来源,第一自然是旧的《周刊》。我不知清华图书馆,或者《周刊》编辑部中,是否还藏了一部整套的《周刊》,但在理应该是有的。第二便是去年从故乡搬来的家信了。这几百份家信，去年回家时，无意在旧书橱中找到，当时大略翻了一下，记得提到《周刊》的地方是很多的。但是现在为时间所限，这种考据的工作，是无法进行了。我从来没有写过回忆式的文章，因为自己的记忆力实在太坏，记得幼时听我的父亲讲故事，他花了一点多钟，才把故事讲完，然后要我把故事重述一遍，但在我的口里，这个故事不到五分钟就说完了。又如，我在游艺会中听到的笑话，生平何只〔止〕千百，但是假如有人要我也说一个笑话，我知道我便绞尽脑汁，也想不出一个来的。因为如此，所以我如想记点东西，总是把他记在卡片上面，要用这些事实时，把卡片一翻就得。现在手〔里〕也没有卡片，而文章又非写不可，到真感到一点困难。好在我与《周刊》发生关系的时期很长，在这长时期里，多少总有几件事，我现在还是记得的。

在我进清华的时候，《周刊》的形式，已经是一本一本的了，但在创办的时期，《周刊》的形式，乃是一页一页的，这与报纸的形式相仿，但面积并不大，不过等于现在报纸的四分之一罢。当时的《周刊》，也有总编辑，有编辑，都是由校中当局指派的。我第一次当《周刊》编辑，是在中等科三年级时候，那年的总编辑，好像便是现在编辑《中国评论周报》的桂中枢先生。不过我之投稿于《周刊》，却在当编辑之前。略为懂点文墨的青年，都有发表欲的，我也不是例外。记得我在中等科二年级的时候，便作了一篇小说给《周刊》，因为这是我发表文章的第一次，所以至今还记得清楚，小说的题目，是《郑老五》，内容如何，现在已经有点茫然，大约是述一个侠客的故事罢。当时白话文学运动，还没有风行，所以做小说也用文言，而且小说的后面，还有赞，的确是模仿《史记》而作的。在二年级的时候，除了这篇小说，大约还投过别的稿件，但写的是些什么东西，现在是一点也记不得了。自从在中等科三年级当编辑之后，在清华还住了六年，这六年间，好像便没有与《周刊》脱离关系过。前几年与我在《周刊》中同事的人，目前仍在清华的，好像只有萨本铁先生。我还记得有一年，我们两人共同负责编辑"国内大事记"。这一栏，在现在的《周刊》中，已经没有地位了，但在当年，《周刊》

也送给留美的同学看的，所以这一栏很有需要。当年的《周刊》，新闻与别的东西，是印在一起的，并不像现在那样的分开。新闻的编辑，可以与今日的"园内"副刊比较而无愧色，至于文艺与论文之类，无疑的比现在的《周刊》差得多。记得那时因为新闻以外的稿件缺乏，所以还辟了"课艺"一栏，专门登载学生作文的成绩。这些文章，是由中文教员选出送去登载的。好像有一年，罗隆基的文章，在这一栏里登得最多，他受了这种鼓励，在中文上面格外的下工夫，自修室中每听到他高诵《庄子》的声音，这种修养，对于他以后做政论，也许有点贡献罢。当时的课艺，是只重形式，不重内容的。记得有一次，一位姓苏的国文教员，把我一篇《孔子作〈春秋〉论》，也送到《周刊》去发表。其实孔子为什么作《春秋》，我至今还有点茫然，当年不知写了一些什么，居然得到教员的赏识，可见当年教国文的先生，重形式而不重内容的情形了。"课艺"一栏，不知在什么时候才取消的。但我在毕业前两年，似乎这一栏还存在的。

《周刊》的编辑，虽然自始便在学生的手里，但起初是有教员做顾问的。起初顾问的权利很多，所有《周刊》的稿子，都要顾问看过一遍，才可付印。我还记得在中学时我最佩服的孟宪承先生，便当过《周刊》的顾问，似乎有一次我到他的寓所中去谈话，他还与我谈到改我的稿子的事情，至于所改的是什么文章，现在已记不起来了。那时与孟先生对门而居的，便是现在主编《人间世》的林语堂先生。他们两位，那时刚从圣约翰大学毕业，在清华的中等科教英文，我们那时很佩服这两位先生，但当时只知道孟先生的中文好，林先生的英文好。至于林先生的中文，在我们脑中的印象，是很模糊的，似乎当年林先生是不大用中文发表思想的罢。而且他总是穿西装，与孟先生总是穿中装，恰是相反。近来读到他在《论语》上论西装的文章，才知道林先生早已转变了，但那篇文章，不是有经验的人也写不出。

话说远了，现在再回到《周刊》顾问的问题罢。这个制度，在五四运动之后，便起了一种变动，顾问的权利，是逐渐没落了，到我当总编辑的时候，顾问与编辑一样，是由总编辑聘请的。编辑会议的时候，也请顾问到会指导，但顾问总是缺席的时候多，至于稿子，他们并不看的，现在连顾问的形式也没有了，不知是那一年取消的。

五四之后，《周刊》编辑，由学校指派改为学生选举，的确是《周刊》的一个大变动。当年民治的思潮，弥漫全校，凡是带一点阶级色彩的名词，都不喜用。总编辑的名词，固然应打倒，就是编辑一词，顾名思义，似乎有修改稿件之权，这当然也要取消。于是编辑部便变为集稿部，编辑便变为集稿员，总编辑便变为集稿部主席。在集稿制之下，《周刊》的事真难办，因为集稿员都是学生会举出的，彼此不一定都熟悉，所以很难合作（在学校指派编辑的时代，编辑的人选，总编辑颇有发言的余地）。而且同学投来的稿，无论如何，都得要登。有些同学，更不客气，在投稿的信中，除却指令登载的话以外，还不准集稿员修改一字。这个制度的不方便，是很显然的，不久便由学生会把他取消了，易为编辑制，而且采取责任集中主义，学生会只举总编辑一人，其余的编辑，大约是18人罢，概由总编辑推荐，由学生会通过。照例，学生会对于提出的名单，没有不通过的。总编辑与编辑，既是友谊的关系，所以办事非常顺手。

我在毕业的前一年，便当了一年总编辑。我记得我的编辑部，在暑假以前便组织完成了。这是过去的一种好办法，可惜现在没有继续采用。现在的制度，好像是本学期的总编辑，一定要本学期才能选出，所以每每开学后六七个星期，还见不到《周刊》。假如我没有记错，在我当总编辑的那一年，开学的第一天，第一期的周刊，便与读者见面了，所以当时每一学期，《周刊》总可出16期以至18期，这比现在一学期只出12期，而且有时还两期合作一期出的，似乎可以使人格外满意一点。其实办到这一点并不难，只要本学期的学生会，选出下学期的《周刊》总编辑、总经理就行了。

这一年的编辑生活，现在回忆起来，还觉得津津有味。当时与我共同编辑《周刊》的人，最重要的，是一樵与实秋。我们那年住在"新大楼"，便是现在的一院，三人共住一间寝室，课余的时间，大部分便用在《周刊》上面，因为当时我们真把《周刊》当作一种有兴味的事业而合作的。一樵的主要职务，好像是编辑新闻。我与实秋，专写社论。每当发稿的前夕，我们大家商量几个题目，把意思交换一下，然后各人分开去动笔，在熄灯之先，假如还有工夫，每人也许再写一篇。写完之后，交换阅读，互相欣赏，自己便觉得真有当了大主笔的快乐。那一年《周刊》的内容，也颇有改革。"新闻"一栏，是大家最爱读的，我们便想出各种方法，去求新颖的材料。一次实秋进城"做礼拜"（那时实秋在城里已有了爱人，每逢星期日进城拜访，我们称为"做礼拜"）。回来，说是有了新的材料，只见他振笔直书，写完一看，原来是一篇《胡适之先生访问记》，当时胡先生是青年最崇拜的人，所以这一类的材料，自然是同学所最欢迎的。后来像这一类的访问记，似乎还登了几次，我们又预备了好几种专号，如春假旅行号，是专载同学中春假的旅行记的；如赠言号，是请要毕业的同学，把他们在清华数年的经验及感想写出，以作留校同学的参考的。但我们预备最久的，还是一本周年纪念号，是在学校周年纪念的那一天出版的。其中有一首长诗，题名《园内》，是我们好几个月以前，写信给当年留学在美的一多请他作的。还有一篇文章，讲园内的生活，是实秋一樵等几个人合作的，其中讲体育馆、中文课堂中的生活数段，谁看了也要发笑，实秋的幽默，在那时已经开始流露了。那时的《周刊》，也有副刊，似乎有好几种，其中有一种是"文艺副刊"，一种是"书报副刊"。"书报副刊"中，因为载了胡适之先生的《一个最低限度的国学书目》，并与《周刊》记者讨论那书目的信，便引起梁任公先生的注意，说是要另写一书目给我们。记得那时候的"书报副刊"是由文藻编辑，我们因为听到梁先生有重写一个书目的意思，便于一个星期日，与思成、文藻等数人，齐到西山去看他，顺便催他快把书目写给我们。梁先生居然答应了我们，隔了几日，他的《国学入门书目及其读法》一文，便第一次在我们的《周刊》中发表了。这是我们当时觉得最得意的一点成绩。此外还有一篇文章，在当年的学术界中曾发生一次大笔战的，便是张君劢先生的一篇哲学演讲稿。我们当时听到他的演讲，觉得很有意思，便托人把他的原稿要来，登在《周刊》上面。在讲稿的前面，我似乎还加了一点按语，内容已记不得了，大约是说那篇文章的重要，请大家注意的话。后来这篇文章，果然引起了几十万言的笔墨官司，便是前数年有名的"玄学与科学之争"。可惜当年我们的学力还不足，对于这次辩论，没有人能够参加。

当年的《周刊》，除却新闻以外，最引人注意的，还有"留美通信"，这在国内的学生眼里，当然是很有趣味的。在那个时候，留美的同学很多，所以通信是源源不绝而来的。现在的《周刊》中，好久看不见这类的文字了，我觉得这是很惋惜的。最近一期的《周刊》，在末了一页，还登载了8位国外特约撰述的姓名，为什么他们没有通信寄来，也许编辑部催稿的本领，还有点欠缺罢。在这8位之中，有一位陈铨，是我的老朋友，前两个月曾从武汉大学写了一信给我，说是在那儿教文学批评，但《周刊》上说他还在德国，希望他写"德国通信"，不知何所据而云然。我希望《周刊》还能恢复"国外通信"一栏，现在我们的同学，在各国都有了，要他们把所在国的最近情形，写点告诉我们，大家一定都爱读的。此外《周刊》所请的16位国内通信员，似乎也还没有在《周刊》上发表过文章。"国内通信"的意思，是极好的，我们的同学，散处各地，假如他们能把各地的情形，也写一点送给《周刊》，不管他写的是个人情形，或民生疾苦，我们一定也都爱读的。但是他们是否肯写，又要看编辑先生催稿的本领如何了。

二三，四，二二

原载《清华周刊》第41卷第6期，1934年4月28日

吴景超致胡适信（1938年10月7日）

适之先生：

阅报知道你已返抵美国，不日赴任，甚为快慰。我应当向你道贺，并为中美邦交前途贺。

我从去年十月返国以来，先在工矿调整委员会当秘书，经济部成立之后，又在部中当秘书，工作并无多大趣味，可是地方却走了不少。回国后曾到南京住了一个月，11月到汉口，今年6月，又由汉来重庆，渐渐的往西跑，不知那一天才可往东去。这些事都是没有趣味的，现在告诉你一件有趣味的消息，就是《独立》的老朋友，另外还约了一些新人，组织了一个新经济半月刊社（11月半出创刊号），社员的名单另纸附上。我与之迈、希圣为常务委员。大约编辑的工作，我要负大部分的责任。我从清华中等科起，就当编辑，所以这种工作，我到喜欢担任。你以后如有文章，请寄回给这个刊物发表，因为我们的刊物，虽以"新经济"为名，但"经济"一字，不取狭义，采用中国古意，所谓"经济南阳一卧龙"之"经济"是也。你的文章，在这个刊物中发表，当然是最适宜的。刊物内容，除论文外，还有通信、书评之类。近来买外国书，非常困难，以后你看过的外国书，请教馆员寄给我们，以便好写书评。

重庆现在可以说是人文荟萃之所，许多老朋友，都挤到这儿来了。除社员单上所载,还有实秋、努生、上沅等都在此。公余之暇,谈话的机会,到是很多的,只是失了谈话的盟主,我们有时真记念你。

业雅近来忽生求学之念,请你替他留意,假如有什么学校里,可以给中国女子一种奖学金,他愿意得到这种机会。不过他的英文,还不能直接听讲,所以即使有奖学金的机会,他也当自费在美补习英文一年。我们虽然伉俪情深,但我对于他那种求学的欲望,很不愿意打冷他。请你替他留意为托。

此上!即请

客安

景超,10月7日

原载北京大学图书馆编:《北京大学图书馆藏胡适未刊书信日记》,清华大学出版社,2002年,第118页

吴景超访美期间致胡适书信选（1943—1944）

耿云志主编《胡适遗稿及秘藏书信》（黄山书社，1994年）第28册中有吴景超1943至1944年访美期间致胡适信四通，兹将其中的三通略做整理，以飨读者。

一

适之先生：

离纽约已一月余，不知你的"哲学史"已经完成若干章。假如写完一卷，请告诉我，我一定来纽约参加庆祝。

我现在的工作，集中在读书与访友，希望一年以后，可以解决若干问题（如外资利用、资源控制、工厂位置等实际的问题）。

想不到在华盛顿遇到一些美国讲汉学的朋友，一位是Mrs.Fairbank，一位是C. Martin Wilbur。卫先生写了一本书，名 Slavery in China During the Former Han Dynasty。他在书中引用了我的那篇《西汉的阶级制度》（此文在未发表前，曾送到米粮库请你看过）之处甚多，所以他把那本书送给我，请我批评。其中可以商量之点，将来我再与你细谈。现在只有一个小问题，想请教你。《陆贾传》中有一段说："陈平乃以奴婢百人，车马五十乘，钱五百万，遗贾为食饮费。贾以此游汉廷公卿间，名声藉甚。"最后四个字，卫先生沿用 Couvreur 的翻译，译成 …and his reputation was very bad，我以为这句话（译文）的意思，与原文完全相反，应当译为 his reputation was very good or his fame was widespread。不知你以为如何？

顺候健康[1]

景超，六，九

2034 16th St.N.W.
Washington, D.C.

胡适边注：答书大意说，"藉甚"之"藉"是古方言字，音近"借"，近"假"，近于《方言》中的"嘏，暇，夏"，与"假哉天命"的"假"（皆训大）。吴语说"邪得来！"或"邪气！"北京话说"抖"。若译英文，当为 enormously enhanced。

二

适之先生：

七月廿六日惠函收到。原想将解决国共问题之意见，在 Harris Foundation 座谈会上发表。今细思之，自以谨慎为是。惟此种大题目，每一个忧国的人，难免不时时的想到他。以前我常想到共党可以发展成为一合法的反对党。后来听到你的议论，觉得这一着对于民治在中国的推进，并无多大贡献。所以

---

[1] 1943年6月9日，《胡适遗稿及秘藏书信》，第 542—543 页。

如何处置这一党派，实是一大难题。

Bissin 的文章，今日已读到。他所举的统计，我想略知中国近状的人，都不会相信他。重庆政府的民主与否，并不在对于土地问题的态度。以前在北平时，我曾写过好几篇文章在《独立》发表，提倡耕者有其田。近来思之，此并未抓到痒处。中国农民的根本问题，在农场太小（平均廿二亩，约英亩三亩半），在此种小农场上，无论自耕农或佃耕，对于生活程度，均无法有显著的改良。解决农民问题，应从别处着手。匆复，即颂

近安[1]

景超，七，廿八

三

适之先生：

8月7号信收到。Harris Foundation 的会已开完，孝通与乃诚等均已回纽约，他们一定会当面报告。我在经济问题讨论会里，第一次提出战后将美国政府现在所有的 1500 多个工厂（共值 250 万万美金）租借一部分给中国，颇引起参加座谈会者的注意。这一点，我想以后遇到机会，还要不断的提出。

关于佃权的名称，中国各地不一致。你所谓"起佃"田，据我猜想，是地主对于地面与地底均有所有权的，"草粪"田的所有权，属于二人，地底属于业主，而地面则属于佃户。这类佃户，对于所租的地，有永佃权，所以田主虽换，不能换佃户。"大买"与"并顶"，大约均指买得地底与地面的权利。

现在我根据手边的材料，把别县的情形，大略叙述一二，以为参考。嘉善的农田，有田底田面之分：（1）有田底面者：在农民即为自耕农，可自由

---

[1] 1943 年 7 月 28 日，《胡适遗稿及秘藏书信》，第 546—547 页。

耕种。（2）有田面无田底者，农民有田面者即有永佃权，每年向业主缴纳租米，方得耕种，佃户如不欠租，地主不能将其撤退。（3）有田底无田面者，可以招佃耕种，年收租米。桐庐县有暂佃与永佃二种，佃户加工本而取得永佃权者，业主仅能收租不能撤佃。如孝泉乡之佃田分大佃、小佃。佃户将田转租他人耕种的为大佃，承租佃户转租之田的为小佃。小佃共纳大租小租二种。金华佃户承揽田地方法，共分两种：（1）请人介绍言明每年出租若干，以获得短期租种权；（2）出资购田面，在金华名为小买，以期获得永佃权。所以金华的普通田地，因主权关系可分为二：一为清田，田面田底，完全为地主所有，地主随时有买卖田地的自由，同时也有交佃退佃的权利，所以地价较贵。二为小买田，即田底虽为地主所有，但田面的耕种权已小卖与他人。小卖代价，普通约为清田总值五分之一，或四分之一。较穷的地主，一方面须钱使用，一方面又想保持其地主地位，常用小卖方法，将田面售与佃户。佃户既得田面耕种权，所以不怕地主退佃。同时因小买要花钱的，所以租价比清田为低，田为佃户已有一部分投资在地价之中。怀宁的租佃制有二种：（甲）稻租田：稻租田的田主仅有田底，佃户有田面权，此类佃户大多世袭，租额早经确定，不易更改，佃户即或欠租，地主仅能控诉，不能直接撤佃。（乙）过种田：过种田的地主，有完全田产权，可以自由撤换佃户，佃户所缴租额，约二倍于稻租田的佃户。舒城与桐城二县的佃农，拥有永佃权，可随意典卖，俗称顶约，地主也有随意典卖地底之权，俗称卖租，二者价格不同，佃农顶约的价格，常较地主卖租的价格为高。

  以上所举的例，可以证明中国的社会中，颇有保护佃农利益的办法，惜手边没有《土地法》，不知现在的法律，对于永佃权是如何处置了。此复，即颂

    著安[1]

景超，八，十

---

[1] 1943年8月10日，《胡适遗稿及秘藏书信》，第548—549页。

4072

童之先生，

来手快信收到。之迈编定176号，平趋稚赴青（与连戴同行）兄处，手是独立的编辑，之到我的处上来了。货币改革令发出后，我们也知道些许的意义，所以便请您写寄了一篇文章。今天他的文章寄来，是仿二手字，出自他的之手，难得也！这有陈之、顾之的可不必登，一因顾之已送去他报发出，二则顾文们太幸说，不如陈之之稳实，不知之先以为如何？

希望先生早写回来。

景超
十一日，九。
时编定177号独处。

我自动申请入盟

在抗战结束的前几个月，我在重庆一位朋友的家里，遇到一位民盟的同志。在谈话的中间，他问我是否愿意加入民盟，我毫不迟疑的回答他："我不愿意加入民盟。"当时我的觉悟是很低的，我的家庭出身及我所受的资产阶级教育，使我趋向改良主义，拒绝革命。我以为民盟是跟着共产党走的，而共产党则是一个革命的政党。我与他"道不同，不相为谋"，所以我不愿加入民盟。

北京的解放，加上对于马列主义的接触，使我认识到革命在社会发展中的意义，使我体会到过去那种改良主义思想的彻底破产。我对于民盟的看法改变了。我开始承认，民盟过去的政治路线是正确的。他对于中国革命的成功，是有一定贡献的。可是，革命成功了，大家都接受共产党的领导了，民盟还有存在的必要吗？我当时想，民盟已经没有存在的必要了，他过去曾有功绩，可是在共产党已处于领导地位的今日，大家都可以合法的接受共产党的教导，民盟可以解散了，至少是可以退休了，不必再谋发展。所以当有人再劝我加入民盟时，我想，在抗战前或解放前加入民盟，是有意义的，解放以后，加入民盟，便无意义了，所以我还是没有加入。

但是今年7月里，我自动的申请加入民盟了。这种转变，主要是由于两种因素造成的。我在解放以后，在一个长时期之内，总是以一个非党群众的身份，等待共产党的同志来与我联系。党的联系工作，是做得无微不至的。在我这样一个人的身上，不知花了党员同志们的多少精力。通过这些联系，我得到了许多参加群众工作的机会，许多学习上的方便。在土地改革工作中，我忽然有一天感觉到，中国这几年的进步，真是自古所未有的。无论在政治、经济、军事、教育、道德各方面，我们今天所达到的水准，是我以前所梦想不到的。这一切的成就，与中国共产党的领导，当然是分不开的。共产党的党员，现在只有500余万，只占我们现在人口的1%。这1%的人，在中国各地，自觉地、忘我地工作，在短短的时期内，就使中国的面目焕然一新，出现了一个自古未有的大进步。假如自觉地、忘我地、能以主人翁的态度来为人民事业全心全意地服务的人增加起来了，不断的增加起来了，中国的进步，不是会更快么？我认识了这一点，同时又再反想，我是一个由人民的血汗培养起来的知识分子，人民付出的血汗，使我能在国内国外读书到28岁。人民为培养我这一个知识分子而付出的代价是很大的。现在人民的事业，需要大家付出最大的精力与能力的时候，而我却还停留于作客的状态之下，坐待中国共产党的联系，是极端不负责任的表示，是完全错误的。我于是发生了积极的要求，觉得我不能再坐待联系，我应当行动起来，面向领导，要求工作，努力工作，共同工作。这也可以说是主人翁的思想，在我的脑海中萌芽罢。为了表示这种思想感情上的转变，我觉得在行动上，我应当加入民盟。民盟是一个政治团体，自动地接受共产党领导，自动地与共产党合作，来实现"共同纲领"的。加入这样一个政治团体，正合乎我现在主观上对于政治的要求。

其次，我在土地改革期内，对于民盟有了一个更正确的认识。我知道民盟的一个任务，就是团结小资产阶级的知识分子，并从而改造小资产阶级的知识分子。在从广西土地改革归来之后，我参加了"忠诚老实学习"运动及"三反"运动，对于自己过去的错误及反动思想，有了一个更清楚的认识。为了巩固自己在思想改造上的一点收获，为了保证以后的思想，不再误入歧途，我深刻地感到必须时常利用批评与自我批评的武器，必须时常向群众吸取智慧与力量。加入民盟，依靠组织的帮助，依靠同志的帮助，就可以巩固我的进步，并可贡献我的一部份力量，来协助别人一同进步。我感到加入民盟，我便不会落伍了，而是厕身于浩浩荡荡的队伍中、在毛泽东的旗帜之下，向着新民主主义社会，向着社会主义社会，向着共产主义社会前进，不可能掉队，不可能再走错路。

因此，我于本年7月，决心加入民盟。

原载《北京盟讯》第3卷第7期，1952年11月6日

第三编

关于吴景超生平事迹的记述

中间派的社会学教授：吴景超

> 只是折中调和，没有固定的见地。
> 这样的第三种人，怎能把握真理？

吴景超教授是清华1923年的毕业生，到美国去，获得支加哥大学的社会学博士，回国之后，也曾在南京作过一任金陵大学社会学系主任，但不久就由他的老师——陈达主任把他请回清华园来了。

吴教授对于社会学，当然是学有专长，不然也作不了教授。单就他治学的方法而论，在美国学的。岂能跳出纽约和华盛顿圈子以外？说是纯粹授自"洋人"，这话是不会错的，他——所最佩服的几位洋教授，如像季亭史、罗丝、孙末纳〔孙末楠〕、爱尔华等等，平常在课堂中或者在他家里，都像把他们的名字挂在嘴上一样，只要谈到社会学的理论，这几位先生的学说，便一溜的灌入我们脑子内了。其中以孙末纳〔孙末楠〕最为吴教授所赞仰，尤其是用卡片收集材料的方法，更是遵行勿替，据说现在他已经存几千张的成绩了。临到写文章的时候可以一点不淘神，而"文抄公"的封号，已悄悄的罩在头上。

其次讲到治学的见解上，吴教授更是高明透了骨，他解释一种社会学理，或者对付一个社会问题，绝对不走极端，总是温柔的折中的谈几句"四面玲珑"的话，如果你在课堂上听见他说某两派对于一个问题，发生冲突的时候，你简直可以不必往下听，一定会知道他的主张是站在"中间"的，从前老孙（孙本文）同老潘（潘光旦），为了讨论生物的遗传关系，一位是社会行为学派，所以老孙主张先天不可靠；一位是优生学者，因此老潘要选择人种；这边说是则那边说非，你一刀，我一枪，正闹得不可开交，而我们的吴教授便应运出场了，他说社会行为固然可以影响人的生活（老孙笑了），同时先天的遗传，还是能够决定人的情性（老潘也笑了）。这轻描淡写几句话，冲破了两位先生的纠纷，化干戈为玉帛，大家仍是笑哈哈。可惜他不是办外交的人，终竟有点儿"用之失当"的缺憾。还有最使你感到不快的，便是有时读书，已经从多少考察，得到一点儿结论，明明是甲的原因，他偏偏叫你再去看看乙的影响，任你依据逻辑上的法则，证明你的观察不错，但他总说"原因不够"，不可下断语，这样一来一个人很容易流到"无所主张"，"只说现成话"的危险，吴教授可不能辞其责。

在社会学的研讨上吴教授的态度，虽是如此柔和，在行事上可是热烈进取，常常偏在某一方的袒护下而进行其工作。自到清华一来，以他灵活的手腕，在社会学系的教授中，已坐了第一把交椅，浸浸乎有取主任而代之之势，并且一心与蒋廷黻合作，去年就抓住了评议会的地位，现在又取得文学院院长头衔，纵然冯友兰刚从欧洲带回有不少的新玩艺儿，但也敌不了这野心勃勃的吴教授。是的，"美国人是爱活动的"，余波所及，吴教授那得不受其支配呢？

原载《大学新闻》第2卷第8期，1934年11月3日，第1版

打破成见与运用方法

清华大学社会学系教授兼代主任 △
《大学新闻》记者 涡君 笔记

从私塾小学生到大学教授的一段简史

我是安徽歙县人,从小是受的私塾教育。当辛亥革命的高潮汹涌时,我才开始走进故乡最初创办的一所小学校,逝水一般的流光,在13岁的年上便在小学毕业了。为着前途,便不得不抛别慈亲,背井离乡一个人负笈到南京去。当时就考进了金陵中学,因为那时清华有毕业保送出洋留学的机会,同时我亟感到深切研究一种学问,在国内远不及国外的便利和有效,因此,在一年半后,我又决心跋涉长途,到离家更远的北平来,那时我的年纪才15岁。行装甫卸,接着就考进了清华。当时清华的名称,还叫清华学堂,性质也和现在不一样,内分高级,和初级两班,我进的是初级班。高级班毕业的程度,相当于现在大学的二年级,所以我在1923年毕业后,即被保送到美国米里苏达大学的三年级,以完成大学的过程。1925年在米里苏达大学毕业,又被保送进美国芝加哥大学的研究院。旋得博士学位。自1928年回国后,即任南京金陵大学的社会学系主任。直到1931年,才又回到清华来,现在我除在清华授课以外,在燕京大学,也担任着一些功课。——这是我过去的一个大概情形。

研究学问不应只重视学派的渊源，而忽略研究的方法

讲到研究学问的方法，中国过去的学者，大都是被所谓"衣钵相传"的观念所支配，只重视学派的来源，而忽视研究的方法；结果，便有许多很有价值的学问，由此而渐多泯灭。现在我们需要应用的时候，反而要仰给于外人所收集的材料，这是一件很可惋惜的事。诚然，我们研究任何一种学问，必须有研究的方法，不过，有一点，我们当注意。各种研究学问的方法都是任人活用的东西，决不能拘泥于一种；尤其是研究社会科学，因为社会的问题是多方面的，错综复杂，各方面都有联系的关系，所以我们必须先看问题的性质，而后用以不同的方法；假使你只拿一个方法去解决各种不同的问题，结果，你只有碰壁而回。是的，我们当如医生一般，看什么病，下什么药，明白地说，就是看怎样的问题来，用怎样的方法去解决它。

研究一种科学不在材料的本身而在乎研究的方法

凡是真正客观的科学研究，只是求事实的互相关系而已；决不能先有成见，拟定一个因子，以为它是一切因子的主因，以为它一变，其他一切的因子也必随之而变，这是错误的。因为社会现象为一极复杂的整体，一结果，固非由一原因所造成，而一原因也不一定只产生一个结果，这是很显然的事实。因此我们研究一个现象，也不能墨守着用一种方法求其解释。只要有材料，便可用任何种方法将它研究出来，不过，那一种方法是最适合于研究那一类材料？我们事先还是要慎重选择的。材料是死的，方法是活的，我们当明白这点。至于我们到底如何选择方法呢？这个问题，说起来太长，不是几

点钟的时间所谈得完的。不过约略说来,现在各国社会学者所用的方法,大致可分为下面数种:(1)历史的方法,(2)人类学的方法,(3)统计的方法,(4)个案的方法,及(5)抽样的方法。如我们研究过去的社会现象当用(1)、(2)两个方法;如研究现在的社会现象,便得采用(3)、(4)、(5)等方法了。有时也可以将几种方法混合起来应用。总之,以所研究问题的性质为前提,察其所适而用之,精密研究,自不难融会贯通了。譬如我在研究西汉的社会制度时,采用历史的方法;但研究近代的都市社会时,便得采用历史的方法和统计的方法了。以历史的方法研究其发展和演化,以统计的方法研究目前所发生的问题。这是一个很浅显的例子。

原载《大学新闻》第3卷第14期"大学新闻读书运动特刊"之"各大学教授学者的治学经过及其方法",第1版,1935年6月4日

教授印象记：吴景超

> In taking up this task I have had no other thought than to see things as they are and to report what I see. I am not wedded to my hypotheses nor enamoured of my conclusions, and the next comer who, in the true scientific spirit, faces the problems I have faced and gives better answers than I have been able to give, will please me no less than he please himself.
>
> ——E. A. Ross

记得是一个9月初秋的下午吧，在三院靠西面的一个大教室里，上课以前，人们黑压压地坐满了一室，因为尚陌生，我没有和谁说一句话，只把眼睛贪婪地送到窗外去，望那"低头听读书的萎黄的垂柳，体育馆墙壁上夹绿夹红的薜荔的叶子"，微微的秋风，挟着余热，把断断续续的蝉声恰送了进来；这是一幅如何美丽的图画！于是一向具有一种闲云野鹤般的心情的我，心就追随着这大自然的美丽，一起一伏的不知又飘荡到什么"无何有之乡"或"广漠之野"去了。——突然，一阵急激的铃声，才又把我唤回现实的教室里。

踏着铃声走进教室来的，引起我全部注意力的是一个挟着黑皮包的瘦长子。他慢慢地踱上讲台去，把一顶灰色的礼帽放到桌上，就取出卡片来讲书。这时我努力屏住气息，向着上望了望，是一个着深灰色西服的，白皙的面孔，长脸儿，两颗镜衬着一条尖尖的鼻的人，据说也是新来的，给我们讲"社会学原理"的教授。

也不知怎的，自从这第一个印象突然投进我的意识界以后，我的全部的注意力便被他捉住了。听了他几次的讲演，不由得我脑里的问题，就像雨后春笋一样的生出来。由那和蔼可亲的面孔上，清晰流利之言词上，我默默地把一颗攻治学问的雄心和随着天性以俱来的寻根问底的态度，就都安放在这人的身上。可是，当时我并没有敢发问，因为一切的人都陌生，乍到清华园来的刘老老还没有认清这座水木之村的谜，怕真个就惹出刘老老那样的笑话。直到以后，几月以后，一年以后，我的求知欲的轮子因他的诱引而加速度的旋转；我的思想的枢府，因他的指导而展开；新知识像炸弹样，到旧石块上面爆炸了。于是我在不断的发问，不断的辩驳，不断的争论中，不客气的话，我的见解、观念、治学方法及态度和一切，才得到了一个进步的途径。假如我到清华以后，在知识上学问上是稍有所获的话，那末给我的影响和裨益最大的，便是这位瘦长子先生。

20 世纪，在欧美的治学方法上所成就的最璀灿的两颗结晶，便是科学方法和客观态度。虽然如此，即在欧美的学者中其真能在治学问时恪守科学方法和客观态度的，如我在前面所引劳斯（Ross）教授在《社会约制》一书序言里所说的话那样毕竟还是不多见的。这难处有时不在科学方法而在客观态度，因为人一出生就有许多造成主观态度的因素，例如家庭、地域、种族、阶级等，都潜移默化地渗透到意识里。以后治学，因为有了先入为主之见，"旧瓶里装不了新酒"，常常是"削足适履"、"指鹿为马"，造成了自以为客观的主观见解。这毛病有多少著名的学者都在有意无意中犯的！然而，在中国，在清华，我寻到了一位完全遵守这两条规律的吴先生。他从来不会把自我的主观的尊严当着一件了不起的东西。在治学问时，他只很谨慎地利用科学方法的步骤，很客观的让结论一步一步地从事实中流露出来。他从来不谈空虚的抽象的理论，从来不把未经事实证明的结果，悬空去做未来的揣测的结论。因此，他没有辩驳，也没有争论。在前几年，在南京和上海之间，曾爆发了一种"优生与文化"的笔战。有人就说吴先生的意见是"骑墙"是"折中"，其实这还是不明白吴先生的话。因为吴先生的意见，绝不是什么"骑墙"或"折中"，而是随着从事实所指示出的结论走的。

在这短短的几年里，假如我的观察没有错误的话，吴先生的思想和态度上，多少有些改变；虽然在大体上是莫有变动。关于吴先生这种改变，便是更求真、更实在，企图把从前在自己知识的领域里所忽略的和未曾加以注意的东西，完全补足起来，充实起来。添加了这一股有力的生力军进来，致使吴先生所授的课程的内容，更加丰富、深刻、有味！

吴先生在最近二三年来，正利用他的严正的科学方法和客观态度，来从头整治这部浩如渊海的中国"二十四史"。计划着用翻沙捡金的工夫，把有用的材料，自芜杂零乱的史册中选出来，以便写成一部中国社会史以及中国家庭史。这一个伟大的工作我们热诚希望能早把结果提示给我们，给喧嚣庞杂的中国学术界，崭新地指出一条光明道路。

还有人认识吴先生的么？当着西日衔山的时候，在清华园内的鱼脊路上，常跑出两辆新新的自行车子。前面是一个白皙的瘦长子骑着，后面跟着一个女人，在"夫唱妇随"的两两的驰骋着，如同哈代、劳瑞两先生在其"短片滑稽大会"影片中最后一幕所昭示给我们的那样——这便是吴先生和其太太。

原载《清华暑期周刊》第9卷第8期"欢迎新同学专号"，1934年9月7日；此文亦见于1935年《清华暑期周刊》

服务成绩调查表（吴景超）

姓名	吴景超	别号		年龄	42	籍贯	安徽歙县
出身	芝加哥大学硕士	党证字号					
经历	清华大学教务长，行政院简任秘书							
现职	简任秘书							
现时职掌	主办秘书厅编辑股事务							
现叙薪级	简任三级	实支薪费	600元				
思想	纯正	品行	端正	性情	温和	气度	大方
服务精神	勤奋	才能	才具优长	学识	宏通	体格	强健
特长与缺点	办事刻实							
具有何项专长	学术研究及撰拟工作							
最适宜何项工作	主办一部分事务之工作							
工作表现（应就工作成绩、特优之点与其生活行为，对人对事及进修情形列举具体事实）	该员主办编辑股事务，勤勉有加，待人诚笃，持躬严谨，对于经济学识有极深之造诣，复不断搜集中外书籍及实际问题虚心研究，是以学问家风度从事行政工作，洵属高人一等。							
总评	学识湛深，著作宏富							
备注								

（长官职衔）经济部部长（姓名）翁文灏（盖章）
中华民国三十二年12月

台北"国史馆"藏《军事委员会委员长侍从室档案》，数位典藏号：129-040000-0215

胡适日记[1]中的吴景超

吕文浩 辑

1923年4月8日

清华学校学生吴景超（歙县人）来谈。他问求学与作文之法，我说，只有"小题大做"四字，切不可"大题小做"。

1934年1月8日

作一文论武力统一之不可能，为《独立》85号之用。84号83号有蒋廷黻、吴景超两文，皆主张武力统一，他们都不是有政治作用的，而其效果将有"教猱升木"之患。故我作文辟之。

我作文很迟缓。此文约5500字，费一日之力。这星期共作三篇文字。

1934年1月28日

下午到清华大学，见着蒋廷黻、吴景超、叶公超。在廷黻家吃茶，钱端升（新任天津《益世报》社论主笔）从天津来。我们谈的很高兴。

廷黻说：昨夜翻看《独立》，觉得我们做的文章至少总可以算是认真想过

---

[1] 辑录自曹伯言编：《胡适日记全编》，安徽教育出版社，2001年。

才做的。只此一点,《独立》当然是今日国内第一个好杂志!

1934年3月2日

夜间《独立》聚餐,很零落,只有蒋廷黻、吴景超、周炳琳、吴宪、任叔永夫妇与我,共七人。

1934年5月4日

晚上独立社在我家聚餐。到者:在君、廷黻、景超、叔永夫妇、垚生、梅荪、涛鸣、何醉帘[廉]。客人为汤尔和,他新从日本回来,谈他所见广田、重光、币原诸人的话,他颇乐观。

1935年5月14日

下午与秦瓒、周枚荪、赵廉澄、吴景超同游玉泉山及秘魔崖,甚畅快。久不作山游了。

1935年5月17日

《独立》三周年纪念号出版。晚上有聚餐会,陈之迈与熙若在座。之迈今年才28岁,他的文笔思想都不坏,是今日学政治的人之中的一个天才。我近来特别注意他,想把他拉进《独立》社来,将来他和景超、廷黻三人在一块,可以组成一个《独立》编辑部了。

1935年12月12日

今天吴景超来,他得咏霓的信,要他去做他的助手,咏霓已允作行政院秘书长。

廷黻已南下,不是外交次长,就是行政院政务处长。

《独立》社员有三人入政府,虽是为国家尽义务,于《独立》却有大损失。

1936年1月11日

晚八点三刻到浦口,徐新六、竹垚生、吴景超及丁文浩,文治来接。

1936年1月21日

写长信给翁咏霓、蒋廷黻、吴景超、顾季高四人,谈国家的危机,分外交与财政两方面。写完时已三点半了。

我希望他们四人莫作"伴食"之官员。我常说,我反对读经,但《孝经》中"天子有诤臣七人,虽无道,不失其天下"一章不可不读也。

1937年1月23日

读吴景超《中国工业[化]问题的检讨》,好的很!

1937年8月18日

下午六点,与慰慈、迨羽、枚荪同出门,邀了吴景超夫人同到大三元吃饭,饭后我们同到后湖,雇了一只船,荡遍湖中,月已将圆,光彩绝好。湖上只有我们一只船,荷花在月光里不很出色,湖水映着月光,凄清动人。湖中有两处插有标竿,摇船的女人说,这都是前天丢下炸弹之处。我们坐了一点多钟的船,上岸又步行了半点多钟,才离开湖上。枚荪说,我们真是苦中作乐。

景超有电,改于十六日从海参威[崴]回国。

1939年3月26日

第一次看见吴景超诸兄编的《新经济》半月刊。

1943年4月28日

吴景超、陈通伯、李卓敏三位从国内飞来,今天来看我,我很高兴。

1943年7月4日

因为 University of Wisconsin（威斯康辛大学）校长 C. A. Dykstra（C. A. 戴克斯楚）的关系，我答应7月中去那儿讲演两次。今天出门向西去。吴景超兄同行。

1943年7月9日

7点半到 Chicago（芝加哥），住 The Drake（德雷克），景超来接，我们同吃饭，谈到深夜。

1943年7月10日

同景超去 South Band（南本德）。

1944年12月5日

今天张晓峰（其昀）从华府回来，他来看我，说，他和吴景超闲谈，他主张要把中央研究院脱离政治，恢复学术独立；他们主张要我回去做院长。

我对他说，我决不要干此事。我是一个有病的人，只希望能留此余生，做完几件未了的学术工作。我不能做应付人、应付事的事业了。

美国的 OSRD（科学研究发展总局）去年一年的经费是 $235,000,000。每星期费 450 万美金。中研今日的经费只够各所的人员喝稀饭。此次桂黔避兵迁徙，损失必很大。此时虽有能手，亦无法改善中研。

1944年12月6日

写了几千字的长信给吴景超兄。他新任战时生产局秘书长，就要回国了。

我说，近几个月的紧张，是打破三年来"自大"、"苟安"的迷梦的棒喝。若能充分运用，可以有救亡图存的转机。

今日之事，只有自己埋头拼命苦干，对友邦诚心合作，此外别无他路可以救亡图存。

1948年1月24日

吴景超来谈。他说,钱昌照拿出钱来,请他们办一个刊物。要吴半农主编,景超任社会,刘大中任经济,钱端升任政治,萧乾任文艺。

1957年9月24日

查1957[年]中共的《人民手册》,"中国民主同盟"主席沈钧儒,副主席章伯钧,罗隆基,马叙伦,史良,高崇民。

"中国民主促进会"主席马叙伦,副主席王绍鏊、周建人、许广平、车向忱、林汉达。

胡愈之、费孝通、潘光旦、曾昭抡、华罗庚、陈望道、吴晗、潘大逵、钱端升,都在"民盟"的"中央常委"之中。

千家驹、吴景超、金岳霖、柳亚子、高一涵、梁思成、冯友兰、钱伟长、苏步青……皆是"中委"。"民进"中央委员会中有吴研因、吴贻芳、巫宝三、许崇清、章廷谦、杨石先、谢冰心、顾颉刚、雷洁琼等。

潘光旦日记[1]中的吴景超

吕文浩 辑

1947年

一月

1月29日 星期三　函景超,南京。

二月

2月19日 星期三　函景超,促其北来。

三月

3月13日 星期四　十一日曾函业雅,催景超北来,今景超自有信到,谓已在洽购船票中。

3月17日 星期一　又得景超书。

3月20日 星期四　景超昨到平,近午来电话,谓明日午后到校,眷属未来;为洽定单身住屋,在工字厅之西花厅。

3月23日 星期日　冠贤兄嫂自城来,约月涵师母、企孙、莆斋兄嫂、景

---

[1] 辑录自潘乃穆、潘乃和编:《潘光旦文集》第11卷,北京大学出版社,2000年。

超及余全家同至其寓中聚饮，近午入城，三时散别。

3月25日 星期二 景超来谈，并转廷黻夫人自美寄抄犹太宗教领袖Liebman所讲婚姻箴言之稿，所论均甚是，但真能遵而行之者恐寥寥也。

3月30日 星期日 夜约景超、泽霖、孝通谈可与国外合作之研究计画，泽霖未至。

四月

4月3日 星期四 粥后至馆中，又至景超处小坐，岱孙亦至，约饭后至余寓谈与国外大学合作研究计画。饭后会谈至二时，孝通亦应约来，拟先组织半正式性之研究所一至三个，作为与国外谈判之法人，一位比较社区研究所，社会学系同人关系为多，二为近百年中国发展史研究所，法学院同人关系为多，三为比较文化研究所，则兼赅文、法两院同人；俟校长归后商承决定。

4月5日 星期六 景超来，见示廷黻来件，闲话移时，语关婚姻制度前途者为多。

4月6日 星期日 华盛顿州大学Franz Michael教授与美国驻平领事Mr.Freeman来访，与景超、孝通陪其至培源及奚若寓；培源全家新自美经沪返校。旋在孝通寓午食，领事君先返城，余等则至颐和园游览，步行长廊，啜茗，登佛香阁，五时归。啜茗间与Prof.Michael谈此间研究计画及前途可能与华大合作之方面。夜鸣岐招饮。同学演茅盾所编之《清明前后》一剧，景超约往观，第三折后即离场，一则明晨有课，再则演出殊不见佳。

4月11日 星期五 八时半同伯伦、孝通到校长寓谈设立研究室计画，在座有龙孙、岱孙、企孙、泽霖、佩弦、福田、寿民、景超等十一人。

4月13日 星期日 午至燕京东园，赴耀华夫妇招饮之约；守愚、景超、孝通同去。……夜前鼎兄嫂招饮，主客为之兰、景超。

4月14日 星期一 晨授课二小时，至馆中办事二小时半。至校长办公室洽景超薪津事。……夜赴系中讨论班，约景超讲一年来因行总关系至各省视察劫后情形之观感。

4月30日　星期三　午与景超、孝通夫妇、云借车入城，应Michael教授午食之约，先至其颐寿里寓所，旋同至玉华台，同座有美领事Freeman，德国留平汉学者Wilhelm，及端升兄嫂。主人明日将至西安，绕道成都、武汉、广州等地后返国，此会所以告别云。

五月

5月1日　星期四　英工党议员George Catlin教授来校访问，与寿民、景超、海宗伴其至礼堂及图书馆参观一周，其于图书馆之建筑、布置、藏书，誉为在英国亦不数遘；旋同至校长寓午食，终席谈锋甚健，妙语百出，惟态度殊傲岸，涉及英国当代人士时，动称吾友吾友，亦微嫌夸大近俗，其论文明前途，余前作《文明往那里走？》一稿时尝评论及之，亦似无大卓见。

5月4日　星期日　午应林庄、瑞梧招饮之约，与云同至其朗润园寓，在座有景超、世光，孝通、大中两家夫妇，余饮逾量，终至呕吐，假寐至四时许始归，北返后放怀大饮，此尚在第一次。

5月6日　星期二　洛氏基金会代表Evans与Fahs二君来校访问，午刻校长设席款待，参加者率为文、法学院同人；前所记之三研究室，经费拮据，或终须求助于洛氏基金，前途三室之负责人，校长属意于伯伦、景超、与余，故三人亦均在座。

5月10日　星期六　三时至燕南园洁琼与景耀寓，参加北平社会工作人员会筹备会，景超亦出席，余率为教授社会工作或实际从事工作者，皆女士，汝祺、逢吉、洁琼、瑞梧等，景超与余，自谓捧场而外，不能多作贡献也。

5月11日　星期日　夜泽霖、伯伦、岱孙、景超假余寓谈明日再度接待洛氏基金会代表Evans与Fahs二君事。

5月13日　星期二　与泽霖、景超、孝通约燕京同系诸君小叙，发出请柬。

5月16日　星期五　夜荣德夫妇招饮，座有守愚、景超，及孝通夫妇，十时后始归。

5月18日 星期日 午后与泽霖、景超、孝通联合作东，约燕京社会学系同人及眷属来寓便饭，用冷餐方式，西文冷餐作 buffet，意义均与便饭相似；到贻宝兄嫂、林庄瑞梧兄嫂、承信、李铿女士、景耀洁琼兄嫂、耀华夫妇，又哥伦比亚大学师院 Osborne 教授，此间同人作陪者为汝江及荣德夫妇；觉民兄适自津来，亦请其参加，宾主多至二十余人，即以客室、饭室、书斋、紫藤架下之凉台为回旋余地，尚称尽欢。

5月22日 星期四 十八日于刚如订婚席上获树青在美结婚消息，以告者为访熊，而新妇即其妹婉和女士也；函树青道贺并促其于秋间返国，渠月前来书有拟于下学年去芝加哥大学攻读博士之议，景超与余均以为大可不必。夜乘凉，与景超闲话甚久。

六月

6月9日 星期一 景超染疟，特至北院探视。

6月14日 星期六 午后英文化委员会 Mr. Lawry 来，原为访孝通者，值其授课未归，即留余寓闲话，景超本在寓，孝通亦旋返，值大雷雨，至六时许始别去。

6月15日 星期日 午后，耀华陪婉莹来访。景超疟愈未久，适亦在寓，留至夜食后始去；孝通夫妇入城，未及见。

6月17日 星期二 业雅自南京来，与景超团聚，在寓小坐后，陪同至校长寓。

6月18日 星期三 午与泽霖兄嫂、孝通夫妇集体作东为业雅、婉莹接风，并约世光、岱孙、介候作陪，四时始散。

6月20日 星期五 拟关于家庭问题之题目一束，将据此陆续为《世纪评论》写稿，徇景超从旁督促之善意也。

6月27日 星期五 夜福田、景超两家兄嫂、企孙、莴斋嫂等来寓，就藤荫下闲话移时。

6月29日 星期日　夜月涵师及师母宴景超兄嫂及刘淑清女士，约余夫妇作陪，企孙、茀斋嫂，贻宝、海宗两对兄嫂亦在座，十一时始归。

七月

7月15日 星期二　夜景超、业雅、景茀等来，于藤荫下纳凉闲话至十一时。

7月27日 星期日　晚食后走视胜因院新宿舍，为战后学校仅能添构之住宅区，大部分工程尚未完，孝通迁居尚有待，景超近可迁入。学校地域扩充至此，西即于燕大之东园接壤矣。

八月

8月2日 星期六　夜与泽霖、景超两家合为作东，招待安平，茀斋方自京沪归，亦临时邀其作陪。

8月13日 星期三　夜景超兄嫂招饮，在其新居胜因院廿一号，座有佩弦、茀斋、伯伦三家兄嫂；业雅自入厨下，菜肴别具风味；食后手谈四匝，将近十二时始归。

8月18日 星期一　乙藜、季平、丁忱、大中由景超陪同来寓，谈一小时。乙藜自资委员摆脱不久，近组织一经济考察团，将于九月杪出国，遍访英美等十余国，景超、大中亦将参加；季平曾从我游，亦偕行。

1949年

8月29日 星期一　教职联章程草案，同人有一部分反应意见，酌为整理并附识个人看法，送景超。

9月3日 星期六　归途值阵雨，雷电交作，与云等至孝通寓暂避。雨霁又至景超寓，手谈至一时始返。

9月7日 星期三　午后召开系务会议，就下半年学程及同人钟点分配作一最后决定，并选出教职联之系代表三人：余及景超、孝通。二时始，六时半方罢。

10月23日　星期日　景超、先庚亦来寓致意。与景超同至伯伦处小坐，会龙孙探余，亦来，闲话及大课讨论事，可知一涉哲学理论，问题即不单纯也。

11月13日　星期日　午前在孝通寓，教职联执委同人集会，整理各系送来而将由教职联提交代表大会之各种议案，分三组工作，余与景超及解沛基整理有关研究与教学或课程者，末由余携归再作文字与形式上之修订。

11月23日　星期三　夜景超来，抄示关于图书馆行政之提案一束。

12月31日　星期六　与孝通同至景超寓作手谈，二时始返寓。

1950年

一月

1月4日　星期三　系小组来寓开会，选举工会代表，余与孝通均因事冗乞免，另推景超、之方、莘群。

1月9日　星期一　午食在伯伦处，景超夫妇为主客，余被业雅拖去，伴食而已。

1月15日　星期日　筱孟亦来相见，送士其行后，泥余同至景超处手谈约二小时。系中有小组会，商定下学期实开课程。

1月22日　星期日　午后约燕京大学社会学系同人来寓与本校同系同人小叙，谈今后课程与社会学系在大学教育中之地位，决定推林耀华、翦伯赞、雷洁琼、费孝通、吴景超与余六人为委员会，负责：一、研究课程之大体一致；二、与辅仁大学联系，约其亦推三人加入此委员会；三、与教育部洽谈。并订下周在耀华寓再度集会。

1月29日　星期日　午后至燕大耀华寓，续商社会学系比较远景之课程问题，清华去景超、孝通与余，燕京出席者为耀华、洁琼、翦伯赞，辅仁为景汉、魏重庆；获有成议，推孝通起草。会后伴景超、孝通至俞家花园购苹果。返至景超寓，晚食后手谈至午夜始归。

二月

2月12日 星期日 午前至西院，访慰之、君达，约其加入民盟。归途经景超寓，第二度提出此同一问题。约孝通来，手谈至午夜始返寓。

2月22日 星期三 十时与孝通进城，至总部洽事。同访安平。饭。商送景超生日礼。

三月

3月3日 星期五 夜集景超寓五十初度。

欢迎吴景超先生

《清华周刊》编者

吴景超先生回到清华园来了！

吴先生是国内有名学者，是清华老教务长，也是本刊战前总编辑之一。

这几年来，吴先生的政治生涯我们不太清楚，但是我们知道吴先生与一般"学而优则仕"的人多少有点不同，与今日充塞政府机关的官僚政客更是迥然不同的。这几年来，吴先生做了许多实际调查工作，得到不少的宝贵的学问与经验，吴先生有过许多著作。近年来，我们也常见到吴先生在报章杂志上发表的作品，吴先生在政治生涯中并没有放弃研究工作。

当这内战的烽火燃遍了全国的时候，当政治经济不立刻刷新即将总崩溃的时候，当我们清华园内罩上一层恐怖的阴影而需要灯光的时候，吴先生毅然决然抛开他的政治生涯回来了。

吴先生在战前清华的时候，他开的课，其中有一门，班上只有一个学生（即费孝通先生），上堂的时候，学生讲给他听，与学生共同学习。在学校里，吴先生是这样的一位老师。在社会上，吴先生是更尊重别人的意思的。做学问的时候，曾经主编过本刊的吴先生，回来看到了《清华周刊》后，怎么想，我们不知道，但是，吴先生一定是快乐的，这一点我们可以断言。

本刊在民三年3月24日创刊，今天恰恰是它33岁生期的前夕，适逢此时，吴前总编辑回来了，我们想说几句必需的话。

一个刊物有它的时代背景，它不能超出时代，但是它也不能走在时代后面。一个好刊物或好报纸，它就是时代的号角。就拿本刊来说，五四时代曾醉心于新文艺运动，北伐成功时代掀起学术化的大旗，而一二·九时代负起宣传抗日救亡的责任，做了时代的号角。本刊在五四时不谈抗日，在一二·九时要求抗日，这就是时代所赐与本刊的使命。

今天，在举国要求自由争取民主的前提下，本刊自然也染上了浓厚的自由和民主的气息。

复刊后的本刊，还只出了四期，这是第五期，既出的这几期，当然距离我们的理想还远。今天，它还在学习的过程中。

有的人说，本刊的政治意识太浓厚，我们现在已经注意到了，过去几期中，有二次张奚若先生对时局的谈话，但也有雷海宗先生的文章。我们尊敬张先生，同样也尊敬雷先生。我们敬重老师，但我们更敬重真理。过去几期中，有好几次时事评述，包括国内的国际的。有人说论调太偏左，太激烈，这个我们不用自己辩护，我们的原意只是想给读者一个参考，让他们把看报的智识连贯起来，对整个时事潮流有一个比较正确的看法，我们相信，一个中学生，几个月不看报，他读了本刊的一篇时事评述之后，在他的脑子里可以留下一个概念，而这概念又是正确的，所以我们在前几期是这样做了，我们敢大胆的说，在今天华北，还没有一个刊物或报纸能像本刊如此为读者本身利益着想的。一般刊物报纸即是［使］想到也不肯做到，也不能做到。

吴先生是本刊的老编辑人，现在吴先生回来了，我们惭愧得很，没有什么成绩报告给吴先生，假若一定逼着要的话，我们只好把美国舆论界誉为自由主义的上海《文汇报》，曾经转载过本刊文字一事相告（见2月份《文汇报》文教版），还有上海一民营电台纯义务性的为学生介绍本刊，承他说本刊是一个理想的学生好刊物、好报纸，还有，那就是今天的本刊已经走出了清华园，在全国各大都市有我们的读者，在全［国］各大报馆、图书馆都陈列着《清华周刊》。

吴先生是本刊编辑的老前辈，今天，摆脱了政治生涯回到清华园的时候，看见曾经耕耘过的园地，经过十年的荒芜后，又生长起新幼苗时，一定是非常高兴的。我们恳切希望吴先生——老园丁和其他先生一齐来培植它，让它成为一枝人民的花朵。

原载《清华周刊》复刊第5期，1947年3月23日，第4版

吴景超教授回到北平以后

域槐

在官场中周旋了十年的吴景超教授,怀着恋旧的心情从官场撤退回到清华园来了。

他这次不是为了视察,也不是为做调查工作,而是真正的回到他社会学者的本位上,用他的学力再加上这些年来奔走在国民党的政府中任官职所见到触及的经历,再来对中国实质社会作一个深深的探讨,这些普遍在今日的社会上的贫穷问题,怕是他今天最引为值得重加深思评估价值的问题了。

时代在变动,反映在学校里更是真切。战前清华园的风景,虽仍留存到了今日,但今日清华园的空气,已迥然地与往昔的不同。这种因变动而有的差异,不是生活在这圈子里的人,是体会不到的,是觉察不出来的,要能适应今天这里的生活,必先对这里有一个了解。作为一个研究社会学的吴先生,在观看实际生活现象这方面是有他过人的独具慧眼的能耐的。然而,在刚开始走回这里的时候,在刚触及这里生活的人物时,这也仿佛是不同类型的文化起始碰在一起的时候一般,多少总对存留在这里的"现实"有些疑惑,便必然地不易立刻得到调谐的适应。这在清华大学里的同学们看来,难免不有"失望"之感。

我说难免不有"失望"之感,是有事实可考的。

吴先生是清华园的名人，从进清华当学生起到1922年［应为1923年——编者］出国，在七年的学生生活中，他是清华园里一名出众的人物，是当年的活动分子，他曾长期主编《清华周刊》，又是成绩优良的学生。高高的身材，轮廓可分，谈话使人觉得松适，还颇带一些诙谐口吻。留美归来后便开始了教授生涯，这正是传统典型的清华教育出来的人物。他一直是生活在舒适和安乐的环境中，从事着一种所谓的神圣的教育工作。他是一位社会学的专家，热心于社会实际情况的调查和研究，然而由于生活意识的拘束，总不免带着一些传统文人和浓厚的经院习气，始终只是以观察人的身份去观察实际的问题。基于这种态度得来的结论，除了富于一点人类本性的同情和怜悯而外，是不易于对问题得到真切的了解的。

自然吴先生不会这样设想，而相反地正因为有他自己的结论，终于禁压不住自己胸怀的抱负远见，他不能再把自己局限在象牙之塔内，让自己生命之火在里面窒息。他要为他所从事研究的学问，寻求实践的机会。他要为他所研究的对象，找出路谋取改革，救助在穷苦中挣扎着的人民。他力主中国应该工业化以扩大生产的能力，从而吸收农田上剩余的劳力，普遍地提高生活程度，而更基本地他主张限制人口的政策。他觉得三民主义中提倡鼓励人口的增加，实在是一种盲目的见解，因为当大家都没有饭吃的时候，应该先使活着的人有饭吃才行，怎么可以再加添些人来抢本来就已经不够吃的粮食呢？

吴先生是怀着许多希望和理想，走进中国的官场，在那个举国沸腾抗日战火声中，开始了政治生涯。做官毕竟与当教授不同，一旦负起了实际的责任，千头万绪的琐细烦难的公文，成年累月的人事纠缠，抱负未见实施，他已感到工作上［相］当疲劳了。在这腐败瘫痪了的政治机构中，一个学人的参政不过如沧海一粟，很难发生作用的。十年实际从政经验告诉他，在乌烟瘴气中改革与更新无异乎痴人说梦而已。倦游思归，几次想摆脱那种无聊的生活，但友谊道义一直拉着他不放，便一直拖到抗战结束一年之后。

积极的希望既不能兑现，他便以客卿的姿态，利用官府的方便依然不失书生本色的做一些文字的工作。在抗战期中的前几年,他在重庆经济部负咨询的职务。在那段时期里,他负责主编《新经济》,这是后方艰难的出版界里比较有价值的刊物,经常有论著,有些可以作为参考研究的资料,多少能使社会上一般人及学者的意见有发表和提供采纳的机会。

后来战时生产局成立了,他担任最繁琐的秘书处长的职务。他说这工作更是无聊,整天干的几乎都是在替美国人打杂,一会儿要油,一会儿要房子,忙的全是这回事,而整个战时生产的计划则很少实际去做。

战争结束,日本投降之后,他又任职于行政院善后救济总署,对于各地之实际需要救济的情形、灾害的程度以及物资的分配这些问题都在他的工作范围之间。这时期中他的工作地点没有定处,常来去于各地旅行视察,这样工作对他倒是挺合适的。因为他正可以利用这难得的机会做广泛的、实际的调查。这〔时〕,他已经把搜集的材料用日记体裁写成一本《劫后灾黎》,对因战争而发生的灾难作了详细的报道。

吴先生便是这样的在政府里工作。其间,他曾因公出国两次。一次是随翁文灏去英国,一次是独自去美国考察。先一次是很忙的,后一次倒是很松闲。他说,实在的并不是松闲,只是没有在国内显得那么紧张,时间可由我个人之自由支配而已。

他仍然没有能对苦难中的人民多些认识,因为几年来,他生活在另一个与人民脱了节的政团中,他耳闻目濡的尽是些几经穿凿附会了的言论,所以没有能认清现实,并且还误解了全国争取民主的进步人士的动机,至于对一二·一学生运动,他几乎全是受了中央社的影响。他是受了这样因宣传而蒙蔽了视线的人,刚一回到清华园,这里的情况已远异于昔日,这里有怀疑政府的言论出现,公开着有对人对物批判的文字,这些气象都使他感到新奇。刚从官场回来的人,对于现今的学生怎么能有了解?清华园对他实在是很朦糊的,在他起始回来的时候。

由于往日他的声誉和地位,清华的同学们对于他的归来仍然热烈欢迎。《清华周刊》更以他是一个早期的编辑者,希望他有早年那样的姿态来欢迎他。自治会学艺部也请他讲演。这对他不能不算是很荣誉的。但是，事实告诉我们，他的文字和讲演是失败了的。同学们对他的期望是很高的，也落得如此的败兴。他几乎是有和"王老百姓"一般的口吻称道国内的局势，已经过了些日子在和他的朋友谈话中，他说自己才说错了一个"乱"字，朋友们回答他，就是这个字错不得而你偏就错了。自此后他才改称作"内战"而不称"内乱"了。

有一回提到学生运动的问题上面，吴先生怀疑地问，昆明"一二·一"运动时那里会来几千万块钱，学生们自己过［怎］么能支持罢课那么久？还有他们自己那里还能办得出报？这些问题，经过他的朋友，如今的同事，当时在昆明的目击者把实际情形告诉了他，那些钱是怎样募得来的，同学们怎样的义卖物品，老百姓是怎样的来捐款，同学们本身是如何地有组织进行工作，后来又怎样的应付那些横暴的险局，和如何的复了课，安葬了四烈士。同学们自己写文章，进印刷厂校对卖报都是他们自己来。最后还说，你不信我和另几位同事同学，如何的将一个周刊从开创十万元的局面扩展到百来万，由1000份的销路发行到8000份的实际情形。他才恍然的说："呵！这些并不都是共产党来指使的！"

慢慢地多过了些时候，吴先生接触清华园的人物多了，各样的报章杂志，现在也有时间阅读。他对真实的的世界多了些认识，他从自己接近的朋友同事中否定了中央社历年对民主堡垒的污蔑，他亲眼看见了这些为正义而工作的人士是过的什么艰苦的生活，他亲眼看见许多朋友们是怎样的用自己的劳力，绞尽［自］己的脑汁来弥补薪水的不足。他逐渐领悟原来一切都是造谣，这里热心民主的人并不是卢布的走狗，也不是共产党的尾巴。教授们的生活他容易了解，在同学们方面，他也看见了他们的功课以至于一切活动，和他们那些仅有的营养。今日清华和战前清华对比，为什么如今会弄得这番情景！

他到现在才知道了他从前所没有想像得到的凶残的"现实"。国民党统治下的真面目，到如今他才了解并且还亲自尝受到了国民党所赐予人民的

"德政"。在目前的清华园里,他从年青的一代身上体察出这时代的进步,和人民的力量。他已开始由怀疑进到批判,对他所观看到的世界,重作新的评价,"五一八"到"六二"这半个月中间,一切都显现得更其逼真了。而他只有把希望放在人民自己身上,对现存的政府却是无望了的。

原载自由文丛社发行"自由文丛"《"社会贤达"考》,1947年6月30日

徐铸成日记中的吴景超

1949年9月29日

又闻吴景超近研究马列主义甚好,教书时学生听者亦极多,闻中共方面对其尚有微词,周恩来先生独排众议,谓吴景超能研究马列主义,一可喜;研究而能公开讲,二可喜;讲而能深得群众喜阅,三可喜;吾人应奖掖之,并派人往听。如确讲得好,我们应向他学习,如讲得不好,亦应考察其原因,不可一笔抹杀。盖吾辈革命者无暇作深入研究,正应奖励大家多学习,以提高马列主义在中国之水平也,此种气度及为国家之忠诚,殊令人敬佩。

原载《徐铸成日记》,生活·读书·新知三联书店,2013年,第51页

毛泽东书信中关于吴景超的内容摘录

一、毛泽东致函饶漱石、邓子恢、邓小平、习仲勋
（1951 年 3 月 18 日）

民主人士及大学教授愿意去看土改的，应放手让他们去看，不要事先布置，让他们随意去看，不要只让他们看好的，也要让他们看些坏的，这样来教育他们。吴景超、朱光潜等去西安附近看土改，影响很好。要将这样的事例教育我们的干部，打破关门主义的思想。[1]

二、致胡乔木（1951 年 3 月 29 日）

三月二十八日光明日报载吴景超的文章《参加土改工作的心得》，写得很好，请令人民日报予以转载，并令新华社广播各地。[2]

---

[1] 中共中央文献研究室编：《毛泽东书信选集》，中央文献出版社，2003 年，第 373 页。
[2] 《建国以来毛泽东文稿》第 2 册，中央文献出版社，1988 年，第 198 页。

吴景超教授访问记

《文汇报》记者 吴闻

收到一封信,吴景超教授心里不由升起一个个的疑团。信是从广西柳州寄来的。他无论如何猜不透这个寄信的人究竟是谁。

拆开绿色的信封,读着那写得密密麻麻的字句,逐渐地,疑团像浮云一样随风飘散,他完全被这封有趣的信吸引住啦。

写信的叫李振明,是个革命军人。他需要学习现代军事科学和指挥艺术,需要学习马列主义和毛主席著作。但是他不知道怎么怎样记读书笔记和收集资料,常常读了书,没有什么收获。因此他特地写信来请教。

信上提出的一些问题,他要求吴景超教授详细地予以答复。李振明说"回信时请你多用点儿时间,不要少于六小时;多用点儿脑子,不要马马虎虎写八九百字就了事,这样对我的帮助是不大的。"

李振明提出的一连串要求是直率的,不客气的,而且是近乎苛刻的,然而吴景超教授反而欢喜了。他愈往下看,堆在他脸上的笑意就愈来愈浓了。这样的要求,只有耿直的革命军人才能提得出。彼此虽然素无一面之缘,然而从信上看,两人好像已是极熟极熟的、无话不谈的师友了。

信上还提出一个限期,就是要吴景超教授在收信后"十四天内"给他写回信,而且"越快越好"。信上说:"这一点请你一定办到。"

吴景超教授把信上的重点细心地用红笔划出来,并且仔细地把原信保存起来。

但是他感到很奇怪:这个李振明,怎么知道他有几十年收集资料的经验,偏偏写信来问他呢?

说穿了,这是毫不足怪的。近数年来,吴景超教授坚持学习马列主义,认真进行自我改造。特别从今年起,他除了照常在中国人民大学任课外,还订了学习和科学研究的十二年初步规划,选定以下三个题目进行研究:以"国民经济重要比例关系"为重点,以"两汉人民生活史"为副业,以"资本主义国家社会学思想批判"为后备。

要做好这些工作,都需要他投入紧张的劳动。吴景超教授现在把时间做了很好的安排,每周的 5/6 从事科学研究,1/6 参加社会活动。吴景超教授常说:"无论是备课或者进行科学研究,大量占有资料都是很需要的",在他的读书桌旁,有一个12屉的资料柜,这就是他积累材料的仓库。他的书桌上,总是放着许多卡片纸,每见书本、杂志上与他的研究有关的材料,就随手摘录下来。常常在深夜,吴景超教授还要挤出临睡前的几分钟,把当天的资料抄到卡片纸上。报纸上的材料,索性就录下要用的一段来,贴在卡片纸上。每张卡片限记一事,给它出上题目,注明出处,然后按照他的分类法,分别保藏在卡片柜中。这样不懈地搜集资料,吴景超教授已经坚持了数十年,从学生时代起,他就已经开始搜集资料了。

今年春夏之交,吴景超教授迁入了新居,这是校方特地为他安排的。新居有寝室、会客室和读书室……比原来宿舍宽敞多了。特别是有了读书室,这对于一个学者来说是多么需要啊!于是把出借的书架子要回来,把部分深锁的箱子里的藏书统统陈列出来。暑假期间,他放弃了去北戴河等地休养的机会,在丰富藏书的围绕中,仅仅《资治通鉴》一书就读了2500多页,为"两汉人民生活史"积累了大批资料。

"没有搜集到大批资料,科学工作是寸步难行的,但是搜集资料不过是做研究工作的准备阶段。要使这些准备工作开花结果,还须以正确的立场、观点、方法来进行分析与概括。"吴景超教授常常这样说。他认为：做资料工作能够解放我们的记忆力，帮助我们发现问题，在写作过程中，可以避免临时东找西翻的麻烦。总之，好处是很多的。在刊物上（《教学与研究》1955年第6期有他的《关于搜集资料的几点经验与教训》一文），在与朋友、学生谈笑中，他常常宣传搜集资料的好处。这就是李振明以及许多别人所以写信来问的原因。

信无疑地会加重吴景超教授的负担，但它也鼓舞了他。多少人的眼睛在企望着专家们的科学成就啊，多少人为了要达到专家们今天的水平而在辛勤学习啊！每次接到从各地来的信，就如接到李振明的信一样，吴景超教授总是带着激动的心情来读它，从这些信纸上，仿佛可以闻到社会主义建设的蓬勃的气息。

"十四天"的限期显然是可笑的。事实上，就在第二天，一封答复李振明的信，吴景超教授亲自把它投往邮筒里去了。

原载《文汇报》1956年10月24日，第2版

第四编

旧文献中关于吴景超若干文章与著作的评论选编

读《一个内乱的分析》

邹韬奋

近来常听见废止内战运动的声浪,内战而能废止,当然是人人赞成的一件事情,但内战之所由生,必有其原因,不去其因而但渴望其废止,这好像不去病因而但渴望不生病,恐怕不但难于恢复健康,且将病入膏肓!本刊关于此事的态度,上期已有一文略述梗概。在此甚嚣尘上之际,忽承吴景超先生由北平寄示所著的《一个内乱的分析》,特别引起我们阅读的兴味。吴先生以社会科学家的态度,就秦末汉楚之争作一番分析的研究。他说:"我所以选择这个内乱的缘故,乃是因为这次内乱,是正史上有记载的第一次内乱,材料比较的丰富些",他又说,"我的目的,在从这次内乱,寻出一个内乱的过程来,以为研究别个内乱的准备及参考"。由此可以知道他选取研究对象的理由和这番研究目的之所在。他在这本册子里所得的结论,全是根据事实上分析研究得来,有许多事实,我们此处没有篇幅重述,我们所特别注意的是他的结论。他根据分析研究的结果,"发现内乱有起点,有归宿,有中间的过程",并列表如下:

苛政 → 人民不安 → 革命 → 现状推翻 → 群雄争权 → 统一完成 → 善政 → 和平恢复

他把"苛政及人民的不安"作为"秦末之乱所以发生的原因",看似寻常,实为不可忽视的不刊之论。"一个社会里面,假如人人都能安居乐业,那么人民对于现状,一定还有好感,一定是要拥护的。反是,假如社会的环境,使大多数人民感到生活的压迫,感到肉体上的痛苦,感到精神上的不自由,那么他们对于现状,一定要怀着满腔的怨恨,遇有机会,他们一定要起来推翻他……秦末的政府,是造成秦末之乱的主动者,他们在统一六国后的12年中,所有的政治设施,不但是不能为民众谋幸福,而且是处处与民众的幸福背道而驰的。这些妨害民众幸福的设施,造成人民不安之心理……"诚然,军阀互争私人地盘的内乱不配称为"革命",但这种内乱所以有人跟着干,也是"苛政及人民的不安"之为祟,要废止这种内乱,必须有积极的办法以去其根,必须有真的革命以代替伪的革命,才有实效。否则徒然维持祸机四伏的现状——"大多数人民感到生活的压迫"的现状——虽欲粉饰太平而不可得!

吴先生在这本册子里还有一段话也很值得我们的引述:"从推翻旧政权,到成立新政权,许多人以为革命的事业便算成功了。其实新政权的成立,只可以说是革命过程中一个重要的阶段,而不能目为革命的归宿。假如新政权成立后的设施,与旧政权相仿佛,那么只可说是以暴易暴,不但不能说是革命得到归宿,反而成为一个新革命的起点了。所以我们如想判定某次的革命是否成功,不能以成立新政权为标准,而应以新政权成立后,看他是否能为民众谋幸福为标准。所谓为民众谋幸福,并不是空说的,乃是要实行的……所以新政权成立后,如真想为人民谋幸福,真想完成革命的工作,一定要实行革命的政治,让他的政绩来恢复社会上的和平,来得到人民的信仰。"

最后记者对于吴先生这本著作,有一点小小的批评,就是他把"革命"这个可敬可爱的名词送给秦末一班为自己争富贵功名,以自私自利为出发点的"首领"及其徒党,我觉得很可惜。我以为必须真心诚意为大多数被压迫的民众奋斗而置个人得失生死祸福于度外的行为才配得上"革命"这个名称,若不过以自私自利为目的——无论是个人或集团——结果不过少数人之"弹冠相庆"而已,那里配称"革命"!关于当时几个"首领"的心理,吴先生也曾经提及,他说:"他们两人(指沛公与项羽)初次看到秦始皇的时候,都未免有点羡慕。沛公的反感是'大丈夫当如此也!',项羽的反感是'彼可取而代也!'可见他们的权利禄位思想早已蓄在胸中。后来沛公先到关中,看见秦宫室,帷帐狗马,妇女以千数,便引起他享乐的心理来……"只为个人的"权利禄位"着想,只顾到个人的"享乐",拥护他们的也都以此为鹄的,怎配称为"革命"?

原载《生活周刊》第7卷第22期,1932年6月4日。署名:韬奋

评《第四种国家的出路》[*]

孙本文/文，李学博/整理

读者看了吴先生这本书的书名，必定要追问这第四种国家是什么？据吴先生在书中说："国家分类的方法很多，可以从政治的观点去分，可以从经济的观点去分，可以从宗教的观点去分，等等，这儿是从人口密度与职业分派来分：

第一种国家，人口密度颇高，但在农业中谋生的人，其百分数比较的低。

第二种国家，人口密度颇低，但在农业中谋生的人，其百分数也比较的低。

第三种国家，人口密度颇低，但在农业中谋生的人，其百分数比较的高。

第四种国家，人口密度颇高，但在农业中谋生的人，其百分数也比较的高。（第1页至2页）。

这样高密度农业人口的国家，有什么特点呢？据吴先生的意思，这些国家的生活程度很低，人民多陷于贫穷。所以这些国家的问题，最为艰难。而我中国却属于这个国体。吴先生因（此）说："中国人对于改良的工作，应当特别努力。"（第11页）那末，如何努力以"改变这种不幸的境遇"？（见自序）

---

[*] 吴景超著，商务印书馆1937年出版。

换言之，即以如何谋第四种国家的出路呢？这就是全书所要讨论的问题。据吴先生的意思，这种出路，不外三方面：

（一）提倡机械化的生产方法（本书第二章）
（二）提倡节制人口（本书第三章）
（三）提倡公平的分配（本书第四章）

那末，为何与如何提倡机械的生产方法呢？吴先生说："我们以为筋肉的生产方法，对于人民福利上的贡献，无论从那一方面着眼，都不如机械的生产方法。在这一点上，美国与中国，正站在两个极端。美国平均每人可以驱使的生产力量，等于13.38马力；中国平均每人可以驱使的生产力量，只有0.45马力。这是使美国人富而中国人穷的主要原素。我们认为中国人现在应当积极的努力，用机械的生产方法，去代替筋肉的生产方法。朝这一条路走下去，自然是工业化，自然是商业发达，自然是农业方面的人口减少，而别种实业方面的人口增加。"（第140页）

那末，为何与如何提倡节制人口呢？吴先生说："多生孩子的希望，在人烟稀少的古代，是有意义的，但在现代的中国，便成阻碍国家进步，降低人民生活程度的主要原素了。""中国有四万万以上的人口，一不能卫国，二不能生产，只有许多的消费的单位，加增中国的消费力量而已。中国的财富，本是有限的，现在却要供给这许多人的衣食，安能不走上穷困衰弱的路上去。所以为国家及为个人着想，那些没有力量替子女造福，替子女添寿的人，应当取消多男子的信仰，而代以节制生育的实行。"（第170页至171页）

那末，为何与如何提倡公平的分配呢？吴先生以为："现实社会，第一，下层阶级上升的机会少；第二，下层阶级生活保障少。因此造成贫富悬殊的情形。例如美国人，就是如此。要实现公平的社会，"可以从两方面来说。从机会均等一方面出发，我们应让人人都能受到他所需要的教育"，其次，从生活一方面言，"在工业社会里，应当重征所得税及遗产税，来举办各种社会事业，以保障下层阶级生活的安全，同时还可以缩短上下阶级的距离"。"社会里的财富，现在集中在少数人的手里，但国家可以用政治的力量，用抽税的手段，把这些财富，转移到国家的手里"，"国家集中了社会上的剩余财富之后，除完成实际的义务教育外，可以在各处办公共医院与保险及其他社会事业等"。（第209页至218页）这样，似可以和平的达到公平的社会。

这是吴先生全书的大要。

全书分四章16节，237页。自序中说："本书收集了16篇文章，都是我于过去数年内，在《新月》《清华学报》《社会科学》《大公报》及《独立评论》中发表过的。"这原来是一本论文集，能编成这样的系统，是很不容易的。可见吴先生平时讨论问题，是有一贯的主张的。书名虽是《第四种国家的出路》，实在从某方面看来，是一部"社会建设论"。凡对于这个问题有兴趣的人，这书是必须阅读的。本书的特长，不仅在见解的精到透彻，持论的平正通达，而且处处拿证据出来，至于统计材料的丰富与新颖殊有供读者随时参考的价值。

中央政治学校研究部　孙本文

原载《中央日报》"社会调查与研究"副刊第80期，1937年3月29日，第3张第3版

评《中国工业化的途径》*

方显廷/文，李学博/整理

工业化一词，有广狭二义，狭义之工业化，专指工业本身，凡一国之工业，已引用机械动力及工厂组织以从事生产者，称为已臻工业化。广义之工业化，则指一国所有之生产事业，均已追随工业化工业之后，利用新式机械与大规模之组织方式而言。本书作者虽曾指出工业化之两种特征，即"第一是生产方式的机械化，凡以前用人力的地方，现在都可以机械代替。第二，因为生产方法的改变，土地只需要少数人用机器来耕种便行，所以人口职业的分布，在农业中自然只占小部分，在别的实业中，如工业、商业、交通业、运输业占大部分"，然就其全书所探讨之对象观之，则仍不脱狭义的工业化范畴。故作者特别提出工业发展的"三个最重要的问题来讨论，就是资本、人才与组织"。

工业化诚如作者所言，"是使中国由贫弱到富强最重要的工作"，"中国的人民，如不愿老过穷苦的生活，老受敌人的压迫，非急起直追，设法使中国于最短期内工业化不可"。然工业化之目标不一，仅就狭义的工业化言，即有富与强之二目标。我国以往亦尝提倡工业化，卒以目标未定，成效不著。际

---

* 吴景超著，艺文丛书之五，商务印书馆，1938年7月初版，55页，每册两角五分。

兹大难当前，以富为目标之轻工业或"民生工业"，在敌人炮火之下，既已破坏殆尽，而以强为目标之重工业或"国防工业"，则尚在筹备进行之中，吾人对于工业化应采之目标如欲有所选择，自以国防工业为首要，而以民生工业副之。盖"一国的财富，如不建筑在强的基础上，那种财富，是没有保障的。我们以前谈富强，总是把富字摆在强字前面，以后我们应当矫正这种错误，应当先强而后言富。我们应当把国防工业，看得比民生工业更为重要，我们的财力人力，应当大部分放在国防工业方面"。

民生工业之目标在提高人民的生活程度，而国防工业之目标，则在加强国防的力量。诚如作者所言："假如我们在民生工业上，多花一分财力、一分人力，国防工业便要吃一分亏。"但是，在国防工业上尚未树立而民生工业已十九被毁殆尽的今日，我国国防工业与民生工业之划分，自难一如高度工业化国家如英美等国之肯定而具体。今日我国，不仅"炼钢厂、炼铜厂、飞机场、枪炮厂、弹药厂、汽车厂、汽油厂等等可以供给国防军事需要的工厂"，应划入国防工业之列，即其他一切与国防有直接或间接关系之工业而为我国现时所尚未具备者，亦须从速建立，以为国防树立必要之基础。例如，与民生有关之衣食工业如棉纺织及面粉等工业，自抗战以来，因敌人之破坏与掠夺，几已丧失殆尽，前方将士所需大量之衣食供给，决非小规模之土法生产所能满足，因是，棉纺织业与面粉业之举办，在目前实具有特殊的国防意味。他如输出国外藉以换取外汇，俾得购置国内无法自给之军需用品之工业如锡、钨、锑、汞之采冶，及农产品如茶、丝、桐油等之制造与加工，亦莫不与国防有密切关系。作者于"工业化的资本"一章，虽曾提议输出钨、锑、锡等矿砂以及农产品如桐油、猪鬃、鸡蛋及蛋制品、生丝、茶、牛皮、羊皮、肠衣、芝麻、棉花、杂粮等物，俾得换取外汇以为向国外购置工业化所必需之机器之用，然并未指出矿砂之开采与农产品之加工，亦应划入广义的国防工业之列，而予以工业化。

工业化所需资本，据作者估计，"我们的政府及社会，得设法在最近一二十年之内，筹集数十万万的款项"。其筹集方法，要不外外汇之取得及国内资金筹集二端，前者藉以购置我国尚难自行制造之机器，后者用于建筑厂屋，购置原料，发付工资及利息等。取得外汇之方法有五，即：（一）输出国内农林渔牧产品如桐油、猪鬃、鸡蛋及蛋制品、生丝、茶、牛皮、羊皮、羊毛、肠衣、芝麻、棉花、杂粮等物；（二）输出钨、锑、锡等矿砂；（三）吸收华侨投资；（四）出售金银及古物；及（五）欢迎外资。至于国内资金之筹集方法，亦有五种：（一）税制的改良如所得税与遗产税之征收（作者惜未提及战时利得税）；（二）建国公债之发行，强制国内各种金融机关，须以其吸收得来或代为保存之现款提取百分之几购买之；（三）由政府控制私人投资，仿照德国先例，由国家将应行举办之事业，酌量轻重缓急，指定投资的次序；（四）推行节约运动及国货运动；（五）增加各种经济事业的生产。苏联在1934年投资于重工业者，据作者估计达华币十万万之数，德国在1935年对于重工业之投资，为数更巨，我国虽因限于财力，无法步苏德之后尘，巨量投资于国防工业，然诚如作者所言："不过我们如努力去做，那么每年筹集五万万元的建设资金应该不是一件十分困难的事，假如外资能够打得通，五万万元的总数，更有把握了。"

工业化所需人才，"约可分上中下三级。拿一个工厂来说，厂长、总工程司以及生产部门的主任，可以目为上级干部。副工程司、技司以及各主任的助理，各生产部门的高级职员，如设计、绘图、会计等工作人员，可以目为中级干部。至于监工、机工、考工员以及有技能的职工，可以目为下级干部"。上述三种人才，中国目前均极感缺乏，应速加培植。上级干部人才，一方应利用客卿，一方应纠正以往对于留学生所采取之放任政策，遴选大学毕业生而有服务经验者派往各国受训。作者鉴于以往利用客卿之缺乏成绩，提议此后利用客卿时，应注意下列三点：（一）聘请客卿，应慎加考虑，以在对我无政治野心之国家——特别欧洲诸小国——中选聘为原则；（二）所聘客卿，应限于高等人才，勿以二三等角色滥竽充数；（三）被聘客卿，除协助指导我国生产建设外，应兼任训练人才之责，庶一旦客卿任满他去，国内不致乏人继续其未竟之工作。中级干部人才之培植，应由国内各大学负责。但训练内容及方法，应亟加改善，庶大学生不致如以往之因毕业而失业。理工科学生，应理论与实验兼重；文法科学生，更宜注重于实地调查研究及社会服务，俾能获得实际经验并明了社会实况。下级干部人才之培植，应由职业学校负责，我国中学多于职业学校，而中学课程多系准备投考大学之用，然中学毕业生之升入大学者不过一小部分，其余大部分之无力升学者，因缺乏适当之职业训练，遂不免失业。我国中等教育之浪费，莫此为甚。此后自宜多设职业学校，俾工业化所必需之下级干部人才，得以培植。

工业化之第三问题，即为组织。组织分政府组织及同业组织两种，作者服务中央行政机关有年，对于工业化与政府组织之关系，阐论尤见精到。我国行政机构，叠床架屋，颇不经济，在抗战初期为尤甚。本年一月，中央行政组织经过调整后，已大体健全，不过"每一个机关的内容，却需要充实，各机关之间，需要更密切的联络"。关于前者，作者主张，充实设计组织及统计组织；关于后者，作者提议于行政院下设一经济会议，以经济、财政、交通、军政、教育五部长官，为当然会员，工业化大计，均在该会议中决定。至于工业化与同业组织，关系尤为密切，盖"工业化的工作，既要政府与社会共同合作，非由政府包办一切，所以不但政府要有严密的经济行政组织，就是社会本身的经济组织也要健全"。我国向来缺乏组织，经济生活亦坐此弊。结果，生产数量、市场分配、货价高低、货品标准及劳资关系，均苦无法统制。欲实施上述五种统制，无论主持者为同业本身抑为政府，均以有同业组织之存在为前提。中央政府有鉴于此，特先后制定各种法规，以促各业组织之成立与发展，其最重要者，计有十九年12月30日公布之《农会法》36条及二十七年1月13日公布之《商业同业公会法》59条，《工业同业公会法》60条，《输出业同业公会法》62条，及《修正商会法》44条。农业组织较其他各业组织为散漫，故农业同业公会规定级数较多，计分乡、区、县市及省农会四级；其余诸业之同业公会则只分二级，即同业公会及其联合会。同业组织乃纵的组织，横的组织即商会。商会之设立，据《修正商会法》第六条之规定，须由该区内工业、商业或输出业合计三个以上之同业公会发起之，无同业公会或同业公会不满三个时，得联合无同业公会之公司行号，共同发起，每满十家，视同一公会。

　　本书共分六章，都两万余言，第一第二两章分论"工业化的必要"及"工业化两个目标的权衡"，其余四章，讨论工业化之资本，人材与组织三问题，文笔流畅，见解新颖，洵为抗战期间不易多觏之佳作。且作者草此书时，正值欧游之后，对欧战以后新兴工业化国家如苏联与德意志，曾作深切研究与实地考察，故凡所论述，富于比较态度与务实精神，尤为抗战期间出版界增色不少。

二十七，十一，十。

原载《新经济》第1卷第3期，1938年12月16日

评《中国经济建设之路》*

张景观

近来讨论经济建设文章的一个通病，是喜欢站在目的论的立场，来谈论客观的现实建设。他们常在脑海中先构成一套空中楼阁的未来工业中国，然后宣扬伟论，大做其经济建设的好梦。这种文章是没有多大的意义和价值的。吴先生这本讨论经济建设的小册子，却能一脱流俗八股式论文的窠臼，就实际历史和客观条件来研究中国经济建设的路径，所以特别值得我们珍视和介绍。

本书一共三章，包含17篇论文。第一章就60年来中国经济的发展，先描画一个轮廓。接着第二章第2至第7篇列举几个实例，分析60年来若干大规模企业失败的经过和原因，以及整理生产事业的有效方法。第三章包括10篇论文，讨论目前和今后经济建设中的人才、资源、区位、外资、外厂种种问题。

这本书的第一个特点，是提供许多大企业失败的史实并系统的加以分析。书中提到的有汉冶萍、象鼻山铁矿、当涂繁昌各铁矿公司、龙烟铁矿和未能实现的国营钢铁厂。这些企业的失败，我们是熟习了的，但一直到现在，吴先生才将他失败的原因剖析出来。如汉冶萍的失败，归纳成四个原因：第一，

---

* 吴景超著，商务印书馆，1943年10月初版，全书205页。

计划不周；第二，用人不当；第三，管理不善；第四，环境不良。各个原因都有很详细的事实叙述。其中如日人垄断该公司的始末等，均系从档案中钩稽整理而得的宝贵资料。中国官厅档卷中包含许多极有价值的原始资料，待我们编排梳理，吴先生这几篇文章可算是示范工作之一。这些过去之史实，对现在和将来都有很高的参考价值。目前我们的建设事业是否仍蹈过去无计划、无预算、官僚管理、舞弊营私种种毛病？前事不忘，后事之师，我们读过这几篇文章后，免不得要思考一下。

其次，本书清晰地指出今后经济建设应以工业化为中心工作，我们认为也是必要的。十年前吴先生等提出中国工业化问题时，固然引起所谓重农主义者的激烈反对；就是今天举国一致要求推进经济建设的时候，仍然有许多明显或暗中袭击工业化的论调。本书坦率地主张工业化为经济建设的中心工作，农业、垦牧、开矿等任务在促进工业发展，而生产部门的连系则在交通。这样，将经济建设内容的主从关系明白列举，比诸包罗万象的所谓经济建设论，自不可同日而语。

本书第三个特点，在它展望今后经济建设的时候，是从客观条件来研究工业化问题，而不是凌空地侈谈建设。本书就实际环境，如人才、资本、资源、对外关系等等，研究中国工业发展的可能和倾向，这种研究的态度和方法，也是值得我们赞许的。认为中国地大物博而空谈经济建设者固为我们所不取，因为中国短缺若干种资源而反对工业化者，尤为荒谬之论。工业化为建国的必需条件，在这个大前提下，我们应该就可能的生产因素和环境，研讨促进工业化的办法，才是一条坦荡的大道。本书在立场和方法上，都可说是获得了成功。其中如研究中国分区建设工业等，很值得我们更进一步地详加研究。

因为本书是论文集，所以各篇前后有时不相连贯；所举几个失败的教训，均偏重国营工业，其实民营工业失败的例子也有许多。再次，则抗战数年来大后方工业建设所得的经验，如各类企业间有不能互相配合，发生局部的停顿萎缩；民间资金仍盘旋于商业经济，未能导入工业建设；以及货币金融现象对工业的影响等等。在本书再版时，如果能加以补充，则本书的价格［值］更可提高。这几点是我们读完这本书后求全责备的一点意见。

原载《新经济》第10卷第3期，1943年12月1日

评《战时经济鳞爪》[*]

建子/文，李学博/整理

一

吴景超先生这本小册子，分为三章，一共包括19篇有关战时经济的短文，第一章是对于抗战建国过程中经济政策所提供的意见；第二章是描述抗战中国内经济动态，评论是非得失极为详尽；第三章则介绍国外战时经济状况，以为我国的借镜。虽说一本整书，但拆开来，每篇都又可自成一个单位，而且有一部分已经发表过，所以作者把书名题为"鳞爪"。

本书第一章的标题是《抗战建国与经济政策》，下面共有四篇文章。第一篇是作者对于中国农业政策提出的意见，他认为中国过去农业政策，在衣食自给自足，及推进合作事业两项，办理得已有成绩表现，并列举统计数字，以为证明；但今后抗战建国过程中的农业政策，第一，决不能以衣食自给为满足，还希望能更进一步，尽量增产，造成剩余生产，输出国外，换取外汇，来建设我们的工业；不过对于米谷的生产，应该加以限制，因为米谷除亚洲以外，他处并无重要市场，小麦亦因各国均有大量种植，市场实有充塞之虞，

---

[*] 吴景超著（列入青年文库），中国文化服务社，1944年2月初版。

中国不必加入竞争。若再继续加增米谷生产，只能发生谷贱伤农的严重问题，所以我们必须提倡在世界市场已有地位的农产品，如丝茶等增产与输出，同时更须去研究发现在世界市场确有需要，而中国过去并无或并未大量输出的农产品。作者对此，虽仅提出了一个原则，然而确颇值得主持农业行政的人员，加以考虑和采择的。第二，合作事业年来颇有进步，合作社数量，已很可观，但合作运动的推广，只能减轻农民所受高利贷的痛苦，和一些奸商对于农民的压迫。中国农民生计困难的原因，作者以为主要的一共有十种，合作运动之发展，只能铲除两种，其余仍待各方面努力，单是合作事业一项，是不能收效的。真的，中国农民所受的痛苦，方面太多了，合作运动所铲除的两种困难，是否真能澈底做到，颇成问题。在中国人口的职业分配中，农民无疑是占最大多数，农民生活没有保障，社会又如何能走入正常的轨道？所以，作者提出的这个问题，初看似乎近于常谈，然而却是中国社会的一个根本问题，是值得我们深切考虑的。第三，作者提出了发展中国农业的根本大计，就是农业机械化。因为中国将来如欲国强，终必走上工业化的途径，城市愈发达，农村人口愈向都市流；工业愈进步，吸收农业人口愈多，世界各国在工业化过程中，莫不有此现象，若不及时实行农业机械化，藉少数的农民，供应多数人口的需要，则农业生产，便有下降之虞，必致发生严重的后果。但在中国实行农业机械化，困难甚多，除资本技术等问题外，尚须牵涉到田制的问题，中国的农场，一向很小，阡陌纵横，每片农场平均面积不过20余亩，无法实行机械耕种与收割，所以要机械化中国的农业，便非如英国的圈地运动，或苏联的集体农场那样，来一番田制的澈底改革不可。

第二篇文章，是讨论中国建国所需要的工业。中国一向以"以农立国"为标榜，但时至今日，客观的事实，迫使我们非放弃过去这种理论不可。作者直截承认："所谓建国，其要旨便是发展工业，这是大多数人所承认的。以农立国之说，现在已经没有人再提倡了。"纵观本篇要旨，就是中国工业的建设，应该重工业先于轻工业，国防工业先于消费工业；我们所需要的，乃是图强的工业，而非致富的工业，因为富是建筑在强的基础上的。最后他又提出我们在建国工作中必须建立基础的四种重工业：第一是钢铁工业，第二是机械工业，第三是电气工业，第四是化学工业。"这些工业，每种又可分为若干部门，其中有的我们已经略有规模，有的是急待建设，希望以后大家的注意力，要集中在这些工业上。"吴先生是现阶段主持编拟中国经济计划重要人员之一，我们相信他一定能够将这些宝贵的意见，提供主持工业当局参考的。

本章第三篇文章，《论国外贸易与抗战建国的关系》。抗战建国，处处需要外汇，尤其是一个想走入工业化途径的国家。外汇的来源，自然不只一处，如吸收华侨汇款，向国外接洽借款，出售国内金银，都可得到外汇，不过华侨汇款，历年来只能补偿入超，国外借款，在抗战尚未成功时，也不容易进行，出售国内金银，数量恐亦有限。"以上所说的三种外汇来源，虽然都可以有相当数量，但以作抗战建国的外汇基础，还是不够的。最重要的外汇来源，依我们的观察，还在发展国外贸易。"这是作者对于本篇的中心看法。关于今后发展中国国外贸易的办法，他提出了三种具体的意见：一为加增输出品的生产，二为研究国外市场的需要，三为加紧组织输出业同业公会的组织。对于第一点，应该积极提倡国外市场所需物品的生产；第二点，应该利用驻外使馆的商务参赞，去研究我们重要主顾的需要；第三点，借同业公会的严密组织，政府与人民合作，始能顺利推行国家整个的对外贸易政策。中国是一个入超的国家，要完成抗战建国的大业，将来如不设法争取外汇，势必造成国际收支的愈不平衡，终必阻碍抗战建国的工作，所以，如要争取外汇，发展国外贸易，才是一条康庄大道。

第四篇文章，题目为《经济作战三点》，下面包括三个小节，一为严防敌人盗煤；二为严防敌人盗铁；三为严防敌人盗棉。列举上面三种重要资源对于敌人的作战重要性，提出许多数字和证据，呼吁国人严防敌人盗取，并警惕我们不可忽视经济战在战争［中］的重要性。

第一章的四篇文章，前三篇是提供了在抗战建国过程中，应该如何坚强自己的意见和办法，后一篇则是告诉我们要如何打击敌人。两相配合，才能完成抗战建国的工作。

二

本书第二章《战时国内经济动态》一共包括八篇文章，其中论战时人民生活者一篇，论战时管制者两篇，论物价者两篇，论四川田赋征实者一篇，及论战时内地工业建设与三十一年之经济建设者各一篇。

关于战时人民生活，作者在二十九年5月走了7500公里，实施考察湖南、江西、浙江、福建、广东、广西等六省62县市的结论，是"自从抗战以来，大多数老百姓的生活，比抗战以前好得多"，尤其是农民的生活。据作者认为抗战后农民生活好转，有七种原因：第一，是农产品的涨价；第二，是公路铁路破坏后，各种货物运输均借人力挑运，增加了农民的收入；第三，机关学校疏散下乡，以前花在都市里的钱，都花在乡村，因此农民便多了一笔进款；第四，农民副产品的畅销，如纺织造纸之类的发展，也使农民在战时增加了收入；第五，农贷的积极推进，使农村中金融趋于活跃；第六，是农村壮丁，多被征调外出，失业问题，已不存在；第七，政府严禁烟赌，使农民的收入，全用于日常必须的生活上。从上面看来，农民的收入既然增加，购买力亦当随之增加，生活程度也较战前提高了；其余工人和商人的生活，比农民的情形还要好转。但目前农村的繁荣，乃抗战所造成的特殊现象，并非生产革命的结果，这与英美各国18世纪以后，因生产技术改进，生产增加，使社会一般的生活程度平均上升的现象，是有区别的；因为在抗战期间，整个生产总量并未增加，尤其是日用必需的物品，所以战后农民生活，是否仍能维持现在的水准，那便要看当时生产改进的程度来决定了。大部分老百姓生活之好转，既非由于生产增加，则社会中必有另一部分人的生活程度降低，以其前所能享受者，转供生活好转者的消费，这部分生活逆转的人，据作者以为有四种，一为低级公务员，二为小学教员，三为警察团队，四为出征军人家属，前三种人为薪水阶级，后一种人，因为家庭的主要生产者被征外出，断绝生活费用的来源，以致感到吃饭困难。二十九年到现在，五年之间，这种趋势，不但加深，而且还在扩大，即高级公务员与大学教授，亦何尝不感到维持最低生活的困难,结果,守法的时虞断炊,不法的营私舞弊,目前社会贪污的风气,便是在这种环境下养成的。吴先生这篇文章,正是中国战时人民生活的一面镜子,我们希望政府能有一个有效的救济办法。

关于战时管制,作者报道了东南各省的粮食管制及湖南计口授盐的实施情形,并详细指出在实施管制中的许多流弊。战时管制工作,中国向无前例,既无各项可靠而完备的统计数字作为根据,复少公正而能胜任的干部人员,因此,不管制则已,一管制便流弊百出,扰民有余,而成事不足,不仅粮食与盐两种管制如此,各项管制莫不如此,作者这两篇文章,是颇值得主持各种管制工作者一读的。

关于物价问题,本章内有两篇文章。第一篇是《论平价》。作者首先引了经济学上的三个原则,即货币数量说、供求律及货品成本说,来说明物价波动的必然性。接着便指出我们平价工作之误入歧途,他以为平价的第一歧途是平价购销,平价购销的工作,现在政府已经停办,姑且不论。平价的第二条歧途,是取缔囤积,囤积是商业活动的一种,"这种囤积,使货品在市场有不断供给的可能,对于社会是一种贡献,对于物价,也发生一种稳定的作用",战前粮食的囤积,使青黄不接时,仍有供应,就是一个例子。所以"从长期的立场上看去,囤积并不能减少货物供给的数量,囤积的人,总要把货物抛出,囤积最多只能使物价发生波形动荡,不能使物价曲线,长期向上伸展……所以想由取缔囤积而达到平价的目的,其结果是吃力不讨好的"。政府现在还继续做取缔囤积的工作,然而物价曲线,却依旧一直向上伸展,取缔囤积,并未收到平抑物价的功效。平价的第三条歧途,便是以命令压低物价或固定物价。作者以为物价变动,有其原因,如不找出原因对症下药,是无济于事的,这点我们只要一看限价或官价所收的效果,便可了然了。限价或官价的目的,原是控制黑市价格的,但近年来的现象,限价已成具文,而官价却反被黑价所控制,当黑价上升后,官价便也跟着调整,这种例子,已屡见不鲜,若官价不跟着调整,不是有价无市,便是政府补贴平价的货物,辗转被人套购渔利,消费者仍旧得不到便宜的东西,而政府则加增了一笔巨大的支出。最后作者根据经济学中的原则,指出了三条平价的大道,第一条大道,就货币数量说,应该紧缩通货,而像紧缩国家预算,增加旧税开办新税,及推销公债为手段。第二条大道,就供求律看,一方面应增加生产,或打破封锁,开拓来源;一方面尽量节约消费,使供求适应,物价自趋平稳。第三条大道,由生产成本来说明物价的涨落,作者认为必须要商人政府通力合作,互相商讨各种减低成本的方法。"我们现在需要各种专家,对于每种货物的成本,随时加以科学的分析,根据分析的结果,来做平价的准备,一定轻而易举。这种工作,由政府与同业公会合作,最易收效。"最后,他声明他并不反对提倡英德等国行之有效的物价统制办法,因为现在中国还没有具备英德那样的条件,依样葫芦,是不能收效的。本文虽只有原则上的探讨,但足供当今管制物价者的参考。

关于物价问题的第二篇文章,是不赞成陈豹隐先生粮价领导物价说的意见。从理论和事实两方面说明粮价之不能领导物价,若用一元论来解释物价,失之机械,因为物价的涨落,决不是一个简单的现象。

在《四川田赋征实的办法及其问题》一文内,作者收集了许多资料,指出田赋改征实物后,四川地主的负担,还没有达到古代什一而税的标准;但在实行时的技术问题上,他却提出了一连串的困难:(一)各县负担,有轻重不同,如邛崃县每亩须缴谷一斗八升四合,璧山县每亩只缴谷三升一合,相差甚远,如何补救?(二)各县收成,时有丰歉,被灾各县,如何减轻征额?(三)各县政府收入,过去均以田赋附加为主要来源,征收实物后,既须全部解交中央,县财政不足,如何弥补?(四)人民交纳稻谷之成色,稻谷交到后之保管,应如何制定公正严密之办法,以防流弊?(五)运输问题,如何配合,以应中央的需要?此外还有一点,如内江为四川主要的糖业区域,农村作物大部分是甘蔗,粮食出产自必减少,平时内江食米,是靠外县输入,现既规定须征稻谷,则内江人民势必向他县购运米谷至内江缴纳,极不经济,所以希望粮政当局,因地制宜,改征特产。因为特产一经转移地域后,既能产生"空间效用",可得善价而沽,于政府的收入,并无影响,而人民则蒙其便益了。上面这些问题,是值得办理田赋征实者的细心考虑的。

此外《战时内地工业建设的问题》,作者以为须大处着眼,小处着手,并主张机器工业的分布,应与各种工业配合,以免炼油厂必须自己先有机械厂制造炼油机器,然后再开始正式工业等不经济及不必要的困难;其他各种的配合,也是一样。这点意见,是极为中肯的。

本章内的各篇文章,是一面反映战时经济动态的镜子,我们可以在这镜子里找出客观的影像,来矫正自己。

三

本书第三章,为《国际战争与经济》,也有七篇短文,介绍英国德国及苏联处置战时经济的实际经验与办法,使我们有所借镜。大概作者执笔时,美国尚未正式参战,所以对于美国的战时经济措施,并未提及。

吴先生的文章,通俗流畅,长于取譬,是读者所周知的,经济问题,本极复杂和抽象,而作者却能写得使人一读了然,不论研究过经济或未研究过经济的人,都能由此知道战时经济的许多知识,尤为本书的特点。

原载《新经济》第11卷第8期,1945年2月16日

评《劫后灾黎》*

袁方

中国经过八年多的抗战，算是打了胜仗。劫后人民，原都希望安居乐业的过日子，休养生息。不幸，中国真是多灾多难的国家。跟着胜利来的是：旱灾水灾，层出不穷；内战在加速扩大；商业萧条，工厂倒闭；失业的队伍，与时俱增。人心惶惶，社会杌陧不安。我们的老百姓，所过的生活诚如《劫后灾黎》的作者所说："饿毙，自杀，逃荒，卖女，抢劫，这真是饥馑社会中的惨痛现象。"（页7）

八年多的抗战，早已消毁了我们的民族活力，战后又来个饥馑的魔鬼，劫后残生，怎能再受死亡的折磨？饥馑的中国，饥饿的人民，这是我国极为可怕为严重的问题！

这样严重可怕的现象，怎能容许我们忽视？灾区的实况如何？灾民的生活如何？灾荒对于社会的影响如何？灾区的救济工作有何成绩表现？吴景超先生的《劫后灾黎》，要算是关于这些方面一本有参考价值的书了。

全书166页，用日记体写的。是作者"视察贵州、广西、湖南、广东、江西五省灾情及各区善后救济分署工作的实录"（自序页2）作者于三十五年

---

* 吴景超著，商务印书馆印行，三十六年二月初版，定价三元五角，加成发售。

5月14日从重庆出发,同年8月21日止,完成了这五省的视察工作。费了三月有余的时间,跑了5000多公里的路。根据作者实地考察的所得,写下这一本《劫后灾黎》的书。我想凡是关心战后中国老百姓生活的人,这是一本不可少的读物。

在作者视察的区域里,有多少灾民,是值得知道的。向来缺乏统计数字,尤其是精确的统计数字的我国,有灾民多少,除了乱猜之外,是无人知道的。因此吴先生书中的许多较为可靠的数字,使我们对于灾民的数量,多少有一个印象,这是非常值得珍贵的资料!现在将作者所经过的县份,而有资料记载者,列示如后:

省、县		人口数	灾民数	页数
广西	雒容	45,000	29,000	30
	灵川	126,000	35,000	42
	兴安	160,000	56,000	44
	全县	320,000	100,000	47
湖南	零陵	516,000	158,000	55
	祁阳	720,000	120,222	60
	衡阳	960,000	441,610	69
	湘潭	910,000	100,000	88
	邵阳	1,400,000	150,000	90
总计		5,257,000	1,189,832	

作者所经过的县份,当然不只上述九县。即以此而论,灾民数已在100万以上,占各县总人口数五分之一。它如饿殍者,以及没有统计数字可据的,为数恐亦在不少。灾民的普遍,实系灾区的惨象。

九县中灾荒的现象,以人数说:衡阳为数最多,有40余万,几占全县人口之半数,其次为零陵与邵阳两县,各在15万以上。

灾民的生活,我不想在这里引述,只是造成灾荒的原因,简单的提出来作一番申说。据《劫后灾黎》一书里所述叙的，有寇灾、水灾、虫灾、旱灾、病灾以及兵灾等。其中由于敌人入境所造成的灾害，为作者视察的各区所共同的现象，这本是无可如何的事。它如旱灾、水灾、虫灾，当然也可以说是上帝不仁，以老百姓为刍狗。若是我们在政治上稍作有效措施和防御，决不致令兵匪成灾，疫病横行；若是政治稍有效率，也不致于旱灾水灾束手无策，而令农田荒芜，农民坐毙。所以灾荒闹到如此严重程度，政治的腐败当为一大原因，其中尤以兵灾，更可以证明这点。本来自己的军队，应是保民的，可是实际却相反，下面便是具体的例子：

> 河池县18个乡镇，敌人都到过，沿公路的房屋，几乎烧光。在沦陷期内及收复之后，人民所受的痛苦，我们从档案中看到九墟乡公所去年6月的呈文，可以为例。呈文说：
>
> 谷米已被敌寇搬食糟踏殆尽。牛只被掳，田地丢荒，无物变卖，以购耕牛。加之无米为炊，筋骨无力，难以劳作。告贷无门，采野菜以充饥，大人犹可，小儿难支，号寒啼饥，为父母者，仰天长叹，坐以待毙而已。且去冬我军屯驻本乡防守以来，迄今半载，初则一三一师，继则一八八师，完纳三十三年度田赋，供应不足，继以征借75,000市斤，仍不足，二次又借105,000市斤。人民愤敌寇之压境，忍痛输将，如额筹送。又不足，始奉令乡村长代购，由部队按照市价给予代金，然名为购，实则仍征。不闻代金之给予，质之主办者，则以上峰未发为词。区区九墟之地，人民所藏谷米，能有几何？何能供此再三再四之诛求乎？尤有甚者，人民避难方回，即被派出军米，敌寇搜掠未尽之谷，我军一至，复将余粮搜括搬去。仓徒四壁，室如悬罄，人民敢怒而不敢言，向隅饮泣而已。（页16）

这篇呈文，告诉我们九墟灾民，急需赈救；同时也说明，他们的痛苦，由于敌寇，也由于自己的兵，若是政治修明，何至于此！

政治腐败，既不能防灾于未然，又不能救灾于已然。要是这次灾难，没有联合国救济总署加以救济，我们的老百姓的生活，将不知惨到什么地步，是不可想像的。因此著者说："现在的灾难，也许不是空前的，但救济工作的广泛与普遍，无疑的是空前的。"（页1、自序）又说："政府对于回乡的难民，这样优待的，我们在中国的历史上，找不到第二个例子"（页7）。因之《劫后灾黎》一书里几乎占到二分之一的文字是关于各区救济工作的描绘。从此不难看出，著者对于这个救济制度寄以无限的希望。可是政治腐败，就是有良好的救济办法，无限的希望，只不过是观念上的一朵昙花！

这点在著作的描写里不难找到实例的说明：例如"南海县的救济工作，有数点颇为特别，第一，救济物资，分配给各乡，所用的标准，系以各乡负担军粮的多少，来决定各乡应得物资的多少。这个标准的用意，就是负担军粮最多的乡，灾情也就是最重，这真是对于政府的一种讽刺"（页13）。又如："分署的救济政策，与政府的征收军粮，发生相抵消的作用，如陈青队报告，从化县自街口至上下神岗屈良口等乡，面积凡五十余公里，一片萧条。近来，粮食价贵，人民多用树根、黄狗头等野草充饥，因而体力亏损，百病滋生，该县15万人，有病的占25%。最近军粮征纳，催交甚急，虽至困之乡，仍须照原人口摊派。从化人民，现已陷于水深火热之中。我们查工作队的物资配拨单，知道从化县曾从第一工作队领得面7吨，食米25,576磅。政府给从化的粮食，与自从化县收的军粮，两者是否可以相抵，我们无法断定。花县曾从工作队领得面粉27吨，食米89,227磅，这些赈米运到县境，便给县长移作军粮付纳。县府拟有归垫办法，就是各乡可以在应征军粮的数目内，扣除其所应得赈米的数量。但是应征军粮的人，并非就是应得赈米的人。"（页110—111）

此种抵消的作用，当然令人痛心，救济的实惠，并没有落到灾民的手里，所谓救济事业，不过是在灾黎的死亡上，挂一块堂皇的招牌而已！

由于这种抵消作用，使我们对于救济工作的本身，不能不怀疑起来，为什么有灾荒，为什么有饥饿的灾民，为什么灾黎需要救济呢？这是人类的不幸，应该澈底加以消灭的。根绝贫穷，免于匮乏，英美等国都作正面的积极努力，而我们只是在灾荒遍地之后，头痛医头、脚痛医脚的去救济，杯水车薪，无补于事。诚如著者说："由各保发给贫户，每人所得，不到一两（指面粉）此种所谓救济，可谓毫无意义！"（页124）

与其对救济事业这么用着全力，不如对灾荒饥饿，澈底加以清除。救济政策，到头来还是无法消灭灾荒和饥饿。灾荒产生饥饿，饥饿害迫着老百姓走向死亡。用救济去怜恤灾黎，如果只能延长灾黎一两天的生命，一两天之后，仍是绝路一条，此种苟延残喘的怜恤办法，不过聊胜于无而已。

作者在《劫后灾黎》一书里，特别着重救济工作的描写。各区的救济办法，成败得失，都有详细的比较说明。从救济政策的立场上说，自然是办理救济事业的宝贵经验，也是富有价值的史料。吴景超先生是大家知名的社会学家，曾经写过不少关于解决中国问题方面的书，例如《第四种国家的出路》（商务），《中国工业化之途径》（商务）等。只有这本《劫后灾黎》是用日记体写的；虽是日记体，但绝少个人私事，几乎全是关于灾区的描写及救济工作的记实。由于作者有意义的访问与深刻的观察，书中还有不少关于地方基层的许多问题，都活跃在作者的笔尖下，尤足发人深省。全书不少数字记载，可是吴先生的文笔流畅，读来有如夏雨一样的凉爽，不致发生沉闷疲倦之感。

卅六年7月于清华大学

原载（天津）《大公报》1947年7月4日，第6版；又载（上海）《大公报》1947年9月17日，第8版

附录：吴景超书评书介目录

葛飞坤* 编[1]

发表年度	篇名	署名	刊物，卷期及日期	所评图书
1923 年	《中国哲学史大纲》（上）	景	《清华周刊》第 275 期（书报介绍副刊第 2 期），3 月 30 日	胡适：《中国哲学史大纲》（卷上），商务印书馆，1921 年。
	《东西文化及其哲学》	景	《清华周刊》第 275 期（书报介绍副刊第 2 期），3 月 30 日	梁漱溟：《东西文化及其哲学》，商务印书馆，1922 年。
	《清代学术概论》	景	《清华周刊》第 275 期（书报介绍副刊第 2 期），3 月 30 日	梁启超：《清代学术概论》，商务印书馆，1921 年。
1926 年	The History of Economic Progress in the United States	Ching Chao Wu	American Journal of Sociology, Vol.32, No.1, July	The History of Economic Progress in the United States. By Walter W. Jennings. New York: Thomas Y. Crowell Co., 1926.
1928 年	Three Wise Men of the East and Other Lectures	Ching Chao Wu	American Journal of Sociology, Vol.33, No.5, March	Three Wise Men of the East and Oher Lectures. By Arthur J. Todd. Minneapolis: University of Minnesota Press, 1927.

---

[1] 葛飞坤，中国政法大学社会学硕士，宁波大学研究生院职员。

(续表)

发表年度	篇名	署名	刊物，卷期及日期	所评图书
1929年	Livelihood in Peking	吴景超	《社会学刊》第1卷第1期，7月	*Livelihood in Peking, An Analysis of the Budgets of Sixty Families.* By L. k. Tao. Peking: Social Research Department, China Foundation, 1928.
	China: Land of Famine	吴景超	《社会学刊》第1卷第1期，7月	*China: Land of Famine.* By Walter H. Mallory. New York: American Geographical Society, 1926.
	American Marriage and Family Relationships, Problems of Family	吴景超	《社会学刊》第1卷第1期，7月	① *American Marriage and Family Relationships.* By E. R. Groves and W.F. Ogburn. New York: Henry Holt and Co., 1928. ② *Problems of Family.* By Willystine Goodsell. New York: The Century Co., 1928.
	安得生与林得梅合著的《都市社会学》	吴景超	《社会学刊》第1卷第2期，10月	*Urban Sociology.* By Nels Anderson and Eduard C. Lindeman. New York: Alfred A. Knopf, 1928.
	汉米敦和麦哥温合作的《婚姻的错误》；非尔德的《理想的婚姻》	吴景超	《社会学刊》第1卷第2期，10月	① *What is Wrong With Marriage.* By G. V. Hamilton and Kenneth Maogowan. New York: Albert & Charles Boni, 1929. ② *Ideal Marriage: Its Physiology and Technique.* By Th. H. Van De Velde. London: Wm. Heinemann, 1928.
	孙本文的《文化与社会》	吴景超	《社会学刊》第1卷第2期，10月	孙本文：《文化与社会》，（上海）东南书店，1928年。
1930年	《北平郊外之乡村家庭》	吴景超	《社会学刊》第1卷第3期，5月	李景汉：《北平郊外之乡村家庭》，商务印书馆，1929年。

(续表)

发表年度	篇名	署名	刊物，卷期及日期	所评图书
1930年	《上海特别市工资指数之试验》；《生活费指数之编制法》	吴景超	《社会学刊》第1卷第3期，5月	①上海特别市社会局编：《上海特别市工资指数之试验》，大东书局，1928年。②国际劳工局：《生活费指数之编制法》，丁同力译，蔡正雅校订，商务印书馆，1929年。
	维斯的《犹太城》；卓尔波的《金岸与贫窟》	吴景超	《社会学刊》第1卷第3期，5月	① *The Ghetto*. By Louis Wirth. Chicago: The University of Chicago Press, 1928. ② *The Gold Coast and the Slum*. By Harvey Warron Zorbaugh. Chicago: The University of Chicago Press, 1929.
	季林、地蒂墨、科尔伯合著的《社会问题》；吴德的《地方社会问题》	吴景超	《社会学刊》第1卷第4期，9月	① *Social Problems*. By J Gillin, C. G. Dittmer, R. J. Colbert. New York: The Century Co., 1928. ② *Community Problems*. By Arthur Evans Wood. New York: The Century Co., 1928.
	汤姆生的《世界人口的危险地点》	吴景超	《社会学刊》第1卷第4期，9月	*Danger Spots in World Population*. By Warren S. Thompson. New York: Alfred A. Knopf, 1929.
	《食料与人口》；《中国人口问题》	吴景超	《社会学刊》第2卷第1期，10月	①董时进：《食料与人口》，商务印书馆，1929年。②许仕廉：《中国人口问题》，商务印书馆，1930年。
	滕更的《种族与人口问题》	吴景超	《社会学刊》第2卷第1期，10月	*Race and Population Problems*. By Hannibal Gerald Duncan. New York: Longmans, Green and Co., 1929.

(续表)

发表年度	篇名	署名	刊物，卷期及日期	所评图书
1930年	《一九二七年世界人口会议论文集》	吴景超	《社会学刊》第2卷第1期，10月	*Proceeding of the World Population Conference.* Edited by Mrs. Margaret Sanger. London: Edward Arnold & Co., 1927.
	佛兰司起的《国际移民》	吴景超	《社会学刊》第2卷第1期，10月	*International Migrations, Volume I, Statistics.* By Imre Ferenczi. New York: National Bureau of Economic Research, 1929.
	沙罗金与齐麦门合著的《乡村都市社会学》	吴景超	《社会学刊》第2卷第1期，10月	*Principles of Rural-Urban Sociology.* By Pitirim Sorokin and Carle C. Zimmerman. New York: Henry Holt and Company, 1929.
	顾静斯基的《生与死的平衡》	吴景超	《社会学刊》第2卷第2期，12月	*The Balance of Births and Deaths, Volume I Western and Northern Europe.* By Robert R. Kuczynski. New York: Macmillan, 1928.
	台维士的《二千二百个女子性生活中的原素》	吴景超	《社会学刊》第2卷第2期，12月	*Factors in the Sex Life of Twenty-two Hundred Women.* By Katharine Bement Davis. New York: Harper & Brothers, 1929.
	施密士与华梯合编的《支加哥》	吴景超	《社会学刊》第2卷第2期，12月	*Chicago: An Experiment in Social Science Research.* By T. V. Smith and L.D. White. Chicago: University of Chicago Press, 1929.

(续表)

发表年度	篇名	署名	刊物，卷期及日期	所评图书
	李宾科特的《世界经济资源与实业》；哲姆士编的《中国》；《今世中国实业通志》（二卷）；《中国国民经济概况》	吴景超	《社会学刊》第2卷第3期，5月	① *Economic Resources and Industries of the World.* By Isaac Lippincott. New York: Appleton, 1929. ② *China.* Edited by Henry F. James. Philadelphia: The American Academy of Political and Social Science, 1930. ③吴承洛：《今世中国实业通志》（二卷），商务印书馆，1929年。 ④何汉文：《中国国民经济概况》，（上海）神州国光社，1930年。
1931年	《上海之工业》；《上海工人生活程度的一个研究》	吴景超	《社会学刊》第2卷第3期，5月	①上海特别市社会局编：《上海之工业》，中华书局，1930年。 ②杨西孟：《上海工人生活程度的一个研究》，北平社会调查所，1930年。
	汤姆生的《人口问题》	吴景超	《社会学刊》第2卷第4期，7月	*Population Problems.* By Warren S. Thompson. New York: McGraw-Hill Book Co., 1930.
	劳宾孙的《美国的性与婚姻问题》	吴景超	《社会学刊》第2卷第4期，7月	*America's Sex and Marriage Problems.* By William J. Robinson. Eugenics Publishing Co., 1929.
1932年	Equality	吴景超	《清华学报》第7卷第2期，6月	*Equality.* By R. H. Tawney. London: George Allan & Unwin Ltd., 1931.

（续表）

发表年度	篇名	署名	刊物，卷期及日期	所评图书
1932 年	The Mothers: The Matriarchal Theory of Social Origins	吴景超	《清华学报》第 7 卷第 2 期，6 月	*The Mothers: The Matriarchal Theory of Social Origins*. By Robert Briffault. New York: Macmillan, 1931.
	萧克利佛对于犯罪学的新贡献	吴景超	《图书评论》第 1 卷第 1 期，9 月 1 日	① *The Jack-Roller: A Delinquent Boy's Own Story*. By Clifford R. Shaw. The University of Chicago Press, 1930. ② *The Natural History of a Delinquent Career*. By Clifford R. Shaw. Chicago: The University of Chicago Press, 1931.
	陶格勒与狄来德合著的《失业问题》；毕佛黎著的《失业》	吴景超	《社会学刊》第 3 卷第 2 期，10 月	① *The Problem of Unemployment*. By Paul H. Douglas and Aaron Director. New York: Macmillan, 1931. ② *Unemployment: A Problem of Industry*. By W. H. Beveridge. London: Longmans, 1930.
	霍耳等编的《失业的个案研究》	吴景超	《清华周刊》第 542 期，10 月 17 日	*Case Studies of Unemployment*. compiled by the Unemployment Committee of the National Federation of Settlements, with an Introduction by Helen Hall, and a Foreword by Paul U. Kellogg, Edited by Marion Elderton. Philadelphia: University of Pennsylvania Press, 1931.
	弥勒娄著的《家庭》	吴景超	《图书评论》第 1 卷第 2 期，11 月 1 日	*The Family*. By Muller-Lyer, Franz C. Translated by F. W. Stella Browne. London: George Allen & Unwin Ltd., 1931.

(续表)

发表年年度	篇名	署名	刊物，卷期及日期	所评图书
1933 年	《伦敦生活与工作的新调查》第一集	吴景超	《社会学刊》第 3 卷第 3 期，1 月	*The New Survey of London Life & Labour. Volume I, Forty Years of Change.* London: P. S. King & Son, 1930.
	合维司的《低能的社会约束》	吴景超	《社会学刊》第 3 卷第 4 期，4 月	*Social Control of the Mentally Deficient.* By Stanley Powell Davies. New York: Crowell, 1930.
	鲍欧司的《工作安全问题》	吴景超	《社会学刊》第 3 卷第 4 期，4 月	*Is It Safe to Work? A Study of Industrial Accidents.* By Edison L. Bowers. New York: Houghton Mifflin Co., 1930.
	中国县志的改造	吴景超	《独立评论》第 60 号，7 月 23 日	① *Recent Social Trends in the United States.* By W. F. Ogburn and S. C. Gilfillan. New York: McGraw-Hill, 1933. ② 李景汉编著：《定县社会概况调查》，中华平民教育促进总会，1933 年。
	韦白夫妇的《社会研究法》	吴景超	《图书评论》第 2 卷第 2 期，10 月 1 日	*Methods of Social Study.* By Sidney and Beatrice Webb. London: Longmans, Green and Co., 1932.
1934 年	Modern English Reform: From Individualism to Socialism	吴景超	《清华学报》第 9 卷第 1 期，1 月	*Modern English Reform: From Individualism to Socialism.* By Edward P. Cheyney. Philadelphia: University of Pennsylvania Press, 1931.
	卡宾豆的《都市生活社会学》；合菲的《都市生活问题》	吴景超	《社会学刊》第 4 卷第 3 期，7 月	① *The Sociology of City Life.* By Niles Carpenter. New York: Longmans, 1931. ② *Problems of City Life.* By Maurice R. Davie. New York: John Wiley and Sons, 1932.

（续表）

发表年度	篇名	署名	刊物，卷期及日期	所评图书
1935年	Soziologie	吴景超	《清华学报》第10卷第1期，1月	Soziologie. By K. J. Hartmann. Ferdinand Hirt in Breslan, 1933.
	《自由的方法》	吴景超	《独立评论》第160号，1935年7月21日	The Method of Freedom. By Walter Lipperman. New York: The Macmillan Company, 1935.
	《社会学原理》	吴景超	《社会科学》（清华大学）第1卷第1期（北平），10月	孙本文：《社会学原理》，商务印书馆，1935年。
1936年	500 Criminal Careers, One Thousand Juvenile Delinquents, Five Hundred Delinquent Women	吴景超	《社会科学》（清华大学）第1卷第2期，1月	① 500 Criminal Careers. By Sheldon Glueck and Eleanor T. Glueck. New York: Alfred A. Knopf, 1930. ② One Thousand Juvenile Delinquents. By Sheldon Glueck and Eleanor T. Glueck. Cambridge: Harvard University Press, 1934. ③ Five Hundred Delinquent Women. By Sheldon Glueck and Eleanor T. Glueck. New York: Alfred A. Knopf, 1934.
	《中国历史中的经济要区》	吴景超	《独立评论》第197号，4月19日.	Key Economic Areas in Chinese History. By Chao Ting Chi. London: George Allen & Unwin Ltd, 1936.
	莫尔顿著《进款与经济进步》	吴景超	《社会学刊》第5卷第2期，4月	Income and Economic Progress. By Harold G. Mountain. Washington, D. C: The Brooking Institution, 1935.

（续表）

发表年度	篇名	署名	刊物，卷期及日期	所评图书
1936 年	Farewell to Revolution	吴景超	《社会科学》（清华大学）第 1 卷第 4 期，7 月	Farewell to Revolution. By Everett Dean Martin. New York: W. W. Norton & Co., 1935.
	《人事的讨论》	吴景超	《独立评论》第 223 号，10 月 18 日	The Discussion of Human Affairs. By Charles A. Beard. New York: The Macmillan Co., 1936.
	《实用经济》	吴景超	《新经济》第 1 卷第 1 期，11 月 16 日	Practical Economics, or Studies in Economic Planning. By G.D.H. Cole. Harmondsworth: Penguin Books Limited, 1937.
1938 年	《德国的经济发展》	似彭	《新经济》第 1 卷第 2 期，12 月 1 日	Germany Economic Development During the First Half of the Year 1938, Report Presented by the Reichs–Kredit–Gesellschaft Aktiengesellschaft. Berlin: August 1938.
	《南京区域的战争损失》	吴景超	《新经济》第 1 卷第 3 期，12 月 16 日	War Damages in the Nanking Area, December, 1937 to March 1938. By Lewis S. C. Smythe & Assistants. On behalf of the Nanking International Relief Committee, completed June, 1938.
	《中国经济研究》	似彭	《新经济》第 1 卷第 3 期，12 月 16 日	方显廷编：《中国经济研究》，商务印书馆，1938 年。
1939 年	《中国农民生活》	吴景超	《新经济》第 1 卷第 11 期，4 月 16 日	Peasant Life in China, A Field Study of Country Life in the Yangtze Valley. By Hsiao–Tung Fei. London: George Routledge & Sons, 1939.

（续表）

发表年度	篇名	署名	刊物，卷期及日期	所评图书
1939年	《国际投资问题》	吴景超	《新经济》第2卷第1期，5月16日	The Problem of International Investment, A Report by A Study Group of Members of the Royal Institute of International Affairs. London: Oxford University Press, 1937.
	《中国工业资本问题》	似彭	《新经济》第2卷第5期，9月1日	方显廷：《中国工业资本问题》，商务印书馆，1939年。
	《日本经济的展望》	似彭	《新经济》第2卷第8期，10月16日	Japan's Economic Outlook. By J. A. Bisson Foreign Policy Reports, June 15, 1939.
	《欧战前夕的德国经济》	吴景超	《新经济》第2卷第9期，11月1日	Economic Conditions in Germany in the Middle of the Year 1939. Presented by the Reichs-Kredit-Gesellschaft Aktiengesellschaft. Berlin: August, 1939.
1940年	罗尔的《经济思想史》	似彭	《新经济》第3卷第1期，1月1日	A History of Economic Thought. By Erich. Roll. London: Faber & Faber Ltd, 1938.
	《社会科学的方法与目标》	吴景超	《新经济》第3卷第4期，2月16日	The Study of Society, Methods and Problems, Edited by F. C. Bartlett and Other. London: Kegan Paul, 1939.
	《抗战时期的贵州行政》	似彭	《新经济》第3卷第10期，5月16日	吴鼎昌：《抗战时期的贵州行政》，贵州省政府秘书处编印，1939年。
	《农产品的国际贸易》	似彭	《新经济》第4卷第3期，8月1日	World Trade in Agricultural Products. By L. B. Bacon & F. C. Schloemer. Rome: 1940.

（续表）

发表年度	篇名	署名	刊物，卷期及日期	所评图书
1940年	《希特勒的战争》	似彭	《新经济》第4卷第6期，11月1日	*Hitler's War Before and After*, By Hugh Dalton. M. P. Penguin Books Limited, 1940.
	《列宁主义问题》	似彭	《新经济》第4卷第9期，2月1日	斯大林：《列宁主义问题》（第十一版），莫斯科外国文书籍出版局，1940年。
	有关物价的三本新书	吴景超	《新经济》第4卷第11期，3月1日	①彭学沛：《物价问题》，中央训练团党政训练班讲演录，1941年。②张楼任：《四川粮食问题》，（重庆）振华印书馆，1941年。③杨蔚：《成都生活费之研究》，金陵大学农学院，1940年。
1941年	冯友兰先生的《新世训》	似彭	《新经济》第5卷第3期，1941年5月1日	冯友兰：《新世训》（一名《生活方法新论》），开明书店，1940年。
	《经济战》	似彭	《新经济》第5卷第5期，6月1日	*Economic Warfare*. By Paul Einzig. London: Macmillan, 1940.
	《欧洲的贸易》	似彭	《新经济》第5卷第12期，9月16日	*Europe's Trade*. League of Nations. Geneva: 1941.
	《英国如何支付战费》	似彭	《新经济》第6卷第2期，10月16日	*Paying for the War*. By G. Crowther. Oxford, 1940.
	陶纳教授论战后的社会	吴景超	《新经济》第6卷第3期，11月1日	*Why Britain Fights*. By R. H. Tawney. London: Macmillan & Co., 1941.

（续表）

发表年度	篇名	署名	刊物，卷期及日期	所评图书
1941年	《石油与战争》	似彭	《新经济》第6卷第4期，11月16日	Oil and the War. By E. W. Friedwald. London: William Heinemann Ltd., 1941.
	《金融组织与经济制度》	似彭	《新经济》第6卷第5期，12月1日	Finance, Organisation & the Economic System. By Harold C. Moulton. New York: McGraw-Hill Book Co., 1938.
	《国际货币经济学》	吴景超	《新经济》第6卷第6期，12月16日	International Monetary Economics. By M. A. Heilperin. London: Longmans, Green & Co., 1939.
	《禄村农田》	吴景超	《新经济》第6卷第9期，2月1日	费孝通：《禄村农田》，国立云南大学社会学系研究室油印本，1941年。
	《经济平衡与预算平衡》	似彭	《新经济》第6卷第10期，2月16日	Economic Balance & A Balanced Budget, Public Papers on Marriner S. Eccles. Edited by R.L. Weissman, New York: Harper & Brothers, 1940.
1942年	《资本主义的发展》	吴景超	《新经济》第6卷第12期，4月16日	Business & Capitalism. By N.S.B. Gras. New York: F.S. Croft's & Co., 1939.
	《商业发展史》	似彭	《新经济》第7卷第3期，5月1日	A History of Commerce. By Clive Day. New York: Longmans, Green & Co., 1938.
	《唯物史观的批评》	似彭	《新经济》第7卷第5期，6月1日	The Materialist Conception of History, A Critical Analysis. By Karl Federn. London: Macmillan, 1939.
	《新事论》	似彭	《新经济》第7卷第7期，7月1日	冯友兰：《新事论》，商务印书馆，1940年。

（续表）

发表年度	篇名	署名	刊物，卷期及日期	所评图书
1942 年	《土与古代封建制度之解体》	吴景超	《新经济》第 7 卷第 9 期，8 月 1 日	吴保安：《土与古代封建制度之解体》，南开大学经济研究所硕士论文，抄本，1941 年。
	《英国近百年经济发展史》	似彭	《新经济》第 7 卷第 10 期，8 月 16 日	*A Hundred Years of Economic Development in Great Britain.* By G. P. Jones & A. G. Pool. New York: Macmillan, 1940.
	《现代中国社会问题》	似彭	《新经济》第 8 卷第 3 期，11 月 1 日	孙本文：《现代中国社会问题》（第一册），商务印书馆，1942 年。
	《中国的前途》	似彭	《新经济》第 8 卷第 5 期，12 月 1 日	孙科：《中国的前途》，商务印书馆，1942 年。
	《伦敦商会论战后经济》	似彭	《新经济》第 8 卷第 6 期，12 月 16 日	*Report of the London Chamber of Commerce on General Principles of a Post-world Economy.* May, 1942.
1943 年	《美国战后建设的目标》	似彭	《新经济》第 9 卷第 3 期，6 月 1 日	*Goals for America.* By Stuart Chase. New York: The Twentieth Century Fund, 1942.
	《战后的救济问题》	似彭	《新经济》第 9 卷第 5 期，7 月 1 日	*Relief Deliveries and Relief Loans, 1919-1923.* By League of Nation. Princeton University Press, 1943.

（续表）

发表年度	篇名	署名	刊物，卷期及日期	所评图书
1943 年	美国工业的进展	似彭	《新经济》第 10 卷第 4 期，12 月 16 日	① *The Output of Manufacturing Industries, 1899-1937*. By Solomon Fabricant. National Bureau of Economic Research. New York: 1940. ② *Employment in Manufacturing, 1899-1939*. By Solomon Fabricant. National Bureau of Economic Research. New York: 1942. ③ *The Development of American Industries*. By John George Glover and William Bouck Cornell. New York: Prentice–Hall, 1941. ④ *Economies of American Industry*. By E. B. Alderfer and H. E. Michl. New York: Megraw–Hill, 1942.
1944 年	美国四十年来的农业	似彭	《新经济》第 10 卷第 7 期，2 月 1 日	*American Agriculture, 1899-1939: A Study of Output, Employment and Productivity*. By Harold Barger and Hans H.Landsberg New York: National Bureau of Economic Research, 1942.
	《英国的乡村问题》	似彭	《世纪评论》第 1 卷第 15 期，4 月 12 日	*Problems of the Countryside*. By C. S. Orwin. Cambridge University Press, 1946.
	《一个科学的文化理论》	似彭	《世纪评论》第 1 卷第 22 期，5 月 31 日	*A Scientific Theory of Culture and other Essays*. By B. Malinowski. The University of North Carolina Press, 1944.
1947 年	中国手工业的前途	吴景超	《经济评论》第 1 卷第 20 期，8 月 16 日	费孝通、张子毅、张芊群、袁方：《人性和机器——中国手工业的前途》，生活书店，1946 年。

(续表)

发表年度	篇名	署名	刊物，卷期及日期	所评图书
1947年	Soviet Planning and Labor in Peace and War, Soviet Economy and The War	吴景超	社会科学（清华大学）第4卷第1期，10月	① *Soviet Planning and Labor in Peace and War.* By Maurice Dobb. New York: International Publishers, 1943. ② *Soviet Economy and the War.* By Maurice Dobb. New York: International Publishers, 1943.
1948年	婚姻向何处去？	吴景超	《新路周刊》第1卷第1期，5月15日	费孝通：《生育制度》，商务印书馆，1947年。
	方生未死之间	似彭	《新路周刊》第1卷第6期，6月19日	于潮等：《方生未死之间》，考验社，1945年。
1956年	评《苏联计划经济论文集》	吴景超	《文汇报》1957年3月8日，第2版	《苏联计划经济论文集》，《经济译丛》编辑部编，（北京）统计出版社，1956年。

编后记

周忱

2019年在上海宝山区罗店镇，策划举办了纪念费孝通的老师——潘光旦先生诞辰120周年座谈研讨会之后，我又萌发念头：2021年在安徽黄山市歙县，组织举办纪念费孝通的另一位老师——吴景超先生诞辰120周年的座谈研讨会。细究起来，这未免鲁莽灭裂。不过，此想法先是得到吕文浩的积极响应，继而又获得严飞的鼎力相助，或可说是"同频共振"吧。

吴景超在歙县，远不如当地另一位历史人物陶行知来得有名。尽管如此，吴景超家乡的政府官员，也支持上述想法。2021年2月5日，春节前夕，由朋友汪琪、宋养信引见，我到歙县与县委常委、宣传部长孙洁，县委统战部常务副部长吴康伟晤面。在听了我的设想后，两位表示，纪念活动很有意义，他们会跟县委主要领导汇报，促成其事。春节过后，我即收到孙部长回音：考虑到种种因素，座谈会于3月5日吴景超诞辰日之前赶不及，建议下半年举办，具体由统战部与我对接。

春去秋来，疫情不断。有时候，我都感到这个会恐怕开不成了。在此期间，我联系了民盟上海市委陆学文、王海波、戴立波诸先生，民盟黄山市委徐荣华先生，清华大学人类学与民族学研究中心张小军先生，以及吴景超的后人及亲属许恩浩、吴小薇、洪小虎等，他们从不同方面帮助了会议的筹备。

尤其是新民晚报社的同事范洁女士，她就此次会议向黄山市委书记凌云做了报告，凌书记表示全力支持！

2021年10月9日，吴康伟副部长专程到上海与我商讨会议方案。歙县统战部办公室江正夫、岔口镇镇长周群等乘来沪培训，也与我见面交流操作细节，县里和镇上专门派人新修了来龙山山下通往山上吴景超与其父母合墓的石板路。

2021年12月4日，由民盟安徽省委、民盟上海市委、新民晚报社作指导，民盟黄山市委、黄山日报社、中共歙县县委统战部、民盟歙县县委、清华大学人类学与民族学研究中心、新民晚报社区版联合主办的"纪念吴景超先生诞辰120周年座谈会"，在歙县披云山庄隆重举行。歙县县委副书记、县委统战部部长刘文主持会议，歙县县委书记李忠开幕致辞，民盟上海市委副秘书长廖大伟等作为特邀嘉宾也分别致辞。吴景超孙女吴正朋、吴景超二弟吴承禧的外孙许多等代表亲属发了言。研讨座谈环节一些学者的演讲内容，收入在了本纪念文集中。最近十来年，报纸杂志上发表过不少有关吴景超的研究论文或纪念性文章，我们也从中选择了一部分较为重要的收入，并商请每位作者根据近年来的研究进展做了程度不等的补充和修改。

参加这次会议的厦门大学人文学院教授谢泳，在20世纪90年代末就曾呼吁将吴景超著作重新出版。2008年商务印书馆出过一本《第四种国家的出路——吴景超文集》，2010年该馆又将《第四种国家的出路》纳入"中华现代学术名著"丛书予以出版，这两本书除了整理《第四种国家的出路》原著以外，各补编了多篇反映吴景超思想面貌的代表性文章。2020年商务印书馆又出版了由吕文浩兄编的吴景超关于都市研究的短论集《都市意识与国家前途》。这些资料为我们了解和研究吴景超提供了不少便利，但终究还不够系统和全面。有鉴于此，本文集辑录了吴景超的部分自述文字以及相关史料，愿有更多的人对吴氏其人其作投注热情。

我们希望这本纪念文集是一本兼有研究性、纪念性和史料性，对进一步推动吴景超研究有所帮助的书。书名取"把中国问题放在心中"，是我们对吴景超一生志业的概括。在他那个时代，各大学社会科学几乎都是讲外国的理论、外国的问题，而吴景超却提倡、传播研究中国社会问题、中国经济问题的精神。正因为他强调中国的社会科学不应成为外国的附庸，所以对费孝通等那一班努力于社区研究的青年社会学者格外看重。他在评论费孝通用英文所写的《中国农民生活》一书时这样写道：中国学者应当"把各地民众的真正生活，描写出来，让大家读了，对于我们自己的国家，有更深刻、更广泛的认识"。唯如此，才谈得上中国的社会学的树立，中国的出路问题的真正解决。

本书第三、四编收录了一些记述和评论吴景超为人为学的若干篇旧文献，因年代久远，找寻著作权人着实不易，我们多方查找线索，仅找到孙本文先生、方显廷先生和袁方先生的后人授权，还有少数著作权人未能在本书出版之前找到。我们恳请有关著作权人在见到本书后直接和我们联系，我们一定及时寄赠样书。

中国历史研究院图书档案馆同意提供吴景超手迹高清图片供本书封面设计和插页之用；中国历史研究院历史理论研究所赵庆云研究员为本书题写书名；中央工艺美术学院附中吕敏行同学为本书封面绘制吴景超头像；吴景超的孙子吴正喆先生为本书题写吴景超先生青年时期的名言；吴景超的孙女吴正朋女士为本书提供了多帧珍贵照片并一一注出人名；中国社会科学院大学近代史系研究生孙绪谦同学协助核红和看二校样。凡此种种，都为本书增色不少。非常感谢以上各位女士和先生的帮助。

在本文集的编辑、出版过程中，还得到浙江大学蒋介石与近现代中国研究中心陈红民先生、姜良威先生，上海图书馆祝淳翔先生，新民晚报社区版钟雪女士，学苑出版社陈佳女士的指点、协助，谨此一并致谢。

2022年10月